PUNTOS DE INFLEXIÓN ESPIRITUAL DE LA HISTORIA SUDAMÉRICANA

Puntos de Inflexion Espiritual de la Historia Sudamericana

iUniverse books may be ordered through booksellers or by contacting:

iUniverse
1663 Liberty Drive
Bloomington, IN 47403
www.iuniverse.com
1-800-Authors (1-800-288-4677)

ISBN: 978-1-4620-2770-5 (pbk)

Printed in the United States of America

iUniverse rev. date: 06/17/2011

CONTENIDO

INTRODUCCIÓN

Este libro se dirige a los dos mayores puntos de inflexión de la historia de América del Sur. Viene siguiendole los pasos al estudio anterior sobre los eventos principales de la historia norteamericana (*Puntos de Inflexión Espiritual en la Historia Norteamericana* - Spiritual Turning Points of North American History). En la primera parte de ese estudio, el Popol Vuh fue el eslabón esencial para una comprensión de la historia norteamericana. La arqueología no puede demostrar o refutar la autenticidad del Popol Vuh, no obstante, es posible unir su contenido a un crucial Punto de Inflexión de la historia Mesoamericana que ocurrió hace dos mil años atrás. De esta manera se enriquecen mutuamente la historia y los mitos.

Haber señalado este caso y dado un lugar y un tiempo a un evento central de la historia americana nos da ahora una base para estudiar la historia del continente del sur. Aquí, a diferencia de la historia Mesoamericana, las leyendas no pueden ubicarse en un punto exacto del tiempo por falta de archivos cronológicos conocidos. Ningún calendario existente de América del Sur nos proporciona inequívocos indicadores cronológicos de los eventos. No obstante, su historia también está atada al evento central descrito por el Popol Vuh y diversamente retratado en los mitos del continente sureño, y en las importantes revelaciones de Rudolf Steiner sobre los llamados "Misterios Mexicanos."

Los mitos sudamericanos no son tan desarrollados y detallados como el contenido del Popol Vuh y otros mitos mesoamericanos. No obstante, hay una civilización sudamericana que ha conservado una riqueza de material mitológico unido a un considerable registro histórico de arquitectura monumental y artefactos artísticos. Desarrolló en la región que corresponde aproximadamente al actual Perú y a las altas mesetas bolivianas, Ecuador y el norte de Chile. Aquí también podemos encontrar una manera de poner en correlación la investigación histórica con el contenido de los mitos, continuando en esta forma la investigación iniciada con *Puntos de Inflexión Espiritual en la Historia Norteamericana*.

PUNTOS DE INFLEXION ESPIRITUAL

Las declaraciones anteriores pueden darnos la impresión de que la cultura andina es el pariente pobre de su contraparte Maya y Mesoamericana. Éste difícilmente es el caso. De hecho, como veremos desde el primer capítulo, la civilización andina surgió antes que cualquier otro importante desarrollo Mesoamericano. Es más, en la actualidad está aflorando evidencia — no siempre objetivamente escrutada — que echan una nueva luz sobre los logros de su cultura, particularmente en la complejidad de sus enseñanzas esotéricas, su refinado conocimiento del calendario solar, y, sorprendentemente, incluso logros como la escritura.

Los mitos y leyendas formarán el eslabón entre la historia externa y los más profundos trasfondos culturales que se mueven bajo la superficie de los eventos históricos. Un primer ciclo de mitos ha sido recogido en la región del Collao, situada alrededor del Lago Titicaca. Ellos se refieren más a dos creaciones sucesivas y se enfocan específicamente en la llamada Segunda Creación. Tener en consideración esos mitos nos permitirá poner el marco de referencia para el punto de inflexión de la historia de Sudamérica.

El efecto de la Segunda Creación, y la renovación cultural que siguió, se perpetúa en el tiempo con alternado éxito. Cíclicamente aparecieron decadencia y guerra. Otro mensaje espiritual reemplazó al viejo y comenzaron tiempos de disputa e inestabilidad. Todo ello formó una antítesis al mensaje de la Segunda Creación.

Un segundo conjunto de mitos mencionan el surgimiento del Imperio Inca. Ésta es en efecto la ampliamente reconocida transición social y política en la conciencia moderna sudamericana. Corresponde al surgimiento de un estado muy organizado, un cambio sin igual en otras partes de Sudamérica. ¿Hubo una razón para que los Incas y sus leyendas se unieran al primer conjunto de mitos, y cuáles fueron? ¿Trajo el Imperio Inca un nuevo impulso espiritual que destacó, y cuál era?

Los mitos y leyendas forman la memoria colectiva de Sudamérica. Aunque a menudo el aparentemente arbitrario y mitológico idioma

2

INTRODUCCION

viste en imágenes exactos eventos espirituales/históricos. Los mitos formarán el trasfondo histórico contra el que desarrollaremos una comprensión de la historia Sudamericana.

Este esfuerzo por perfilar el punto de inflexión espiritual de la historia Sudamericana descansa sobre los fundamentos establecidos en los estudios de América Central y del Norte. Fundamental para esto resulta el trabajo y descubrimientos del antropólogo Rafael Girard. Adicionalmente, hasta muy recientemente habría sido muy difícil penetrar la profundidad de la espiritualidad andina sin la corriente de nuevos descubrimientos y revelaciones — particularmente de los fundamentos más esotéricos de la visión andina del mundo — que han estado al alcance desde principio de los años noventa. El autor está en deuda particularmente con el trabajo innovador de Fernando y Edgar Elorrieta Salazar, J.A. Merejildo Chaski, M. O. Sánchez Macedo, Carlos Milla Villena, Laurencich Minelli, y otros. Toda la riqueza de la información histórica y esotérica encuentra un último organizado hilo en las ideas establecidas en el trabajo científico espiritual de Rudolf Steiner que nos permite integrar el trabajo de investigación arqueológico-científico más clásica con las revelaciones que vienen desde dentro del esoterismo andino.

El formato de este libro es ligeramente diferente de su contraparte norteamericana. Para hacer su lectura accesible a todos los que no hayan leído el primer volumen, y evitarles la repetición a aquéllos que sí lo han hecho, aquí se invertirá el orden de exploración. En el primer volumen, antes de la exploración de las narraciones históricas y míticas, se ofreció una apreciación global de las fases evolutivas de la humanidad según la ciencia espiritual. En este esfuerzo volveremos a la integración de la historia y los mitos, luego regresaremos a las conclusiones que podamos alcanzar a través de la perspectiva de la ciencia espiritual. Prácticamente, esto significa que las conclusiones se agregarán al final de los capítulos y apuntarán brevemente a lo que se desarrolla más plenamente en el primer volumen. No obstante, empezaremos esta exploración con el material de los Misterios Mexicanos según son narrados por los Mayas y por Steiner. La razón

3

para esto es de que sólo hubo un profeta a lo largo de las Américas, y sólo un lugar en que encarnó, y que ha demostrado ser la región del Soconusco en la costa del Pacífico, en la frontera entre México y Guatemala.

Una última palabra de advertencia sobre este trabajo: aunque el autor está seguro de la realidad, naturaleza, e impacto de los dos puntos de inflexión de la historia sudamericana, éste es sólo un primer paso tentativo hacia una integración sistemática del mito, la historia y la historia de los impulsos espirituales sudamericanos. Es nuestra esperanza que este esfuerzo animará a otros a completar el cuadro. Invitamos al lector a emprender el estudio de la historia sudamericana a través del paciente legado de los mitos y leyendas de sus pueblos.

Parte I

La Prehistoria de América del Sur

CAPÍTULO 1

DE MESOAMÉRICA A SUDAMÉRICA

Nuestras exploraciones anteriores expuestas en mi libro '*Puntos de Inflexión Espiritual de la Historia Norteamericana*' resaltaron un fenómeno de continuidad cultural en quince o más siglos, desde el tiempo de Cristo hasta el tiempo de la conquista de México. Temas mitológicos comunes aparecen a lo largo de América Central y del Norte: el tema central del nacimiento de la virgen de una individualidad evolucionada o iniciado, acompaña el fondo mítico de la mitología Maya, Sudamericana, e Iroquesa, así como de muchos otros grupos nativos americanos. Lo siguiente es un resumen comprimido de lo que se ha explicado a fondo en la exploración anterior de América Central y Norteamérica.

Permítanos considerar la esencia de la vida y hechos de los Gemelos, tal como se inmortalizaron en el Popol Vuh. Nacido del encuentro de una mujer desde el inframundo, Ixquic, y de los seres celestiales llamados Apus (el Gran Espíritu), los Gemelos son los primeros seres humano/divinos en penetrar y comprender totalmente la naturaleza y función espiritual del inframundo. Contra ellos están los Señores del inframundo de Xibalban y sus jefes, los Camé.

El destino de la evolución del mundo está en manos de los Gemelos. Su confrontación con los Camé tiene por lo menos dos objetivos. El primero es recobrar el recuerdo de sus padres, el Apus que encontró su muerte simbólica a manos del Camé. En efecto, en las primeras fases de su descenso al inframundo, los Gemelos desandan los pasos de sus precursores y padres espirituales, los Apus. El Camé y los Xibalba son aquéllos que han usurpado la autoridad legal de los Apus. Éstos son los que Rudolf Steiner caracteriza como el sacerdocio de los cultos de

Taotl y Quetzalcoatl. El primero es una forma pervertida del culto del Gran Espíritu que dependía de la práctica del sacrificio humano. El segundo culto esotérico, cercano en su naturaleza al primero, tiene el poder de diseminar la enfermedad y la muerte a través de la magia negra, como también es confirmado en el registro del Popol Vuh. Una meta de los Gemelos, estrechamente aliada a la primera, es reducir la práctica del sacrificio humano. Esto ya se anuncia a través del hecho de Ixquic, la madre de los Gemelos. En varios lugares en el cuento de la lucha contra los poderes del inframundo, los Gemelos se oponen al sacrificio humano o a perder su derecho a exigir la vida de los Xibalba. Sólo al final el misterio de la muerte tiene un papel central en el resultado de la prueba espiritual: los Camé mueren a manos de los Gemelos. Permítanos ver cómo Steiner describe el evento. La parte más importante de los resultados esotéricos de Steiner involucra la confrontación entre el iniciado y el alto sacerdote del culto de Taotl. Esto ocurrió al mismo tiempo que el ministerio del Cristo en Palestina, es decir, entre los años 30 y 33 DC. La lucha del iniciado contra el sacerdocio corrupto de Taotl culmina al mismo tiempo que la muerte en el Gólgota. Sin embargo, en América el crucificado fue el alto sacerdote. Ésta fue la manera de terminar con su poder y conocimiento esotérico. La evolución recuperó su curso normal una vez derrotado el sacerdote de Taotl — la amenaza al alma humana y a la evolución de la tierra que los sacrificios habían puesto en movimiento, es superada por el hecho del iniciado. Por consiguiente, las almas pueden continuar encarnando en la tierra. Anteriormente este deseo estuvo amenazado por los sacrificios humanos. El peligro de mecanización de la tierra y el distanciamiento del alma del propósito de la evolución de la tierra al que Steiner se refiere, fue superado por el hecho del iniciado. El mago negro estaba intentando traer a la realización un mundo que sedujera a los seres humanos invitándolos a salir de la evolución normal de la tierra. Las almas habrían buscado vivir en ese mundo en lugar de mantener el deseo de encarnar en la tierra.

La superación de los Camé y de los Señores de Xibalba tiene un corolario de consecuencias, la primera de ellas es la restricción de los poderes del inframundo. Su mal fue restringido y volvió a jugar sólo un papel limitado dentro del área de influencia de los seres espirituales en la tierra. Sin embargo, lo más enigmático en el Popol Vuh es el evento llamado el "Amanecer". Al nativo americano para quien el mundo exterior e interior están íntimamente vinculados, el Amanecer se manifiesta exteriormente con la aparición en los cielos del sol, la luna, y las estrellas. Lo que anteriormente era como un mundo oscuro adquiere ahora una nueva luminosidad y substancia. Otra manera de presentar el fenómeno es refiriéndose al cambio de conciencia que permite a los Mayas y a otras tribus percibir el mundo de una manera totalmente diferente. Esta transformación no sólo la describe el Maya sino muchos otros grupos étnicos a lo largo de las Américas, entre ellos los Hopis son un claro ejemplo. La historia y la arqueología proporcionan más pruebas del importante cambio de conciencia que de hecho intervino a tiempo en este punto crucial. A la historia exterior le es conocido que el calendario Maya fue inventado en un tiempo muy cercano a los eventos del ministerio de Cristo en Palestina.

La historia no subraya suficientemente la revolución de conciencia asociada con la llamada Cuenta Larga Maya. Antes de a esa innovación, el tiempo se computaba en ciclos de cincuenta y dos años a través del llamado Calendario Circular; este estuvo acompañado por el miedo a la "extinción del tiempo" y la angustia asociada con la mortalidad y el destino del alma. La Cuenta Larga no es una herramienta que carece de la conveniente imaginación. Corresponde al regalo que sólo uno de los iniciados más elevados podría ofrecer para llevar más lejos la civilización. El Maya aprehendió y consiguió una respuesta para el misterio de la muerte que pesó en la conciencia de la época anterior. El calendario dedica una nueva comprensión de la inmortalidad del alma y de la noción de eternidad, más que del tiempo cíclico. El sitio de Izapa en Soconusco (Chiapas, México), donde por primera vez aparecen los eventos centrales del Popol Vuh, también se construyó en un tiempo cercano al cambio de nuestra Era. Esto explica el enigmático pero importante papel que la historia reconoce en el sitio aparentemente modesto, sin poder señalar con precisión las causas más profundas de su influencia.

PUNTOS DE INFLEXION ESPIRITUAL

Las breves referencias que Steiner hace de los Misterios Mexicanos confirman las imágenes del Popol Vuh y agregan a su lenguaje una dimensión histórica. La principal adición con la que contribuye a nuestra comprensión del Popol Vuh es el contexto del mundo histórico y espiritual de los eventos. La vida del iniciado — a quien él llama Vitzliputzli — ocurrió en paralelo con la vida de Cristo. Steiner se refiere a la tradición del nacimiento de este individuo de una virgen, sin confirmar que ésta es de hecho su naturaleza. El hecho de que un individuo aparezca en la investigación científico-espiritual occidental y dos aparezcan en la tradición Maya es sólo una clara contradicción. El Popol Vuh es un documento imaginativo. Un análisis profundo de la figura de los Gemelos muestra que ellos realmente actúan como una entidad unificada. Por cuanto Ixbalamqué es el principio terrenal-lunar, Hunahpu es la contraparte solar. En otras palabras, Ixbalamqué es el iniciado; Hunahpu es el ser solar que lo inspira. Desde que Vitzliputzli es el nombre dado por el iniciado en la pervertida versión Sudamérica de la historia espiritual, hemos preferido devolverle al iniciado su nombre original, Ixbalamqué o Yax Balam, el "gemelo humano."

Permítanos mirar los detalles más finos de la odisea del Popol Vuh, particularmente el liderazgo de la Tercera Era, el período que en Mesoamérica precede a los eventos de Palestina. En ese tiempo, nos dicen, el Gran Espíritu ha dejado la guía de la humanidad a sus hijos Hun Batz y Hun Chouen. Los hermanos son las contrapates Mayas de lo que Steiner llama el sacerdocio de Tezcatlipoca, que él describe como un culto a Jehová que se hizo completamente exotérico. Es en efecto un culto relacionado a los siete Elohim, el Gran Espíritu que progresivamente perdió su poder. El Popol Vuh describe esta evolución y decadencia con la transformación de los hermanos de la Tercera Era de guías/sabios hombres/artesanos (Batz) en monos (Chouen).   El esoterismo Maya define el punto de inflexión del Amanecer como la emergencia de una nueva conciencia del tiempo. La pregunta que la Tercera Era no podía resolver fue la de la inmortalidad del alma en el momento del americano Crepúsculo de los Dioses. Exteriormente se reflejó en el uso del Calendario Circular y el miedo a la extinción del tiempo y del mundo cada cincuenta y dos años, todavía conocido por los Aztecas y conmemorado en su Nueva Ceremonia del Fuego. El Maya desarrolló el calendario llamado Cuenta Larga y su detallada astrología justo en el tiempo de los eventos a los que Steiner se refiere en sus dos conferencias sobre los Misterios Mexicanos. La primera estela histórica del Maya data del primer siglo A.C., al primer siglo DC. Aun más notable es la aparición simultánea de la primera evidencia gráfica de las imágenes del Popol Vuh en el sitio de Izapa. La fecha de las ruinas las coloca de uno a dos siglos antes del tiempo de Cristo o un poco después. El notable calendario Maya, único para América Central y del Norte, es la concreta manifestación del cambio de conciencia de la Cuarta Era. Este calendario va más allá del anterior Calendario Circular (Cuenta Corta) porque puede avanzar y retroceder en el tiempo, prácticamente hasta el infinito. Junto con la imagen de la resurrección de los Gemelos, en esta nueva astronomía se refleja la inmortalidad que ya no le teme al final del tiempo.

La anterior es sólo una breve apreciación global de los hechos que se han descubiertos respecto a Mesoamérica en el Punto de Inflexión Espiritual. Muchos más resultados arqueológicos se agregan a la importancia del intervalo de tiempo que en la historia americana va del primer siglo A.C., al primer siglo D.C.

Aparecía también otro fenómeno predecible que iba paralelo a la historia europea. Por cuanto en Europa toda mención histórica ha girado alrededor de la vida y muerte de Cristo, es lo mismo para América en relación con Ixbalamqué, el iniciado de las Américas, el individuo personificado por los Gemelos y en otra parte llamado Glooskap, Manabozho, Tacoma, etc., Once a quince siglos después, aparecen rastros de este ser en el Huitchilopochtli de los Aztecas y en el Hiawatha de los Iroqueses. La parecida continuidad espiritual está en contraste con las diametrales prácticas espirituales entre los Aztecas y primeros Mayas. El mismo sacrificio humano que repudia el Popol Vuh y los Gemelos, constituye la piedra angular de la espiritualidad Azteca.

11

PUNTOS DE INFLEXION ESPIRITUAL

Lo que es obvio en Europa aparece en forma más sutil en la totalidad de las Américas. Todo en la historia europea se refiere de una manera u otra a los eventos de Palestina. La Cristiandad tiene un lugar central en los asuntos europeos, para bien o mal, no obstante nuestras simpatías o antipatías. Sin embargo, lo que va bajo el nombre de Cristiandad apenas es un todo coherente. Permítanos poner cinco corrientes en contraste una contra otra: la temprana Cristiandad de las catacumbas, la Cristiandad romana oficial de Constantine, los Caballeros Templarios, los Maniqueos del sur de Francia, y la Santa Inquisición. Sería absurdo intentar formar una idea inequívoca y precisa de la cristiandad de la suma de documentos dejados atrás por todas las fuentes anteriores. En otras palabras, bajo el nombre de Cristiandad, los hechos más abominables — como aquéllos de la Inquisición — están lado a lado con el piadoso celo de los primeros cristianos. Lo que es obvio de Europa en la actualidad no es totalmente reconocido por la mayoría de estudiosos de las Américas. Aquí las ideas se forman yuxtaponiendo lo que tienen que decirnos los Mayas, Toltecas, Aztecas y otros sobre una deidad o concepto. Debe ser obvio, sin embargo, que no podemos proceder así para llegar a una concepción de los Gemelos o de los Apus. Que los Aztecas pueden contribuir a esta comprensión irá contra lo que el antiguo Maya podría decirnos sobre ellos. Para el Maya, los Gemelos son aquéllos que vencieron el sacrificio humano; para los Aztecas, su contraparte — Huitzilopochtli — es el que los reintegra en el mismo momento de su nacimiento. Nuestro análisis ha ilustrado todas las modificaciones menores o mayores del contenido del Popol Vuh que les permitió a los Aztecas exigir la continuidad espiritual con una perspectiva del mundo que estaba al extremo opuesto de sus verdaderos objetivos.

Ahora podemos volver a Sudamérica, o más precisamente a la región andina del Perú y Bolivia. Aquí encontraremos algunas amplias similitudes con las tendencias generales de Mesoamérica, junto con las que dan a esta región un impulso espiritual totalmente original. Contrariamente a Mesoamérica, en Sudamérica no podemos acudir a un registro inequívoco de Eras o Soles como en el Popol Vuh. Nuestras únicas breves fuentes son Guamán Poma y Blas Valera que caracterizaron cuatro Eras y por inferencia una quinta, la de los Incas. Según esta manera de ver, la Tercera Era corresponde al tiempo que hemos definido como la Cuarta Era en Mesoamérica. Por razones que se aclararán conforme progresemos, hemos mantenido una definición de Eras paralela a la de Mesoamérica. Así en este libro la Primera y Segunda Era corresponden a las primeras civilizaciones; la Tercera Era es formada por la cultura Chavín que la arqueología ve como una cercana contraparte de la civilización Olmeca de la Tercera Era Mesoamericana. La Cuarta Era corresponde a lo que conocemos como la época que sigue al punto de inflexión de la historia americana — que en los Andes es llamado período Intermedio Temprano — y finalmente la Quinta Era corresponderá a la emergencia histórica del Imperio Inca. De pasada nos referiremos a lo que Guamán Poma define como la Cuarta Era — o "Era de los Guerreros." Sin embargo, esta época no corresponde a un nuevo impulso espiritual sino a una fase de declive cultural de la Era anterior. Por consiguiente, no la hemos mantenido como una Era separada.

CAPÍTULO 2

PRIMERA Y SEGUNDA ERA

Este trabajo está referido a una porción particular de Sudamérica, una que está centralmente definida por la presencia de los Andes. Aunque los Andes se extienden desde el Caribe colombiano a Chile por el sur, la historia que nos involucra se desarrolló en el territorio andino central, incluso en una gran parte de Ecuador, la mayor parte de Perú, Bolivia occidental, y una porción del norte de Chile. Si concentramos más este territorio, tenemos que tratar esencialmente con Perú — excluido el Amazonas — y Bolivia.

Geografía Andina

Todo el territorio bajo consideración se extiende en una área típicamente subtropical, de la línea del ecuador a alrededor del paralelo 18 (vea mapa 1). Las temperaturas disminuyen conforme uno se aleja del ecuador. Esta extensión de tierra representa el uno por ciento de la masa continental de la tierra pero presenta una síntesis de todos los climas de la tierra. En esta pequeña porción se reflejan climas y ecosistemas similares a los de Europa, Asia, América del Norte, y África. Esta diversidad es creada por dos factores naturales: la presencia de la cordillera andina, y el complejo fenómeno oceánico-atmosférico del Pacífico del que la fría corriente de Humboldt, fluyendo a lo largo de toda la costa, es simplemente un componente.

El territorio de los Andes centrales cuenta con 28 de los 32 climas de la tierra (88 por ciento) y 84 de 103 ecosistemas (82 por ciento) en sólo el uno por ciento de la superficie de la tierra. [1] En el espacio de veinte millas uno puede pasar de un desierto a verdes valles, del frío de la cordillera alta a un caluroso valle; yendo ligeramente más lejos uno se mueve de pequeños y estacionales ríos de la costa a algunos de los ríos más grandes y más largos en la Amazonía. No hay ningún otro lugar en la tierra donde ocurran tan extremos contrastes. Agregue a esto la gran variedad y cantidad de azotes apocalípticos: erupciones volcánicas, terremotos y tsunamis, diluvios y sequías. En otros términos, son posibles todos los excesos.

Mapa 1: principales lugares arqueológicos de este trabajo

PRIMERA Y SEGUNDA ERA

La Cordillera Andina

La Cordillera andina es una reciente formación geológica que data de la época Terciaria. Los Andes se expanden 500 km en el sur, con altas mesetas a alturas de 4000 m y picos nevados de 6000 m de altura y más. En el norte la cordillera se estrecha a 100 km de ancho, suavizando las transiciones climáticas y medioambientales entre los ecosistemas. La cúspide se alcanza en la Cordillera Blanca con el Huascarán que alcanza casi 7000 m de altura. El poblado más alto, Cerro de Pasco, está situado a 4340 m, casi tan alto como los Alpes en Europa.

Se multiplica la diversidad de climas debido al hecho que los Andes forman varias líneas paralelas de montañas. En Chile la cordillera forma sólo una línea, mientras al norte de Lima, al sur de Trujillo, la cordillera forma cuatro líneas paralelas, incluyendo a la Cordillera Blanca y a la Cordillera Negra. Esto significa que la geografía local presenta valles y mesetas a alturas imaginables. Es más, estas cordilleras paralelas forman en algunos lugares lo que se llaman "nudos."

Tres líneas de montañas se encuentran primero en el Nudo de Loja en Ecuador, y luego en el centro del territorio andino en el gigantesco Nudo de Pasco encima del que se localiza una meseta muy alta y fría a más de 4300 m. Un último nudo se encuentra en el sur, el Nudo Vilcanota. Aquí convergen tres líneas paralelas que vienen del norte y forman dos líneas que abrazan el Titicaca*, (Collao) el altiplano. Éste es el lago más grande de los lagos de gran altitud a 3800 m.

Clima y Geografía

La región comprende cuatro zonas geográficas principales:

---

* N. del T.: El lago **Titicaca** es el segundo lago más grande de Sudamérica y el lago navegable más alto del mundo. Está ubicado entre el Altiplano peruano-boliviano a unos 3.812 msnm, posee un área de 8,372 km² y 1.125 kilómetros de costa. Su profundidad máxima se estima alcanza los 281 <u>mt</u>. y se calcula su profundidad media en 107 m. Su nivel es irregular y aumenta durante el verano austral.

- las llanuras costeras del Pacífico que forman los desiertos
- la fría y escabrosa área de la cordillera, incluso el altiplano boliviano y el del sur peruano,
- el rango oriental caluroso y verde de la cordillera
- el bosque de la Amazonía

Las temperaturas van de -10°C en las alturas de la cordillera a 41°C en la Selva amazónica. La precipitación va de virtualmente ninguna lluvia en el desierto costero, a 700-1000 mm en la cordillera, 3000-4000 mm en la cordillera oriental, y a 8000 mm en la Amazonía.

Las estaciones presentan un marcado contraste entre la costa y el interior. En la costa, desde que no hay lluvia, las diferencias estacionales están basadas en la temperatura. De octubre a marzo es la estación calurosa; de abril a septiembre es la estación fría con eventual presencia de una fina lluvia llamada *garúa*. En el interior, la estación lluviosa se extiende de octubre a marzo durante la que ocurre 65 a 85 por ciento de la precipitación anual. La estación seca se extiende de abril a septiembre. Note la inversión entre la costa y la sierra. Cuando es verano en la costa, en la sierra es la estación invernal de lluvias.

En la montaña y la sierra, las temperaturas varían poco durante el año; hay más diferencia entre la temperatura del día y de la noche, pero sólo en el orden de 10-12°C entre el principio de la mañana y el mediodía. La gradiente de temperatura se acentúa en las altas montañas, particularmente en la estación seca. La diferencia más alta aparece en la puna de la alta meseta con una gradiente de 30°C e incluso 40°C. Esto es porque estas áreas están más lejos del Ecuador.

Permítanos ahora considerar la costa que tuvo un papel importante en las primeras fases de la civilización andina. En la cordillera occidental, las lluvias son cortas y poco frecuentes durante la mayor parte del año y larga e intensa en la estación lluviosa (octubre a marzo). Éstas y el deshielo de la nieve proveen agua a cuarenta ríos cortos que como hilos bajan hasta la costa peruana. Durante este período a menudo se producen los llamados *huaicos*, corrientes turbulentas de barro y

18

cantos rodados. Los ríos se hacen progresivamente más fríos conforme se alejan del ecuador hacia el sur del Perú, y sólo siete de ellos llevan agua todo el año. El Río Santa presenta una condición especial, porque es el emisario de las aguas de la Cordillera Blanca y de la Cordillera Negra que corre paralelo a cada uno de los otros a muy gran altitud.

La Corriente de Humboldt y el Fenómeno Atmosférico del Pacífico Sur

La rotación de la tierra y la dirección de los vientos alisios dan lugar al fenómeno de la Corriente de Humboldt con la consecuente emergencia a la superficie de aguas más profundas, más frías. Esto significa que las aguas de la costa del Pacífico tienen temperaturas promedio de 12-13°C más frías que las que corresponden a las áreas tropicales a igual latitud. Las bajas temperaturas limitan la evaporación del agua; ello también favorece el fenómeno de inversión termal en la atmósfera por lo que las temperaturas son constantes (18°C) desde la superficie hasta aproximadamente los 1100 m, donde ocurre lo inverso con temperaturas crecen progresivamente hasta los 26°C. La inversión termal evita la formación de nubes, de *cumulonimbus*[*] que generan la lluvia.

La presencia de agua fría es la razón para la gran abundancia de peces: la anchoveta (de la familia de la anchoa), sardinas, bonito, pejerrey, y otros, y por consiguiente para una gran variedad de pájaros cuyo excremento es una rica fuente de fertilizante. Esta biodiversidad fue un factor importante en el establecimiento de las civilizaciones.

La Corriente de Humboldt es un caprichoso e inconstante río oceánico. Las excepciones a la norma de la Corriente de Humboldt se han bautizado como la Corriente del Niño, La Niña, Anti-Niño, Ningún-Niño y más recientemente ENSO, para la oscilación del Niño del Sur. En circunstancias extremas uno podría oír la mención de "Súper-

---

[*] N. del T.: El **Cumulonimbus (Cb)** es un tipo de nube de desarrollo alto, denso, con tormenta y mal tiempo. Se pueden formar aisladamente, en grupos, o a lo largo de un frente frío en una línea de inestabilidad. Los cumulonimbus se forman de nubes del tipo cúmulus.

19

Niños" o "Súper-ENSO" con duraciones que van de decenios a un siglo y medio, causando un considerable cambio del clima, particularmente a lo largo de la costa ecuatoriana y peruana.

Los fenómenos que crean éstos 'Niños' y sus variaciones van más allá de la propia Corriente de Humboldt. Ellos involucran las aguas y atmósfera del Pacífico sur. El evento de 1997 causó fuertes diluvios en el norte del Perú, sur de Ecuador, sureste de Brasil y Argentina, y el oeste de Canadá y los Estados Unidos. Hubo sequía en Australia, Indonesia y las Filipinas, así como en la alta meseta peruano-boliviana, el noreste de Brasil, y a lo largo de Centroamérica. Las irregularidades del Niño varían en llegada y duración. Pueden manifestarse hasta uno o dos años después de su aparición y luego desaparecer durante otros tantos años. Pueden ser de intensidad baja, promedio, o alta. Pueden empezar en febrero, mayo, o septiembre y durar hasta seis meses.

El síntoma más notable del fenómeno es el calentamiento anormal de la superficie de las aguas del Pacífico a lo largo del litoral peruano-ecuatoriano entre los paralelos 180 y 80, una extensión de casi 11000 km de ancho. El calentamiento de las aguas que provocan las lluvias torrenciales a lo largo de la costa parece estar vinculado a las sequías en la alta meseta. Muchos otros eventos acompañan el aumento de la temperatura de las aguas, particularmente en los casos más dramáticos:

- discontinuidad del fenómeno de inversión termal de las masas de aire, la primera causa para una precipitación anormalmente baja. Un aumento de 2.3°C en la temperatura del agua provoca un fenómeno suave, 3°C definen uno fuerte; 4°C uno excepcional.
- aumento de la precipitación. Un ejemplo: Piura, en el norte del Perú, recibe un promedio normal de casi 50 mm/año. Durante un fenómeno suave esta cantidad se multiplica por 3. Con un aumento de 4°C, la precipitación puede alcanzar 800 mm/mes como fue el caso en 1983.
- aumento del caudal de agua en los ríos.
- aumento del nivel de agua del océano. En el Callao (muy cerca de Lima) las aguas pueden subir hasta 35 cm; en el sur del Perú

incluso hasta 50 cm. [2] Esto puede llevar a la formación de lagos y albuferas temporales, sobre todo en la costa del norte peruano (Desierto de Sechura). Aquí se pueden formar hasta nueve lagunas separadas. El desierto realmente es una depresión cuyo fondo está a 34 m debajo del nivel del mar. En 1983 y 1998, aparte de la propia depresión principal, las otras lagunas se unieron y formaron un gran lago de 200 km de largo y 25 km de ancho — el segundo lago de América del Sur más ancho después del Titicaca. [3]

- simultánea presencia de diluvios y sequías en diferentes partes del territorio peruano. Sin embargo, en la costa no hay vínculos estadísticos fiables entre los diluvios y las sequías, salvo en la región del altiplano de Puno. Con el evento de 1983 Puno experimentó una reducción de la precipitación del 32 por ciento del promedio, la peor sequía en cincuenta años. Otros eventos se pusieron en correlación en partes adicionales del territorio: el Niño de 1969 trajo 48 por ciento menos lluvia a las áreas de Cajamarca/Huánuco; el evento de 1989–90 afectó una vez más Cajamarca y Huánuco pero causó precipitaciones 75 por ciento más bajas en Arequipa y Puno. [4]

Los eventos del Niño condicionaron toda la historia peruana en una magnitud mayor que cualquier catástrofe natural en el resto del mundo. Los siguientes son algunos ejemplos de catástrofes naturales y de su frecuencia. Por los años 562–594 DC., la sequía más larga en la historia causó los cambios mayores en Perú y particularmente en su costa norte. Otras crisis del 'Niño' ocurrieron por los años 511–12, 546, 576, 600, 610, 612, 650, y 681 DC. [5] Las fluctuaciones climáticas por siglos han sido tales que han afectado el Lago Titicaca de un modo dramático. Alrededor del año 8000 A.C., se estima que el nivel de las aguas bajó 50-60 m. En los años 5000–2500 A.C., las aguas de nuevo subieron. En el año 1000 DC todavía estaban 5 m más altas que en la actualidad. [6]

En los glaciares de las montañas que rodean la alta meseta hay

21

evidencia de períodos de sequía y de grandes períodos de lluvia por los años 650 a 800 DC. Junto con el derrumbamiento del Imperio Wari hay evidencia de prolongadas sequías en el altiplano en el período que va del año 1200–1300 DC. Las manifestaciones más severas son las que afectan la costa que está más al sur, a tan al sur como Nazca, 280 millas al sur de Lima.

Quinn informa de 122 eventos del 'Niño' en los últimos quinientos años, subdivididos así: 67 moderados (más de 2°C); 45 fuertes (más de 3.1°C); 10 excepcionales (4°C o más) según fuentes paleontológicas, arqueológicas y escritas. [7] Los diez eventos excepcionales en el Perú fueron registrados en los años 1578–79, 1720, 1728, 1791, 1828, 1877–78, 1891, 1925–26, 1982–83, y 1997–98. Note que su extensión va desde un mínimo de 8 años a tanto como un intervalo de 141 años. En 1891, a lo largo de la costa norte peruana, las lluvias en Piura duraron más de sesenta días; el río Piura adquirió una anchura de 150 m y hasta 7 m de profundidad, comparado con los 30 m y 1 m respectivamente en tiempos normales. [8]

Además de El Niño hemos mencionado su fenómeno gemelo de La Niña. En este caso la temperatura de la superficie del océano disminuye. Esto va acompañado por la elevación de las aguas en el Pacífico Occidental. Desde 1958 al presente ha habido doce de tales episodios, acompañados de precipitaciones anormalmente bajas en Piura. [9] De manera que La Niña está acompañada de sequías extraordinarias, sobre todo a lo largo de la costa norte. Otros fenómenos la acompañan, pero no han sido aclarados como aquéllos de los más famosos 'Niños'.

Mitologia y Cronología Andina

Debido a la singularidad de la geografía andina, el desarrollo cultural ocurrió en relativo aislamiento hasta el período que va del año 3000 al 2500 A.C., con la inauguración de organizaciones sociales más complejas que aprovecharon los diversos ecosistemas a través de redes interregionales. Fue un súbito desarrollo cultural.

PRIMERA Y SEGUNDA ERA

En nuestra exploración más temprana de la historia Mesoamericana, nos referimos a los paralelos entre las Eras o Soles en Mesoamérica, Sudamérica, incluso tan lejos al norte como con los Hopis e indios Pueblo. En Perú, Guamán Poma nos ha dado una de las más completas interpretaciones. Además tenemos las crónicas de Montesinos y Valera. La Segunda y Tercera Era de Guamán Poma no coinciden con la Segunda y Tercera Era Mesoamericana del Popol Vuh.

Según el cronista, la Primera Era, *Pakanmok Runa* (*VARI VIRA Cocha Runa),* corresponde a una tierra prístina habitada por animales salvajes, gigantes, enanos, y fantasmas. El "Pueblo del Amanecer" que primero habitó la tierra eran nómadas y moraban en cuevas. Ellos no habían organizado ceremonias religiosas.

Durante la Segunda Era — o Era de *Wan Runa* (*VARI RVNA*) (pueblo indígena) — el dios Alpamanta Rurac creó al ser humano del barro. Los seres humanos abandonaron las cuevas por primera vez para morar en los llamados *pukullo*. La Segunda Era marcó el principio de la vida sedentaria, de la actividad agrícola, y de la invención de la alfarería. Las personas adoraron al dios del relámpago *Illapa*, su símbolo de la vida y de la muerte; el *kuntur* (el cóndor), pájaro del sol; y el kuri poma, el león dorado. Nació la idea del inframundo. La Segunda Era acabó con un diluvio y la rebelión de los animales domésticos y herramientas.

La Tercera Era se llama *Purun Runa.* La tierra tuvo un uso más intensivo, había más plantas cultivadas, y la llama y la alpaca fueron domesticadas. El trabajo cooperativo alcanzó su clímax. Entre las invenciones de la Era estaban el tejido, el trabajo del metal, y el uso de tambores y flautas. Otra introducción típica de esta Era fue el uso ritual de las bebidas fermentadas. Los soberanos, llamados Capac Apo, eran llevados en literas, una característica de la Tercera Era que sobrevive en muchas culturas.

La Cuarta Era es el tiempo del *Auka Runa*, "pueblo del tiempo de guerra." Las luchas internas de la Era anterior alcanzaron un clímax.

PUNTOS DE INFLEXION ESPIRITUAL

Fue el tiempo de las ciudades fortificadas llamadas *pukaras*. Los agricultores dejaron las tierras bajas para tomar refugio en la alta meseta. Durante esta Era las prácticas del canibalismo y el sacrificio humano, incluso con la remoción del corazón, alcanzaron su cima. Al muerto se le enterraba con su comida y bienes, a veces con sus mujeres. Desde nuestra perspectiva podemos ver que aunque a esta se le llamó la Cuarta Era, en realidad sólo fue una fase de decadencia de la Tercera Era. Las tres Eras anteriores tienen similitudes y correspondencias con las Eras del Popol Vuh, aunque la Segunda Era andina corresponde más estrechamente a la Tercera Era Mesoamericana. Además de las cuatro Eras anteriores nosotros agregamos, de otras crónicas y del registro histórico, la Quinta Era de los Incas (Cristóbal de Molina).

Podemos profundizar aún más nuestra apreciación del pensamiento mítico andino con la dimensión de sus ciclos de tiempo, el componente milenario. Blas Valera y Fernando Montesinos compilaron una lista de noventa y tres reyes pre-Incas, recordando los tiempos de Pirua Manco que vivió milenios antes de Cristo. Montesinos declara que su fuente es la de un autor que había consultado a historiadores contemporáneos del emperador Atahualpa. Valera que estuvo muy cerca de éstos puede haber sido la principal fuente de Montesinos y Guamán Poma. En su trabajo, Valera se refiere a los puntos de inflexión del tiempo como *pachacutis* o *"Soles."* Que los ciclos grandes y pequeños se llamen *Soles* y es verdad confunden, pero aquí nos ocupamos de ciclos de tiempo más pequeños que con lo involucrado en las cinco Eras. La manera de definir las Eras menores es más explícita en *Memorias Antiguas Historiales y Políticas del Perú,* de Fernando Montesinos. Hubo períodos más grandes y más pequeños. El intervalo de mil años se llamó *Capac-huata* o *Intip-huata,* "gran año del Sol." Cada milenio se subdividió en dos períodos de quinientos años conocidos como *pachacuti.*

Según Montesinos, los primeros habitantes del Perú habrían llegado en el año 2957 A.C., al principio del Segundo Sol — extraordinariamente

Cuadro 1: Correspondencia entre épocas y periodos arqueológicos

Períodos Arqueológicos	Fechas	Eras
Arcaico Temprano	8000–6000 A.C.	Primera Era: 8000–3000 A.C.
Arcaico Intermedio	6000–3000 A.C.	
Arcaico Tardío	3000–1500 A.C.	Segunda Era: 3000 a 1500 A.C.
Formativo (Chavín)	1500–200 A.C.	Tercera Era:1500 AC - año 0 Ver capítulo 3
Período Intermedio temprano: Tiwanaku, Gallinazo, Moche, Nazca, etc.,	200 A.C.-DC 600	Cuarta Era: año 0 a 1438 DC. Vea los capítulos 4 y 5
Período Medio Intermedio (Horizonte Medio): Wari	600–1000 DC	"Era de los Guerreros" (No una Era real, sino la segunda parte de la Cuarta Era). Vea capítulo 6
Horizonte Intermedio Tardío: Chimú, Chancas.	1000–1438 DC	"Era de los Guerreros" Vea capítulo 6.
Horizonte Tardío: Civilización Inca	1438–1533 DC	Quinta Era: después de 1438 DC. La fecha 1438 ofrecida aquí es la del estimado acceso al trono por Pachacuti Inca.

cerca del registro de la arqueología que pone en ese tiempo el principio del Arcaico Tardío con sus importantes cambios culturales. Según el cronista, el Cuarto Sol se completó cuarenta y tres años después del nacimiento de Cristo en Belén, y esto correspondió al segundo año del reinado de Manco Capac, el tercer rey peruano que llevó ese nombre.

La arqueología diferencia varios períodos de la historia andina. Al lado de ellos agregamos la terminología de las Eras que se usarán a lo largo de este trabajo, una cronología que sigue estrechamente y de muchas maneras al Popol Vuh (cuadro 1).

Cuando consideramos la cronología de esta manera vemos la Primera Era de la civilización que corresponde a pre-históricos desarrollos de sociedades cazadoras-recolectoras; la Tercera Era de dos sociedades paralelas: Olmeca y Chavín; los espectaculares desarrollos de la cultura Maya reflejada al sur por Tiwanaku, Nazca, la cultura Gallinazo[*] con su culminación inmediatamente después de un período de acelerada decadencia y llegada dentro de una muy claramente definida ventana del tiempo. Lo mismo puede decirse de la correspondencia entre la cultura Inca y Azteca con su énfasis en los niveles más grandes de organizaciones sociales. Lo que sobresale en el contraste entre los continentes norte y sur es el particularmente espectacular desarrollo de la Segunda Era andina en el centro de la costa norte del Perú.

Podemos volver ahora a tiempos más tempranos de la civilización andina, al período que en la arqueología se conoce como Arcaico — que precede el Período Formativo, principalmente caracterizado por la civilización Chavín a la que volveremos en el capítulo 3. La Primera y Segunda Era simplemente forma un preludio para Chavín y el Período

---

[*] N. del T.: La cultura **Gallinazo** se desarrolló entre Jequetepeque, La Leche, Santa, Nepeña, Casma y Huarmey en la costa norte del Perú, en el período comprendido entre 200 a. C. y 350 d. C. Ésta época estuvo caracterizada por un significativo aumento de la población, la expansión de los sistemas de irrigación y el incremento de la centralización del poder político.

Intermedio Temprano que captura el interés central de nuestro estudio. Por consiguiente, no analizaremos la Primera y Segunda Era con la misma profundidad de épocas posteriores pero subrayaremos la importancia de la vida ceremonial y su base esotérica a la luz de su persistencia en todos los subsiguientes períodos. Note al pasar que hemos escogido fechar el PIT de 0 a 600 años DC., como algunos autores lo hacen, en lugar de 200 años A.C. La razón se aclarará cuando analizemos el período en el capítulo 5.

El Período Arcaico no fue simultáneo a lo largo de los Andes; según la localización se extendió durante varios milenios. La Era puede ser dividida aproximadamente así:

Arcaico Temprano: 8000–6000 A.C.
Arcaico Medio: 6000–3000 A.C.
Arcaico Tardío: 3000–1500 A.C.

Según la investigación más actual, el período del año 3000 al 2500 A.C. marca el comienzo del desarrollo de complejas organizaciones sociales, incluso la formación de redes de contactos interregionales. Éste fue un importante período de transición, uno que será central para nuestros estudios.

Definiremos la Primera Era como sociedades del Arcaico Temprano y Medio, y la Segunda Era como sociedades que siguieron los importantes cambios del Arcaico Tardío. Estos cambios se sintieron más agudamente a lo largo de la costa norte que desarrolló una totalmente nueva arquitectura monumental.

Primera Era [10]

La evidencia más temprana de cultivos se remonta al año 8000 A.C. Las primeras plantas en ser domesticadas probablemente fueron raíces y tubérculos: la patata, la oca (Oxalis tuberosa), camote (Ipomaea batata), achira (especie Aracacia), olluco (Ullucus tuberosus), etc. Aparte de éstas, se introdujeron legumbres y frutas, como el pallar y la canavalia (ambas leguminosas), cucurbita, y mate (cucurbitácea). Otras especies pueden haber sido domesticadas: la lúcuma, la guayaba, el zapote (Capparis angulata), y la ciruela del fraile (Bunchosia armeniaca).

La domesticación de los camélidos en la puna se retrotrae a los años 4000 a 3500 A.C. La domesticación del cuy se alcanzó en Ayacucho ya en el período llamado Chihua (4400–3100 A.C.). Las especies domésticas de la sierra central se difundieron a otras áreas mucho después.

Arcaico Temprano (8000–6000 A.C.)

Nosotros caracterizaremos los desarrollos del Temprano Arcaico a través de algunos ejemplos a lo largo del territorio. El pueblo del "complejo Paiján" de la parte central de la costa norte (9000–6000 A.C.) se movió entre el litoral y las montañas. Principalmente pescaron, cazaron y posiblemente recogieron algunos vegetales. Usaron la piedra para las cuchillas, cuchillos, cucharas, picos, y rascadores. Los grupos de la costa sur (8500–7000 A.C.) eran igualmente pescadores y cazadores.

Las poblaciones de la sierra tenían el recurso de un sistema de rotación entre la caza y el cultivo. Los grupos que la mayoría ha estudiado son aquéllos de Guitarrero (Callejón de Huaylas) y Ayacucho que aprovecharon varias zonas ecológicas. Los habitantes de La Paloma (costa central) se movieron a través de los ecosistemas desde la costa al río y a las colinas vecinas. Una gran parte de la dieta típica provino de peces, mariscos, y pájaros; es más, recogían semillas, frutas, y tubérculos e incluso tenían algunas plantas cultivadas como el zapallo, el melón y la sandía de la familia cucurbitae, los frijoles, y posiblemente las guayabas. En Ayacucho, grupos de cazadores se movieron entre áreas ubicadas a alturas de 2300 m a 3400 m y en la puna de 3900 m a 4200 m. Los cavernícolas de la Puna de Junín (al noreste de Lima) cazaron ciervos y llamas u otros animales relacionados a la llama. Tenían poblados principales y se alejaban de ellos a corta distancia. Otras poblaciones eran más nómadas.

Arcaico Medio (6000–3000 A.C.)

Durante este tiempo hubo un crecimiento de población. Sin embargo, todavía no había ninguna estratificación social y ninguna otra distinción que aquéllas del sexo y la edad. Las poblaciones de la sierra aprovecharon los recursos de ecosistemas diferentes y desarrollaron el cultivo de especies y animales domésticos como el cuy. En la puna la natural abundancia animal alentó la caza, pero también hubo una primera domesticación de los animales de la familia de la llama.

En el Valle de Zaña, en la costa norte del Perú, 80 km al interior, hay evidencia de aproximadamente cuarenta y nueve poblados que datan de este período. Los habitantes eran cazadores-recolectores, pero los vegetales habían empezado a tener una participación mayor en su dieta.

Segunda Era

Arcaico Tardío (3000–1800 años A.C.)

Alrededor del año 3000 A.C., hubo cambios climáticos que llevaron a un calentamiento progresivo que continúa hasta el presente. Esto llevó a la extinción y reducción de la fauna y especies de la flora. El impacto probablemente se dejó sentir en la disminución de la caza y puede haber proveído la motivación de una agricultura intensiva. Como en Mesoamérica, las mujeres fueron las iniciadoras de la primera agricultura, marcando el crecimiento social del rol de las mujeres y el surgimiento del matriarcado. Los primeros pasos hacia el cultivo se dieron en los Andes. La especie de la begonia tuvo el rol después asumido por el maíz como el principal y básico alimento. Algunas plantas cultivadas eran originarias de la Amazonía, particularmente la yuca (la mandioca) y el cacahuate. Las áreas costeras que podían confiar en la abundante pesca tenían menos urgencia y motivación para este paso innovador. Sin embargo, dependían del cultivo del algodón para las redes de pesca. El algodón puede haber sido cultivado

29

PUNTOS DE INFLEXION ESPIRITUAL

ya en el año 2500 A.C.

Las sociedades del área norcentral de la costa y aquéllas de la sierra cercanas a ellas lograron organizaciones sociales de cierta complejidad. Sin embargo, la diferenciación social todavía era mínima, basada en la evidencia de los entierros, como aquéllos encontrados en La Galgada (en la sierra norcentral) y Aspero (en el Valle de Supe, en la costa norte). Los poblados de la costa (La Paloma, Los Chinos I, Culebras, Río Seco, Asia, Otuma, Chilca, etc.) empezaron a extenderse sobre todo después del año 2500 A.C.

Las plantas y bienes empezaron a circular entre la costa y la foresta amazónica, construyendo una red de relaciones entre sociedades que habían estado aisladas mucho tiempo. Este último punto resalta ciertas características de modelos de entierros, técnicas y diseños en los tejidos, y los elementos arquitectónicos. Las sociedades de la costa eran interdependientes con aquéllas del interior.

En esta fase, las ceremonias adquirieron una importancia creciente y estuvieron acompañadas con la edificación de arquitectura monumental. Casi todos los sitios ceremoniales de este período introdujeron en algún momento el llamado patio hundido, probablemente introducidos por las sociedades de la costa, como los del Valle de Supe. Junto con las pirámides, representan los tres niveles rituales del inframundo (patio hundido), la superficie de la tierra (plataformas), y los cielos (pirámides truncas, plataformas-montículos).

Las siguientes condiciones eran instrumentales para un aumento de la vida sedentaria:

- innovaciones tecnológicas que permiten la acumulación de excedentes. A lo largo de la costa así fue el caso con la tecnología de la pesca. Quizás ya durante la última parte de este período, los indígenas tenían barcos, como se infiere por los peces de profundidad que influyeron en su dieta. En la

30

sierra, el progreso equivalente se logró a través de la irrigación o a través de la explotación de diferentes medioambientes, todas innovaciones del Arcaico Tardío
- la red de conexión interregional, útil al comercio pero también culturalmente estimulante
- a nivel de la dirección social para coordinar las actividades interregionales e intercambio.

Todavía se debaten calurosamente otras condiciones para la vida sedentaria:

- si la vida sedentaria fue la consecuencia de la agricultura; éste no fue el caso a lo largo de la costa peruana, debido a los abundantes recursos marinos
- si la alfarería es automáticamente asociada con la vida sedentaria. La alfarería en los Andes se inició en el Período Formativo, después del año 1500 A.C. Incluso entonces algunas sociedades de la costa permanecieron sin alfarería durante algunos siglos a pesar de comerciar con grupos que la usaron.

A lo largo de la costa hubo nuevos desarrollos en la tecnología de la pesca y el cultivo de nuevas plantas a lo largo de las riberas. Esto permitió la formación de excedentes agrícolas, y la necesidad de administrarlos fue otra posible razón para la diferenciación social. Más plantas fueron cultivadas, y desarrollaron los cestos tejidos para el transporte e intercambio de bienes. Parte de los excedentes agrícolas se guardaban en silos excavados en arena y ubicados en especiales sectores no residenciales de la ciudad.

La dieta estaba compuesta principalmente de carnes, legumbres, e hidratos de carbono. En algunos lugares, como Los Gavilanes (Valle de Huarmey), también se ha encontrado el maíz. Sin embargo, hasta el Formativo Medio de la Tercera Era (900 a 400 años A.C.)no hay evidencia de la importancia del maíz en las sociedades de la costa. [11]

PUNTOS DE INFLEXION ESPIRITUAL

En el área norcentral de la costa, hay evidencia de una integración más armoniosa entre la costa, la sierra, y la Amazonía, con más amplias redes de intercambio entre aquellas áreas que en el lejano norte o en las áreas del sur. En la sierra se innovó la irrigación a través de canales y pequeñas terrazas; en la costa, con la introducción de redes de algodón.

La economía de un valle como Supe (área norcentral de la costa) estaba basada en la acumulación de excedentes de pesca (por ejemplo, Aspero) y la agricultura tierra adentro (por ejemplo, Caral). Los pescadores recibieron algodón para sus redes, calabazas para flotadores, etc. Los granjeros de Caral recibieron pescado seco. Desde Caral, el intercambio comercial se llevó más hacia el interior. Esta red se hizo posible a través del establecimiento de lugares estratégicos para el intercambio regional e interregional. En esa fase la estratificación social y coordinación del comercio estaban solamente basadas en el rol que cumplía la religión; ningún poder militar estaba presente, y todas las actividades en los centros ceremoniales emergentes tenían connotación religiosa.

La Segunda Era y la Revolución del Arcaico Tardío

El Arcaico Tardío fue un tiempo importante para las Américas en su conjunto. Empezando alrededor del año 3000 A.C., la parte central de la costa norte vio la introducción de la arquitectura monumental, la más temprana aparición en las Américas. Los arqueólogos subdividen esta revolución cultural en dos fases, el Arcaico Tardío va del año 3000 al 1500 A.C.

El Período Arcaico Tardío se caracterizó por el desarrollo de grandes sitios arquitectónicos. Una clase de arquitectura totalmente nueva caracterizada por montículos de tierra y pirámides truncas empezaron a destacar sin ningún precedente cultural conocido. En el año 2008, arqueólogos alemanes y peruanos encontraron evidencia del más viejo monumento peruano conocido. El fechado del carbono 14 da una lectura de 3500–3000 A.C., que podría colocar el principio del

32

impulso monumental aún más temprano de lo que se ha creído hasta ahora. El monumento es una plaza hundida redonda hecha de piedra y adobe, y es parte de Sechin Bajo en el Valle de Casma, a 330 km al norte de Lima. [12]

Uno de los sitios más tempranos es el de Aspero, en el Valle de Supe, que cubre aproximadamente 32 acres y cuenta con seis pirámides truncas entre sus diecisiete montículos de tierra. La más grande era la Huaca* de los Ídolos que medía 130 pies x 100 pies y 35 pies de alto y cuartos y patios en la parte superior. Ya notamos la presencia de frisos de arcilla pintados y moldeados. Las paredes de la plataforma exterior son de piedra basáltica angular grande, asentada con mortero, con una superficie exterior lisa.

La presencia más grande de arquitectura monumental temprana se encuentra entre el Valle de Chicama al norte y el Valle del Rímac al sur, concentrada cerca del océano, subrayando cómo el nuevo desarrollo dependía de la explotación de los recursos marinos. En el período siguiente, los centros ceremoniales se movieron más al interior hasta los arroyos.

---

* N. del T.: Muchos cronistas indican que Waka o Guaca fue un adoratorio o elementos sagrados utilizados para rendir culto a diversos dioses regionales, locales o familiares. Las Wakas como adoratorios eran lugares donde residían los espíritus de los difuntos, eran servidos por los Tarpuntay, sacerdotes (brujos y hechiceros para los conquistadores) encargados de las ceremonias religiosas en su honor quienes también hacían la Much'ay (Mocha en su forma españolizada), es decir emitir besos sonoros en la punta de los dedos y dirigirlos hacia los dioses con los brazos extendidos; debido a que en una Waka se hacía la "mocha", ésta también se conoce como Mochadero. Las Wakas en el Valle del Qosqo estaban alineadas en 41 Ceques o Seques, es decir líneas o rumbos imaginarios que partían desde el Qorikancha o Templo del Sol siguiendo las direcciones de los Cuatro Suyos. Polo de Ondegardo hizo una relación de Ceques y Wakas existentes a mediados del siglo XVI en la que se cuentan un total de 350 adoratorios. No obstante, muchos estudiosos contemporáneos aducen que fueron 365 las Wakas en este Valle, cada una de ellas dedicada a cada uno de los días del año, ya que los Quechuas al conocer solsticios y equinoccios conocían también el año solar de 365 días, posiblemente dividido en meses lunares, "mes" en Quechua significa "killa" que a su vez quiere decir "luna".

El surgimiento de este tipo de nueva arquitectura mueve a los arqueólogos a concluir que éste fue el principio de una sociedad no-igualitaria. Sin embargo, hay poca evidencia de diferenciación social como formas intermedias de arquitectura o diferenciación de espacios residenciales.

Arquitectura Arcaica Tardía: Montículos de Tierra en Forma de 'U' y Patios Hundidos

Por lo menos hay treinta sitios conocidos que pertenecen a este período, extendiéndose desde el norte hasta Lambayeque – el sistema de drenaje de La Leche, no lejos de la frontera con Ecuador, al Valle de Lurín, no lejos de Lima en el sur. La introducción de la agricultura irrigada permitió que el centro de gravedad de la ocupación costera se trasladara tierra adentro, a alguna distancia del Pacífico. Este movimiento hacia el interior es apreciable en la mayoría sino en todos los centros monumentales de esta época.

Las formas arquitectónicas se diferenciaron en dos direcciones: Las pirámides truncas en forma de U y los patios circulares hundidos. Los montículos de tierra en forma de U parecen haberse originado en el sur alrededor del Valle del río Chillón y de allí se extendieron a los valles vecinos del río Lurín y del Rímac, y después más al norte. Los montículos de tierra están formados por tres pirámides truncas vecinas; la central, más maciza y más alta, está acompañada por dos plataformas rectangulares más largas y bajas que dan la forma de U al todo (figura 2.2). Ninguno de los montículos de tierra en forma de U tienen exactamente la misma forma, pero todos ellos encierran una plaza de tres lados.

Lo que los montículos de tierra en forma de U comparten es una orientación general hacia el norte y al este. Entre Lurín y Chancay todos ellos están entre los 13° y 64° noreste. [13] El lado abierto de la U enfrenta al valle, o paralelo al eje del valle u orientado a la cresta de la montaña. Los emplazamientos menores en un valle a menudo llevan la misma orientación de la pirámide más grande. Un ejemplo de esto puede verse en el Valle del río Chancay. El complejo en forma de U más grande de San Jacinto tiene una amplia plaza de 500 m x 600 m; las cinco estructuras en forma de U dentro de un radio de 2.5 km de este centro comparte planos y orientación similares.

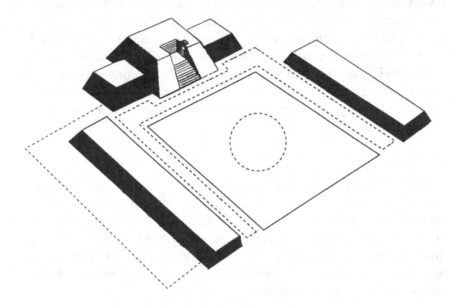

Figura 2.2: Montículo de tierra en forma de U

En los montículos de tierra en forma de U podemos reconocer el culto al agua y a deidades de la montaña, los atributos del Dios Tau o Gran Espíritu de la memoria Atlante. Éste es un primer estrato de la cosmología andina al que volveremos al final del capítulo — la visión del mundo que relaciona al Gran Espíritu con el mundo de las aguas que se originan en las montañas. Un segundo estrato importante es el de los patios hundidos que adquieren progresiva importancia respecto a los montículos de tierra, y su tamaño fue en aumento.

Parece que los patios circulares hundidos siguieron a los montículos de tierra en forma de U. Los más tempranos en la parte central de la costa norte son los de las Salinas de Chao, Supe, y Salaverry. Como sus nombres indican ellos son circulares en su forma y hundidos en la topografía circundante. Las paredes exteriores alcanzan una altura de aproximadamente 3 m, en parte excavadas y en parte apoyadas por paredes exteriores, y su diámetro va de 18 m a 50 m e incluso 80 m. La fusión de los patios hundidos con los montículos de tierra en forma de U sólo ocurrió en fases más tardías de los complejos monumentales. Los modelos de evolución de los montículos de tierra en forma de U, como lo describe León Carlos Williams, son indicativos al respecto. [14] Si dividimos la costa desde el sur hasta el norte en una costa central, norcentral, y un sector norte, encontramos los siguientes tipos y grados de integración de los patios hundidos con los montículos de tierra en forma de U.

La Costa Central

Aquí la pirámide central está compuesta de un núcleo central y uno o dos brazos asimétricos de ancho y elevación menor. La plataforma central tiene un "atrio" al frente en forma de una depresión de tres lados que mira a la plaza central. Una escalera une al atrio y la plaza que a menudo es de escala gigantesca. El ya mencionado complejo de San Jacinto medía 30 ha y podría haber albergado a más que toda la población de los Andes centrales.

La Costa Norcentral (al norte de los valles de Chancay y Huaura)

Los monumentos en esta región están caracterizados por los patios hundidos rectangulares o circulares en la plataforma. El atrio está ausente.

La Costa Norte

Las pirámides están precedidas por patios circulares hundidos. Los anteriores patios circulares hundidos están separados de las pirámides.

Los patios están así más íntimamente asociados con los montículos de tierra en la costa norte y norcentral que en la costa central. Las pirámides en forma de U tenían obras de arte pintadas en color

36

predominantemente rojo y amarillo luminoso y en algunos casos frisos en alto relieve policromos de arcilla moldeada. En algunos lugares (por ejemplo, Garagay) los motivos también se pintaron con otros colores, como blanco, rosa, y gris-azul. En la iconografía aparecen motivos de pájaros, felinos, y arañas antropomorfas. Parece que el arte a menudo fue colocado de tal manera que lo hacían muy visible desde las plazas. En la actualidad esta evidencia está apareciendo cada vez más. [15]

A los emplazamientos de la Segunda Era les falta la diferenciación arquitectónica normalmente asociada con las ciudades, signos que indican la diferenciación social tales como la especialización de las actividades productivas. Sin embargo, hay evidencia de la estructura de la arquitectura monumental de acceso progresivamente restringido que muy probablemente indica la presencia de una clase sacerdotal con una función especializada. Eso no significa que hubiera formación de riqueza consecuente con ese rol.

Todo en esta fase parece apuntar a una teocracia y todavía no a una clase política, y sin presencia de estructuras coercitivas sino más de un unificado consenso cultural. Eso es lo que permitió la movilización del trabajo humano concertado a una escala mayor, sin clara coerción. Este último punto merece un mayor examen. Estimaciones para la hora-hombre de trabajo para el Período Inicial de los complejos construidos en los valles de Lurín, Rímac, y Chillón son 12 millones de personas trabajando un día, o aproximadamente 50 personas trabajando todos los días durante 700 años. Solo para La Florida, Patterson estima necesario el trabajo como de 6.7 millones de personas en un día (aproximadamente 50 personas trabajando todos los días durante aproximadamente 375 años), y el lugar fue construido y abandonado en 400 años. [16] Evidentemente los primeros andinos podían valerse de las fuerzas de sus cuerpos etéricos de manera similar a cómo lo habían hecho las personas en Atlántida. Considere lo siguiente: en referencia a Sechin Alto, James Q. Jacobs indica que el bloque de granito pesaba más de dos toneladas. [17] Algo similar ocurrió en Europa, más o menos en el mismo tiempo, con la cultura Celta. Stonehenge, construido entre los años 1800 y 1400 A.C., por los celtas; ellos podían ayudarse con el uso de las fuerzas etéricas y cargar objetos pesados de cierto modo que no es entendible para la ciencia convencional.

Miraremos Caral, pero más estrechamente, uno de los centros más viejos del Período Inicial que se han estudiado más exhaustivamente. Con ello tendremos la oportunidad de discernir otras importantes facetas de la organización social y de la expresión artística de la sociedad andina que se formó en ese tiempo y que duró siglos y milenios.

Un Primer Centro Monumental: Caral

El Valle del río Supe en el área norcentral de la costa donde se localiza Caral, contiene treinta y seis patios hundidos en treinta emplazamientos. Se cree que Caral es uno de los emplazamientos urbanos más antiguos de las Américas, que data de antes del año 2700 AC., — sus pirámides son contemporáneas con aquéllas de Egipto y Mesopotamia. La ciudad primordial fue probablemente abandonada alrededor de un milenio después de su fundación.

En el momento de la fundación de Caral, el área central de la costa norte probablemente había desarrollado una más armoniosa integración entre la costa, sierra, y la Amazonía, con redes más amplias de intercambio entre esas áreas que en las correspondientes áreas más al norte y al sur. Hubo también un intercambio de bienes e ideas entre las sociedades de la costa norte y central como es visible en las técnicas textiles y motivos iconográficos compartidos entre Huaca Prieta (costa norte) y La Galgada (Ancash – área norcentral de la sierra). [18]

Caral se localiza sobre una árida llanura en el Valle del río Supe sobre una terraza aluvial, 182 km al norte de Lima, a 23 km del océano, a una altitud de 350 m. El sitio que cubre 60 ha y es uno de los más grandes del Perú, contiene unas treinta estructuras monumentales. Es aquí y en sitios similares que aparece por primera vez la división de la ciudad en dos mitades; el pueblo alto — Hanan — y el bajo — Hurin — un motivo que acompaña la historia andina hasta el presente. En general, las estructuras monumentales y cercos son menores en la ciudad inferior. En Hanan se encuentran los edificios más importantes, orientados hacia un espacio abierto central. En Hurin vemos el más grande y más importante de los dos patios circulares hundidos y una estructura que ha sido apodada el "anfiteatro."

Caral tiene dos plazas circulares, que *Ruth Shady Solís* especula, según indican los sitios descubiertos, fueron usadas para actuaciones. Sin embargo, probablemente también tuvieron un propósito astronómico. Es muy significativo que los dos patios hundidos estuvieran asociados con las dos estructuras más importantes de cada mitad de la ciudad.

La Mitad Alta: Hanan

En el pueblo de arriba se encuentra el Templo principal, el edificio más grande y más extenso de Caral. También tiene una plaza circular hundida y una imponente pirámide de varios niveles que alcanza los 20 m de alto, descansando en una base de 490 x 525 pies. La cima de la pirámide mide 150 x 160 m. El patio hundido se extiende hacia el norte a través de una plataforma trapezoidal que lo une a la pirámide. Tiene de 21 a 22 m de diámetro interior, y unos 36.5 m de diámetro exterior. La altura de las paredes interiores alcanzan los 3 m.

Hay tres escaleras de acceso, una orientación exterior SSO y casi rectangular, y dos trapezoidales interiores, opuestas una a otra y orientada al SSO y NNE. Curiosamente, las dos escaleras interiores están orientadas a 25° noreste, pero están ligeramente en un ángulo de 1–2 grados del eje de la pirámide y de su escalera central. La alineación de la plaza hundida fue cambiada en una fase posterior, probablemente indicando que originalmente estuvo alineada con la cosmología de la pirámide y ocurrió algún cambio astrológico que requirió modificaciones. Éste es un importante aspecto al que volveremos después cuando determinamos la función de los patios hundidos.

La plaza era limpiada regularmente y su suelo periódicamente cambiado, por lo menos cuatro veces de forma menor. Al pie de los escalones interiores hay tres monolitos caídos. Dos de ellos, de 2.5 m de alto a 60 cm de ancho, probablemente estaban paradas, al fondo, a cada lado de los escalones. El tercero, más ancho y más corto pero cuya exacta posición no podría determinarse, probablemente sirvió como altar en el que estaba la efigie del dios. En la pirámide hay un atrio central en cuyo espacio medio está una chimenea sagrada, esencialmente para quemar las sagradas ofrendas. En un cerco secundario al occidente está un altar cuadrado con otra chimenea sagrada.

La Mitad Baja: Hurin

El complejo piramidal más desarrollado en la mitad baja de la ciudad es el Templo del Anfiteatro y su patio hundido. El patio es más grande que el de Hanan. Tiene dos escalones de acceso en la mitad superior y está rodeado por dos plataformas concéntricas. El patio hundido y las dos plataformas se agregaron a la pirámide un tiempo más tarde.

La pirámide define tres espacios separados; un atrio, un cerco central, y otro cerco al sur. El atrio está formado por tres plataformas en forma de U, rodeando un espacio central en el que se encuentra la sagrada chimenea. Es en el cerco central donde probablemente fue encontrada la representación de la deidad principal y se llevaron a cabo las más importantes ceremonias. [19]

El sagrado hogar es merecedor de una mención separada. Este debe haber tenido un muy restringido acceso y uso — probablemente a una sola persona. En él había un altar circular reservado para funciones muy especiales y estrictamente rituales. El hogar se construyó en el medio del altar circular y tenía forma oval. A nivel del piso hay dos canalizaciones para el ingreso de aire que van respectivamente al norte y al sur bajo la plataforma.

Geoglifos y Flautas

Volveremos ahora a dos aspectos que marcan un precedente en la cultura de América del Sur: el primero es la aparición de un llamado geoglifo, el segundo, el descubrimiento de flautas. En el suelo del desierto sólo 1 km al oeste del sitio descrito, en Chupacigarro, hay un enorme geoglifo de una cara humana con pelo largo, ojos cerrados, y boca abierta. El geoglifo ha sido construido con piedras angulares de medio y gran tamaño (figura 2.3). La cabeza, orientada al este, ha sido construida sobre la fachada norte de una duna estabilizada. Esto significa que sólo puede ser visto en su totalidad desde las colinas del noroeste — probablemente desde allí el geoglifo tuvo que ser construido con poco cuidado. Podemos encontrar estructuras circulares con características arquitectónicas similares a las del geoglifo. El emplazamiento del propio Chupacigarro se estableció en el Arcaico Tardío. No hay ningún elemento en el lugar que señale a períodos anteriores. El fechado mediante radiocarbono de las anteriores fases de la construcción de Chupacigarro dan las fechas de 2465–2125 y 2075–2055 A.C. Este geoglifo parece ser el más temprano conocido de una perdurable tradición andina. Los famosos geoglifos de la pampa de Nazca aparecieron mucho más tarde.

En el lado Hurin de Caral, los arqueólogos han encontrado treinta y dos flautas cerca del patio hundido, al sureste.[20] Están principalmente talladas en la sección media del hueso del ala del pelícano y fueron enterradas según un modelo. Unas pocas fueron talladas en huesos de cóndor. Las flautas estaban decoradas con varios motivos de monos, caras humanas, pájaros, serpientes con cabezas de pájaro, y un motivo de doble cabeza, y pintada en negro o rojo, o el resto simplemente claro. Uno de los motivos es una cara que se distribuye sobre dos flautas y que sólo puede verse cuando las dos se juntan. Ésta también es la manera en que las dos fueron enterradas. De hecho las flautas tienen ranuras que indican que pueden haberse juntado de una manera similar a la cacerola con flautas. Todos los instrumentos podían tocarse a una octava superior soplando más fuerte. También aquí está la primera evidencia de una tradición que continuó ininterrumpidamente en la cultura andina.

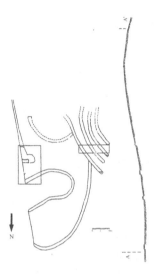

Figura 2.3: Geoglifo de Chupacigarro

Vida Ceremonial

En Caral aparecen algunas de las antes conocidas prácticas funerarias y también la práctica del entierro ritual de edificios existentes. En la sección Hanan de la ciudad se ha encontrado lo que se cree es una tumba circular. [21] Se construyó medio-enterrada en una pequeña elevación natural. Su diámetro fue de 4.15 m y la altura de las paredes existentes mide alrededor de 50 cm. Ésta es la única forma en la ciudad alta, pero hay una similar en la ciudad baja, y dos de ellas se encontraron en las secciones marginales. Es posible que las dos sean tumbas de importantes individuos de una de las dos mitades. Ambas estructuras son claramente diferentes a un sagrado hogar, desde que no se han encontrado en ellos rastros de materiales quemados. Lo único que hace pensar en su uso como tumba en Hanan es la recuperación de un mechón de cabello. Sin embargo, en La Galgada se ha descubierto un modelo similar, también un centro del Arcaico Tardío. Allí el pelo del cadáver estaba cortado y la cabeza cubierta con una bolsa o cesto.

Otro entierro se hizo en la subdivisión C2 de la Pirámide Alta de Hanan Caral. [22] Aquí un niño habíase colocado como ofrenda para la construcción de una plataforma que era parte de un agrandamiento de la estructura. La subdivisión C2 se construyó en varias etapas, y el entierro se hizo en relación a uno de estos agrandamientos. El bulto funerario se colocó con orientación este-oeste de la tumba. El cráneo se encontró en el lado oriental con la cara que mira hacia la pirámide. La edad del enterrado ha sido establecida en doce a quince años. El cadáver había sido ahumado, parcialmente fragmentado, y algunos órganos y músculos retirados. La evidencia del sitio de Sechín Bajo, citado antes, parece indicar que se pueden haber practicado los sacrificios humanos ya en el año 3000 A.C. En ese lugar hay un friso de adobe de seis pies de alto que describe claramente a la deidad "sacrificadora". La figura sostiene en una mano un cuchillo ritual, y en la otra una cabeza humana. [23] En el capítulo 3 regresaremos al tema del sacrificador en más profundidad en relación con la decadencia de Chavín.

La información anterior, todavía muy fragmentada, forma la base sobre la que podemos intentar construir una comprensión de los elementos de la espiritualidad andina temprana. Sin embargo, todavía hay una pista más importante que nos llevará a esta comprensión.

Caral y el Primer Registro Escrito

Ruth Shady Solis que sistemáticamente exploró el sitio de Caral también desenterró un artefacto muy importante, un *quipu* — un sistema de cordones anudados que pueden ampliarse como un círculo. Este quipu de algodón castaño atado y envuelto alrededor de ramitas delgadas, se encontró junto con una serie de ofrendas en la escalera de un edificio público. Shady Solis dijo, "era una ofrenda puesta en una escalera cuando ellos decidieron enterrarla bajo el suelo para construir

43

otra estructura en la cima." [24]

Anticipando lo que exploraremos en los capítulos posteriores sobre los Incas, podemos mencionar brevemente que un quipu era un dispositivo mnemónico para contar. La creciente evidencia apunta a ser también un dispositivo para escribir, un equivalente del céltico llamada escritura "Ogam consaine" — una que solo usa consonantes, no vocales.

Culto a la Cruz Andina

Hasta ahora hemos mirado lo que hizo única a la Segunda Era desde la perspectiva de su arquitectura monumental, pero poco ha cosechado en términos de lo que hizo único sus misterios. El primer elemento fue ofrecido por el idioma de los montículos de tierra en forma de U que indican un culto al agua y a las montañas, una continuación de la veneración del Gran Espíritu, que sobrevivió desde tiempos Atlantes de una manera similar a la que encontramos en América del Norte. Sin embargo, hay otra manera de caracterizar la cosmología andina anterior al tiempo del Amanecer y de entender la naturaleza de algunos de sus elementos rituales. Se encuentra en la función de los patios hundidos. Volveremos a esto combinando la información que ofrece la astronomía en relación a la arquitectura, a través de la nueva ciencia de la arqueoastronomía.

Es ahora bien sabido que la civilización antigua y la llamada primitiva — particularmente su iniciado sacerdocio — tenían una más avanzada y sutil comprensión y conocimiento de los movimientos del sol, los planetas, y las estrellas de lo que normalmente se ha supuesto. Nosotros también conocemos un muy común y todavía poco entendido y explorado simbolismo de los Andes: la llamada Cruz Andina. El origen del símbolo será encontrado en una constelación importante del hemisferio sur — la Cruz del Sur — una constelación que juega un papel equivalente al de la Osa Mayor en el hemisferio norte. Es la cruz que se usa como indicador del polo sur, el lugar que permanece estacionario respecto a todos los otros círculos de estrellas. La línea que va desde la estrella alta (superior) a la más baja (inferior) perpetuamente indica la situación del polo sur de una manera similar en que Polaris, la estrella polar, indica el polo norte. En su culminación superior, cuando el eje mayor de la cruz está verticalmente orientado al cenit, las cuatro estrellas casi señalan a los cuatro puntos cardinales.

La Cruz del Sur — llamada chakana en los Andes —todavía en la actualidad es una importante constelación para los pueblos indígenas. Esto puede ser lo que está representado en "el ojo de dios" — construido con ramitas en forma de cruz y unidas con hilos de algodón entrelazados — que los arqueólogos han encontrado en el sitio de Caral y en otra parte. [25]

En mi libro *Puntos de Inflexión Espiritual de la Historia Norteamericana*, hemos señalado que en Mesoamérica, la Osa Mayor — que apunta al Polo Norte — tuvo una importante participación en el simbolismo de Vucub Caquix (7 Huacamayo) y todo lo que en el Popol Vuh apunta a la Primera y Segunda Era. La referencia a esta imagen mitológica encuentra por lo menos fuerte evidencia de apoyo en el campo de la arqueología. Como explica Popenoe Hatch, ofrecería una creíble hipótesis sobre las fundamentales observaciones astronómicas realizadas en el principal centro Olmeca. [26]

La fuerza de la hipótesis de Popenoe Hatch está en ser capaz de explicar el enigmático abandono de los centros ceremoniales Olmecas, particularmente La Venta. El investigador sostiene que en el momento del abandono de los centros ceremoniales, la Osa Mayor había cambiado de posición significativamente en los cielos debido a la precesión de los equinoccios. Esto significa que llegó un tiempo en que ya no era observable constantemente en el horizonte, en todo momento de la noche y del año, como había sido antes. Esta hipótesis encuentra confirmación en las imágenes del Popol Vuh en lo que se llama la "Caída de 7 Huacamayo," a quién en la espiritualidad Maya se identifica con la constelación de la Osa Mayor. El sagrado libro describe en grandes imaginaciones el fallecimiento o desaparición del dios de toda una Era.

Parece que el fenómeno de la edificación de estructuras que se orientan a los cielos y luego pierden su función una vez que cambia la geografía celeste, también está presente en Sudamérica en los patios hundidos. Esto puede haber llevado a su desaparición en la era presente, aunque aislados ejemplos permanecen incluso hasta el quinto siglo DC., y aun después en el caso de la civilización Wari.

Está más allá de toda duda que la Cruz del Sur jugó un papel cosmológico central en la cultura andina. Los viejos calendarios agrícolas andinos estuvieron relacionados a la superior culminación de la Cruz del Sur (el 3 de mayo) que marcó su principio. Incluso hoy la fecha marca el principio del calendario agrícola y coincide con la fiesta cristiana de la Santa Cruz — una fiesta que era y es usada para reemplazar un culto que tenía sus profundas raíces dentro de la cultura andina. De una manera típica para la historia Nativa Americana, el intento de los españoles por erradicar la antigua tradición sólo fue parcialmente exitosa. Dio lugar a un difuso sincretismo en que se usaron nombres cristianos para cubrir el superviviente uso de las antiguas tradiciones o mezclarlas con la nueva visión del mundo.

La Cruz del Sur es el eje celestial del hemisferio sur. La constelación tiene cuatro estrellas, no precisamente perpendiculares. La relación entre los dos brazos es tal que el brazo menor es al mayor como el lado de un cuadrado es a su diagonal. Carlos Milla Villena concluye que ésta es la base de la "sagrada proporción," después de analizar un astrofoto y medir la relación entre el eje mayor y el menor de la constelación. [27] El razonamiento detrás de este pensamiento encuentra una fuerte evidencia de apoyo en el diseño del observatorio de Salinas del Chao que consideraremos en completo detalle.

La Cruz del Sur se localiza en la Vía Láctea, cerca de la Nebulosa Saco de Carbón, una de las llamadas constelaciones de nubes oscuras de la Vía Láctea. Por constelaciones de nubes oscuras se entiende contornos oscuros formados por circundantes espesos racimos de estrellas de la Vía Láctea (figura 2.4).

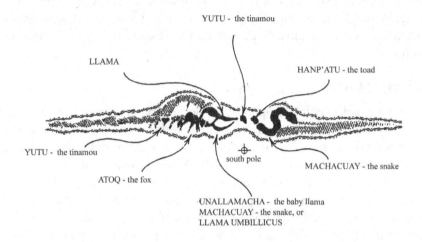

Figura 2.4: Constelaciones de Nubes Oscuras

La Cruz del Sur también está en inmediata proximidad a otra constelación central de Sudamérica, la constelación de la nube oscura de la Sagrada Llama. Dos de las estrellas de la Llama — Alfa y Beta Centauro (Llama ñawi, los "ojos de la llama") — son algunas de las estrellas más brillantes del firmamento. Su heliaco (orto u ocaso del astro) puede usarse para calcular la situación exacta del polo sur geográfico. Al inmediato sur de la cruz se encuentra también la constelación de la Mosca, y más afuera, la constelación del Camaleón.

Para acercarse a la evidencia del uso de la Cruz Andina en los Andes desde el segundo milenio A.C., permítanos mirar una técnica que ha acompañado durante milenios las observaciones astronómicas sudamericanas, los "espejos de agua astronómicos" que puede haberse originado en este punto en el tiempo. Éstos parecen grandes morteros tallados en piedra. Sin embargo, su forma y profundidad difícilmente acomoda su uso como morteros. Cuando están llenos de agua, cuando la estrella está en el cenit, los morteros reflejarán su luz formando un halo plateado al borde del círculo. Esto es debido al hecho que la superficie del espejo es cóncava y así es la superficie del agua cuando está lleno. Un resultado del uso de esta técnica es el efecto espejo. La posición del mortero en el espacio forma una imagen espejo de su contraparte en los cielos. Esta técnica fue resucitada en el tiempo de los Incas.

Salinas del Chao

La técnica del espejo de agua es la que probablemente se usó en el "geoglifo de la Cruz Andina" de Salinas del Chao, situado en la costa norte peruana, al norte del valle del río Santa y al sur del valle de Virú, al lado de las aguas del Pacífico. Milla Villena atribuye el geoglifo de Chao al Arcaico Tardío alrededor del año 2000 A.C. El propio geoglifo es parte de un amplio lugar que tenía templos y centros ceremoniales. Entre los templos también están dos patios hundidos. El complejo del geoglifo está dividido en dos partes principales (figura 2.5):

- un cuadrángulo principal formado por paredes bajas en las que está inscrito el geoglifo de la Cruz Andina. La marca (el mortero) de la cruz están inscritos en el centro de esta área. Al sur (cerca del alfa de la cruz) se encuentran las marcas de Alfa y Beta Centauro.
- un área aproximadamente cuadrada encerrada por paredes al sureste del primer cuadrángulo. En medio de ella están dos tallados geoglíficos que parecen corresponder a las estrellas Alfa y Beta Musca (constelación de la Mosca).

La Cruz del Sur está retratada en la posición que asume en el Solsticio Invernal, una orientación de 31°30' norte; se reproduce en el geoglifo en la posición en que se reflejó.

El antropólogo peruano Carlos Milla Villena ha examinado las medidas de las estrellas de la Cruz del Sur obtenidas de una astrofoto, y las medidas obtenidas en el sitio de Salinas del Chao por las marcas que corresponden a las estrellas, y ha comparado las siguientes proporciones entre los dos conjuntos de medidas: eje mayor/ eje menor; sección norte (entre dos sección contiguas de estrellas)/ sección sur; sección occidental / sección oriental. Hay una sumamente alta correspondencia estadística entre cada conjunto de dos. [28] La cruz no se orientó a las direcciones cardinales. Sin embargo, más o menos la diagonal noreste a suroeste del cuadrángulo grande pasa exactamente por el medio de la cruz. El eje mayor de la cruz forma un ángulo de 31°30' con el verdadero norte. Lo que es notable en esta construcción es el hecho que el ángulo entre el eje este-oeste y el eje menor de la cruz mida 19°, lo que mide el ángulo intersolsticial — el ángulo formado entre las posiciones del sol en el verano y la salida del sol del solsticio de invierno — en la fecha estimada de uso del observatorio. El ángulo entre el eje mayor de la cruz y la línea que va desde el centro de la cruz al ángulo sur del cuadrángulo también mide 19°.

Un mayor análisis del sitio de Salinas del Chao muestra cómo el propio lugar fue construido según las proporciones derivadas de la Cruz del Sur. Milla Villena encuentra que la medida patrón de la Cruz Andina inscrita dentro de la estructura de Salinas del Chao es el eje menor de la Cruz del Sur (vea figura 2.5). El segundo cuadrado es construido con la diagonal del primer cuadrado que corresponde al eje mayor de la Cruz del Sur. Los límites oriental y occidental del cuadrángulo (las paredes bajas que encierran el mortero) están a lo largo de las líneas que corresponden al cuadrado que da el valor de π. Así, las propiedades geométricas del geoglifo indican un conocimiento de la cuadratura del círculo basado en la medida de la Cruz del Sur — un conocimiento que se retrotrae a por lo menos 2000 A.C.

Lo que puede verse en el geoglifo de Salinas del Chao no constituye una evidencia aislada. Otros geoglifos representan la Cruz del Sur. Tal es el caso del geoglifo conocido como *El Candelabro* en la península de Paracas, en la costa del sur del Perú. La figura está localizada en una cuesta empinada, cerca de la cima de la colina sobre compactada arena blanca mirando al Océano Pacífico (figura 2.6). La Cruz del Sur está arriba en los cielos de la misma manera en que *El Candelabro* lo hace durante los primeros días de Mayo [29] — un momento importante del año que marca el principio del calendario agrícola.

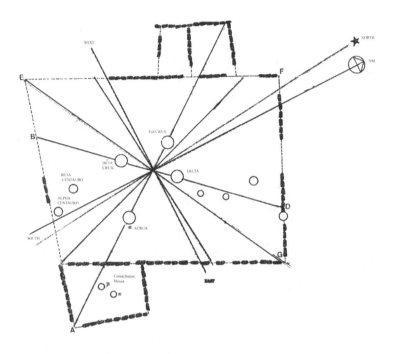

Figura 2.5: Salinas del Chao

La base del Candelabro descansa en un pedestal rectangular en el que se inscribe un pequeño círculo que parece prolongar el eje vertical, actuando como base o pivote del eje. La Cruz del Sur gira alrededor del polo sur, que es lo que parece mostrar el círculo en el rectángulo.

La figura sólo puede observarse a una larga distancia. No puede verse desde el norte, e incluso menos desde el sur dada su posición en la península. De hecho, sólo puede verse desde el océano. Ésta puede ser la razón del porqué también se ubicó hacia la cima de la inclinación que lleva a la cuesta — visible desde lejos, compensado por la

50

curvatura de la tierra. El Candelabro es visible desde las islas cercanas de Chincha y se alinea perfectamente con ellas.

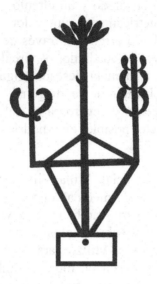

Figura 2.6: Candelabro de Paracas

El Sistema Andino de Medición

Se hace claro que la civilización andina tenía un conocimiento matemático/astronómico muy exacto y sofisticado. Como muchas otras civilizaciones antes y después, para percibir el despliegue de las estaciones y diseñar sus calendarios, el amauta peruano (hombre sabio) necesitó dividir la circunferencia del círculo (c) — una operación para la que es necesario evaluar el valor de π (3.14159...) que relaciona la circunferencia del círculo con su radio (r) por eso $c = 2\pi r$. Cuándo el diámetro = 1, entonces la circunferencia = π. El conocimiento de π y de la sagrada proporción sirvió al propósito de la sagrada geometría y a la edificación de los centros monumentales. Tal conocimiento fue la revolución sobre la que descansó la Segunda Era.

La hipótesis de Milla Villena es que para encontrar el valor de π, los amautas se valieron del símbolo más difundido en la cosmología andina, la Cruz Andina que ellos basaron en el patrón de la Cruz del Sur. La Cruz Andina surge de la llamada cuadratura del círculo — el intento de encontrar un cuadrado y un círculo de perímetro igual que permite obtener geométricamente un valor para π. Al hacerlo, empezando de un cuadrado original a través de sucesivas diagonales, generamos cuatro series de cuadrados y círculos encerrados que se acercan cada vez más a la meta deseada (figura 2.7). Los amautas encontraron π como el valor de la diagonal de los tres cuadrados adyacentes de valor unitario y llegaron a un valor de 3.16, obteniendo así el valor más exacto posible que podría alcanzarse utilizando medios geométricos.

Siguiendo esta hipótesis inicial, Milla Villena ha descubierto que el "sistema operativo andino de medida" que permitió la medida de π a través de la diagonal de la cruz también se convirtió en un sistema que dio unidades, múltiplos, y submúltiplos. Sirvió para comprender las operaciones matemáticas y se utilizó para los modelos de diseños de recintos ceremoniales. En esencia, todo el simbolismo religioso, los elementos de diseño, y organización espacial estuvo sujeto a este sistema operacional. [30] El conocimiento de este sistema operativo que sobrevivió hasta el tiempo de los Incas — o fue reavivado por ellos — como parece obvio por el ordenamiento geográfico de sus centros ceremoniales y templos a los que nosotros volveremos.

El sistema operativo de medida (SOM) es geométrico y proporcional: sus patrones de unidad son variables. Por ejemplo, de la unidad cuadrado, después de las tres operaciones obtenemos el cuadrado cuyo lado corresponde a π. Éste a su vez se vuelve la nueva unidad patrón. A la octava operación obtenemos una segunda cruz cuadrada, usada para obtener un cuadrado cuyo lado será π^2, o diez veces más grande que el cuadrado original ($\pi^2=10$). La novena operación (obteniéndose un cuadrado de $\pi^2\sqrt{2}$) forma el límite de la segunda parte del sistema operativo. En esencia se necesitaron cuatro operaciones para alcanzar la primera Cruz Cuadrada (Andina) y otras cuatro operaciones para alcanzar la segunda Cruz Cuadrada. En ocho operaciones el área del cuadrado original aumenta diez veces.

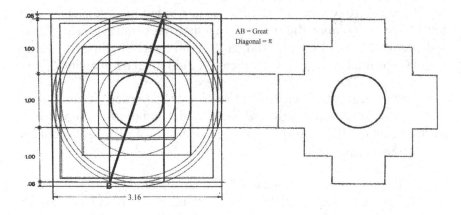

Figura 2.7: la cruz andina y su generación

Las cruces que resultan de cada operación sucesiva crecen en las cuatro direcciones del espacio. Para propósitos prácticos los amautas limitaron algunas de las representaciones artísticas y funcionales (particularmente en la escultura) y sólo representaron la primera cruz cuadrada. Después limitaron su crecimiento a la dimensión vertical.

El sistema andino de medida trabaja primero a través de la "diagonal menor" de la unidad cuadrado que genera la primera Cruz Cuadrada. La segunda diagonal es la Gran Diagonal que une las cúspides de la cruz cuadrada (tres cuadrados contiguos). Tiene el valor de π en el proceso geométrico. La Gran Diagonal sirve como el principal principio ordenador del sistema. Se usa en el cianotipo de todos los principales templos. Respecto a esto, María Scholten d'Ebneth[*] dice:

---

[*] N. del T.: María Scholten d'Ebneth Esta antropóloga estudió la cultura Chavín y descubrió que las culturas prehispánicas utilizaban una medida específica que ascendía a $3,34 \times 10^{n}$, medida a la que Scholten denominó "Unidad Americana". Utilizaron también un módulo de 7 y 8 unidades. Finalmente, también emplearon, y la emplearon profusamente, la diagonal, tanto de los cuadrados como rectángulos con los dados de 7 y 8.

"La diagonal es llamada *chekkaluwa* en Quechua, donde la palabra *chekka* significa verdad. Así, en general, la diagonal puede haber significado algo como 'el camino a la verdad para aquéllos que inventaron y comprendieron el gran sistema operativo geográfico sudamericano'." [31] La Cruz Andina gobernó todas las dimensiones de la vida espiritual andina. Y fue aplicada a todo nivel de magnitud.

Las cruces de primero, segundo, tercero, y cuarto orden sirvieron para clasificar y organizar el uso del espacio de monolitos y superficies menores. Más allá la clasificación del espacio alcanzó aplicaciones cada vez más grandes:

- Primera cruz: generada por la unidad cuadrado
- Segunda cruz: para las medidas que opera como la vara de medición del amauta alcanza 1.117 m (3'8")
- Tercera cruz: para la categoría de los monolitos, o patrones de la unidad como el famoso Lanzón de Chavín (vea capítulo 3)
- Cuarta cruz: para medida de superficies menores
- Quinta cruz: para la escala de los templos y superficies rituales asociadas
- Sexta cruz: para el centro ceremonial y los grandes espacios abiertos asociados
- Séptima cruz: para medidas itinerantes
- Octava cruz: para la organización del espacio urbano, como el posterior "sistema ceque*" del Cuzco, un sistema de líneas que radiaron desde el centro de Cuzco (Vea capítulo 9.)
- Novena cruz: por organizar los espacios regionales
- Décima cruz: para el espacio geográfico andino. Un ejemplo es la "Ruta de Viracocha" (Vea capítulo 5.)

La amplitud de la aplicación del sistema andino no tiene un paralelo

---

* Los **ceques** (quechua: *siq'i*, «línea»)' eran líneas o rayas que partiendo de la ciudad del Cuzco, servían para organizar los santuarios o huacas de los alrededores, constituyendo un complejo sistema espacial religioso, que otorgaba a la capital del Tahuantinsuyo un carácter eminentemente sagrado. Presuntamente eran líneas de peregrinaje.

conocido en la historia. Usted podría decir que en el mundo andino, la religión y el ritual tenían un origen matemático o que los amautas tenían una mente geométrico-ritual.

La cuadratura del círculo es sólo la primera parte de las operaciones necesitadas por los amautas para orientarse en las dimensiones del espacio y el tiempo y vincularlos a lo eterno. A la dimensión del espacio es a lo que se destina la cruz andina. Permítanos considerar la dimensión del tiempo y cómo afecta la visión del mundo del amauta.

En todas las Eras y en todos los tiempos, la simple observación del firmamento indicaba a los iniciados y a su sacerdocio que ni siquiera las llamadas estrellas fijas están inmóviles y permanecen en el paisaje de los cielos. Hoy sabemos que esto es gracias al conocimiento de la precesión de los equinoccios que indican que cada 72 años el sol se mueve un grado en los cielos respecto a las estrellas fijas, de manera que después de 30 x 72 años el sol subirá en el equinoccio de primavera en un signo zodiacal diferente al de antes. Este es el porqué estamos esperando la Era de Acuario. Cuando llegue esa Era el sol brillará en el equinoccio vernal de la constelación de Acuario. Al sol le toma 72 x 30 x 12, o 25,920 años, moverse alrededor de la eclíptica y volver a la misma estrella fija exactamente en uno de los signos del zodíaco. A esta longitud del tiempo se le llama Año Platónico.

Carlos Milla Villena formuló una hipótesis de cómo la determinación de la precesión de los equinoccios podría haber sido resuelta por los iniciado andinos. Parece que el sacerdote andino necesitó medir el ángulo intersolsticial para incorporar en los cálculos el conocimiento de la precesión de los equinoccios que él podía obtener desde sus observatorios astronómicos. El ángulo intersolsticial puede medirse desde el sol (observaciones en el día de los equinoccios) o desde las estrellas (observaciones de estrellas en las noches de los equinoccios). Según Milla Villena, los amautas usaron el ángulo intersolsticial estelar. Este hecho se haría manifiesto en la edificación de los patios hundidos en el ángulo (anchura) de sus escalones y en la profundidad del patio interior. Los amautas mirarían un marcador dado (estrella) y observarían su posición contra el trasfondo topográfico de uno de los solsticios. Marcaron primero la posición topográfica, luego repitieron esta operación en el siguiente solsticio seis meses después. Los extremos de la escalera marcan la posición de una estrella dada en uno y el otro solsticio, ayudando así a determinar el ángulo intersolsticial.

Tan interesante como pudiera ser la teoría, se puede argumentar que, el amauta conocía como localizar los solsticios, no habrían necesitado una técnica tan difícil para calcular el ángulo intersolsticial. Además, hasta ahora no hay evidencia de que en ese tiempo las culturas andinas conocieran un calendario solar. La primera evidencia muy aislada sólo ha surgido muy recientemente en el caso del observatorio solar de Chankillo en el siglo IV DC (vea capítulo 3). Sin embargo, todavía tiene algún peso la tesis de los patios hundidos como observatorios estelares, basado en los paralelos entre Mesoamérica y Sudamérica. En ambos lugares nos enfrentamos con observatorios que perdieron su función siglos antes del cambio de nuestra era. En el caso de Mesoamérica, los observatorios fueron las pirámides Olmecas; en Sudamérica fueron los patios hundidos de la Segunda Era. En el caso del Perú, el fenómeno de la precesión de los equinoccios probablemente causó estragos ya en el año 1000 A.C., provocando que se reconstruyan los patios hundidos en diferentes ubicaciones en los mismos lugares. Después de un tiempo su uso fue descontinuado totalmente. Los patios hundidos sólo continuaron construyéndose después del cambio de nuestra era, en cantidades muy limitadas y en culturas de carácter regresivo, particularmente la Moche (más sobre esto en el capítulo 6). Es la opinión de este autor que los observatorios sirvieron para propósito de observación estelar, y que las extravagancias de su uso son debidas a la cambiante posición de las estrellas debido a la precesión de los equinoccios. ¡Después de todo, las estrellas muy bien pudieron ser aquéllas de la Cruz del Sur! Se necesita más investigación para evaluar totalmente esta hipótesis.

Permítanos considerar más estrechamente el tema de la desaparición del patio hundido. Hay catorce patios hundidos en los valles vecinos de Santa y Chao. Ellos presentan dos variables importantes: el ángulo de apertura de los escalones y la profundidad del patio. En base a la teoría anterior podemos proporcionar una explicación acerca del porqué se abandonaron los observatorios cuando ya no permitían la observación de la estrella a las que se dirigía. En tal caso tres cosas podrían haberse hecho:

- cambiar la apertura de la escalera
- abandonar el observatorio
- construir un nuevo observatorio y una excavación más profunda que la anterior. [32]

Milla Villena no encuentra evidencia alguna del primer guión, aunque el presente autor se figura que éste puede haber sido el caso del patio hundido en Hurin de Caral, en el ejemplo presentado antes. Las dos escaleras interiores no se alinean al eje de la pirámide y a la escalera central, sino que se desvían un ligero ángulo. El frente está a 25° noreste. Históricamente, el diseño inicial de los escalones era rectangular y más tarde fue modificado para hacerse trapezoidal. [33] El patio hundido estaba originalmente alineado con la cosmología de la pirámide. Luego pasó algo que negó esta cosmología. Esta observación independiente refuerza más la hipótesis de Milla Villena de una función astronómica de los patios.

Hay evidencia para la segunda y tercera de las alternativas anteriores en lugares donde hay dos patios hundidos, usados en tiempos diferentes. En este caso el segundo se excava más profundamente que el primero. Esto es lo que pasó en Pampa Yolanda en el valle del río Santa, el Alto Perú de Suchiman, Las Haldas en el valle de Casma, Las Salinas de Chao, y otros. [34] Después de la civilización Moche (~100–600 DC) los patios hundidos desaparecen casi completamente. En ningún caso fueron usados de forma consistente con el tiempo.

Cambiaremos ahora a una hipótesis creíble de la naturaleza de la espiritualidad andina como podría haber sido practicada en ese tiempo dentro del recinto de los misterios en lo que habría sido una sociedad puramente teocrática.

El Transfondo Científico Espiritual

Como la mente indígena reconoce, la evolución no procede de manera lineal, sino en ciclos de alternada expansión y reducción, ascenso y descenso, evolución y declive, etc. Tal visión puede reconciliarse con el método científico a través del trabajo de Rudolf Steiner. Esto nos permitirá acceder a las leyendas y documentos de la antigua Mesoamérica.

Lemuria

La investigación científica espiritual reconoce los ciclos culturales anteriores al nuestro. Para propósitos prácticos todo lo que nos ocupará aquí son las fases designadas como Lemuria y Atlántida. Directamente antes de Atlántida fue Lemuria cuyo centro estuvo al Sur de Asia, aproximadamente desde el sur de India hasta Madagascar. Le pertenecieron los territorios actuales del Sur de Asia y partes de África.

En Lemuria, el ser humano, descendiendo del mundo espiritual, sufrió primero el proceso de encarnación en un cuerpo físico. Esta fase se describe imaginativamente en el mito de la 'Caída' del Antiguo Testamento; lo mismo se dice en documentos espirituales de todo el mundo. El Popol Vuh también se inicia en este punto del tiempo.

En Lemuria el ser humano tenía poder sobre su cuerpo, podía aumentar su fuerza a través de su voluntad. Los hombres y mujeres tenían diferenciados papeles y tareas. Los hombres sufrían lo que puede caracterizarse como un entrenamiento del cuerpo, tenían que enfrentar los peligros, superar el dolor, realizar actos atrevidos, soportar la tortura. Era una clase de religión de la voluntad: aquéllos que lo soportaron o practicaron fueron considerados por los otros con gran temor y veneración, por su poder.

Las mujeres desarrollaron una fuerte imaginación al dar testimonio de los hechos de los hombres. La facultad de la imaginación de las mujeres se volvió la base para un desarrollo superior de la vida de las ideas. Con el desarrollo de los primeros gérmenes de la memoria vino la capacidad de formar los primeros simples conceptos morales. Steiner indica que fue de la educación espiritual de las mujeres que surgieron las primeras ideas del bien y el mal. Lo que emanó de los hombres tuvo un efecto que fue más natural-divino, lo que las mujeres desarrollaron fue más de naturaleza anímico-divina, que fuera la base del matriarcado que confirma los resultados históricos; el matriarcado precedió al patriarcado.

Hacia el final de Lemuria, las entidades favorablemente desarrolladas separaron un pequeño grupo de seres humanos y los designaron como ancestros de la próxima raza Atlante. Este grupo se dividió en grupos más pequeños que las mujeres se encargaron de ordenar y consolidar. Fue a través de ellas que la naturaleza voluntariosa y fuerza de los hombres fueron educadas y ennoblecidas. Era a las mujeres a quienes los hombres acudían para recibir consejo e interpretar los signos de la naturaleza. De esta situación se originaron los gérmenes de la religión humana y el principio del idioma en la canción y el baile.

Las Almas Grupo en Lemuria y Atlántida

Cuando el ser humano todavía no estaba físicamente condensado — en la parte más temprana de la época de Lemuria, antes de la Caída — estuvo tan desarrollado que las imágenes clarividentes muestran la existencia de cuatro almas-grupo: por un lado ellas tenían algo de la imagen del toro, del león para la segunda, del águila para la tercera y algo similar al hombre en la cuarta. [35] Para llegar a ser humanos, nuestros antepasados tuvieron que atravesar cuatro almas-grupo animales. Se sentían pertenecer a las almas-grupo, sólo como los dedos de nuestra mano pertenecen a nuestro cuerpo. Como estaban entre seres espirituales oyeron el nombre de lo que cada uno de ellos era. "Un grupo oyó la palabra que en el idioma original era la palabra para ese grupo; otro grupo oyó una palabra diferente. El hombre no podía nombrarse a sí mismo desde dentro; su nombre resonaba en él desde

59

fuera." [36] Como veremos después, esta situación evolucionó más allá en tiempos Atlantes.

La sobreviviente conciencia de Lemuria está estrechamente relacionada a los eventos de esos remotos tiempos: como el descenso a la encarnación. Ellos tienen ordenados los cultos según las fases del sol y la luna. El sistema de clanes resultado de esto normalmente está acompañado por el totemismo. El hombre primitivo experimentó las fuerzas que se expresaron después en los signos del zodíaco. Los experimentó de la manera en que se reflejaron en los animales y plantas. En la actualidad rastros de esta temprana conciencia sobreviven en los dibujos del sistema dual en el cosmos que genera la subdivisión de las comunidades del pueblo en las llamadas "moieties" (del francés: para mitades).

El sistema de clases matriarcal, las reglas políticas y la configuración de los pueblos y ciudades en mitades están claramente presentes en los Andes y mucho de Sudamérica. El sistema dual es el primer paso en que la vida social se estructura conscientemente según el orden del cosmos. La polaridad Hanan-Hurin que sobrevivió al tiempo del Imperio Inca, ya estaba presente en el tiempo del desarrollo de las anteriores ciudades andinas como Caral. Éste es el primer estrato de la cultura andina. A esta se agrega la posterior cultura Atlante.

La investigación de Guenther Wachsmuth indica que antes de Lemuria, Sudamérica y Africa estaban unidas, y aquí fue que encarnaron los primeros seres humanos. Esta temprana fase tocó las partes norte y oriental de Sudamérica, porque los Andes todavía estaban en formación y por lo tanto no adecuado para albergar poblaciones. Las anteriores poblaciones que no tomaron parte en la evolución de Lemuria posiblemente después también emigraron hacia los Andes. Por consiguiente, en Sudamérica la corriente posterior de Atlántida se agregó a un substrato de población mucho más vieja que en Mesoamérica o América del Norte.

El fin de Lemuria llegó por el fuego volcánico. Cuando una colonia dejó el continente para fundar la raza Atlante, llevaron con ellos el conocimiento de la cría de animales y de plantas. En el tiempo del fin de Lemuria, algunos de los grupos más avanzados emigraron hacia los Misterios del sur de Atlántida llevando sus impulsos. La llegada de la afluencia Atlante a las Américas también se extendió desde los Misterios del sur de Atlántida. Así tanto Norte como Sudamérica tienen el elemento común de un temprano descenso en el cuerpo como estuvo presente en estos Misterios. En Sudamérica se acentúa por las poblaciones más viejas que estaban presentes en las tempranas fases del continente.

Según la investigación de G. Wachsmuth tres grupos emigraron a las Américas desde la antigua Atlántida, empezando durante el quinto período de la civilización Atlante, alrededor de 15,000 años A.C. [37] Se consideran que dos de ellos ocuparon el continente del norte. Del tercero probablemente salió el antiguo Aymara de la alta meseta de Bolivia y Perú. Ellos se establecieron alrededor del Lago Titicaca donde se desarrolló la famosa civilización Tiwanaku, que ya tenía un nivel muy complejo de diferenciación social.

La Conciencia Atlante

Los primeros Misterios Atlantes conservaron las enseñanzas de los Misterios del cosmos, conectados a los planetas exteriores: Saturno, Júpiter, y Marte. Los Misterios Planetarios se extendieron a diferentes regiones. Los oráculos del sur eran oráculos de Saturno involucrados con los Misterios del Calor. Las fuerzas del calor son las más viejas en la evolución cósmica. Al norte, los oráculos de Júpiter estaban más preocupados con los Misterios de la Luz. Al centro desarrollaron los oráculos de Marte y del Sol. Los Misterios de Marte eran las enseñanzas sobre la acción de las fuerzas formativas particularmente en el elemento acuoso. El Misterio del Sol formó una unidad de todas las otras enseñanzas llevadas a un nivel superior; ellas llevaban todos los impulsos para el futuro.

Los pueblos de los Misterios de Saturno — de los que se originaron los primeros americanos — fueron los primeros en sentir la necesidad de traer al nacimiento las formas sociales. En América del Norte esto se manifestó después a través de los Toltecas; en el este fue iniciado por los egipcios y babilonios. El liderazgo fue asumido por el sacerdote-rey que unió en él la función masculina de gobierno con la cualidad femenina de la revelación. En el sur de Atlántida se originaron los precursores de los Toltecas y otros indios americanos. Después (particularmente después del punto medio de la evolución Atlante) se agregaron los oráculos conectados a los planetas interiores — Mercurio, Venus, Luna y Vulcano — conducente al desarrollo de las facultades internas. Los Misterios de Venus son aquéllos que primero dotaron a la humanidad de su intelectualidad. Los espíritus de Mercurio fueron los maestros de los primeros iniciados. Los Misterios de Vulcano representaron una intensificación particular de los otros tres. En las últimas fases de Atlántida se originó el culto en honor a los antepasados. En estos rituales el alma, habiendo perdido la conexión con lo divino, buscó el conocimiento de la inmortalidad en la continuación de la línea de generaciones.

Necesitamos agregar aquí otra característica de la cultura Atlante que marcó la evolución de las almas grupales después del tiempo de Lemuria. En el tiempo Atlante los cuatro tipos, influenciados por las almas grupales, surgieron más plenamente. En el "tipo Toro" la naturaleza física se hizo particularmente fuerte y trabajó en el cuerpo físico. En el "tipo León" lo etérico dejó una marca particularmente fuerte. Aquéllos en quienes el cuerpo astral predominó sobre el físico y el etérico fueron los del tipo Águila. Todas las anteriores fuerzas de la naturaleza estaban unidas e integradas en los seres humanos cuyos egos habían desarrollado más fuertes. "En este grupo el clarividente tiene ante él lo que ha sido conservado en la forma de la Esfinge…" La Esfinge es la unión de los tres: tiene alas del águila, la forma del toro y algo del cuerpo del león. [38] Un movimiento paralelo - anunciando la futura diferenciación de las razas de tiempos post-Atlantes - ocurrió durante la segunda Era de Atlántida pero también en otras regiones de la tierra. Estos procesos también fueron el resultado de la geografía y el medioambiente. Aquellos grupos fueron fuertemente influenciados por el ambiente terrenal y las funciones corporales adquirieron un cutis más oscuro. Entre ellos estaban los precursores de los indios americanos. La fuerte influencia terrenal fue usada en el sur de Atlántida y otras áreas como África, la influencia cósmica en el norte. En el norte los seres humanos se expusieron a una menos intensa luz del sol y podían experimentar las influencias cósmicas a través del ritmo de las estaciones, conservando un cutis más claro.

Debido a sus raíces hereditarias en Atlántida, el Nativo americano todavía vive en un tipo de conciencia que retuvo muchos aspectos de la conciencia Atlante, la conciencia que es conocida en el Este como Tao. Steiner comenta: "La sabiduría de Atlántida está incorporada en el agua de una gota de rocío. La palabra alemana Tau es nada más que el viejo sonido Atlante. Así que debemos mirar con reverencia y devoción cada gota de rocío que reluce en una hoja de césped como un santo legado de esa Era en la que todavía se mantenía la conexión entre el hombre y los Dioses". [39] La cruz T — símbolo de la Tau — está muy extendida en las civilizaciones Olmeca, Maya, y otras americanas. Reaparece en la arquitectura Inca. La propia cruz andina puede verse como dos cruces Tau sobrepuestas. Lo que Steiner llama Tau es lo que el nativo-americano expresa como "Gran Espíritu."

Los Nativos americanos todavía viven en la vieja conciencia imaginativa Atlante. Esto es porque su cuerpo etérico está mucho menos conectado con el cuerpo físico, y esto se refleja en la manera en que perciben el mundo. Un ejemplo muy conocido, del reflejo de la cosmovisión Atlante, es la imagen de la Isla de la Tortuga. Así es cómo los Algonquinos y muchos otros grupos llaman a la tierra en América del Norte. Esta idea es la continuación directa de la manera en que fue visto el mundo por los primeros hombres Atlantes para quienes los dioses moraban en las aguas que rodean el continente de Atlántida. Para los Atlantes, y para los Nativos americanos, el océano y el cielo eran co-sustanciales. Entre muchas tribus Mayas la misma palabra indica agua, invierno, lluvia, y vegetación. Curiosamente, el color verde y el azul toman el mismo nombre. [40] Esto refleja el predominio de los elementos del agua y el aire sobre el elemento tierra en la vieja Atlántida.

La más íntima asociación del cuerpo etérico con el cuerpo astral en el Nativo americano es la razón de otros tres fenómenos. La vida de sentimientos estaba y todavía está más estrechamente asociada con los fenómenos del crecimiento. En los primeros tiempos de Atlántida, y también del continente sudamericano el astral inferior podía influir en el crecimiento del cuerpo, que se tradujo en la aparición de gigantes, enanos y otras formas humanas Atlantes. Ésta también es la razón para las frecuentes referencias a pasadas razas de gigantes en la erudición sudamericana.

Como los Atlantes, los Nativos sudamericanos tenían y a menudo todavía tienen una memoria prodigiosa que trabaja en forma diferente de nuestra memoria moderna. Este es el porqué lo que vemos en el ritual y prácticas actuales puede ofrecernos visiones de las religiones de tiempos antiguos. Una última consecuencia de la conciencia Atlante del Nativo americano es su fácil acceso al mundo de las almas que partieron y a los antepasados. Incluso en el tiempo de los Incas mucho de la vida ritual gira alrededor de la preservación y comunicación con los reyes difuntos, antepasados de las líneas de poder que ellos habían formado.

La Evolución de los Misterios

Desde tiempos inmemoriales los Misterios eran lugares en los que los seres humanos recibían revelaciones e instrucciones de los seres espirituales. Hubo cuatro fases sucesivas de estos Misterios a las que Steiner nombró de la siguiente manera: Misterios Antiguos, Misterios Semi-antiguos, Semi-Nuevos y Nuevos. [41] la fase en que la civilización andina se encontró con el surgimiento de la civilización de la costa norte y central formó la transición de los Misterios Antiguos a los Semi-antiguos.

PRIMERA Y SEGUNDA ERA

En fases tempranas de los Misterios los dioses que descendieron desde el mundo del espíritu moraron entre los seres humanos, aunque sólo en cuerpo etérico. A través de sus representantes ofrecieron sus enseñanzas a los seres humanos. Para todo propósito práctico los participantes en las sagradas ceremonias no percibieron ninguna diferencia entre los sacerdotes y los dioses. En esta fase la planificación de toda ceremonia sagrada dependía de y se planeaba de acuerdo a ciertas favorables configuraciones astrológicas. De estos Misterios nada histórico se conserva.

En la primera fase de los Misterios las ceremonias se llevaron a cabo bajo tierra, en cuevas en los precipicios, y durante el acto de transubstanciación de las sagradas ceremonias el sacerdote sentía su organismo físico unificado con la tierra entera. Guamán Poma confirma que durante la Segunda Era — o Era del Wan Runa (pueblo indígena) — los seres humanos abandonaron las cuevas por la primera morada llamada *pukullo*.

En la transición a los Misterios Semi-antiguos tenemos por lo menos unos pocos registros históricamente conservados. Los Dioses ya no descendieron sino que enviaron sus fuerzas a trabajar en el recinto de los Misterios. Los templos subieron a la superficie de la tierra y se le dio una gran importancia al agua, a través de la ablución y más tarde del bautismo. Los cultos trabajaron con las fuerzas del cuerpo etérico. Los seres que en ese tiempo trabajaron entre la humanidad fueron los antiguos "Maestros de la Sabiduría" quienes se habían retirado a la esfera de la Luna. Ellos trabajaron entre los hombres sólo en cuerpos etéricos. [42] Los Misterios Semi-antiguos se inauguraron después del fin de Atlántida.

En la evolución de los Misterios andinos la Cruz del Sur adopta una gran importancia cosmológica. Al norte, la evidencia histórica y mitológica apunta a la Osa Polar y a la Osa Mayor representando un papel similar entre los Olmecas. La Cruz Andina es el referencial astronómico del Gran Espíritu en los Andes. Todavía no hay una referencia al Sol como eje del universo, y eso no aparecerá hasta

65

finales de la Tercera Era.

Los cambios en la naturaleza de los Misterios estuvieron acompañados por un corolario de consecuencias. El cambio cultural que a la mayoría nos preocupa aquí es el idioma, la escritura y el calendario. En el tiempo Atlante existió un primer idioma raíz común a todos. Las consonantes surgieron de la necesidad del alma de trasmitir expresiones para las impresiones externas. Las vocales reflejaron las experiencias internas del alma, como la alegría, el placer, el dolor, o la tristeza.

En contraste con el idioma que para la humanidad tiene un origen común en el tiempo, la escritura aparecía en diferentes momentos en las varias civilizaciones y asumieron formas muy diferentes. La necesidad de escribir corresponde al deseo de conservar la experiencia y conexión con la revelación del espíritu. Mientras estas experiencias fueran continuamente renovadas no había necesidad de conservar una memoria de ellas en forma fija. La escritura pictórica de jeroglíficos de Egipto representó las imágenes que primero eran experimentadas interiormente. Ellas surgieron al principio del Kali Yuga, la entrante Era de la Oscuridad cuyo albor ocurrió alrededor del tercer milenio A.C. El alfabeto mucho más abstracto sólo fue introducido mucho más tarde, alrededor del año 1500 A.C.

Los primeros calendarios fueron vinculados al sol y a la luna, y sólo después intervendrían los ciclos planetarios. El antiguo calendario egipcio conocido como el Annus Vagus o "Año Errante," tenía 365 días, estaba dividido en 12 meses de 30 días cada uno, más 5 días extras al final del año. Un mes consistía de 3 "semanas" de diez días cada una. Este sistema estaba en uso por el año 2400 A.C., y posiblemente antes. Este mismo sistema también aparecía entre los Toltecas, y partes de él sobrevivieron más tarde en el calendario Maya.

La experiencia del tiempo originalmente estuvo acompañada por un vivo sentimiento de los ritmos planetarios que reflejan la guía de los dioses. Después, perdido ya este conocimiento, el tiempo era experimentado como la repetición de lo mismo, como una alternancia mecánica y repetición de leyes inmutablemente pre-determinadas. Éste también es visible en el Calendario Circular Tolteca de recurrentes ciclos de 52 años. Mientras más sobrevivía este sistema más adquiría una dimensión fatalista y determinista.

Parece que contrario a las primeras conclusiones la civilización tuvo un inicio más temprano en Sudamérica que en Mesoamérica, o por lo menos la transición de la Primera a la Segunda Era apareció antes en algunas partes de los Andes que en Mesoamérica. Esto confirma la investigación espiritual de Wachsmuth que muestra que Sudamérica fue habitada antes que Norteamérica. También parece que el cambio de conciencia debido al "Crepúsculo de los Dioses" — la pérdida de la antigua clarividencia atávica — tuvo lugar antes en Sudamérica que en el continente norteño. Unos pocos indicadores incluso lo muestran aunque sólo en forma sintomática. En primera instancia, la arquitectura ceremonial aparecía a lo largo de la costa norte mucho más temprano que la arquitectura Olmeca a lo largo de la Costa del Golfo. La segunda indicación ha aparecido en los primeros quipus de Caral, apuntando a la primera posible evidencia del conteo y posiblemente la escritura. En total los dos elementos anuncian la transición de la conciencia de unión con la Deidad a la pérdida de tal comunicación. Podemos agregar a esta evidencia la de los más tempranos sacrificios humanos a lo largo de la costa norte ya alrededor del año 3000 A.C. La vieja clarividencia atávica — que empezó a decrecer — fue recuperada por los altos sacerdotes a través del sacrificio humano, pero ahora en una forma decadente, en la dirección contraria a la de la evolución normal.

La Forma de la Temprana Espiritualidad Andina

Muy poco puede cosecharse de la específica naturaleza de los Misterios andinos, por lo menos directamente. Lo que sigue sólo tiene valor de hipótesis y se extrae del trabajo de Grace Cooke[*] que describe

---

[*] N. del T.: Moderna británica espiritualista médium que en 1936 fundó la Iglesia de la Logia Águila Blanca bajo la inspiración de su guía

de la memoria de vidas anteriores un proceso de iniciación sufrido unos milenios antes de nuestro tiempo en una sociedad en Sudamérica que ya conocía la agricultura y la astrología. Ella se puede estar refiriendo a los Misterios que prolongaron la vida de los centros ceremoniales de la parte central de la costa norte, o Misterios similares presentes en otra parte a lo largo de los Andes centrales, más probablemente el Perú moderno. Después de todo, ninguna otra cultura de esta importancia existió en cualquier otra parte de los Andes o en todo Sudamérica en el período al que ella se refiere. [43]

El proceso de iniciación estaba dividido en tres fases. Primero, el pupilo tenía que sufrir siete años de entrenamiento del cuerpo físico, enfrentaría severas pruebas de fuerza y paciencia. Era una preparación que probaba el valor del neófito.

En la segunda fase venía la instrucción basada en la observación de los fenómenos naturales, el estudio y meditación sobre la naturaleza. El neófito aprendería a observar el clima durante días y noches enteras. También se le enseñaba el arte de la agricultura y de la crianza animal. En este tiempo del desarrollo humano, la humanidad tenía un poder más directo sobre la naturaleza a través de su cuerpo etérico y podía influir en ella desde dentro. Así el segundo período fue en todos los grados un tipo de curso en ciencias naturales aplicado a la puesta en orden de la existencia humana. La última fase correspondió a una extensa prueba del alma. El pupilo tenía que permanecer solo durante mucho tiempo en silencio y meditación en una cueva en la alta montaña. Así es cómo Grace Cooke lo recuerda:

Ésta fue la experiencia más fuerte... Tenía que enfrentar legiones de elementales y luchar con ellos, vencer o ser vencido. Una y otra vez estas criaturas del inframundo me

---

espiritual indio, Águila Blanca. Cooke, conocida por los miembros de la logia como *minesta,* comenzó su carrera como médium espiritista en 1913 y progresivamente se convenció de que los aspectos espirituales y filosóficos del espiritismo eran más importantes que la mera evidencia de la supervivencia.

tentaron con toda clase de sobornos para ponerme en sus manos, renunciar a mi fe y confianza en Dios o eterno bien: a cambio me darían el poder de trabajar la extraña magia de los grandes poderes Luciféricos sobre la tierra misma y su pueblo, incluso sobre el pueblo del mundo interior. [44]

Después de pasar esta última prueba al candidato se le llevaba a dos templos diferentes. Aquí el discípulo se expondría alternativamente al gran calor y al intenso frío. Los entrenamientos protegieron la carne de estos extremos y le enseñaron al discípulo a cómo usar el poder del pensamiento para sanar lesiones y enfermedades. En la mujer, esta iniciación provocó el logro de la visión profética.

Los procesos anteriores presentan muchos rasgos típicos de la iniciación Atlante. Continúan algunos elementos de Lemuria, particularmente las pruebas de resistencia física o el particular rol que les toca representar a las mujeres. Aquí, como en los Misterios Mexicanos, más probable es que fuera una combinación de caminos en el macrocosmo y jornadas del alma conducidos simultáneamente.

Esto es hasta donde podemos ir actualmente en los Misterios de la Segunda Era de la civilización andina. Volveremos a la civilización seminal de la Tercera Era, o lo que la arqueología llama el Formativo, y F. Kauffman Doig llama "el movimiento de Viracocha." Ésta es la cultura que tuvo su origen o centro en la sierra peruana del norte en el sitio de Chavín de Huantar.

CAPÍTULO 3

TERCERA ERA: CHAVÍN

En este capitulo consideraremos la civilización que jugó un rol de muchas maneras paralelo al de la civilización Olmeca en Mesoamérica. Además mencionaremos también emblemáticos desarrollos que tuvieron lugar en siglos inmediatamente antes del tiempo de Cristo. Curiosamente, algunas de las aserciones de Steiner sobre el corolario de eventos que rodean los eventos cardinales de la vida y tiempos del iniciado de las Américas, *Ixbalamqué*, son mejor corroborados en Sudamérica que en Mesoamérica.

Volveremos primero a lo que todos los arqueólogos se refieren como la civilización principal del tiempo que sigue a la Segunda Era. El mayor centro ceremonial de tiempos pre-cristianos en los Andes era Chavín de Huantar. Ésta fue la civilización cuyo apogeo siguió a la desaparición de los centros de la costa norcentral del Perú alrededor de los siglos undécimo a décimo A.C. Todo el período también es llamado Formativo.

Chavín: en Preparación del Futuro

Chavín se localiza a 9800 pies de altura sobre el nivel del mar en un largo valle junto a una ruta de comercio tradicional, en el departamento de Ancash, no lejos de Huánuco (vea mapa 1, pág. 16). El sitio queda en la unión de los Ríos Wacheqsa y Mosna. Las opiniones difieren acerca del tiempo del albor del culto de Chavín. Patterson estima que Chavín se originó alrededor del año 1300 A.C. [1] Otros lo ubican antes, ya en el año 1500 A.C. Lo más cierto es que es el tiempo en que terminó la influencia Chavín, aproximadamente en el tiempo que precede lo que los arqueólogos llaman Período Intermedio Temprano, empezando alrededor del año 200 A.C.

PUNTOS DE INFLEXION ESPIRITUAL

Con el culto de Chavín aparecían los primeros rastros de estratificación social, particularmente visibles en el contenido de los entierros. Esta estratificación sólo afectó un pequeño número de individuos, probablemente sólo a la élite religiosa. Sitios que probablemente contenían los restos de miembros del sacerdocio son reconocibles a través de la presencia de motivos del estilo Chavín en las joyas, corazas, textiles, etc. También visible en ese tiempo están los tapones de oro para las orejas que llevaban los sacerdotes, una tradición que perdura en los Andes. [2] La influencia de Chavín se extiende hasta la costa de Lambayeque (norte del Perú) al Valle de Ica (sur del Perú) y en las regiones montañosas desde Huánuco hasta Pacopampa (cerca de Cajamarca). Aparte de Chavín, existieron otros templos del culto en Kuntur Wasi (La Copa), Pacopampa, Garagay (norte de Lima), Mojeque en el valle de Casma, Cerro Blanco en Nepeña (en la costa norte), etc.

Chavín introdujo muchas innovaciones artísticas: nuevas y complejas técnicas que permitieron el tratamiento del oro y la plata para la producción de joyas u objetos ceremoniales; el uso de brillantes colores en los textiles; la talla del granito para la producción de estelas, etc. Sin embargo, Chavín introdujo poco en lo que se refiere al campo tecnológico y en la manera de vivir de las poblaciones circundantes.

Una interesante tradición mitológica registrada por Cieza de León indica que Chavín fue construido por una raza de gigantes cuyos retratos todavía pueden verse en las grandes esculturas de piedra. [3] Hemos visto otras tradiciones de gigantes en Mesoamérica y por consiguiente no descartaremos bruscamente esta afirmación, aunque esto probablemente se refiere a la fuerza más que a la estatura. La segunda aserción de retratos en las esculturas en grandes piedras puede no estar completamente infundada, aunque no haya salido a la luz. La civilización Olmeca legó las famosas cabezas colosales que los arqueólogos ahora creen son las de sacerdotes y/o líderes. Para continuar el paralelo con los centros Olmecas, también en Chavín la piedra fue extraída de una cantera distante, lo que parece haber

TERCERA EPOCA: CHAVIN

demandado un gran gasto de energía.

Hay evidencia — que se analizará después — que Chavín era un lugar de culto de la naturaleza de un oráculo, así como el famoso Pachacamac lo fuera un tiempo después. Ésta también fue la narración hecha por la misión Jesuita a Cajatambo sobre la función del sitio del templo: "un edificio que es muy temido y grandemente venerado que ellos llaman la casa de las huacas [sagrado lugar u objeto]. . . y [la huaca] le habla y le responde a los hombres [quiénes eran] sus niños y [hablaron] a las cabezas de linajes que existen hoy entre los indios de esta tierra." [4] Esto indica que el culto Chavín probablemente se puso a la misma altura de otros cultos locales y que no había necesidad de imponer una religión homogénea a lo largo de su área de influencia. Esto también es confirmado por la supervivencia de otros cultos locales en las áreas donde creció la influencia Chavín. También es reconfirmado por la limitada presencia de enclaves de Chavín en áreas de una cultura definitivamente extranjera. En la necrópolis de Paracas, por ejemplo, se ha encontrado una tumba con más de doscientos pedazos de tela o alfarería que no llevan motivos Paracas del período correspondiente (400–200 A.C.), sino iconografía Chavín. Casi cincuenta textiles llevan el motivo del dios de los Báculos que se originó en Chavín, y eso tendrá una importante participación en nuestras posteriores consideraciones. [5]

Arquitectura e Iconografía

El sitio de Chavín ocupa aproximadamente 13 hectareas. El complejo arquitectónico principal está formado por el Viejo Templo y por el Nuevo Templo, también llamado el Castillo. El Viejo Templo es de proporciones modestas respecto al Castillo (figura 3.1).

El Viejo Templo

En el Viejo Templo un centro de tierra y piedra está cubierto con una loza pulida de arenisca, granito, y caliza. El templo está lleno de cámaras y pasadizos, y a éstos se le agregaron escaleras, aberturas, y desagües que formaron un laberinto. Las varias estructuras se han

73

considerado como laberintos, células monacales, ventilación y sistemas de desagüe, etc., Ninguna de estas hipótesis justifica el número de galerías y vestíbulos, desde que el supuesto sistema de desagüe tendría una capacidad diez veces por encima de lo que se necesitaría en el extremo, en casos inesperados.

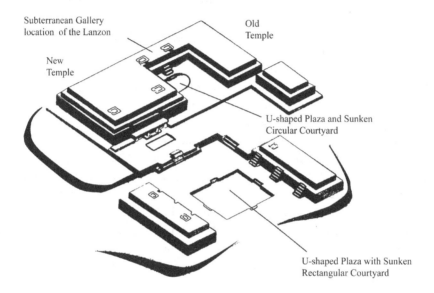

Subterranean Gallery location of the Lanzon

Old Temple

New Temple

U-shaped Plaza and Sunken Circular Courtyard

U-shaped Plaza with Sunken Rectangular Courtyard

Figura 3.1: Chavín de Huántar

Se ha especulado que este complejo sistema amplifica el sonido de las aguas para que parezcan rugidos de los truenos, particularmente en la cámara que contiene el famoso Lanzón, que se creyera era el vestíbulo del oráculo. Permítanos mirar esta hipótesis más de cerca. Para lograr los efectos sónicos, era importante tener una caída de agua de proporciones considerables. El estar en la confluencia de dos ríos (Wacheqsa y Mosna) permitió un descenso desde una altura de 20.5 m sobre una distancia de 100 m. Lumbreras, González, y Lietar creen que algunos de los vestíbulos trabajaron como cámaras acústicas. [6] Los autores suponen que el cauce de las aguas estaba oculto a la vista.

74

TERCERA EPOCA: CHAVIN

Probablemente la deidad más vieja del oráculo es el Lanzón (español de lanza o jabalina) también llamada la Gran Imagen que todavía ocupa su posición original (figura 3.2). La alta y larga talladura retrata a un ser humano con pies y manos que terminan en garras. Los levantados labios revelan los afilados caninos superiores. Las cejas y el pelo terminan en cabezas de serpiente, y el tocado exhibe cabezas felinas.

La posible evidencia de la naturaleza del culto viene del arreglo arquitectónico de los espacios. La escultura del Lanzón, la "Deidad Sonriente" de Chavín, está colocada en un cuarto oscuro. Sobre la figura central una apertura que conecta la habitación más baja con la superior. Esto pudo haber servido para permitir que las palabras habladas en el oráculo de abajo sean oídas en el cuarto de arriba. Las rugientes aguas probablemente amplificaron el sonido y lo llevaron hasta muy lejos.

Las plataformas laterales del Viejo Templo abarcan el patio circular hundido que tiene 21 m de diámetro y una profundidad de 2.5 m. La abertura del extremo de la forma de U del templo — en términos generales similar a las pirámides de la costa central — apunta al río Mosna y a la salida del sol. Aquí, una vez más, vemos el culto al agua y a las deidades de la montaña que forman una continuidad con las prácticas de la Segunda Era.

El Nuevo Templo

En el momento de la edificación del Nuevo Templo — también llamado Castillo — el Viejo Templo probablemente fue remodelado y se usaron simultáneamente el templo viejo y el nuevo. De hecho el Nuevo Templo fue creado después de duplicar el tamaño del ala sur del Viejo Templo. El Castillo está formado por tres terrazas de tamaño muy similar. Sus paredes están cubiertas con piedras decorativas pulidas. En su interior tiene losas de piedra colocadas en filas regulares. En el centro de la fachada oriental una escalera está dividida en dos mitades, una decorada con piedras claras, la otra con oscuras.

75

Hay dos escaleras que continúan en dirección norte y sur, llegando a un descanso cuadrado. Las paredes están decoradas con "cabezas clavas," cabezas talladas que sobresalen de la superficie de la pared.

Figura 3.2: El Lanzón

La plaza principal, rectangular, del templo de 105 x 85 m encierra un patio cuadrado hundido de 50 m de lado. Unas 1,500 personas podrían dar testimonio de las ceremonias de los patios y plazas más bajas. Acercándose al templo, las plazas se hacían progresivamente más pequeñas y altas — probablemente para restringir el acceso a la muchedumbre. El pueblo estaría presente en los patios menores, considerando que solo el sacerdocio tenía acceso a las galerías, un modelo conservado hasta el tiempo de los Incas.

J. Rowe y otros autores habían asumido que se agregaron varias partes de los edificios a los anteriores sin un plan inicial que abarcara la totalidad, basado en el hecho que hay discontinuidad entre las estructuras en las que descansan piedras nuevas sobre las más viejas, dejando hendiduras visibles. Kauffman Doig defiende la idea que aunque las partes se construyeron en sucesión se hizo según un plan original y que la totalidad tenía una dimensión de arquitectura iconográfica que representa una figura religiosa mágica. [7] Ésta podría ser la imagen de un jaguar. Aunque está lejos de aclararlo por lo que sobrevive de la arquitectura de Chavín, ésta es una hipótesis muy plausible, de hecho una característica que persistió a lo largo de sucesivos períodos de la civilización andina y extensamente usado en el tiempo de los Incas.

Uno de los descubrimientos más interesantes de Chavín son las cabezas que se proyectan fuera de las paredes superiores del Viejo Templo. Éstas representan las caras arrugadas y varios rasgos de animales que apuntan a un felino (al jaguar) o pájaro rapaz (como el águila coronada). Richard Burger ha ordenado las cabezas en una sucesión que va de la forma más humana a la forma más animal-antropomórfica. [8] El resultado forma una progresión gradual de una cara arrugada humana a la fase animal que representa el jaguar o el águila coronada. La fase intermedia es particularmente interesante. Los ojos abultados y la mucosidad goteando de los orificios nasales reproducen fielmente los efectos de los rituales modernos que involucran el uso de substancias psicotrópicas. La descarga de mucosidad es en efecto uno de los síntomas de la acción de estas substancias. En este aspecto del viaje shamánico vemos otro paralelo con la cultura Olmeca de Mesoamérica.

A las indicaciones de las esculturas podemos agregar la evidencia que viene de los morteros usados para producir drogas activas de las plantas. Los morteros representan pájaros o jaguares. Las bandejas, espátulas, cucharas, y tubos también usados en los rituales reproducen el motivo del cactus San Pedro del que se extrae la mescalina.

Rafael Girard apunta al hecho que tantos animales considerados sagrados (el mono, el lagarto, el jaguar, etc.) y representados en la iconografía Chavín y otras más tempranas no se originan en los Andes sino en Mesoamérica. El elemento común a Mesoamérica sólo apunta al común y distante origen en el tiempo. Fundamental es el motivo jaguar que ya hemos visto en las cabezas del Templo Viejo. Chiaki Kano indica que el culto del jaguar ya estaba presente en las fases Wairajirca y Kotosh que precedieron Chavín. [9] Sin embargo, el motivo evolucionó de una primera fase completamente naturalista en Wairajirca a una versión antropomorfizada en las fases Kotosh y Chavín.

El pelaje del jaguar es fácilmente reconocible porque tiene forma de flor de cuatro pétalos, o cinco pétalos, o estrella. Esto indica que es un jaguar y no un puma. Los gatos, como representaciones, no siguen el modelo de estrella. El tema familiar del dios de la noche de Mesoamérica, como lo subraya Girard, es el mismo que Chavín ha hecho principal en su arte. De hecho todo lo divino es referido al motivo del jaguar. Las bocas de casi cualquier criatura, incluso los pájaros, están representadas como bocas de jaguar.

La Iconografía

Ahora avanzaremos un paso más allá en la iconografía de Chavín. Para ello nuestro propósito es doble. Primero descubrir las principales deidades de la civilización de Chavín y así caracterizar su contribución a la civilización andina. Segundo, estableceremos una artística secuencia de tiempo, uno de los medios más seguros para caracterizar la evolución en el tiempo de los temas de la cultura Chavín, permitiéndonos también caracterizar sus etapas de evolución y decadencia.

John Rowe ha estudiado con penetrante visión los motivos del arte de Chavín y ha determinado una serie de rasgos reconocibles:

- el uso general de la simetría bilateral. Si la figura está de perfil, está asociada con otra que la refleja.
- el tratamiento de figuras geométricas contorneadas
- rizos decorativos
- diseños que se adaptan a una estructura de líneas paralelas.
- el uso difuso de un elemento de comparación, una metáfora. El pelo es comparado a y tratado como serpiente; se comparan colas, pies, y alas a lenguas y por consiguiente surgen de una boca estilizada insertada en el cuerpo.

Las serpientes, como en otra parte en el arte nativo sudamericano, es un dispositivo para indicar los campos de energía o las fuerzas etéricas que emanan del ser. No sorprende que la mayoría de seres espirituales que veremos sean aquéllos con innumerables serpientes que fluyen de ellos.

El felino y el pájaro tienen un papel muy importante a través del simbolismo de Sudamérica. El jaguar es a menudo asociado con la noche y la tierra; los pájaros con el día y el aire. En conjunto, el tema del jaguar predomina en Chavín — especialmente en relación a las deidades principales. Tendremos que esperar hasta después del cambio de nuestra era para observar que el tema del pájaro (cóndor, águila) adquiere mayor importancia. Con el tiempo el arte de Chavín desarrolló un estilo muy característico. Los rizos decorativos adquirieron tallos cada vez más largos, las curvas fueron reemplazadas por líneas rectas, el detalle era más abundantemente repetido y se introdujeron nuevos y abstractos elementos. En base a estas observaciones, Rowe distinguió tres etapas de arte de Chavín que él nombró AB, CD, y EF. Basado en lo anterior, podemos explorar la evolución de la religión de Chavín en el tiempo considerando sus tres más famosas esculturas: el Lanzón o Dios Sonriente (Fase AB), el Obelisco de Tello (Fase CD), y la Estela de Raimondi (Fase EF). El análisis de Rowe es complementado por su seguidor Peter Roe. [10]

El Lanzón

La Fase AB es la más fácil de reconocer entre las series. Las cabezas de la plaza de Chavín que mencionamos se retrotraen a este período. La "boca agnaticia" (sin mandíbula) era la preferida representación de la boca. Durante esta fase verdaderos animales, sin rasgos humanos, son más importantes que en cualquiera de los siguientes períodos. Las manos humanas son redondeadas, tienen uñas largas (no garras) y un correcto número de dedos en manos y pies. Los llamados collares de serpiente (una serpiente con una banda alrededor de su cuerpo, justo atrás de la cabeza) parece ser un motivo importante en este período. La estructura de un diseño todavía se perfila claramente esquematizada e inmediatamente aprehendida por la mente. Todas las líneas tienden a ser curvas.

El Lanzón es la escultura más famosa de Chavín (figura 3.2). También se ha llamado el Dios Sonriente. Su nombre español alude a su forma larga, parecida a la de una lanza. De la boca sólo sobresalen los caninos superiores de una figura humana. La boca tiene colmillos de jaguar, el pelo tiene forma de serpientes. Una mano apunta arriba, la otra abajo. Sobre la cabeza había un canal que R. Girard cree se usó para verter a la deidad ofrendas líquidas. [11] Desde su posición en medio de la galería llamada cruciforme, está claro que el Lanzón era de algún modo una piedra de fundación de Chavín. Es una clase de eje cósmico del templo. La deidad también ha sido representada en otros objetos como huesos con forma de cuchillos o lanzas. El Lanzón era una figura que sólo los sacerdotes podían ver. Una versión posterior de ella está colocada en la pared de un patio externo y disponible para el culto público.

TERCERA EPOCA: CHAVIN

El Obelisco de Tello

P. Roe divide la fase CD en un período C y un CD. La fase C es definida como una fase de transición en la que surge el famoso Obelisco de Tello. En esta fase notamos la aparición de cabezas trofeo y guerreros con armas. La vara de guerra (el garrote) está representada en la costa norte y en Supe. (En el Valle de Supe también se han encontrado cuatro cráneos fracturados por el trauma infligido.) En la iconografía notamos también la presencia de ojos retirados del cuerpo con sus pupilas (en momentos posteriores también aparecerá amplificado).

La fase CD alcanza un importante nivel en la evolución de Chavín. El estilo cambia hacia una suerte de expresión barroca y complicada en el momento de más alto nivel de expansión de la influencia Chavín. Al centro de este tipo de expresión encontramos la "convención del desollado" o la "representación de la separación" que es una de las causas más profundas de la apariencia barroca de la obra de arte de este período. En esta perspectiva el animal o la figura es partida en dos a lo largo del eje de simetría, de manera que las imágenes espejo se reflejan en cualquier lado del eje. Adicionalmente el arte incorporó cada vez más detalles. Así, si uno compara pájaros del período CD con los equivalentes del período AB, apenas puede reconocer al animal en su contraparte, el período CD, donde la cabeza está partida en dos y comparten una boca común. Las alas son percibidas como serpientes y extendidas hasta el nivel de las piernas. El todo se hace verdaderamente monstruoso.

El tema más importante del período CD es el Obelisco de Tello (figura 3.3). El obelisco es un motivo con dos cabezas: una de un puma, la otra de una serpiente. De la segunda emerge una cola emplumada que probablemente formó la cima del obelisco.

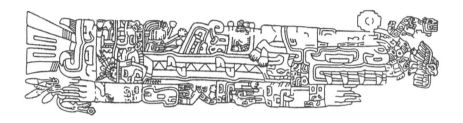

Figura 3.3: Obelisco de Tello

La Estela de Raimondi: Dios de los Báculos

Durante la fase EF la complejidad del período anterior en términos de los elementos que la componen (la convención del desollado) está acompañada con una simplificación al nivel de su elemento unitario. Esto se manifiesta más que todo en la tendencia hacia la rectangularidad, llevando por un lado a la muy compleja Estela de Raimondi y a los simplificados elementos característicos: serpiente, felino, y humano. Después de esta fase el arte de Chavín pasó por una abrupta transición, y el arte regional se manifestó de muchas maneras diferentes.

Podemos cambiar nuestra atención ahora al posterior dios del báculo de Chavín de la famosa Estela de Raimondi de la fase EF (figura 3.4). El dios del báculo, sujetando un bastón en una mano, parece haber reemplazado a las deidades anteriores hacia el fin de Chavín. El motivo de la serpiente domina la figura con un total de treinta. La cabeza central, que parecen dos cabezas en una, se amplifica a cuatro cabezas arriba de ella.

El hecho que la Estela de Raimondi sea una de las más grandes lozas encontradas en Chavín indica la importancia del dios del báculo. La santidad del ser es subrayada por la repetición de la serpiente y motivos de boca de jaguar. El motivo de la estela también aparece en la placa de oro del Museo Rafael Larco Herrera, en Lima, donde la deidad está acompañada por dos pequeñas figuras de sirvientes que tienen una combinación de atributos humano y de pájaro.

TERCERA EPOCA: CHAVIN

El dios del báculo es el tema emergente que acompañará a gran parte de la posterior historia sudamericana. ¿Podría ser que Chavín fuera un lugar de preparación para los misterios futuros en el punto de inflexión del tiempo? Esto explicaría el propio nombre. Chawa quiere decir "en desarrollo" o "en preparación." [12] Una nueva forma de dios del báculo, con atributos solares más claros, es el que veremos en el punto de inflexión del tiempo en las importantes civilizaciones de los Andes. El más significativo, el Dios del Báculo, es el que aparece en la muy famosa 'Puerta del Sol' de la imponente vieja capital espiritual de la alta planicie de los Andes — Tiwanaku. De todos modos, la adopción del Dios del Báculo fue un paso importante en la evolución del centro del oráculo. Formó la culminación del mensaje de Chavín. Marcó un tiempo de elección, y parece que algunos centros religiosos se desvincularon de Chavín poco después de la introducción del Dios del Báculo. [13]

El legado de Chavín llevó a la humanidad andina a un momento muy crítico cargado de pruebas para el alma. En la mayoría de los casos fue un tiempo de decadencia. Signos de ella ya habían aparecido antes. Ya durante la fase C emergió la primera evidencia iconográfica de las cabezas trofeo. En la transición de la fase C a la CD hay evidencia de armas, específicamente los átlatl* y los dardos. Éste es el tiempo del Obelisco de Tello.

El fin de la influencia de Chavín se corresponde con el principio del tiempo que los arqueólogos llaman Período Intermedio Temprano que al principio estuvo acompañado con la edificación de fortalezas y fortificación de pueblos a lo largo del Perú, indicando el principio de un tiempo de luchas. El eje central del tiempo del Intermedio Temprano es lo que nos ocupará de aquí al final de este capítulo y también el próximo.

---

* N. del T.: El átlatl es un arma impulsadora, muy utilizada por los indígenas precolombinos, especialmente los mexicas, los de Perú y Colombia. En náhuatl se le llamó átlatl, aunque en español también se le conoce como lanzadardos y estólica.

La decadencia al final de Chavín se hizo visible en las manifestaciones que indican la introducción — o mejor, reintroducción — de la práctica de sacrificios humanos. Ese es más probablemente el caso de Cerro Sechin. Por otro lado también hay evidencia que una nueva cultura estaba empezando a sembrar las semillas para una "revolución solar."

Figura 3.4: la Estela de Raimondi

TERCERA EPOCA: CHAVIN

Decadencia de Chavín y Sechin

Volveremos ahora a las famosas ruinas de Cerro Sechin, un lugar en el que aparece abundante evidencia de sacrificio humano, es más, de un tipo que es peculiar para la civilización andina. Pero primero necesitamos presentar más evidencia de la artística sucesión del tiempo de Chavín que nos permitirá colocar en el tiempo el fenómeno del sacrificio humano, y que está lejos de lo expresado al principio.

Apoyaremos nuestros argumentos en la sucesión artística del tiempo de Rowe y Roe y sobre el sincronismo de Cerro Sechin con un montón de otros sitios. Estos dos enfoques dan un apoyo considerable a la tesis de la aparición (o resurgimiento) del sacrificio humano al final de la civilización Chavín. Lo que complica el tema es que Cerro Sechin es un lugar cuya existencia data de muchos siglos atrás y nuestro enfoque solo llega a una limitada manifestación del sitio. De hecho se han identificado tres fases de la construcción que muy probablemente se ubican en una fecha anterior de los monolitos que nos ocupan.

Sechin fue descubierta en 1937 por el famoso arqueólogo peruano Julio C. Tello, en el Valle de Casma, en el departamento de Ancash. Todo el complejo cubre un área de aproximadamente 5 hectareas pero se ha excavado sólo el 20% de ella. Las ruinas cubren una colina llamada Cerro Sechin, aproximadamente a 4 km del lugar donde se unen los ríos Mojeque y Sechin. El grupo tiene su acceso principal al norte y tres pasajes al este, oeste, y sur. Una pared exterior construida en piedra encierra los primeros edificios. Esta pared exterior perimétrica incluye monolitos grabados. Tello catalogó un total de 302 de éstos monolitos.

La mayoría de los monolitos representan cuerpos o partes del cuerpo. Increíblemente, no están presentes motivos de animales ni religiosos y el estilo es completamente realista. Esto solo indica un movimiento hacia la decadencia, saliendo del muy abstracto y simbólicamente cargado estilo de Chavín. Entre estos monolitos, en las imágenes esculpidas de guerreros y prisioneros aparece evidencia de sacrificios

85

humanos, cuerpos humanos mutilados, troncos destripados, y partes del cuerpo desde las vértebras hasta los órganos, cabezas, ojos desorbitados, pelvis deshuesada, cabezas decapitadas, etc. Los cuerpos mutilados son de víctimas muertas o vivas. De la evidencia anterior, la mayoría generalmente cree que Sechin ha sido un centro consagrado al sacrificio humano, por lo menos en lo que concierne a este punto de su historia. [14]

La calidad artística de los monolitos es, por lo general, bastante inferior; entre los monolitos algunos fueron reusados y otros corregidos, en los que puede descubrirse el diseño anterior. Sin embargo, también aparecen muy pocos refinados monolitos, casi fuera de contexto, dejando que el espectador se pregunte si fueron monolitos anteriores o se reutilizaron.

Hay tres hipótesis básicas acerca de los monolitos de Cerro Sechin: [15]

Sechin es anterior a Chavín. Edward Lanning pone a Sechin no más tarde que al principio del Horizonte Temprano (900–200 A.C.). L. Samaniego y A. Bueno lo colocan en el siglo decimoquinto A.C., como un antepasado de Chavín.

Sechin es contemporánea a la fase más tardía de Chavín. Ésta es la tesis de P. Roe en base al elaborado monolito 'F' de Sechin (figura 3.5). En este diseño, dice Roe, aparece un motivo similar a los cordones que sirven para apoyar la cabeza cercenada del Portador de Cabeza del sitio de Yurayako. Kauffmann indica que el ojo excéntrico y la gran lágrima larga (lagrimón / marca del halcón) es común a Cupisnique (a lo largo de la costa) y Chavín. Bonavia y Lathrap están de acuerdo que Sechin es una última expresión de Chavín. Lo que sostiene esta tesis es el hecho que Sechin no tiene ninguno de los símbolos alegóricos del Chavín más temprano: el cóndor, la serpiente, el jaguar, etc.

Sechin viene detrás de Chavín. Fung y Williams indican esencialmente que Sechin es post-Chavín en base al hecho que el pez grabado en una pared de adobe del sitio tiene características del Chavín Tardío. Las cabezas cercenadas están presentes en ejemplares de alfarería del Chavín Tardío en *Tembladera* y *Chankillo*. Note que la tercera posición no siempre se diferencia claramente de la anterior.

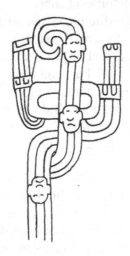

Figura 3.5: Monolito de Sechin F

En conjunto la hipótesis que Sechin sigue a Chavín tiene mucho más apoyo en los círculos arqueológicos que la primera. Nosotros tendemos a coincidir con A. Kroeber que establece que Sechin ciertamente no es la culminación de un estilo. Algunas simples observaciones refuerzan la segunda y la tercera hipótesis. Generalmente, el arte más decadente llega y termina una serie, y Sechin claramente señala a un período de decadencia de un estilo, en forma y en contenido.

Permítanos entrar a esta exploración más profundamente desde una perspectiva artística. Recordaremos al lector lo que surgió de la exploración anterior. Durante la breve fase C Chavín (que incluye el Obelisco de Tello), aparece el motivo de guerreros con armas y de las cabezas trofeo. Otro tema que brevemente surge es el de los ojos desencarnados (con pupilas). Sin embargo, éste es simplemente un breve interludio seguido por un retorno a los temas anteriores y abandono de los temas relacionados a la guerra en la fase CD.

La fase EF está caracterizada por la simplificación a nivel de su elemento unitario que se manifiesta sobre todo en la tendencia hacia la rectangularidad y hacia la diferenciación artística local. El "adorno portador de cabeza" — llevando una cabeza trofeo — reaparece (figura 3.6). Las cabezas en Sechin son muy cuadradas y lo mismo son sus manos y pies, otro signo del arte de Chavín tardío. Las cortadas y desunidas cabezas humanas cuadradas están en todo el lugar aunque no sostenidas como cabezas trofeo. Todo en el Cerro Sechin despliega mayores similitudes con la parte EF de las series y sólo de vez en cuando con la AB. Lo anterior apoya la noción que Sechin entra tarde en la serie Chavín.

Aunque la evidencia del sacrificio humano aparece en Cerro Sechin más claramente que en cualquier otra parte, evidencias adicionales muestran que ésta no era una única manifestación. La evidencia artística de otros cuatro sitios que también pueden colocarse al final del período Chavín coincide con lo que se ha ofrecido hasta ahora. [16] La evidencia directa de la clase de sacrificios humanos practicados en Cerro Sechin es visible en Puemape durante la ocupación de Salinar* (300 A.C. a 0). [17] En un cementerio de esta época se encuentran dos cadáveres, los dos decapitados. Uno de ellos también tiene las falanges de pies y manos serruchadas, justo como los retratan los monolitos de Sechin.

El motivo del decapitador también se encuentra en la misma época en la costa sur en la llamada tradición del Ser Ocular de Ocucaje (río Ica). Es una figura antropomórfica con rasgos felinos, a menudo retratada en vuelo. Los ojos redondos son los del raptor y la boca en forma de U; el cuerpo es más a menudo antropomórfico. En algunos casos su

---

* N. del T.: La cultura **Salinar** es una cultura precolombina peruana que se ubicó en territorio costero, en lo que actualmente son los departamentos de Ancash y La Libertad, después de la decadencia de la Cultura Chavín en la costa norte del Perú.

figura se reduce a la cabeza que puede tomar la forma de una máscara. Frecuentemente se le ve sosteniendo la cabeza de un decapitado y un cuchillo con mango. Además puede llevar una cabeza humana en la barriga. [18] Históricamente la figura aparece primero en la llamada Fase 8 de Ocucaje, un poco antes del punto crítico del tiempo Intermedio Temprano. Como el Dios Decapitador de la costa norte, esta es la primera figura iconográfica que muestra poca relación con la anterior imaginería Chavín. Como es lógico nosotros también podemos ver una relación de este nuevo estilo con el de Pucará. [19]

Figura 3.6: el diseño del Portador de Cabezas

Ruinas y Monolitos de Sechin

Permítanos volver ahora a la pared perimétrica exterior del lugar que es el centro de nuestra atención en este estudio. Las piedras de la paredfueron unidas a través del uso de grandes monolitos que alternan con otros más pequeños, piedra pequeña, y mortero. La alternancia dio mayor solidez al trabajo artístico. El perímetro se interrumpe en el norte en alineación con la anterior escalera de acceso.

Juzgando por su diseño casual, Tello pensó que los monolitos de Cerro Sechin habían sido reusados. Sin embargo, cuidadosas observaciones muestran que ellos siguen un plan maestro. En Sechin, como en Chavín, hay preocupación por la simetría, en primer lugar en el flujo de la composición, luego en el arreglo de la estela, con muchas parejas en los lados opuestos de la entrada principal. Esto disipa la noción de Tello de un reúso casual de los monolitos de Cerro Sechin. ¿Qué llevó a los sacrificadores a erigir un baluarte en piedra tan diferente de las anteriores construcciones de adobe? Es probable que la fachada fuera construida — entre otras cosas — con la intención de intimidar a los enemigos.

Hay muchos monolitos paralelos; la mayoría de ellos son grandes, más altos que anchos. Éstos "monolitos duales" están distribuidos de manera equidistante en las paredes N-E y N-O-S, de las partes más lejanas a la entrada norte. Estos monolitos duales sólo difieren en detalles.

Los guerreros parecen como si estuvieran saliendo del edificio desde dos lados y volviendo luego al acceso norte. Sólo los dignatarios a la cabeza de la procesión se diferencian de los otros por los símbolos que despliegan: llevan una regalía adicional y sostienen en su mano derecha lo que parecen ser ramitas o rayos entrecruzados. Estos motivos entrecruzados han sido pensados como posibles instrumentos de sacrificio. Ninguno de los caracteres es claramente un sacerdote; la mayoría de ellos parecen guerreros y su similitud con otras figuras refuerza esta interpretación. Su uniforme es mínimo y funcional, lo que habría sido un recurso en condiciones de gran calor y ejercicio físico.

El arte de Chavín está individualizado — una pieza tiene valor en y por sí misma. Los monolitos de Sechin sólo tienen sentido en la integración del todo. Ellos dan el sentimiento que el todo fue concebido por una persona y ejecutado por subalternos. A lo largo de la pared de Sechin y los lugares vecinos del sitio, una cosa es notable: la inferior calidad global de la obra de arte, el cuidado del conjunto, y el arreglo. Así, se han encontrado seis monolitos sin adornos, colocados en la pared N-O-S en alternancia con las cabezas cercenadas, lo que lleva a pensar que este lado del monumento no estaba acabado o que hubo prisa para terminarlo. Dos de los monolitos en la pared norte son de un tipo abstracto en forma de largas cruces. Otro de éstos fue colocado sobre un dintel encima de un portal de piedra. Estos tres monolitos son temáticamente diferentes de los otros, y los únicos abstractos. ¿Cuál fue la razón de colocar fuera de contexto algunos monolitos de una iconografía claramente diferente? ¿Era una posible justificación ideológica con la tradición del pasado?

Las escenas de sacrificio humano incluyen figuras del supuesto sacerdocio y soldados, cuerpos seccionados, cabezas decapitadas, y partes anatómicas. Las corrientes de sangre, representadas como cordones, aparecen bajo las cabezas, los miembros, los troncos. Sin embargo no hay ninguna explícita cabeza trofeo. Es notable que los sacrificadores y víctimas pertenezcan todos al mismo grupo étnico. La idea mayormente aceptada es que el tema global es el de una batalla — o más — de una escena del ritual de sacrificio humano. De hecho todas las figuras parecen ser las de orgullosos sacrificadores y de otro lado orgullosas y sumisas y aterrorizadas víctimas. Veinticuatro figuras erguidas están uniformemente distribuidas a lo largo de la pared del perímetro, alternando con cuerpos desmembrados o partes de los cuerpos. Todas ellas están orientadas hacia el norte, la dirección de la entrada central. La orientación norte de Sechin lo divide en mitades, la mitad oeste y la mitad este. Esta idea está reforzada por la escalera doble del primer edificio de adobe. De hecho, el énfasis en el aspecto dual se retrotrae al mismo origen del edificio. Hemos visto este tema a la entrada del Castillo de Chavín. El simbolismo de la pared exterior apunta a las batallas ceremoniales entre las mitades Hurin y Hanan, un tema que continuó a lo largo de la historia andina, con o sin sacrificio humano.

Temas de los Monolitos

Entre los monolitos podemos distinguir tres temas:

- grupo A: dignatarios de alto rango o sacerdotes
- grupo B: cuerpos, partes del cuerpo, u órganos
- grupo C: figuras abstractas

Grupo A

Éste es un pequeño porcentaje del todo que representa a los dignatarios; cuatro miran a la izquierda, cuatro a la derecha. Generalmente sostienen un cetro, garrote, o símbolo de poder que luce más uniforme. Todos ellos llevan una clase de taparrabo. Bajo el ojo, en forma de U con media pupila en la parte superior, está la llamada 'marca del halcón' que cruza toda la cara. Entre todos los otros, el monolito 2 está afuera desplegando un estupendo tocado simbólico que fluye hacia abajo del cuerpo, con cuatro cabezas pequeñas (vea figura 3.5).

Grupo B

En este grupo vemos los cuerpos seccionados (sin cabezas, solo el torso y la cabeza, muslos seccionados, brazos cortados en varios niveles), cabezas sin cuerpos (la gran mayoría), o partes anatómicas. La expresión en las caras muestra la agonía y el terror como si hubieran sido retratados aún vivos durante el acto sacrificatorio. Esto es reconocible en los ojos muy ampliamente abiertos y la boca contraída. La uña larga del pulgar, la ancha nariz de felino, amplias bocas mostrando los dientes, común a las víctimas y a los victimarios, son características de los animales de presa. Ésta es otra indicación de la probabilidad de que las víctimas hubieran sido capturadas en batallas rituales.

En el subgrupo de cuerpos seccionados aparecen desesperadas víctimas que sostienen sus entrañas. Los brazos están abajo sobre el abdomen o levantados a la altura de la cabeza. Algunos muestran la cabeza reclinada hacia atrás; éstas son de los muertos o de cuerpos recostados, retratados en falsa perspectiva. La mitad arriba del abdomen de los cuerpos muestra bordes flexionados o ampliamente aserrados.

Las cabezas separadas del cuerpo son las más numerosas — algunas sin cuello. Otras cabezas están amontonadas formando un montículo (hasta doce) y aparece como un tema más abstracto. Las cabezas más a menudo se muestran de perfil, salvo aquéllas de naturaleza más abstracta que se muestran de frente.

Hay dos tipos de ojos: abiertos o cerrados en forma de hamaca. El segundo, el de una persona muerta, es muy predominante. El mismo diseño de ojos aparece separado de la cabeza en hilera. Ellos corresponden en todo al diseño de los ojos en las cabezas y se parecen a los ojos abiertos de los seres mutilados. Paredes Ruiz plantea la hipótesis que a los prisioneros se les quitaba los ojos para evitar su escapatoria en el momento del sacrificio. [20] Las cabezas están afeitadas o sólo muestran tres mechones que podrían servir para sujetar las calaveras.

Grupo C

Entre éstos están un par de estandartes muy altos; colocados en ambos lados del área central cerca de la escalera. Representan un eje vertical alrededor del que aparentemente se enhebra una soga; el todo sostiene una angosta bandera decorada con un motivo de puntos y líneas cortas.

Sechin parece ilustrar más claramente lo que las crónicas llaman el tiempo de oscuridad y disputa que precedieron al Amanecer. Históricamente corresponde al final del Período Formativo o a la primera fase del Intermedio Temprano, según las visiones de varios autores. Es más, los monolitos indican que hay una diferencia entre los sacrificios humanos como los que menciona Steiner en relación a Mesoamérica. En la costa central el sacerdote sacrificador parecía tener una obsesión con la fisiología oculta. Desde que el mismo tema aparece en otros lugares y otros tiempos de la historia andina podríamos imaginar que estas prácticas están asociadas con los pervertidos Misterios de Mercurio. Los Misterios progresistas de Mercurio, por otro lado, aparecen en la importancia que la sagrada medida y proporción tenían no sólo en la arquitectura sino en la geografía sagrada, y en toda la espiritualidad andina. Después hablaremos más de esto.

Casi al mismo tiempo los sacrificios humanos ganaron en supremacía, una presencia discreta, silenciosa a lo largo de la costa peruana puede haber estado sembrando las semillas para la próxima fase histórica. El sitio de Chankillo, no lejos de Sechin, puede haber sido uno de esos lugares y semillas.

Chankillo: Primera Cultura Solar

En 2007 la evidencia ha estado iluminando la existencia del primer observatorio solar, posiblemente erigido en el siglo cuarto A.C. Chankillo está localizado a 400 km al norte de Lima, en el desierto costero. [21] El observatorio es una estructura con anillos concéntricos de paredes fortificadas en un sitio que cubre aproximadamente 4 km^2. Al sureste del sitio, trece torres forman una columna vertebral ligeramente encorvada que abraza la topografía de una larga cresta. Las torres están regularmente distanciadas a intervalos de 4.8 m una de otra y son rectangulares en su forma, variando en su superficie de 75 a 125 m^2. La larga cresta puede observarse desde dos torres especiales dentro de la fortaleza.

Artefactos no especificados encontrados en el área, según los investigadores, indican la naturaleza ritualista del sitio. Los puntos observados están situados aproximadamente a 230 m de las torres. En cualquier extremo de la columna vertebral están dos torres que marcan los solsticios. Los equinoccios también están marcados con igual precisión. El sitio, que originalmente se creía era una fortaleza, es ahora reconocido como un observatorio solar. Sin embargo, bien puede haberse fortificado dado el tiempo y circunstancias en que fue construido y su misma proximidad a Sechin. Chankillo es el primer lugar notable donde uno ve la práctica de la astronomía del horizonte solar, la misma practicada mucho más tarde por los Incas.

El descubrimiento de Chankillo tiene gran importancia para la posterior historia andina. Si la precisa astrología solar ya fue conocida antes del cambio de nuestra era, entonces las polémicas afirmaciones de la astrología solar Inca adquieren un fundamento más profundo y simplemente forman parte de una tradición que viene de antes. Más de la tradición de la astrología solar surgirá de nuestras consideraciones acerca del próximo período histórico conocido como Período Intermedio Temprano,

Hemos llegado a la fase terminal de la civilización Chavín. Es tiempo de bosquejar el paralelo con nuestros estudios de Mesoamérica. En ambos lados del ecuador vemos dos civilizaciones que aparecen como de la nada, en otras palabras, dos impulsos espirituales. Esto es lo que corresponde a la guía del rey/sacerdote, que sobrevive después en el tiempo en la figura del chamán. Las Eras Olmeca y Chavín vieron el surgimiento del uso de substancias psicotrópicas en el ritual — el tabaco, el alcohol, la coca, el cactus San Pedro, etc.,

Ambas civilizaciones también anunciaron profecías del futuro. Esto aparece más claramente en la civilización Olmeca que en la contraparte sudamericana a través del cultivo ritual del maíz y el Calendario Sagrado. En Chavín aparece en la iconografía a través de la emergencia del Dios del Báculo y al final con las primeras nociones de la astronomía solar. El calendario agrícola andino probablemente se origina también en ese tiempo. Ambas civilizaciones actuaron como "centros misioneros" del que se difundieron los impulsos, sin necesidad de ocupar a los ejércitos — un nuevo significando se trasmitió a través del mensaje contenido en el arte de los objetos portátiles usados en los rituales. En ambas civilizaciones se sobrepusieron rasgos ritualistas y deidades de la cultura local que mantenían sus tradiciones e integraron el nuevo mensaje. En ambas,

95

empezó un tiempo de decadencia antes del punto de inflexión del tiempo.

Consideraciones Científico Espirituales

El ímpetu inicial de Chavín es oracular por naturaleza. Es la civilización del chamán que ha recurrido al tabaco, al cactus San Pedro, u otro alucinógeno para el vuelo chamánico. Es el Chavín del dios del Lanzón, el oráculo de Chavín de Huantar el que habla en el cuarto donde las aguas rugen.

Hemos reconocido algunos rasgos indicativos de la civilización Chavín y desenterrado atributos compartidos con la Mesoamericana civilización Olmeca. El águila y el jaguar señalan los elementos más primordiales de la conciencia Atlante. Su simbolismo no se agota con la referencia a su substrato natural. Más bien, el jaguar y el águila son espíritus grupales (León y Águila) que trabajaron como almas grupales humanas en tiempo de Lemuria y Atlante. [22] Porque en los pueblos con conciencia como la Atlante que sobrevivieron a lo largo de las Américas, las almas grupo todavía son una concreta realidad espiritual. Aquí también continúan los paralelos con la civilización Olmeca en una forma muy destacable, e independientemente del contacto cultural. Como señalamos en la discusión de la civilización Olmeca, el jaguar y el águila tienen el papel de Guardianes del Umbral, cuidando el acceso del chamán al mundo del espíritu. La jornada del espíritu está cargada de peligros del que el chamán/sacerdote tiene que escudarse, y el Guardián comprueba la preparación del discípulo para cruzar el umbral. Sin embargo, esta fase tenía que terminar. El oráculo de Chavín se preparaba a pasar por la terrible experiencia de la oscura noche cultural del alma. Ése es lo que puede descubrirse en la transición del Lanzón al Dios del Báculo. La civilización Chavín tenía la misión central de preparar a la cultura andina para cruzar el tiempo del Crepúsculo de los Dioses — el crisol de separación de la percepción de lo divino que toda cultura en la tierra tiene que cruzar, cada una a su propia elección del momento adecuado.

TERCERA EPOCA: CHAVIN

Otro paralelo a la civilización Olmeca es el periódico resurgimiento de los sacrificios humanos. En la costa central, estos sacrificios con toda probabilidad estuvieron ya presentes unos milenios antes del punto de inflexión del tiempo. En Sechin Bajo, y menos extensamente en otros sitios a lo largo de la costa, estos sacrificios adquieren particularidades propias de la cultura sudamericana. Lo más llamativo es la práctica de una fisiología oculta decadente que se valió del conocimiento de las fuerzas presentes en los órganos. Aquí vemos el culto que Steiner describe como los decadentes Misterios de Quetzalcoatl, y que fueron llevados a cabo por los Señores de Xibalba en el Popol Vuh.

El tema de los sacrificios humanos, como veremos en el próximo capítulo, es confirmado en el registro mitológico conservado por las posteriores tradiciones hasta los Incas. La deidad Ahrimánica toma mayor preponderancia en la figura de Ai-Apaec, el Dios Decapitador. Éste es en efecto el sello de la prueba que la humanidad enfrenta con la pérdida de la clarividencia atávica. Ya no está protegida de esos poderes que desean envolverla más profundamente en la materia para que renuncie a la libertad humana. Los mitos, la iconografía, y el registro arqueológico se refuerzan mutuamente en este tema. El Crepúsculo de los Dioses es un período de prueba. La pérdida de la conciencia atávica es una prueba necesaria que la civilización Chavín, no diferente a la Olmeca, no alcanza. El recurso al sacrificio humano es la manera de recobrar la conciencia atávica perdida más allá de su tiempo, a costa de la libertad humana.

Las viejas cosmologías ya no son verdaderas, como aparece por el disminuido papel de los patios hundidos y el referencial cósmico de la Cruz del Sur. La cultura Chavín sufre un rápido declive en los pocos siglos que preceden al Período Intermedio Temprano o Cuarta Era, en cierto modo en todo paralelo a la cultura Olmeca.

La temprana cultura Chavín acentuó la conciencia de la noche, de aquellas revelaciones que alcanzaron al sacerdote a través de la conciencia nocturna. La revolución de la siguiente Era es una creciente, nueva conciencia del día que es la respuesta que el ser

97

humano andino ofrece al desafío del tiempo del crepúsculo. La preparación de este futuro puede descubrirse en el observatorio de Chankillo donde la observación del movimiento anual del sol anuncia una tentativa nueva cosmología. Aquí el mensaje de la segunda parte de Chavín — la Estela de Raimondi y su Dios del Báculo — es llevado a un nuevo nivel, anunciando el futuro de las posteriores civilizaciones de Gallinazo, Nazca, y Tiwanaku.

CAPÍTULO 4

MITOS DEL COLLAO: LA SEGUNDA CREACIÓN

Muchas versiones de los mitos de la creación han sido recogidas por las cronistas españolas del siglo XVI. La mayoría de ellos viene de la región alrededor del Lago Titicaca llamada Collao. Otras versiones vienen de las regiones entre Cuzco y Ecuador. Nosotros entregaremos la versión completa de una de las narraciones, una entregada por Juan de Betanzos. Esto nos dará el fundamento del que empezaremos nuestra investigación. A esta versión le agregaremos los temas de otra docena de versiones de los mismos eventos, generalmente más cortas.

Los habitantes del Collao eran enemigos tradicionales de los Incas. Por cuanto los primeros pertenecen a la etnicidad Aymara, los Incas son Quechuas. Sin embargo, todos los mitos han sido reunidos después de la conquista española y por consiguiente es inevitable que algunos de los hechos hayan sido coloreados por la posterior interpretación Inca de los eventos.

Mito de la Creacion del Collao [1]

Capítulo 1: Que involucra a Contiti Viracocha de quien ellos creen fue el creador, y cómo hizo los cielos y la tierra y los pueblos indios de esas provincias del Perú

En antiguos tiempos, dicen ellos, la tierra y las provincias del Perú eran oscuras y no existía ni luz, ni la luz del día. En ese tiempo, vivían allí ciertos pueblos que tenían un señor que gobernaba sobre ellos y a quien estaban sometidos. El nombre de estos pueblos y el de su gobernante han sido olvidados.

Durante este tiempo de noche total, dicen ellos que un señor emergió de un lago en esta tierra del Perú, en la provincia de Collasuyo, y que su nombre era Contiti Viracocha. Dicen que trajo con él cierto número de personas, pero que no recuerdan el número. Cuando emergió del lago se dirigió a un lugar cercano donde hoy hay un pueblo llamado Tiahuanaco en la provincia del Collao antes referida. Cuando llegaron él y su pueblo, cuentan ellos que de pronto hizo el sol y el día y pidió al sol seguir el curso que sigue. Luego, dicen ellos, hizo las estrellas y la luna.

Cuentan que Contiti Viracocha antes ya había emergido, y que en esa primera ocasión creó el cielo y la tierra pero todo quedó en la oscuridad. Luego hizo aquellos pueblos que vivieron en el tiempo de oscuridad anteriormente mencionado. Estos pueblos hicieron algún flaco servicio a Viracocha, y por eso se enfadó, volvió, surgiendo esta última vez como lo había hecho antes. En su enojo, convirtió en piedra aquello que había creado primero, junto con su señor, como castigo por incomodarlo. En ese mismo momento hizo el sol y el día y la luna y las estrellas, como lo hemos contado.

Cuando esto fue hecho, allí en Tiahuanaco, de la piedra hizo algunas personas como un tipo de modelo de aquéllos que produciría después. Hizo cierto número de ellos de la piedra de esa manera, junto con un jefe para gobernar sobre ellos, y muchas mujeres, algunas embarazadas y otras repartidas. Los bebés estaban en cunas, según su costumbre. Cuando hubo hecho todo ésto de la piedra, los separó en cierto lugar y luego hizo otro lugar de personas de la manera descrita. De esta manera hizo otros pueblos del Perú y de sus provincias allí en Tiahuanaco, formándolos de piedras de la manera declarada.

Después de que terminó de hacerlos, ordenó partir a todos los que tenía allí con él, dejando sólo dos en su compañía. Instruyó a aquéllos que dejaron de considerar la piedra su semejanza, y les dijo los nombres que él había dado a cada clase de persona, señalándoles y diciendo, "Éstos se llamarán así y así saldrán de tal y tal fuente de tal y tal provincia y allí se establecerán y aumentarán, y éstos otros saldrán de cierta cueva y se llamarán así y así y se establecerán en cierta provincia. De la manera que los he pintado y los he hecho de piedra

100

ellos deben salir de las fuente y ríos y cuevas y montañas en las provincias que les he dicho y he nombrado, y ustedes irán en seguida, todos ustedes, en esta dirección", apuntando hacia la salida del sol, tomando a cada uno individualmente y mostrándole la dirección a seguir.

Capítulo 2: Concerniente a cómo surgieron los pueblos de este país bajo las órdenes de Viracocha y de los viracochas que él envió para cumplir esta tarea; cómo Contiti Viracocha y los dos que permanecieron con él quedaron para hacer el mismo trabajo, y cómo Viracocha por fin reunió a su pueblo después de haber terminado, y cómo se hizo a la mar para nunca ser visto de nuevo

Así estos viracochas de quienes usted ha oído se van y atraviesan las provincias que Viracocha les había dicho. Cuando llegaban al lugar adonde iban en cada provincia, visitaron a aquéllos a quienes Viracocha les había indicado en Tiahuanaco de piedras como seres los que habían surgido en esa provincia. Cada viracocha se estacionó junto al lugar donde le habían dicho que estas personas tenían que salir, y luego dijeron en voz fuerte, "fulano de tal, salga y personas de esta tierra que está ahora inhabitada, porque Contiti Viracocha, quien hizo el mundo, así lo ha pedido." Conforme los viracochas los llamaban, las personas salían de los lugares que Viracocha había fijado. Así que ellos cuentan que estos viracochas avanzaron, llamando y sacando a las personas de las cuevas, los ríos y las fuentes, y las sierras altas, como usted ya ha oído en el capítulo anterior, poblando el país en la dirección en que sale el sol.

Cuando Contiti Viracocha mandó a sus agentes y entraron de la manera declarada, dicen ellos que enviaron a los dos que habían quedado con él en el pueblo de Tiahuanaco para llamar y sacar al pueblo de la manera que ustedes han oído, dividiendo a los dos como sigue. Envió a uno a la provincia de Condesuyo que está a la izquierda, si usted está en Tiahuanaco con su espalda hacia la salida del sol, para que pudiera ir y hacer lo que los primeros habían hecho y convocar a los indios y nativos de la provincia de Condesuyo. Al otro lo envió a la provincia de Andesuyo que está a la derecha si usted se posesiona con su espalda hacia la salida del sol.

Después de que estos dos habían sido despachados, dicen ellos que el propio Viracocha se puso en camino hacia Cuzco, que está entre estas dos provincias, viajando por el camino real que atraviesa la sierra hacia Cajamarca. Conforme avanzaba, también llamó y sacó a las gentes de la manera que usted ya ha oído.

Cuando llegó a una provincia que ellos llaman Cacha que pertenece a los indios de Canas y está a dieciocho leguas de la ciudad del Cuzco, Viracocha convocó a los indios de Canas. Ellos salieron armados, sin embargo, no conocieron a Viracocha cuando lo vieron. Todos ellos fueron a él con sus armas para matarlo. Cuando les vio venir, entendió para qué venían y al instante provocó que cayera fuego desde el cielo, quemando una cordillera de montañas cerca de los indios. Cuando los indios vieron el fuego, temieron ser quemados. Tirando sus armas a tierra, fueron directo a Viracocha y todos se inclinaron ante él. Cuando los vio así, tomó con sus manos el báculo y fue adonde estaba el fuego. Dio dos o tres soplos con su báculo después de lo cual se apagó completamente, con lo cual les dijo a los indios que él era su hacedor. Los indios de Canas construyeron una suntuosa huaca que significa un santuario o ídolo en el lugar donde él estuvo cuando convocó al fuego del cielo y lo apagó. En esta huaca ellos y sus descendientes le ofrecieron una gran cantidad de oro y plata. En la huaca, en memoria de Viracocha y de lo que había tenido lugar allí, prepararon una estatua de piedra tallada de una gran piedra de casi cinco varas de longitud y una vara de anchura, más o menos. Esta huaca ha estado allí desde antiguos tiempos hasta hoy, y yo he visto la montaña y las piedras quemadas. El área quemada es más de un cuarto de legua de un lado al otro.

Cuando vi esta maravilla, llamé a los indios más viejos y a los hombres principales y les pedí una explicación para esta montaña quemada. Ellos me dijeron lo que usted ha oído. La huaca de Viracocha está al tiro de una piedra por delante del área quemada en una llanura por la que corre un río entre el área quemada y la huaca. Muchas personas han cruzado el río y visto la huaca y la estatua de piedra, porque han tenido noticias de la historia de los indios. Yo les pregunté a los indios cuál era la apariencia de Viracocha cuando lo vieron los ancianos, hasta donde ellos tienen información. Me dijeron que era un hombre alto vestido con un traje blanco que alcanzaba a sus tobillos y tenía una correa en la cintura. Su pelo era corto y tenía la tonsura como de sacerdote. Tenía la cabeza descubierta y llevaba en sus manos algo que a ellos les parecía los breviarios que portan los sacerdotes de hoy. Ésta es la narración que obtuve de estos indios. Yo les pregunté el nombre del personaje en cuyo lugar se erigió la piedra, y dijeron que su nombre era Contiti Viracocha Pacha-yachachic, que en su idioma significa "Dios, hacedor del mundo".

Regresando a nuestra historia, dicen ellos que después de haber hecho ese milagro en la provincia de Cacha, siguió, continuando su trabajo. Cuando llegó al lugar que ahora se llama Tambo de Urcos, a seis leguas de la ciudad del Cuzco, subió a una alta montaña y se sentó en el punto más alto desde donde dicen ordenó a los indios nativos que ahora viven allí, salir de ese alto lugar. Porque Viracocha se sentó allí, ellos construyeron una rica y suntuosa huaca en ese lugar. Porque se había sentado, ellos hicieron un banco de fino oro y en él pusieron la estatua de Viracocha. En la división de los despojos que los Cristianos hicieron cuando tomaron el Cuzco, este banco estaba estimado en 16,000 o 18,000 pesos de oro fino.

Viracocha siguió, haciendo lo que las personas como usted han oído, hasta llegar al Cuzco. Aquí, dicen ellos, hizo a un señor a quien llamó Alcavicça, y también dio el nombre de Cuzco al lugar donde hizo a este señor. Ordenó que los orejones surgieran después de que hubo salido. Siguió, continuando su trabajo, hasta que alcanzó la provincia de Puerto Viejo. Allí se encontró con los que había enviado, como se ha dicho. Salió con ellos cruzando el mar; dicen ellos que en medio de sus compañeros caminó sobre el agua como si estuviera en la tierra.

PUNTOS DE INFLEXION ESPIRITUAL

Una Mirada Comparativa a los Mitos

Veronica Salles-Reese ha coleccionado y comparado dieciséis versiones del ciclo de mitos de creación del Collao. [2] La siguiente es la trama promedio de la mayoría de los mitos. Durante una primera creación, Viracocha creó el mundo y dentro de él una raza de gigantes. El creador dio a la humanidad preceptos para vivir, qué con el tiempo empezaron a descuidar. La ira de Viracocha trajo un castigo sobre los seres humanos, algunas veces descrito como el Diluvio. Cinco cuentos especifican claramente que antes el mundo estaba sumido en la oscuridad. Las otras versiones no lo niegan. De hecho, todas ellas implican que la segunda creación involucró un pasaje de la oscuridad a la luz o de un estado de caos a un nuevo orden. Cuatro cuentos también refieren que el ser de la humanidad se crea dos veces.

La mayoría de versiones del mito de la creación se refiere a ambas creaciones como resultado de los hechos de Viracocha. Sin embargo, en el momento de la segunda creación, la mayoría de ellos lo describen como un ser humano que camina sobre la tierra. Juan de Santacruz Pachacuti Yamqui — uno de los cronistas nativos más interesados y sumergidos en aspectos del esoterismo andino — diferencia al segundo Viracocha con el nombre de Tunupa. Ramos Gavilan dice que Tunupa — también llamado Taapac — fue el "Hijo del Creador." Finalmente, según Cristóbal de Molina, Viracocha tuvo dos hijos que llevaban el nombre de Tocapo Viracocha e Imaymana Viracocha. Los dos difundieron el mensaje de su padre por toda la tierra, uno viajando a lo largo de la costa, el otro por las montañas. En la versión de Betanzos, totalmente expuesta antes, los dos eran sirvientes de Viracocha. Los términos hijos o sirvientes son, espiritualmente hablando, equivalentes; los dos Viracochas son seres que trabajan en conjunción con el ser que los envió y por consiguiente pueden llamarse hijos o sirvientes.

Todos los temas de la creación de un primer mundo seguido por su destrucción y la subsecuente creación de una nueva raza, o sobrevivencia de pocos elegidos de la raza anterior a través del hecho

104

de una emanación corporal del creador, también aparecen en los otros mitos distintos al que nosotros consideraremos. [3] Según las varias versiones del mito del Collao, la segunda creación ocurrió en la Isla del Lago del Sol — en el lago Titicaca — o en el famoso Tiwanaku, situado muy cerca de él, al sur. [4] Muchas interpretaciones del mito mencionan una confrontación que ocurre entre Viracocha y los indios Canas de Cacha, también cerca del Lago Titicaca. Finalmente, la mayoría de versiones indican que Viracocha viajó del sureste al noroeste, desapareciendo en un tipo de apoteosis sobre las aguas del Océano Pacífico. Esta peregrinación del suroeste al noreste refleja el movimiento anual periódico del sol. Diariamente el sol se eleva por el este y se pone por el oeste. Durante el año está más fuerte durante el solsticio de diciembre, cuando brilla desde el sur, y más débil en el solsticio de junio, cuando brilla desde el norte. Este segundo movimiento de sur a norte se sobrepone al movimiento este-oeste generando el llamado camino de Viracocha desde el Lago Titicaca hacia el Océano Pacífico en la parte norte del Perú o de Ecuador. Este camino tiene profundos significados que concuerdan con toda la cosmología andina, como descubriremos después.

El ser que los Collas llaman Tunupa, según Bertonio, fue identificado en otras partes del Perú como Equeco. [5] Uno de los posibles significados de Tunupa es "árbol de vida," o "árbol que sostiene la vida." (6) En otras partes de los Andes también es llamado Taguapaca, Curinaya, o Huariwillca. Su nombre a menudo es relacionado con árboles o sus frutos, porque fue el iniciado, según los mitos y tradiciones quien dio nombre a las plantas y enseñó a los pueblos su uso. De paso es interesante notar que ocasionalmente — en la versión de Cristóbal de Molina así como en la anterior historia de Betanzos — el enviado de Viracocha no es uno sino son dos. Esto nos recuerda la familiar idea de los Gemelos, expresada en Mesoamérica y en el sureste de los Estados Unidos entre los indios de 'Pueblo'.

El Dios-hombre Viracocha, o Tunupa — según las versiones de la leyenda — a menudo aparece como un hombre barbado, llevando una túnica blanca que llega hasta sus pies, y un báculo. Sus dos dones más prominentes son la habilidad para realizar curaciones y hablar en las lenguas de los pueblos en los que se encuentra. Adicionalmente, es llamado profeta. Entre el Aymara, Tunupa está estrechamente asociado con el trueno. Simbólicamente también se le asocia al puma. El puma del cielo (o gato Ccoa*) es en efecto el ser que tiene poder sobre el tiempo a través del trueno, el relámpago, y la lluvia.

Es interesante notar una fascinante y recurrente asociación entre el profeta Tunupa, o Viracocha, y un apóstol cristiano. No sólo es la asunción de muchos cronistas — todos ellos de origen español — sino también de Santacruz Pachacuti, de origen andino. El último llega a la conclusión que el profeta era Santo Tomás — pensó había alcanzado las Américas — sobre la base de la convergencia espiritual entre el mensaje de Cristo y el rol del Profeta en las Américas. [7] Otros identifican a este individuo como San Bartolomé — por ejemplo Guamán Poma — o incluso con el Santo patrón de España, Santiago, a quien los nativos también asociaron con el relámpago y con la Vía Láctea.

Incluso hasta hoy sobrevive la tradición de la memoria del Profeta en las estatuillas del llamado Tunupa-Equeco. [8] Éstos representan a un individuo llevando en su espalda un bulto conteniendo los regalos que el héroe civilizado trae a su pueblo. La carga que lleva a sus espaldas es la fuente de la adaptación y representación del ser como un jorobado. Es una creencia popular que las jorobas traen suerte o son individuos escogidos por Tunupa. En las estatuillas arqueológicas del jorobado Tunupa, el prominente órgano sexual estaba en asociación con el rol de la fertilidad del ser en relación a los fenómenos

---

* N. del T.: Entre los indios Quechuas del Perú, persiste la creencia en un fiero gato montañés alado, llamado Ccoa, que lanza rayos de sus luminosos ojos. Se cree que Ccoa, un activo y temido espíritu, ejerce su poder sobre el clima, y por tanto sobre la fertilidad de las cosechas y animales, rugiendo como el trueno y orinando lluvia. Se dice que hay dos clases de personas, las que sirven a Ccoa, entregándole ofrendas y cuyos campos nunca sufren el daño de las heladas y el granizo, y aquellas que están en su contra, que enferman con frecuencia y cuyos campos apenas producen.

meteorológicos del trueno, el relámpago, y la lluvia que enriquecen la tierra.

Otro aspecto sobresaliente de los mitos de la creación es la aparición simultánea del Profeta y la ocurrencia del Amanecer. En un ejemplo aislado — situado en relación al tiempo de los Incas — también narrado por Cristóbal de Molina: "Ellos también declaran que cuando el sol, en forma de hombre, ascendió al cielo, muy brillante, llamó a los Incas y a Manco Capac." [9] El Sol en forma de hombre es un tema que apareció anteriormente en el Popol Vuh. Como en América del Norte, el evento del Amanecer está acompañado con la idea de diferenciación de las tribus y separación de sus idiomas. El mito lo expresa con la noción que el Profeta da a cada tribu su vestimenta distintiva que las identifica y las separa de todas las otras.

Permítanos repasar lo que hemos recogido hasta ahora. El ser enviado por Viracocha pasea la tierra como uno o como dos seres humanos. Llega en el tiempo de una nueva creación y conducción en la transición de un tiempo de oscuridad a un tiempo de luz. Él marca el fin de una Era y el principio de una cualitativamente diferente. También se dice que el sol que se eleva en los cielos tiene la apariencia de un hombre. Todas éstas son características que el Popol Vuh describe como el principio de la Cuarta Era que se ha encontrado corresponde a la inauguración del calendario solar y al logro de la idea de la inmortalidad.

Los mitos del Collao atribuyen una importancia central a la civilización de Tiwanaku cuyo comienzo algunos autores lo ubican al principio de nuestra era, y la mayoría algunos siglos después. Muchos autores también indican que Tiwanaku inauguró la transición hacia un calendario solar. Dicho de otra manera, esto significa que la civilización de Chavín se enfrentaba a problemas muy similares a los de la civilización Olmeca en los siglos que siguieron a la disminución progresiva de sus impulsos: el miedo a la mortalidad y a la "extinción del tiempo," la probable pérdida de un punto de referencia astronómico (la Osa Menor y la Cruz del Sur), y una decadencia de la civilización y la aparición — o reaparición — del sacrificio humano.

Otros aspectos diferencian el Amanecer de América del Sur de su contraparte del norte. Un concepto importante de la espiritualidad sudamericana es la idea del paqarin. Antes de que las luminarias llenaran los cielos aparecía una condición de crepúsculo. Paqarin quiere decir "nacer" o "amanecer." Se refiere al tiempo sólo antes del Amanecer o al espacio en el horizonte iluminado por la salida del sol. De estos conceptos aparece la idea de que cada tribu de los Andes emergió de una característica geográfica particular: una cueva, una montaña, un lago, una fuente, un árbol, etc., Cada una de estas tribus dio testimonio del Amanecer desde un lugar diferente a lo largo de los Andes. Por consiguiente, el concepto de *paqarin* está estrechamente asociado con el Amanecer, el lugar de emergencia, y también la estrella en el horizonte o en todo lo alto en el tiempo del Amanecer.

Volveremos ahora a los archivos de arqueología que hacen totalmente entendibles las leyendas. Para hacerlo veremos cómo la misma realidad se manifestó en diferentes partes del territorio andino.

CAPÍTULO 5

Cuarta Era: el Tiempo de Tunupa

La información recogida de varias fuentes históricas parece en parte contradictoria. Se nos dice que el Período Intermedio Temprano (PIT) era por un lado un tiempo de disputa, y por el otro un tiempo de desarrollo cultural caracterizado por la diferenciación de las culturas locales. El período de disputa estuvo marcado por la aparición de fortalezas y ciudades fortificadas. En la costa donde antes había sido raro, aparecían las cabezas decapitadas como trofeo. [1] Lo que parece más probable es que al período de disputa le siguió uno de desarrollo cultural, desde que la renovación no podría haberse alcanzado sin un gran nivel de libre cooperación entre las tribus y los grupos étnicos. Ejemplos de ello seguirán en nuestro estudio.

El PIT estuvo marcado por el espectacular desarrollo de las ciudades y por la innovación tecnológica. Los niveles de población aumentaron drásticamente, lo que correspondió casi por todas partes con la fundación de nuevos poblados. Un ejemplo es el Valle de Ayacucho. Durante el período de Huarpa (0–400 DC.) la población local había empezado a terraplenar las montañas. Fue también en este período que se construyeron los primeros canales de irrigación, como el de Racay Pampa. Entre el año 200 y 400 DC., la población debe haberse extendido, juzgando por el hecho que había casi trescientos pequeños poblados en el territorio. [2] Los grandes centros ceremoniales de Cahuachi (Nazca) y Tiwanaku también florecieron en esta fase.

Tiwanaku era el centro del que se difundieron nuevas maneras de cultivar. Alrededor del año 500 A.C., los terraplenes, la irrigación, y las técnicas de andenería alrededor de las orillas del lago se extendieron a la región de Tiwanaku y el Lago Titicaca. [3] Se ha estimado que solo a lo largo de las orillas occidentales del Lago Titicaca existieron 80800 hectareas de andenes irrigados. [4]

En el campo del arte, la costa y la alta meseta dieron testimonio de un tiempo de intensa renovación. La innovación artística, particularmente en la alfarería, dio lugar al surgimiento de distintos nuevos estilos en la costa norte, con el florecimiento de Virú, Vicus, y otras culturas locales. Arte de gran belleza se logró en Nazca (sur del Perú) y Tiwanaku. Lo mismo ocurrió en las regiones montañosas del norte, centro, y sur. Por este tiempo los motivos artísticos de Chavín gradualmente habían desaparecido, y diferentes regiones desarrollaron diferentes tipos de arte.

Para ilustrar los cambios introducidos por el PIT consideraremos tres ejemplos de culturas diferentes o grupos de culturas: la costa norte-central, Nazca, y Tiwanaku. Las últimas dos en esta fase ofrecen algunos de los desarrollos más espectaculares de la cultura andina. El ejemplo de la costa norte ofrece la más clara indicación sobre la fluctuante suerte del PIT, y los antagonismos ideológicos que lo formaron. Aquí, más que en otras partes de los Andes, es posible expresar lo que fuera el objeto en juego en el corazón de las "guerras culturales" de la Era.

LA COSTA NORCENTRAL

En la costa norte, la penetración de Chavín llegó después que en la mayor parte del Perú. Durante la primera mitad del primer milenio (1000 a 500 A.C.) hubo un notable declive cultural en lo que es conocido como la cultura del tiempo de Cupisnique[*]. La construcción

---

[*] N. del T.: La **cultura de Cupisnique** fue una cultura precolombina que se desarrolló en la actual costa norte peruana, entre Virú y Lambayeque, y que floreció entre 1500 a. C. y 1000 a. C. Fue identificada por el arqueólogo peruano Rafael Larco Hoyle en Cupisnique, de donde toma su nombre, y en el valle de Chicama en los años 1940. *Esta cultura tuvo una característica arquitectura a base de adobe pero compartió estilos artísti*cos y símbolos religiosos con la cultura Chavín, que existió en la misma zona y que se desarrolló posteriormente. La relación entre la cultura de Cupisnique y la Chavín no se conoce bien

de nuevos centros llegó a pararse y otros quedaban sin terminar. Algunos fueron abandonados y muchos lugares quedaron vacíos. Las poblaciones costeras continuaron ocupando sus lugares, pero los agricultores se mudaron tierra adentro. La producción agrícola bajó, y la desplazada población se mudó a lugares más altos cerca de las fortalezas. Todo esto hace pensar en el estallido de hostilidades. Esto muy probablemente fue resultado de la centralización política, mientras la evidencia muestra invasiones desde las regiones montañosas. Importantes trastornos ecológicos — actividad volcánica y maremotos — tuvieron lugar alrededor del año 500 A.C. Por ese tiempo al menos la mitad del territorio sur estuvo envuelto en el conflicto. [5]

En el Alto de las Guitarras, en el cañón que conecta Moche con el Valle de Virú, se encuentran muchos petroglifos del período Clásico de Cupisnique (1500-1000 A.C.). Los temas constantemente representados en este período son cabezas cortadas o decapitadores. [6] Después del año 500 A.C., la región de la costa norte asimiló elementos de la cultura Chavín. Se sustituyó la decadente ideología del Período Inicial (1000–500 A.C.) con la nueva iconografía de Chavín, y el simbolismo de Chavín se unió con el arte local, acompañado con innovaciones en el tejido y la metalurgia. Las nuevas influencias también produjeron la formación de estratos sociales, particularmente perceptibles en la riqueza de los entierros de la élite. Sin embargo, el reavivamiento cultural de Chavín tuvo corta vida y acabó por el tercer siglo A.C., tiempo en que el propio Chavín estaba siendo abandonado. Lo que siguió fue la diversificación de estilos locales y la construcción de fortalezas defensivas a un nivel hasta aquí sin precedentes.

Arqueólogos han encontrado que la transición al PIT en la costa norte estuvo acompañada por Salinar y Gallinazo. Salinar se hizo notable

y en ocasiones ambos nombres son usados de forma indistinta. Alana Cordy-Collins trata como perteneciente a la cultura de Cupisnique una cultura existente entre 1000 a. C. y 200 a. C., cuyas fechas son asociadas a la cultura Chavín. Izumi Shimada se refiere a la cultura de Cupisnique como una posible antecesora de la cultura Moche, pero no menciona a la Chavín. Anna C. Roosevelt se refiere a ella como «la manifestación costera del horizonte Chavín dominado por el estilo de Cupisnique».

alrededor del año 200 A.C.; Gallinazo siguió aproximadamente un siglo después. Gallinazo continuó después junto a la mucha más famosa cultura Moche. Se supone ahora que Salinar, Gallinazo, y Moche son diferentes manifestaciones culturales del mismo pueblo. Sin embargo Salinar y Moche no fueron contemporáneos. Sólo Gallinazo formó un vínculo con la anterior Salinar y la posterior Moche. Curiosamente, el estilo Salinar es lo que establece la continuidad entre los posteriores temas de Chavín y la sucesiva tradición Moche. Esto es más que un vínculo ideológico, desde que Salinar y Moche tenían pocos elementos en común. En el próximo capítulo se aclarará cómo pudo haber ocurrido.

La cultura Salinar experimentó un tiempo de inquietud social, con tribus vecinas atacándose unas a otras. Esto estuvo acompañado por movimientos lejos de los valles bajos y la ocupación de los más altos, y más fácilmente fortificables. Un claro ejemplo está presente en Cerro Arena del Valle de Moche, el sitio Salinar más documentado que ocupa la cima de una gran cresta. En 'Cerro Arena' aparecía la formación de una vida urbana que antes no había surgido claramente.

Gallinazo introdujo una distintiva alfarería élite, surgiendo primero en el Valle de Virú y desde allí en los valles vecinos. Esta cultura marcó el comienzo de un gran cambio e introdujo un tiempo de armonía social. Con la estabilidad recientemente introducida, los pueblos de nuevo vivieron en paz. Volvieron a sus valles agrícolas y extendieron los canales de irrigación a nuevas áreas. La producción de maíz, frutas, y verduras aumentó grandemente. Los modelos anteriores de cercanos asentamientos continuaron y así se construyó la pirámide de plataformas. Aumentó el número y tamaño de los asentamientos. Aparecieron grandes asentamientos: Cerro Orejas en el Valle de Moche, Licapa en el Valle de Chicama, y Huaca Santa en el Valle de Santa. Cerro Blanco (el más bajo Valle de Moche) pasó a ser la base de lo que después se convirtió en la famosa capital Moche. Al norte, en el Valle del río la Leche, Gallinazo tenía impresionantes edificios ceremoniales particularmente en Paredones. Aquí la plataforma de la

CUARTA ERA: EL TIEMPO DE TUNUPA

Huaca Latrada medía 100 x 60 m y 20 m de alto. En conjunto, la presencia de Gallinazo se extendía a lo largo de la costa norte del Valle de Santa hasta la frontera de Ecuador.

En el Valle de Virú, Gallinazo construyó un pueblo que ocupa más de 8 km^2 que fue el centro de la extensa tierra agrícola. Individuos de alto rango fueron enterrados con un despliegue de riqueza que no se había visto en tiempos anteriores. Los asentamientos y las áreas cultivadas alcanzaron su magnitud mayor. Todo esto lo podían lograr los líderes de Gallinazo a través de la gran cantidad de una organizada labor que parecía haber ocurrido sin coerción.

Hemos mencionado brevemente por un lado el contraste entre Chavín Tardío y Salinar, y por el otro la cultura Gallinazo. El mismo fluido contraste de ideologías estuvo presente después por siglos a través del antagonismo entre Gallinazo y Moche. Aquí tampoco hay una clara y visible divergencia étnica; más bien, una continua lucha ideológica bajo la superficie antes de alcanzar su extremo. Moche es muy conocida como la cultura que primero reintrodujo el sacrificio humano entre las civilizaciones andinas, de hecho la que introdujo en la decadente Cuarta Era de Guamán Poma antes que en cualquier otra parte en el Perú. Nosotros volveremos a este aspecto en el próximo capítulo.

EL SURGIMIENTO DE TIWANAKU

Ninguna otra ruina en Sudamérica ha ejercido tan profunda fascinación y ha hecho surgir tantas preguntas de los científicos como la de Tiwanaku en la alta meseta boliviana (vea mapa 1, pág. 16). Macchu Picchu y Cuzco han logrado una fama superior ante un amplio público y actualmente recibe un flujo constante de visitantes. Estos dos lugares son parte de un tiempo posterior en la historia, relativamente bien entendida por los investigadores. En Tiwanaku hay muchas preguntas en espera de sus respectivas respuestas. La dimensión ciclópea de los templos y esculturas habla de personas con una conciencia muy diferente a la del presente. Es muy desafortunado que

113

Tiwanaku fuera ignorado y desmantelado pedazo por pedazo antes de haberse reconocido su valor. Así, muchos de los originales bloques tallados ahora están lejos de la de la vieja capital espiritual de los Andes del sur.

La palabra Tiwanaku posiblemente signifique "guanaco al borde del mundo", en Aymara, idioma de la alta meseta boliviana. [7] El guanaco es un camélido, pariente cercano de la llama. La civilización Aymara floreció antes que la Quechua estrechamente asociada con los Incas. En viejos tiempos, según las crónicas españolas, Tiwanaku también fue conocido como Taypicala. Su significado es "Piedra de Fundación" o "Piedra de Fundación encontrada al borde del mundo" [8] El significado asociado con las dos palabras — Tiwanaku y Taypicala — puede no ser tan contradictorio como parece. El guanaco fue identificado como la especie animal más vieja de la que dependía la vida pastoral, por consiguiente una divinidad y una piedra de fundación de la civilización. Los hermanos Elorrieta Salazar señalan que la fotografía aérea del sitio muestra que el contorno del centro ceremonial de Tiwanaku tiene la forma de un guanaco o cabeza de llama. [9] Esta no es la primera vez que mencionamos la única característica de la arquitectura y el esoterismo andino — que podríamos definir como sagrados paisajes o "campos de poder."

Como mencioné antes, Tiwanaku jugó un rol especial en el desarrollo del nuevo tipo de agricultura que propulsó los cambios introducidos durante el PIT. Alrededor del Lago Titicaca surgieron campos — camas de cultivo artificialmente construidas quitando la tierra de las acequias adyacentes y amontonándola en las camas. Las acequias sirvieron como cauces de agua para la irrigación. El sistema podría haber sido bastante elaborado, como puede verse en Pampa Koani donde los canales estaban alineados con cantos rodados y guijarros y cubiertos con una espesa capa de buena tierra. [10] Este enorme gasto de energía se justificaba por varias razones. Primero, los rendimientos aumentaron 100 por ciento o más sobre campos regularmente arados y cultivados. El agua tiene una función homeostática, sirviendo para

114

minimizar las fluctuaciones de temperatura y disminuir el efecto de la helada, permitiendo más cosechas por año. Las plantas que fijan el nitrógeno crecen naturalmente en las acequias y, una vez drenada, enriquecn los campos periódicamente. Un moderno experimento ha demostrado estas aserciones. Se han cultivado los viejos campos de Pampa Koani y las cosechas sobrevivieron la sequía del año 1982–83 gracias al agua de las fuentes cercanas que alimentaron los cauces. Esta innovación agrícola ofrece una primera indicación de la revolución introducida por la civilización de Tiwanaku.

Varias comunidades estaban en competencia con Tiwanaku: entre ellas Pucará y Chiripa. Tiwanaku no mantuvo una especial ventaja sobre las otras; de hecho, podría argumentarse que la posición de Chiripa, cerca de las orillas del Lago Titicaca, le ofreció un margen competitivo. Los científicos están dejando de preguntarse por qué Tiwanaku prevaleció sobre los otros. Sin embargo, unos pocos hechos podrían aclarar el misterio. El surgimiento de Tiwanaku no se debió a la fuerza militar. De hecho ha sido reconocido como un centro de peregrinación, un centro de influencia espiritual que ejerció un gran atractivo lejos y extensamente. Según Alan Kolata, el surgimiento de la ciudad como centro ceremonial ocurrió entre el año 100 y 300 DC. Por el año 300 DC., había logrado indiscutible superioridad en la región. [11]

El diseño de la Ciudad

En la fase pre-clásica de su ascenso al poder, Tiwanaku todavía mantenía los motivos artísticos de Chavín. Con el tiempo desarrolló un único arte caracterizado por muy grandes, incluso gigantescos, monolitos acompañados por un nivel muy alto de abstracción. En Tiwanaku también aparecieron retratos realistas de la figura humana.

William Isbell ofrece una cronología estilística de Tiwanaku en la que distingue fases Tiwanaku I, II, y III. Las primeras dos fases no tienen claros indicadores de tiempo; la tercera va del año 100 al 500 DC. [12] Poco se sabe sobre las tempranas fases Tiwanaku I y II. Al final de Tiwanaku II se construyeron los llamados templos semi-subterráneos.

115

PUNTOS DE INFLEXION ESPIRITUAL

Durante Tiwanaku III ocurrió la construcción de Kalasasaya y Pumapuncu, cubriendo cada una 0.8 hectareas. Los dos tienen plataformas en forma de 'U' con los extremos abiertos al Este, un motivo que se mantiene desde Eras anteriores de la civilización andina. En ambos edificios, el acceso a la cima se alcanzaba a través de una entrada e inmediatamente detrás había un patio hundido. Probablemente hubo un monolito delante de cada patio. Otro edificio importante, la pirámide Akapana, cubría casi 3 hectareas.

Tiwanaku estaba en el centro de una jerarquía de espacio geográfico. El arreglo de los monumentos de la ciudad se reflejaba a lo largo del territorio vecino en otras ciudades secundarias que estaban entre 6 y 12 millas de distancia. En Qallamarca, a 7 millas de Tiwanaku, había un templo menor similar a Kalasasaya; en Chiripa, a orillas del Lago Titicaca, había un centro ceremonial con un templo similar al templo semi-subterráneo; en Wankani había una plataforma como la de Kalasasaya. [13]

La Pirámide de Akapana* seguía siendo el monumento singular y único de Tiwanaku. De hecho Tiwanaku se construyó desde el centro formado por la Pirámide de Akapana, una de las estructuras más grandes y su corazón espiritual, es una muy única pirámide de aproximadamente 200 x 200 m, de una muy distinta simetría bilateral que surge en siete fases hacia un patio hundido superior. (Figura 5.1) En la actualidad se encuentra casi todo desmoronado. Se ha descubierto recientemente que Akapana es de hecho una construcción hecha completamente por el hombre. La pirámide forma la mitad de una Cruz andina que realmente corresponde al importante símbolo del TAU, relacionando al Gran Espíritu. Las terrazas superiores están adornadas con motivos tallados y pintados.

---

* N. del T.: **Akapana** es una pirámide que se encuentra en las Ruinas Arqueológicas de Tiwanaku, Departamento de La Paz, Bolivia. Tiene un perímetro de 800 m y una altura de 18 metros con relación al suelo. Está constituida por 7 terrazas escalonadas sostenidas por muros de contención diferentes para cada nivel, lo cual sugiere un tiempo largo de construcción.

El patio hundido, lleno de agua, puede haber llevado algunos de los grandes monolitos que han dado fama a Tiwanaku. El Akapana imita una montaña, particularmente una montaña respecto a sus fuentes y aguas. Esto es enfatizado por el complejo sistema de desagües que empieza en la cima, drenando el patio hundido central desde la terraza superior hacia la siguiente inferior. De una terraza a la otra el agua sale a la superficie durante algún tiempo antes de pasar al próximo nivel. Un sistema de agua de superficie alternaba con el desagüe subterráneo en cada paso hasta que el agua emergía en su base y luego descargara en el Río Tiwanaku. [14] Se especula que el patio puede haber estado lleno de agua a un nivel constante, desde que es reconocible un canal de evacuación de agua. También es concebible que pudiera haber un lago temporal alrededor de la pirámide, como afirma Miranda Luizaga. De hecho, en Lukurmata se ve claramente que había una isla en el centro del lugar. [15] Como en Chavín, puede haber habido un adicional efecto acústico de las aguas corriendo a través de los cauces durante una tormenta, e imitando la tormenta.

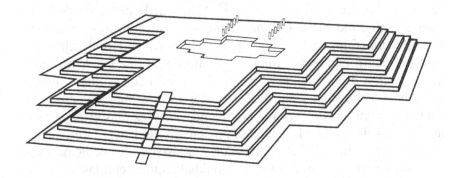

Figura 5.1: Reconstrucción de la Pirámide de Akapana

El sistema de drenaje de Akapana no concuerda con cualquier necesidad utilitaria y es demasiado complejo para pensar que sólo tenía esa función, tal como antes vimos en el Viejo Templo de Chavín. Realmente imita el flujo de agua en las montañas de Quimsachata, donde alternan corrientes superficiales con subterráneas. Ésta fue una importante característica geográfica desde que los campos elevados del altiplano dependían del agua que de allí venía.

Fernando y Edgar Elorrieta Salazar[*] han estudiado la etimología de la palabra Akapana. Su más probable significado es algo como "la salida multicolor del sol al Amanecer." Lo que aparece de esta palabra es la relación del Akapana a una nueva Era, un nuevo principio, y posiblemente su relación al tiempo del Amanecer, la Segunda Creación. Es significante en esta relación que el Akapana muy probablemente llevara un lago miniatura en su cima. Esto podría servir como otra conmemoración del más famoso lugar de emergencia, la Piedra Sagrada en la Isla del Sol del Titicaca.

Por todas partes a lo largo de Tiwanaku puede percibirse el conocimiento de los nativos de la medida dorada, y la serie de Fibonacci que derivan de ella. Según Miranda Luizaga, el Akapana en efecto forma el centro alrededor del que se colocan, según un orden superior, otros monumentos e incluso ciudades. Se colocan otros cuatro monumentos equidistantes del Akapana: la pirámide de Puma Punku (la Pirámide de la Luna), el panteón, Tunti Lluri, y el templo de Wila Pukara (figura 5.2). [16] Después de dibujar un círculo alrededor de estos cuatro puntos podemos construir el siguiente cuadrado según la proporción de la medida dorada (a:b = b:c). Esto da cuatro puntos que Miranda Luizaga identifica como los límites más alejados de la ciudad, sus confines exteriores. Repitiendo una vez más el proceso en los vértices del cuadrado encontramos cuatro ciudades: Oruro, Santa Ana, Tacna y Pucará. Esta aplicación del sistema de medición de la cruz andina también muestra la continuidad cultural con las anteriores Eras del desarrollo cultural andino.

---

[*] Fernando E. Elorrieta Salazar y Edgar Elorrieta Salazar trabajaron juntos por años para descubrir porqué los Incas construyeron sus templos en los lugares elegidos. Vincularon los muchos mitos y símbolos de la cultura Inca para explicar la posición de las ciudades y fantásticos templos en el valle sagrado, en el valle del Urubamba entre Cusco y Machu Picchu.

El diseño de Tiwanaku sería un círculo dentro de un cuadrado (partido en cuatro). Según A. Kolata y C. Ponce Sangines, el Akapana habría sido el centro de la mitad norte y Puma Punku el centro de la mitad sur. [17] Puma Punku — pirámide de la Luna — fue la fuente central de apoyo y estabilidad del complejo ceremonial del sur. Las puertas de Akapana y Puma Punku dan frente al este. Dos de ellas también tenían escaleras al oeste. Esta nueva orientación este-oeste también fue compartida por los edificios Kalasasaya, Chunchukala, y Putuni. Las escaleras occidentales son significativamente menores que las orientales.

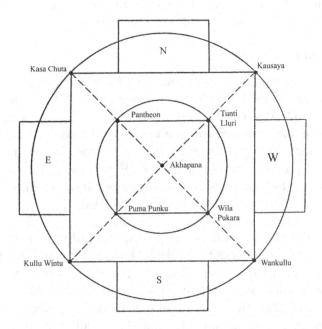

Figura 5.2: Cuatripartición de Tiwanaku y alrededores

El nuevo eje este-oeste y la cosmología jugaron un importante papel en la ciudad. El centro estaba ocupado por la Sagrada Montaña, la pirámide escalonada del Akapana. Los tres picos de la Montaña Illimani están al este, el lago al oeste. Los dos sólo son visibles desde la cúspide de la pirámide y sólo desde ella fue completamente visible el camino del sol.

La orientación este-oeste se acentúa más allá por la topografía. El centro ceremonial de Tiwanaku estaba rodeado por un inmenso foso artificial que restringía el acceso a la sagrada ciudad. Hizo que el centro pareciese una isla, como el mítico sitio de la creación y emergencia del mundo Atlante. Así moverse de afuera hacia adentro era como entrar a un espacio sagrado. También había dos fosas adicionales al este del foso principal. El movimiento del este hacia el centro marcó los progresivos límites jerárquicos. Éste es un tema que precedió Tiwanaku y que después continuó por siglos.

Iconografía de Tiwanaku

El arte de Tiwanaku es muy abstracto. Prácticamente no hay nada narrativo. La unidad básica de la iconografía es algo como un glifo usado y repetido más o menos en forma normal. El glifo es parte de un repertorio limitado, muy atado a la convención formal. Curiosamente, el arte es modelado alrededor de la sensibilidad, la habilidad, y las limitaciones presentes en el arte de tejer. El proceso usado para formar la figura es en todos muy similar a lo que puede verse en los textiles, como aquéllos de Paracas en la costa sur del Perú.

Los siguientes son algunos de los principales glifos: la cabeza de un felino, la cabeza del cóndor, la cabeza del pez, plumas trimembradas, plumas con un disco (solar), pedestal con un disco oval en la cima, conchas de moluscos, meandros, y el signo del círculo concéntrico (cocha). Tres figuras tienen un papel muy central. La cabeza del pez ha sido reconocida como un símbolo para el agua, el felino está asociado con la noche y la tierra, y el pájaro con el día y el aire. Se completa esta lista con algunos signos excepcionalmente más elaborados, como los prominentes en los motivos de la famosa Puerta del Sol. Algunos ejemplos son: trompetista, arco bicéfalo con un pez en el medio, doble corona, pájaro fantástico con cabeza de pez, fantástica cabeza de felino, y pájaros apareados con alas muy largas.

CUARTA ERA: EL TIEMPO DE TUNUPA

Una extensa diferenciación iconográfica se logra a través del uso de figuras en posición frontal o de perfil. Entre éstas encontramos: figuras antropomórficas, pájaros antropomorfos, felinos antropomorfos, caracoles antropomorfos, y camélidos (llamas, guanacos). La orientación del personaje (de frente o de perfil), como se ha creído hace mucho tiempo, no determina a quién corresponde la figura. La diferencia probablemente es cuestión de jerarquía, el más importante es el retratado de frente. La identidad se expresa por la apariencia de los signos y glifos que decoran las vestiduras o el tocado del ser (por ejemplo, si es completamente humano o antropomorfo). La deidad frontal puede ser representada como una figura total o como una cabeza encima de un estrado. Todo lo sobrenatural lleva diademas de plumas con apéndices. El carácter espiritual es subrayado por el radiante tocado, o una gran lágrima bajo y alrededor del ojo. El propio radiante tocado es claramente fruto de la introducción de un nuevo simbolismo solar.

Como principales entre todos los monolitos de la capital del altiplano destacan las llamadas puertas, y particularmente la Puerta del Sol. La plenitud de su simbolismo sólo es reproducido parcialmente en otros monolitos de Tiwanaku. Su localización es extraña porque se ha probado que tal elemento arquitectónico era parte de una estructura más grande y no estaba destinada a ser independiente como lo es en la actualidad. La Puerta del Sol puede haber sido parte de un proyecto que nunca se acabó, se encontró en la esquina noreste del gran recinto ceremonial llamado Kalasasaya, al norte de la pirámide Akapana. Hay otra entrada llamada Puerta de la Luna cuya ubicación original no es conocida. Las dos entradas tienen elementos similares como frisos de pedestales ascendentes que forman los meandros, radiantes caras, el Dios del Báculo, etc.

La figura central de la entrada que podemos llamar Dios Tunupa/Sol, es la más discutida de las deidades de Tiwanaku — diferentemente conocido como el Dios del Portal, la Gran Imagen, o el Dios del Báculo. El monolito independiente mide 2.75 m de alto y 3.85 de ancho. Todo el material esculpido se encuentra longitudinalmente sobre el portal. El motivo central del Dios del Portal destaca por su tamaño y su tridimensionalidad y eso lo separa del resto de las tallas de bajo relieve. La deidad representada por una figura humana sostiene un báculo en la mano. Aquí claramente vemos más elaborado — y con una nueva connotación solar — el motivo que primero apareció en Chavín con la Estela de Raimondi (vea figura 3.4, pág. 107).

A cada lado de la figura principal se encuentran veinticuatro sirvientes alados en tres filas de ocho. Bajo la deidad puede verse lo que se ha llamado el "meandro solar" con el Dios del Báculo en la posición central y once caras solares adicionales (Vea la mitad del meandro solar en la figura 5.3). Lo que une estas caras al Dios del Portal central es el meandro formado por la serpiente bicéfala, un motivo ya conocido en Chavín. Sin embargo, en Tiwanaku las cabezas están representadas por perfiles del cóndor real, una referencia a los poderes

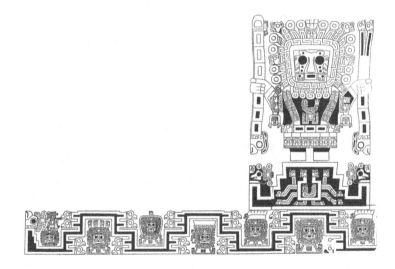

Figura 5.3: La mitad izquierda del meandro de la Puerta del Sol

del aire y la luz, considerando que en Chavín, la serpiente estaba estrechamente asociada con el puma. Esto, una vez más, indica un importante cambio de conciencia.

El Calendario Solar del Portal

Uno de los primeros estudiosos de Tiwanaku, A., Posnanski, consideraba que la Puerta del Sol era un calendario solar. En su visión, las once caras más la deidad central formaban los doce meses del año. Ibarra Grasso confirmó la posición de Posnanski, agregando que el calendario anual se logró a través de la suma de doce meses de treinta días y cinco a seis días adicionales de un mes ritual. Muchos otros apoyan la hipótesis con diferentes variaciones. La idea principal ha sido más elaborada en los recientes tiempos por Krzysztof Makowski Hanula. [18]

El nuevo y radiante gesto no sólo es típico del Sol, sino que así son los discos como símbolos adicionados al final de las plumas. Si la imagen central es la del Sol, entonces las otras deben ser variantes, desde que todas comparten la misma postura. Una primera indicación de la probabilidad de la hipótesis es que la mayoría de los tocados tienen veinticuatro plumas. Si, como tantos investigadores han estado de acuerdo, la compleja alternancia y repetición de figuras frontales representan aspectos calendáricos del Sol, debemos poder encontrar la posición de los solsticios, equinoccios, y el cenit dentro de una sucesión de doce meses solares.

Hay siete variaciones del motivo solar: la gran deidad central del báculo, cinco pares en el meandro solar, y el último, distinto, debajo del Dios del Báculo (figura 5.3). Las diferencias entre las variantes están en los detalles figurativos: el tipo de plumas en el tocado y los más grandes diseños asociados (pájaros dobles, trompetista, arco, etc.)

La Gran Imagen (Dios del Báculo) del Portal es la más central y más compleja, como ocurre en la mayoría de glifos. De un estudio global de todos los monolitos de Tiwanaku, Krzysztof Makowski Hanula ha determinado que los seres que están sobre un pedestal decorado con felinos son de más alta jerarquía que los que están con un pedestal de

Cuadro 1: la Disposición de las doce figuras en el meandro solar (adaptado de un cuadro de Krzysztof Makowski Hanula) [19]

Mes:	*Figuras de la mitad inferior*	*Figuras de la mitad superior*	*Mes*	*Podios con pájaros*	*Podios con felinos*
Septiembre	Flautista (ningún podio)	F	E	Pez	Octubre
Agosto	Arco de pájaro Bicéfalo	D	C	Pez/pájaro	Noviembre
Julio	Motivo del Gran Pájaro	B			
Junio	Cara central	A	A	Gran Imagen	Diciembre
Mayo	Motivo del Gran Pájaro	B	C	Pez/pájaro	Enero
Abril	Arco de pájaro Bicéfalo	D	E	Pez	Febrero
Marzo	Flautista (ningún podio)	F			

pájaros. Los cinco podios de la parte superior del meandro están adornados con cabezas de felino, considerando que los cuatro de la mitad inferior tienen cabezas de pájaro. En base al simbolismo que hemos explorado ya, la mitad superior representaría la estación de lluvias (felino, pesca); la mitad inferior la estación seca (pájaros); la Gran Imagen, que está en la cima, representaría el solsticio de diciembre de la estación lluviosa y la cara central significaría el solsticio de junio de la estación seca. En los extremos más alejados del friso están las dos cabezas especiales con el motivo del trompetista — que serían aquéllos de los equinoccios, anunciando el principio y el fin de la estación lluviosa. Es interesante que éstos no tengan podios y puedan indicar que el Sol está más cerca en el horizonte y más lejos de su asiento solsticial. Los resultados se resumen en el cuadro 1.

Note que aunque se presentan siete cabezas por un lado (arriba) y cinco por el otro en el cuadro 1, dos son signos intermediarios (flautistas), y no corresponden a algún lado, ni están en los podios.

Miranda Luizaga saca conclusiones similares a la anterior según premisas ligeramente diferentes. Su crítica a los anteriores autores es que sus específicas conclusiones no estaban basadas en resultados arqueológicos en correlación a la actual o conocida cosmología del pasado. Su análisis considera la precisa composición de la figura y los motivos que se encuentran en los rayos solares, sobre ellos o a los costados, y en el pedestal que soporta la cara solar: los motivos de pumas, peces y cóndores. En base a los presentes símbolos en el meandro, y la equivalencia numérica que le asigna a ellos, Miranda Luizaga llega a la conclusión que habían nueve meses de 30 días, dos meses de 28, y un mes de 39 días, que corresponde al motivo central del Dios del Portal. El total es 365 días. [20] Note que el inusual mes de 39 días puede ser el que contiene los cinco a seis días extras. El autor concluye que el calendario realmente es un complejo calendario solar-lunar. Incluso de las ligeramente diferentes premisas, esta conclusión no es diferente de las antes mencionadas.

El Dios del Portal probablemente es el equivalente al hombre-dios Tunupa, eclipsado por el ser solar. Es interesante mirar de cerca los pentagramas. La del lado izquierdo es bicéfala (en un lado la cabeza de un cóndor, dos en el otro) y representan al rayo. El báculo en la mano derecha tiene una pequeña cabeza-gancho en forma de cóndor; representa la honda. Bajo el ojo la deidad tiene una lágrima que toma la forma de un puma. La mayoría de los rayos que emanan de la cabeza terminan en el disco solar.

El Dios del Báculo es un equivalente cercano del Maya Ixbalamqué —
el iniciado que preside el ciclo del calendario agrario. Como su
contraparte Maya, opera sobre los fenómenos meteorológicos a través
del trueno y el relámpago. Es adecuado que Tunupa, eclipsado por el
Sol, aparezca más fuertemente durante la estación lluviosa que tiene su
cúspide en el solsticio de diciembre. Este es el exacto paralelo de la
cosmología Maya. En el momento opuesto del año está un Sol sin
cuerpo. Para el Maya, la parte solar del año (después del tiempo del
Sagrado Calendario) alcanzó su punto más alto en el solsticio de
diciembre; en el hemisferio sur es el tiempo del solsticio de junio. Un
nuevo calendario solar explica por qué los monumentos de la capital
del altiplano también reflejaron esta nueva orientación solar (este-
oeste), un elemento que también aparece en la civilización de Nazca.

COSMOLOGÍA ANDINA Y EL MISTERIO DE LAS LÍNEAS DE NAZCA

Nazca es un pequeño y moderno pueblo en el desierto costero del sur
del Perú, 450 km al sur de Lima (vea mapa 1, pág. 16). El clima seco
del desierto de la costa ha permitido la preservación a través de los
siglos de un miríada de líneas y otras figuras geométricas que cruzan la
superficie de las pampas — la llamada llanura de Nazca. Lo que más
confunde es que las líneas son geoglifos de animales y/o plantas que se
concentran al norte de las líneas. Al hombre moderno le resulta extraña
la fuente de conocimiento que permitió la construcción de tales figuras
con tan notable nivel de precisión a las que fueron logradas. Las
especulaciones han atribuido tal hazaña a visitantes del espacio
exterior, y otros han descrito las formas como detalladas
representaciones de constelaciones. Cuando se ha dicho de todo, la
investigación moderna expone una explicación más simple al enigma.
Las líneas de Nazca se insertan naturalmente en una continua tradición
cosmológico original de los Andes. Ellas son parte de una tradición
que continuó durante siglos después, y en parte todavía sobrevive.

La cultura Nazca floreció entre 2,000 y 1,200 años atrás. Los primeros

CUARTA ERA: EL TIEMPO DE TUNUPA

asentamientos importantes en el área se retrotraen al Periodo de La Puntilla, una fase influenciada por la civilización Chavín. Los asentamientos crecieron dondequiera que el agua estuviera disponible, no en medio de los valles. Esto terminó en un período de conflicto, después de que surgiera la cultura Nazca. [21] El litoral cercano es uno de los más ricos en pesca en el mundo. Los valles ofrecieron las mejores condiciones para el cultivo del maíz, la mandioca, la batata, y otras cosechas, con tal de que fueran irrigados. Los primeros rastros de cultivo sedentario se remontan al año 200 A.C. Indica A. Aveni que antes del principio de nuestra era, los pueblos fortificados excedieron en número a las pirámides y las plazas ceremoniales, un modelo que hemos encontrado antes. [22]

En la costa sur la alternancia entre las culturas Paracas (con sus propias variaciones) y Nazca forma un modelo de culturas parcialmente coincidentes y competitivas, de algún modo similar al de la costa norte donde encontramos las culturas Salinar, Gallinazo, y Moche. La cultura Paracas original (Paracas Cavernas[*]) floreció entre los valles de Cañete y Nazca desde el cuarto y tercer siglo A.C. Sus centros más antiguos se localizaron en el Valle de Ica. Hubo un cambio iniciado en el segundo siglo A.C., con la construcción de imponentes edificios ceremoniales, comparables en tamaño a los dela cultura Moche y Gallinazo, particularmente en el Valle de Ica. El arte de ambas culturas difiere al de la anterior (Paracas Cavernas) y la siguiente, Nazca. El elegante estilo que resultó se ha llamado Topará (Necrópolis de Paracas). Topará se difundió desde el centro de Chincha y Cañete hacia el sur, a Paracas, Ica, e incluso Nazca. La presencia en Nazca sólo duró hasta antes del surgimiento del importante centro ceremonial de Cahuachi en el primer siglo A.C. Así, las tres tradiciones — Paracas, Topará, y Nazca, coexistieron en parte

---

[*] N. del T.: **Paracas Cavernas**: La etapa Paracas Cavernas tiene una antigüedad de 700 años a.C. La población principal de la cultura Paracas en esta época se desarrolló en Tajahuana, a orillas del río Ica, en el sector Ocucaje. El nombre Paracas Cavernas se debe a la manera en que los Paracas enterraban a sus muertos, en posición fetal. Esto se comprueba por los hallazgos de los fardos funerarios encontrados en Cerro Colorado.

y compitieron por la hegemonía en la costa sur-central, aproximadamente desde el segundo siglo A.C., hasta parte del primer siglo DC. [23] Nazca continuó después. Fundamental para el desarrollo de su cultura fue el centro ceremonial de Cahuachi.

Cahuachi: Centro Ceremonial en el Cambio de Nuestra Era

El área del desierto que nos interesa está enmarcada por el río Ingenio al norte, el río Nazca al sur, y las colinas andinas al este. Las pampas son llanuras secas elevadas que ocupan aproximadamente 160 km^2. Las formas animales o geoglifos se concentran al norte, en la pampa que lleva una variedad de nombres: Pampa de los Incas, Pampa Jumana, Pampa San José, etc., La zona occidental se llama Pampa Majuelos; Pampa Cinco Cruces la que está al sureste. Al otro extremo, en la ribera sur del río Nazca, está el centro monumental de Cahuachi, compuesto de más de cuarenta montículos de tierra. Consideraremos ahora el rico simbolismo del centro ceremonial, sus líneas y geoglifos, antes de volver a lo que el arte Nazca puede agregar al todo.

Cahuachi está localizada en el borde sur del río Nazca, con río Ingenio al norte. El sitio se extiende a 1.9 km por un lado y cubre aproximadamente 150 hectareas. La situación es única por su geología e hidrología. El sendero que desde el norte lleva a Cahuachi (Camino de Leguía) cruza el valle de Nazca en un lugar donde hay manantiales permanentes. Hay muchos otras fuentes de agua — puquios — en otras áreas alrededor del centro. Aunque la mayoría de los geoglifos y las líneas más largas se encuentran en la pampa de San José, inmediatamente al norte, también hay líneas al sur de Cahuachi, en la pampa de Atarco, y ellas están orientadas a la arquitectura más notable del sitio. Los investigadores están de acuerdo que el sitio jugó un rol conjunto con los geoglifos.

Aparte de la presencia de un limitado suministro de agua, Cahuachi presenta una muy pobre opción por razones económicas. Las aguas periódicamente tienden a inundar el valle subyacente; la tierra tiende a acumular salinidad, y las colinas son escasamente adecuadas para el

CUARTA ERA: EL TIEMPO DE TUNUPA

cultivo. Además, son frecuentes las violentas tormentas de viento.

Las plataformas del sitio fueron construidas sobre colinas naturales terraplenándolas y conteniéndolas con paredes de adobe. Las colinas determinaron la forma de las plataformas; sin embargo, se hizo un esfuerzo adicional para hacerlas con el frente al norte. En los montículos de tierra se puede ver la evidencia de laberintos, cuartos, y vestíbulos modificados por el tiempo. Parece que los montículos de tierra fueron construidos por diferentes grupos sociales. Helaine Silverman supone que varios ayllus — la unidad social básica — fueron responsables por la construcción de su propio montículo. [24] Entre aquéllos están espacios abiertos natural y artificialmente definidos.

A lo largo del sitio no hay evidencia de estructuras usadas para el gran almacenamiento de comida. Así mismo, durante la época de su ocupación hubo pocas o ninguna morada doméstica. La alfarería con detallada iconografía excede en número los objetos utilitarios durante el principal período de la ocupación del lugar. Avala un uso temporal del sitio la presencia de cimientos sin estructuras que satisficieron una necesidad temporal, y de residuos acumulados en la construcción sin que allí hubiera un asentamiento permanente. [25]

Cahuachi fue, probablemente, un lugar usado para peregrinaciones y rituales cíclicos. Cada ayllu realizaba sus propios rituales y tomaban parte en el todo. Sólo hubo una jerarquía temporal, la mayor jerarquía que regresaba entre tiempos a una autónoma jerarquía local. Lo anterior se refleja en el tipo de arquitectura encontrado. La unidad básica es la repetición de montículo/kancha (el patio). El lugar está cubierto por idénticas unidades estructurales que varían en tamaño. Esto indica con una alta probabilidad que cada ayllu construyó y mantuvo sus propios montículos y patios. Al mismo tiempo ésta era una situación muy fluida; algunos grupos podían estar alcanzando su apogeo mientras otros se disolvían. Esto explica el porqué no hay ningún plan maestro de la manera en que se construyó el lugar, ni homogeneidad entre los montículos de tierra, ni un visible factor de control regular. En otras palabras, poco hace visible la existencia de una autoridad centralizada. Algunos montículos podrían estar dejándose de lado mientras otros se construían. Por la misma razón, no hay un claro límite del lugar; el modelo apenas parece desvanecerse. Sin embargo, dos grandes paredes separadas definen las dos áreas más importantes del centro del lugar. Esta clase de acrópolis está formada por los Templos 1, 2, 8, y 9. La unidad 2 ha sido llamada el "Gran Templo," y es significativamente diferente y se localiza en el centro. [26]

Cahuachi era un centro sagrado desde el período más temprano de Nazca (fase Nazca 1). En el Gran Templo se han encontrado cientos de jarrones rotos, cerámicos de las fases 2 y 3, así como numerosos restos de llamas, pájaros emplumados, y otra evidencia de sacrificios. Los entierros se encuentran más a menudo en la cima de los montículos, por lo menos durante el tiempo de apogeo del sitio, y de las áreas entre los montículos posteriores. [27] Además de servir como centro de peregrinación, algunos historiadores creen que el sitio también pudo servir para la ejecución de dramas sociales tales como batallas rituales, cuando se acumulaba la tensión entre un pueblo y otro. De hecho Cahuachi puede haber sido el campo de prueba de la vitalidad del ayllu, el lugar donde encontraba su fuerza o era desafiada su supervivencia.

El sitio declinó a la llegada de la fase 5, un tiempo que vio el surgimiento de un nuevo tipo de arte con la recurrente presencia del simbolismo de la cabeza trofeo, y otro simbolismo de guerra. Alrededor del año 400 DC., hubo sequías muy serias, y los ríos llevaban poca agua al mar. El agua desapareció aguas arriba, obligando a los pueblos a mudarse hacia las montañas. Éste es el tiempo en que los pueblos decidieron volver al uso de los manantiales o puquios, cuyo caudal era más predecible que el de los ríos. Sin embargo, el uso de puquios podría ser controlado y restringido por unos pocos, por eso la evidencia de mayor número de conflictos. Esto se refleja en un aumento del tema de los guerreros en Nazca 5 y el que

CUARTA ERA: EL TIEMPO DE TUNUPA

las comunidades se fragmentaran y se alzaran unas contra otras. [28]

Geoglifos de Nazca

De norte a sur (hacia Cahuachi) tenemos esta sucesión de signos: geoglifos — la mayor parte separados de las líneas — luego las líneas con su más alta concentración al sur hacia el centro ceremonial de Cahuachi.

Los fragmentos de alfarería encontrados por toda la pampa datan de fechas que van del año 200 al 1450 DC. Las figuras animales, también llamadas biomorfas, datan de fechas que van del año 200 al 600 DC. La mayoría de figuras animales están bajo líneas rectas posteriores, indicando que ellas las precedieron. En esto la mayoría de los científicos está de acuerdo. De las líneas, un pequeño fragmento perteneció al Período Intermedio Temprano, considerando que la mayoría de ellas datan de Mediados del Horizonte Intermedio (600–1000 DC) y el Horizonte Intermedio Tardío (1000–1450 DC). Un factor de corrección podría deberse al hábito de quitar los primeros fragmentos de alfarería rotos, indicando que la construcción de las líneas pudo haber empezado antes de lo que la evidencia indica. [29] El único sistema de acueductos subterráneos en el extremo oriental de la pampa data de alrededor del año 360 DC. [30]

Permítanos ahora volver nuestra atención a los geoglifos. Lo que a primera vista parecen ser réplicas de animales, es de hecho la pintura de un ser sobrenatural. Ninguno de los animales retratados son réplicas fieles de sus parientes cercanos sino contrapartes míticas, aunque se les parezcan mucho. Vemos monos con colas en espiral, pájaros con picos sobredimensionados y cuello en zig-zag, irreconocibles estructuras vegetales o incluso una flor, y muchas otras formas que tienen animales como apéndices o componentes. A. Aveni identifica dieciocho pájaros, cuatro peces, dos lagartos, un zorro, un mono, una araña, un insecto, y muchas figuras compuestas. Todas las figuras tienen en común el que cada una de ellas fue dibujada con una simple línea continua. Éstas son algunas de las dimensiones: el pájaro fragata cubre 5 campos de fútbol y tiene un pico de 270 m de longitud, el lagarto mide 155 m, las alas del cóndor miden 137 m, y el colibrí mide 91 m.

Permítanos oír las observaciones de R. Girard, como de costumbre llenas de profunda visión. ¿Qué indican las figuras animales? Los pájaros y las serpientes eran animales de la lluvia, como lo eran para los Mayas y otras culturas americanas. El motivo de la serpiente a menudo representa al relámpago. El más grande biomorfo, identificado como el pájaro fragata, tiene el pico más grande que su cuerpo. Está apuntando hacia la salida del sol en el Solsticio de junio, fecha de importancia cardinal en la astrología y espiritualidad andina, actualmente todavía conocida como la celebración del Inti Raymi. Otro pájaro grande, con un pico muy pronunciado, apunta esta vez hacia el sol del Solsticio de diciembre. [31] La nueva importancia del sol aparece de una manera más penetrante. M. Scholten d'Ebneth descubrió que los geoglifos de la pampa están orientados según las direcciones cardinales, y por consiguiente al eje este-oeste del sol, así como lo están los monumentos en Tiwanaku. Todos los geoglifos se encuentran contenidos dentro de un rectángulo orientado en las direcciones cardinales (vea figura 5.4).[32]

En general, la pampa sur del río Ingenio donde se encuentran los geoglifos, es como una réplica gigantesca del drama de la tormenta. Los pájaros y serpientes repiten en la tierra los fenómenos que tenían una importancia superior en la vida del desierto y de sus pueblos. Entre las formas de la planta está una muy arquetípica, simétrica y afilada que Girard identifica como el Árbol de la Vida. Junto con otras formas como de plantas, ésta completa el cuadro del ritual de fertilización que la lluvia y el trueno provocan en la tierra. Los geoglifos de la pampa son como una invocación gigantesca; forman un altar a los dioses de los cielos. M. Scholten d'Ebneth indica que muchas de las formas animales están asociadas con un trapezoide ceremonial o rellano triángular. Desde que los geomorfos son trazados con una sola línea, el rellano podría haber sido un lugar de salida y llegada para una caminata ceremonial de las figuras, parecido a lo que conocemos del uso de laberintos en la Edad Media. Estas ceremonias probablemente invocaron la reconciliación con las deidades de la lluvia durante el ciclo de las anuales operaciones agrícolas. Si ése fuera el caso, entonces cada tribu o ayllu pueden haber contribuido con sus rituales al año agrícola ceremonial. Scholten d'Ebneth está de acuerdo con Paul Kosok que los animales míticos también pudieran ser representaciones de símbolos de clanes totémicos. [33]

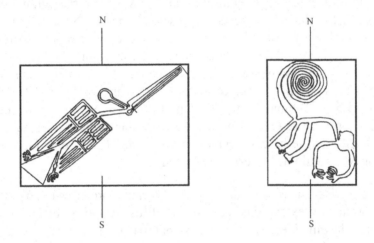

Figura 5.4: Orientación de los Geoglifos de Nazca

Nazca podría dar la falsa impresión de ser una única y separada manifestación de la cultura andina. No sólo están los geoglifos mucho más extendidos en la región sino que también forman una tradición que continua a lo largo de los siglos, y hemos visto sus primeros rastros en la Segunda Era en la costa norte. Los capítulos sobre la cultura Inca proporcionarán amplia documentación sobre esta continuidad cultural.

En la pampa que está al norte de Nazca se encuentra la figura de un búho-hombre de sesenta pies de alto. Otra se encontró en Palpa, al norte de Nazca, probablemente representa al Dios del Báculo con un báculo en la mano. Parece ser contemporánea con las figuras de Nazca. En la provincia de Chiclayo (en la costa norte del Perú), sobre una colina se encuentra una figura construida con piedras alineadas. Representa un pájaro antropomórfico que tiene una cabeza de 15 m de diámetro y una amplitud de alas de 83 m. [34] El trabajo de Johan Reinhard ha aclarado la existencia de otro gran geoglifo más allá del sur del Perú, al norte de Chile. En Cerro Unitas, cerca del pueblo costero de Iquique, puede verse una representación antropomórfica de 90 m de alto, uno de los geoglifos antropomórficos más grandes del mundo.[35] Similar a una de las representaciones de Nazca, tiene una cabeza cuadrada retratada de frente, emanan de ella rayos solares, y ojos y boca rectangulares. A la izquierda de esta figura, la figura de un felino está estrechamente asociada a ella. A. Aveni agrega otro ejemplo muy similar en el desierto de Atacama, al norte de Chile (Figura 5.5). [36] Finalmente, debe notarse que aunque los sagrados paisajes lograron su expresión más espectacular en los Andes, también América del Norte ha conservado ejemplos de ello. El más famoso es el Gran Montículo de la Serpiente de Ohio.

En Nazca, las líneas y algunas otras figuras geométricas son mucho más comunes y extendidas que los geoglifos. Aveni ha estimado que hay más de mil líneas que cruzan la pampa. La primera observación útil es el hecho que por lo menos ochocientas de estas líneas emanan de uno de cerca de sesenta centros diversamente interconectados entre sí. En total, Aveni encontró 62 centros conectados con 762 líneas rectas. Cada uno de estos centros está posicionado en colinas naturales. Dibujar los geoglifos o las líneas no es la tarea gigantesca que normalmente se piensa fue. Johan Reinhard estima que todos los geoglifos pudieron ser ejecutados por unas mil personas en tres semanas. También se ha demostrado que las figuras del desierto pudieron haber sido amplificadas de modelos a escala con herramientas y técnicas rudimentarias.[37]

Aparte de las líneas hay también formas trapezoides, zigzages, y espirales. Los zigzages pueden haber representado relámpagos y ríos,

134

considerando que las espirales pueden simbolizar conchas y por consiguiente el océano, o más simplemente diferentes formas de energía etérica. Mientras las líneas pueden tener pocas millas de largo, los trapezoides pueden alcanzar 2 km. Algunos de los trapezoides por lo menos resultan de las alineaciones de los lados más largos con estructuras artificiales, como los montículos centrales de Cahuachi. [38] Muy a menudo un trapezoide acaba en una línea que continúa cerca de media milla antes de terminar en una espiral o zigzag. Este modelo también se encuentra en muchos canales de irrigación a lo largo de la costa.

Figura 5.5: Geoglifo del desierto de Atacama, Chile

El arqueólogo Toribio Mejía Xesspe cree que las líneas fueron una vez transitadas. Esto explicaría la alta concentración de líneas encontradas alrededor del centro ceremonial de Cahuachi, al sur de la pampa. Si ése fuera el caso, podríamos conjeturar que las líneas ya estaban presentes en los tiempos en que Cahuachi fue construido (primer siglo DC) y que se mantuvieron continuamente a lo largo de los siglos quitando todo anterior fragmento de alfarería. En vista de todo lo que se ha dicho antes, la palabra Cachahui adquiere un interés particular, desde que su significado es "lo que los hace ver" o "lo que les permite predecir la mala suerte" — por eso, es posible que los sacerdotes observaran desde aquí los eventos naturales y celestiales. Hay hipótesis que establecen que esto es lo que permitió las operaciones agrícolas junto con un calendario lunar. Evidencia de esto puede encontrarse en un famoso tejido de Nazca del período 2 que se conserva en el Museo de Brooklyn. En él se puede ver un mes de treinta días, dividido en dos períodos de quince días.[39] Este autor cree, a la luz de todos los descubrimientos posteriores, que puede haber sido un calendario Solar. Más se dirá sobre esto cuando regresemos a las conclusiones.

Considerando la orientación estadística de las líneas no se ha confirmado ninguna correlación importante con los puntos astronómicos de referencia. Cincuenta por ciento de las líneas están orientadas hacia el acimut 100–105 (este). Ésta es la dirección que el sol alcanza entre el 22 de octubre y el 2 de noviembre. La último es la fecha del primer pasaje del sol por el cenit en Nazca, y el tiempo en que el agua empieza a descargar en los canales de irrigación que incluso hoy es considerado el único evento más importante del año. Esto confirma la fuerte correlación de las líneas con los fenómenos del agua. La principal deidad local era una montaña de arena — Cerro Blanco — relacionada con la montaña más alta en el horizonte oriental, Illa-kata, con el distante, pico nevado de Carhuarazo y con la montaña Tunga cerca de la costa. Se creía que un lago dentro de Cerro Blanco alimentaba todos los cauces subterráneos de irrigación. Con los trapezoides se ha encontrado que a menudo el más delgado final de la estrecha figura conecta a una fuente de agua, considerando que los ejes del trapezoide son a menudo paralelos al flujo de agua. Esto da lugar a la hipótesis que los trapezoides también pueden haber sido espacios rituales para ceremonias.

En conclusión, las líneas y geoglifos pueden haber servido para cualquiera de los siguientes propósitos juntos o separadamente. Los geoglifos se pueden haber usado como caminos ceremoniales y lugares de culto, y pueden haber servido como lugares de convergencia. Las líneas pueden haber funcionado como ceques hechas en el tiempo de los Incas cuando fueron caminadas ceremoniosamente. (Nos ocuparemos brevemente de las ceques) Ellos también trazaron los planos del agua subterránea y los lugares por donde brotaba (puquios).

Los descubrimientos de Aveni, Reinhard, Girard, y otros científicos finalmente aclararon el origen y razón de la existencia de las líneas y geoglifos. Las tradiciones probablemente iniciadas en la Segunda Era han persistido en los tiempos modernos. En cambio, lo que aparece de la observación de las prácticas actuales vierte más luz sobre las tradiciones del pasado. Sendas rectas que llevan a un montón de piedras entre los indios Chipaya de Bolivia todavía se usan en la actualidad. Los peregrinos pasean las líneas rectas al montón de piedras sin considerar la topografía. Llevan sus vasijas y las estrellan en los altares donde entregan las ofrendas. Lo mismo se hace en otros dos pueblos de Bolivia donde los lugareños pasean, siguiendo las líneas y ofrecen devociones y bailes al dios de la montaña. [40] En Bolivia y Chile, las líneas rectas llevan a colinas o cimas de montaña, a menudo son usadas para rendir culto a la alta montaña. Se cree que las montañas más bajas y lagos son las esposas de las montañas más altas que las fertilizan. Esta creencia coincide con el papel ecológico de la montaña que es el origen de los ríos y actúan como fuentes para la condensación del agua de lluvias.

En tiempo de los Incas, las líneas rectas se llamaron acequias. Sus características han sido reportadas y estudiadas por los cronistas y más estudiadas por la moderna ciencia de la arqueoastrología. Por consiguiente sabemos que estas acequias también tenían una rica función calendárica. Para redondear nuestra comprensión de la cosmología Nazca permítanos ahora considerar el testimonio de su arte.

PUNTOS DE INFLEXION ESPIRITUAL

Nazca: Arte e Iconografía

El arte Nazca es principalmente conocido por su alfarería. Una documentada secuencia permite el reconocimiento de los motivos artísticos que desarrollaron aproximadamente desde el año 100 A.C. al 800 DC. Forman una sucesión de Nazca 1 a Nazca 9. Al principio de la sucesión, la cerámica es decorada con criaturas míticas. A mitad de la secuencia se introducen temas más naturalistas. Hacia el final hay un retorno a lo fantástico aunque de una nueva manera. Esta vez se encuentran máscaras de demonios en cuerpos humanos; los temas militares parecen estrechamente asociados a figuras humanas desmembradas. Señalando el sacrificio humano, completan el cuadro los Guerreros-cóndor y el tema de las cabezas trofeo. Además de la alfarería, Nazca nos ha dejado también finos tejidos.

La iconografía Nazca nos permite lanzar una mirada a sus deidades y rituales, y por eso, entender mejor su cosmología, particularmente respecto a los geoglifos y líneas. Este arte es muy adornado y rico. Tenían el frecuente recurso a la idea de la hibridación, combinando en las vestiduras rituales en forma muy sorprendente partes de animales, plantas, y seres humanos. Ejemplos de esto son: la parte frontal del tocado transformado en flor de yuca; plumas de pájaro transformadas en flechas; un felino que da nacimiento a un árbol, etc., Entre éstos hay uno que se repite con mucha frecuencia: apéndices que surgen como serpientes/babosas o plantas brotando desde dentro de un cuerpo de apariencia humana. El individuo retratado lleva a cabo un ritual transformándose en ser espiritual cuando sus cuerpos presentan apéndices. Casi con seguridad, en la mayoría de ellos, el superior es el personaje.

Lenguas que surgen de las cabezas y motivos de serpiente/babosa representan el flujo de energía, la que podríamos llamar energía etérica. La cabeza es el origen de estos flujos. El apéndice, descrito como el motivo serpiente/babosa, aparece dondequiera lo muerto da nacimiento a lo vivo (por ejemplo, desde el cuerpo o desde la tierra) está como símbolo de los especiales poderes sobrenaturales, en

138

relación a lo que es la fuente de vida y fertilidad. El motivo tiene muchos precedentes, tales como Chavín con la omnipresente serpiente. Allí también, las figuras de cabezas se usaron abundantemente en todas partes del cuerpo.

En la iconografía Nazca no hay un claro límite entre lo natural y lo sobrenatural. No siempre es fácil distinguir entre un ser humano vestido como sacerdote o un ser espiritual. En las posteriores fases de Nazca vemos más escenas con seres humanos, pero que son más figurativas. En el arte de Nazca, igualmente, hay alguna o ninguna representación de la vida diaria. Las vestimentas de los individuos marcan diferencias entre las actividades ceremoniales. Las plantas y los animales que son parte de un contexto mítico adoptan partes humanas, por ejemplo, la cabeza, los pies, y las manos. Los animales pueden incluso adoptar otras características animales: los pájaros tienen cabeza de jaguar o sus cuerpos parecen de insectos.

En las representaciones de rituales, como aquéllos que más probablemente representan festividades de la cosecha, los hombres bailan con alimentos en sus manos. No hay diferencia en el atavío de los individuos. Por consiguiente, no queda claro si los rituales fueron dirigidos por sacerdotes especializados o celebrantes apropiados, tal como los miembros de los ayllus. En Cahuachi hay depósitos donde uno puede encontrar vestimentas, máscaras, y objetos para el ritual, otro indicio que la participación en el ritual ofreció estatus sagrado a los participantes y que no había sacerdocio oficial. Entre la parafernalia para el culto se puede encontrar ornamentos de oro para la boca y la frente, fina alfarería, calabazas esculpidas y quemadas superficialmente, vasijas de piedra grabadas, e instrumentos musicales. Los textiles también eran muy importantes. Después de ser usados eran enterrados ceremoniosamente

Hay amplia evidencia que se hizo uso de la música como parte de un idioma coral. Entre los instrumentos estaban las flautas, los tambores, y la zampoña — cacerolas con tubos construidas de arcilla. La zampoña aparece por todas partes en el registro arqueológico.

139

Tradicionalmente se tocan en pares; una zampoña líder toma prioridad sobre la siguiente. La zampoña líder está asociada con el este, el mundo superior y lo masculino; la que le sigue con el oeste, el mundo inferior y lo femenino.

Los entierros deben haber sido áreas muy especiales aunque carecían de marcas superficiales. Fueron concebidos como casas. El lugar del entierro, concebido como casa, sirve como representación física de un linaje. La mayoría de estos entierros vienen de la cima de los montículos, al menos durante el tiempo del apogeo Cahuachi, pero después vienen de las áreas entre los montículos.

Cuando se repasa toda la evidencia, el sistema de geoglifos y líneas, vistos en conjunto con los rituales realizados allí y aquéllos realizados en Cahuachi, era un sistema de uso de aguas a través de rituales al agua y a las deidades de la montaña, junto con un culto a los antepasados realizados en la tierra como podemos entender del registro del arte de Nazca y de su prominente posición en la cosmología Cahuachi.

Todo lo que hemos descrito e interpretado hasta ahora respecto a la costa norte, Tiwanaku, y Nazca tiene una doble tendencia. Por un lado continúa las tradiciones iniciadas dos mil años antes, durante el período Arcaico Tardío (Segunda Era). Por otro lado surgen nuevas tendencias subrayando la revolución solar que la sociedad andina sufrió bajo el impulso renovador de Tunupa, el iniciado de los Andes.

TUNUPA

Es sorprendente cómo el mito sudamericano describe eventos que están estrictamente correlacionados con los del Popol Vuh. Sin embargo, la mitología sudamericana tiene una naturaleza más fragmentaria. Esto podría ser debido al hecho que Tiwanaku no fue la fase central de la confrontación del iniciado de las Américas. Según

CUARTA ERA: EL TIEMPO DE TUNUPA

Steiner, la confrontación ocurrió en Centroamérica, y la investigación anterior ha identificado su centro en la región del Soconusco mexicano y el sitio de Izapa.

Permítanos repasar similitudes y diferencias entre los continentes. El hecho de los Gemelos y Viracocha/Tunupa provocan en ambos casos el nacimiento de un nuevo mundo a través del evento central del Amanecer, o Segunda Creación. El evento ha sido descrito de manera similar en Norte y Sudamérica. Cristóbal de Molina también especificó que fue el "Sol en forma de hombre" que se elevó a los cielos en el momento de la Segunda Creación. Este es otro paralelo con el Popol Vuh. Los Gemelos y Viracocha/Tunupa toman su lugar en una nueva Era. No hay una estricta correspondencia entre estos dos grupos de seres y los Gemelos Mayas. Viracocha corresponde al Gran Espíritu norteamericano y los Siete Apus Mayas, considerando que Hunahpu es el espíritu solar. Tunupa parece corresponder al Gemelo llamado Ixbalamqué. En la Puerta del Sol él aparece como el iniciado eclipsado por el poder del Cristo Sol, expresado por el tocado solar y el meandro del calendario solar. Para desenredar más plenamente las claras diferencias entre el norte y el sur, necesitaremos esperar hasta el tiempo de los Incas, pues ellos continuaron esta tradición y la hicieron más explícita.

El paralelismo norte/sur se refleja de muchas maneras a través de los cambios dados en la civilización resultante. Igual que en Centroamérica, la Segunda Creación trae importantes cambios de conciencia. El Maya introdujo una nueva astronomía en su civilización y adquirió un nuevo sentido del tiempo. Hay razones para creer que Tiwanaku introdujo un nuevo calendario solar, como indica la evidencia de la Puerta del Sol. Los cambios en la visión del mundo de Nazca también reflejan la introducción de una revolución solar. Lo cierto es que en Sudamérica es difícil poner este evento en una precisa cronología. Sin embargo, es reconocido por los arqueólogos que muchos de los cambios más significativos de la civilización ocurrieron durante la fase inicial del Período Intermedio Temprano, en algún momento entre los años 200 AC., y 200 DC.

La Confrontación de Tunupa con el Mal

Permítanos ahora mirar más de cerca al ser Viracocha/Tunupa. A él se le ha descrito como un profeta, el predicador de un nuevo mensaje, y sanador. Él claramente es humano, aunque eclipsado en las narrativas por las cualidades de la deidad del creador Viracocha. Es interesante notar los sentimientos y reacciones de esos cronistas que tenían un pie en las culturas española y andina, principal entre ellos Santa Cruz Pachacuti.

El hombre cuyo nombre completo era Juan de Santa Cruz Pachacuti Yamqui Salcamaygua, estaba emparentado con la cultura Inca y española. Incluso su nombre recoge cosmologías de ambos mundos; Santa Cruz para la "Cruz Santa" y Pachacuti para el "cambio del mundo." Según él, era descendiente de curacas (jefes locales) del pueblo de Santiago de Guayua Canchi, en el área alrededor del Lago Titicaca. Estos jefes habían sido convertidos a la cristiandad desde principios de la Conquista. Santa Cruz Pachacuti, como es generalmente conocido, tenía un interés perspicaz en la espiritualidad andina y cristiana. Él es, de hecho, el individuo que nos ha dejado la narración más completa sobre la cosmovisión Inca. Su "Relación de antigüedades deste reino del Pirú" muestra el deseo de Santa Cruz Pachacuti de provocar un acercamiento entre la visión del mundo cristiana y la Inca. Podría argumentar que él apenas podría haber escrito algo diferente, dado el clima político establecido por la Conquista. No obstante, la prueba de su autenticidad está en la calidad de las visiones que ofrece a nuestra exploración, no en una yuxtaposición mecánica de credos.

En unos pocos párrafos Santa Cruz Pachacuti proporciona una visión comprimida de los eventos que precedieron y siguieron al Amanecer. Este cianotipo espiritual está muy en armonía con el registro histórico. Antes de la llegada de Tunupa se describe un tiempo en que se construyeron fortalezas, pues reinaron supremas disputas, y el

142

CUARTA ERA: EL TIEMPO DE TUNUPA

hapiñuños — el demonio — se llevaba a los hombres, mujeres, y niños. Hasta ahora esto refleja hechos históricos conocidos por estar asociados con parte del Período Intermedio Temprano, o inmediatamente precedido, según las varias cronologías que pusieron diferentes fechas de inicio para el PIT. Estos tiempos vieron en otras partes del país el documentado surgimiento de los sacrificios humanos.

Calancha menciona que el individuo llamado Makuri, jefe de los Umasuyus, deseaba librarse de Tunupa/Viracocha. Makuri había sido amonestado por Tunupa por su crueldad y hábitos de guerrero. En su ausencia, su hija fue convertida por los discípulos de Tunupa. El jefe tomó revancha condenándolos a la muerte. [41] Santa Cruz Pachacuti también indica que Tunupa fue sacado del pueblo de Yamquisupa, puesto en prisión cerca del lago Carapucu (parte del Lago Titicaca), y condenado a una muerte cruel, pero escapó junto con un joven y entró al lago llevado por su manto como si fuera un bote. Se dice que desde allí fue a Tiwanaku. [42]

Las citas son solo unas pocas indicaciones de Tunupa y la confrontación de sus discípulos con otro culto, un culto de naturaleza antiética para sus enseñanzas. ¿Dónde tuvieron lugar estos eventos? ¿Coinciden ellos con el episodio más a menudo citado por las crónicas: la confrontación con los indios Canas en Cacha? Cacha es el lugar donde Viracocha/Tunupa produjo que la lava bajara desde la montaña.[43]

Para Cristóbal de Molina, la "lluvia de fuego" ocurrió en Pucará. Pedro Sarmiento de Gamboa se refiere a Pucará como el lugar donde podría verse a las personas transformadas en piedra, personas que había perecido durante el Diluvio, otro evento que está en íntima asociación con el tiempo que precede al Amanecer. Finalmente, Santacruz Pachacuti menciona que en la colina de Cacha-Pucará se adoraba al ídolo de una mujer a quien se ofreció sacrificios humanos. Cacha y Pucará son de hecho dos lugares vecinos. En memoria del hecho del iniciado en Cacha, los Incas construyeron un templo que era uno de los mayores santuarios del imperio. Permítanos ahora volver a

PUNTOS DE INFLEXION ESPIRITUAL

la dimensión histórica de Pucará.

La ciudad de Pucará estaba situada a setenta y cinco millas al noroeste del Lago Titicaca. Era un importante centro seglar y religioso que parece haber estado en competencia o abierta hostilidad con Tiwanaku. Su duración histórica fue corta, yendo del año 200 A.C. al 200 DC. Se encontraron en el sitio estelas y esculturas completamente redondas. en Pucará también se encontró la figura del "Sacrificador," que a veces usaba un collar de cabezas trofeo, y en otros momentos se describe llevando una cabeza trofeo. A pesar de la proximidad geográfica no hay similitud en los motivos artísticos de las deidades representadas en Tiwanaku y Pucará, aparte de la Pachamama, la madre tierra. Los temas familiares a Pucará, como las cabezas trofeo, sólo reemergieron en Tiwanaku después del fin del PIT. [44]

Después de describir la derrota de los demonios a través de las enseñanzas de Tunupa, Santa Cruz Pachacuti dice, "Por esto debe entenderse que los diablos fueron conquistados por Jesús Cristo nuestro Señor en la cruz sobre el Monte Calvario," un asombroso comentario que viste en palabras cristianas/andinas las declaraciones de Steiner sobre los Misterios Mexicanos. Por consiguiente, no sorprende que Santa Cruz Pachacuti, así como Guamán Poma — otro cronista nativo — y muchos otros, identificaran a Tunupa con uno de los apóstoles. Ramos Gavilán narra una leyenda en que el apóstol es Santo Tomás; Garcilaso dice que los mestizos del Cuzco lo identificaron como San Bartolomé; para Valera, Tunupa/Viracocha fue el mismo Cristo. Para otros, como en Mesoamérica, él fue Santiago, San Diego. Éstas son profundas intuiciones que no pueden resolverse sin volver a la ciencia espiritual. Es correcto ver a Tunupa como Cristo y como ser humano, y eso es lo que hace el Popol Vuh con el recurso esotérico de los Gemelos — el iniciado eclipsado por el poder de la deidad del Sol. Éste es un tema que puede agotarse sólo considerando muchas diferentes versiones de los mitos.

Otra señal del declive cultural aparece claramente en la península de Paracas al final del Período Intermedio Temprano a través de la extendida práctica de la momificación. Antes del inicio del Kali Yuga (el Crepúsculo de los Dioses), los iniciados podían sostener una conversación con los seres de la Luna que tomaban parte mayor en la guía de la humanidad. Conforme progresó la evolución esto ya no era posible, particularmente desde el inicio de la cultura egipcia. Esta situación progresó y continuó hasta el cambio de nuestra era. Entonces desde el tercer milenio A.C., los seres de la Luna no podían alcanzar a los seres humanos durante las horas del día, sólo podían hacerlo durante la noche, pero los iniciados encontraron una manera de influir en las almas de los hombres durante el día. [45] A través de la práctica de la momificación proporcionaron a los seres de la Luna una morada en las momias que ellos mantenían en sus camposantos, así podrían bajar a la Tierra, aunque ya no era su tarea. Los cadáveres momificados permitieron el descenso de los seres de la Luna, ahora vueltos Luciféricos. A través de las momias que estaban a su alrededor, los iniciados podían estudiar y entender a los animales, plantas, y minerales, que los iniciados anteriores a ellos habían podido extraer de la naturaleza y la vida. Éste fue un primer paso en la dirección de la ciencia natural en un tiempo en que el ser humano no podía hacer uso de su intelecto, ni retener su vieja clarividencia.

Sin embargo, a través de la momificación los iniciados durante un tiempo después de la muerte mantuvieron cautivas en sus cuerpos a las almas de los que habían partido. Lo hicieron para alterar su destino natural. Éste fue el signo de una cultura decadente, tanto más así desde que esta práctica abriera nuevas posibilidades para aquéllos que quisieran inducir a error a sus seguidores para su propio beneficio. [46] Parte está en el hecho que a través del uso de las momias los sacerdotes se hicieron del conocimiento de las fuerzas que actúan en los órganos. [47]

Podemos agregar a la práctica de la momificación la ampliamente extendida evidencia de deformación craneal en la necrópolis de Paracas, otro medio de retener la conciencia atávica. Es interesante notar de paso que la momificación también fue la práctica de los viejos egipcios en el tiempo de su Crepúsculo de los Dioses. Egipto también estuvo cerca de las supervivientes influencias de fines de Lemuria cuando tuvieron lugar las migraciones a través de África en la dirección de la emergente cultura de Atlántida. En Egipto como en los Andes, los Misterios del Sur están interesados en el cuerpo físico y en el Misterio concerniente al portal de la muerte.

Nuestra investigación, esparcida entre muchas crónicas, ha traído a la luz muchos de los mismos elementos que acompañaron la vida y hechos de los Gemelos en Mesoamérica. El sacrificio humano sudamericano es mayormente representado por la cabeza trofeo, un motivo que se conserva en muchos lugares y durante muchos siglos y milenios por todo el Perú. Como aparece de nuestras investigaciones, las crónicas de hecho aclaran parte de la respuesta que los arqueólogos piden. ¿Por qué Tiwanaku prevaleció sobre los otros centros, Pucará en particular? La respuesta, parece, no se encontrará en los factores geográficos, políticos, o económicos sino a nivel espiritual. Tiwanaku introdujo un impulso espiritual más exitoso.

El nuevo impulso espiritual del PIT lo indica el desarrollo de importantes centros de peregrinación como aquéllos de Tuwanaku y Cahuachi. Nosotros tenemos más documentación sobre el último en la que podemos descubrir una salida a la naturaleza oracular de Chavín. En la civilización Nazca surge un nuevo impulso en la integración de las funciones rituales de los *ayllu* que llevan la totalidad del ritual del año. Podemos suponer que se acabó la función del chamán de la Tercera Era. Los oráculos de tiempos posteriores — como Pachacamac — tienen una naturaleza más regresiva. Veremos después que Pachacamac reavivó el antagonismo de las *Huacas* en el tiempo en que los Incas reintrodujeron la unidad en la diversidad a través del culto del Inti — del Sol.

Enseñanzas de Tunupa

El legado de Tunupa, reflejado en los eventos que siguieron al Amanecer, modeló toda la historia andina durante los siglos que

146

CUARTA ERA: EL TIEMPO DE TUNUPA

siguieron. Los Incas lo reavivaron y desarrollaron más después de haber sufrido un tiempo de oscuridad y olvido. Considerar cómo los Incas se reconectaron con el mensaje del Profeta nos permitirá aclarar los aspectos que ahora parecen inciertos.

El evento del Amanecer formó una cuenca entre los tiempos prehistóricos e históricos. Después del Amanecer las tribus encontraron el origen de su descendencia según sus pacarinas*, su lugar de origen o emergencia. Puede decirse que cada tribu se vio asociada a ese lugar donde primero dio testimonio del evento del Amanecer y por consiguiente las enseñanzas del iniciado de los Andes. En este caso las pacarinas — literalmente "lugares del Amanecer" — relativo a las partes del paisaje consideradas sagradas porque se asociaron al evento del Amanecer, como fuera experimentado por alguna tribu en particular. Las pacarinas también fueron vinculadas a algunas estrellas particulares en el horizonte. Es como si para las tribus cada estrella de los cielos se reflejara en la tierra, un importante y recurrente motivo presente en la cosmología andina. Los Andes pueden verse como el reflejo de la Vía Láctea en la tierra, un concepto que, como veremos después, los Incas literalmente tallaron en la piedra en el paisaje de su Valle Sagrado.

El linaje Huaca está estrechamente asociado a las pacarinas. Son una variedad de objetos sagrados, como momias o piedras o partes del paisaje que conmemoran al primer antepasado en el tiempo del Amanecer. Ellas eran, y todavía son, consideradas sagradas. De esta manera la Huaca del linaje era un recordatorio para las tribus de su común descenso del importante tiempo del Amanecer. Así es como Cristóbal de Molina describió esas correlaciones:

---

*N. del T.: Los antiguos peruanos creían que los primeros habitantes de sus ayllus, pueblos o reinos surgieron de las **pacarinas** (cuevas, lagos, lagunas o manantiales) por orden de los dioses, especialmente Wiracocha. Antes de ser humanos habían sido piedras o rocas del *uku pacha* (mundo subterráneo) y a través de las **pacarinas** salieron a poblar el *kay pacha* (superficie terrestre). En otras palabras, la **pacarina** es el lugar de origen mítico de los pueblos andinos. Era un lugar muy sagrado para los indígenas quienes le rendían culto y dejaban ofrendas.

El Creador empezó a levantar pueblos y naciones que están en esa región, haciendo de arcilla uno de cada nación, y pintando los vestidos que cada uno llevaría. Aquéllos que fueran a llevar pelo, con pelo; y aquéllos que fueran a ser esquilados, con pelo cortado; y a cada nación se dio el idioma que sería hablado, y las canciones a ser cantadas, y las semillas y comida que ellos sembrarían. Cuando el Creador terminó la pintura y de hacer las naciones y figuras de arcilla, le dio vida y alma a cada uno, tanto a los hombres como a las mujeres, y ordenó que pasaran bajo la tierra. De ahí cada nación llegó a los lugares a los que él ordenó que fueran. Así dicen ellos que algunos salieron de cuevas, otros de las colinas, otros de las fuentes, otros de los troncos de los árboles. A causa de ello, y debiendo haber ocurrido y comenzado a multiplicarse, desde esos lugares, y haber tenido el comienzo de su linaje en ellos, hicieron Huacas y lugares de culto en memoria del origen de su linaje que procedió de ellos. Así, cada nación usa el vestido que emplean en su Huaca; y dicen que lo primero que nació de ese lugar se convirtió en piedras, cóndores, y otros animales y pájaros. Por eso las Huacas que usan y en las que rinden culto tienen diferentes formas. [48]

Molina relaciona la nueva creación después del Amanecer con el origen de las tribus y el linaje Huaca. Las Huacas fueron un recordatorio de la unidad en la diversidad. Ellas podrían ser cualquier objeto, piedra, momia, o características del paisaje, como Molina lo menciona arriba. A través de la Huaca se celebró el mensaje del iniciado de los Andes. Por consiguiente estos objetos eran intermediarios o intercesores sagrados. Lo que Santa Cruz Pachacuti define como idolatría es la creencia que las Huacas tenían un poder mágico propio, que era independiente del todo y por consiguiente de las enseñanzas de Tunupa y de la deidad del Sol. Este tema es el que encontraremos después en muchos casos de la historia.

El linaje Huaca está estrechamente asociado con las constelaciones celestiales, a menudo con las estrellas y constelaciones de la Vía Láctea. Puede decirse que la transición a una conciencia más histórica dio origen a la presente forma social del ayllu. Para ser más exacto, el ayllu probablemente ya existía; el profeta introdujo el ayllu que trabaja según una mezcla de líneas de descendencia matrilineal y patrilineal y recuerda al linaje Huaca del tiempo del Amanecer.

Hay un importante elemento adicional en la mayoría de mitos. Antes de acompañar al ayllu en la emergencia al tiempo del Amanecer, los progenitores de los linajes viajaron al inframundo. El mito de Puquio (Ayacucho) es similar al descrito anteriormente por Molina. Declara que "los antepasados crearon los lagos y abrieron la tierra. Los antepasados de Puquio viajaron a lo largo de las cavernas de agua subterránea, que son las venas de las montañas, hacia las fuentes de agua que llevan tambores dorados en sus cabezas." [50] Esta visión corresponde a la manera en que la cultura andina vio la circulación del agua. El agua de mar que rodea el mundo sólido surge para dar lugar a los lagos. Los lagos alimentaban las venas de agua subterráneas de las que se originan los lagos menores, estanques, calas, fuentes, y por eso el agua fluye hacia el océano. ¡Esto también explica por qué la mayoría de pacarinas son lagos, ríos, calas, y fuentes! De esta manera el mito se une a los antepasados y a la circulación cósmica de las aguas y fuentes de vida de las tribus con el tiempo del Amanecer. El Amanecer emparenta a las tribus con el Dios del Sol y también con el Gran Espíritu Viracocha.

El PIT continuó la tendencia establecida por Chavín. Cada civilización con la que Chavín tuvo contacto reemplazó las enseñanzas del centro espiritual por las suyas, consolidando la unión de las Huacas y su subordinación a un mensaje mayor. Este es el porqué los cultos pudieron continuar separados, mientras el simbolismo de Chavín y los contenidos espirituales aparecían a su lado. Ahora, en el tiempo del Amanecer se dio otro paso. Las Huacas se subordinaron a la nueva deidad del Sol. Esto no fue en preparación de algo futuro que Chavín representaba sino a la realización concreta de un nuevo paso de la civilización. Se completó la desarticulación de la Segunda Era. Y hubo otro paso que mostró la naturaleza cualitativa del cambio.

Como en Mesoamérica, el Amanecer introdujo un cambio mayor en la estructura de la sociedad. Antes las estructuras sociales andinas habían estado basadas en el matriarcado. El Amanecer introdujo el patriarcado entre los Mayas. En los Andes una nueva estructura social reemplaza al matriarcado, una estructura soportada igualmente por el lado de descendencia del varón como de la mujer. Este pasaje del matriarcado a un patriarcado/matriarcado mixto posiblemente es lo que en algunas versiones del mito de la creación se refirió a una llamativa imagen que sigue estrechamente al Amanecer. Allí, se dice que la luna era demasiado luminosa, de hecho, más luminosa que el sol. El sol tenía que oscurecerla tirando cenizas sobre su cara. [49] El oscurecimiento del principio femenino corresponde aquí al tiempo de la formación del ayllu, o su evolución en la línea mixta de descendencia patrilineal y matrilineal.

Los ayllus rastrean toda la descendencia, varón o hembra. Por consiguiente tienden a ser grupos sobrepuestos, no separados. Esto les deja a los individuos la opción de escoger a qué línea afiliarse, y la decisión puede cambiarse para lo que es percibido como el interés del individuo. Aunque jerárquico, el ayllu es una forma muy flexible de organización social basada en el parentesco. Mucho reside en la capacidad inherente del líder de implementar y mantener relaciones recíprocas muy generosas. Que no siendo el caso, los individuos tienen la opción de dejar el grupo por el del otro lado de su parentesco.

El ayllu era, y en muchos casos todavía es, el centro de integración social y económica y de la práctica de ayuda mutua. Cada agricultor recibe ayuda en los momentos críticos (siembra, cosecha, etc.,) e igualmente se obliga a ofrecer ayuda a otros. El ayllu es de hecho el protagonista principal de la vida social andina, no el individuo.

Investigadores han puesto en evidencia el papel del ayllu, particularmente en Nazca. Aquí podemos ver que ellos tenían un papel de igualdad en la jerarquía temporal de las ceremonias sostenidas en Cahuachi. Cada uno de ellos tenía su sagrado montículo. Cada uno de los ayllus tenía su parte en el mantenimiento de las líneas y geoglifos y de las ceremonias realizadas allí. La realización de rituales y el curso del año agrícola estaban indisolublemente juntos al punto que sería difícil separar lo que es economía/agricultura de su contraparte ritual. De hecho, los investigadores hablan de obligaciones rituales en el contexto de lo que es conocido como *mita*, la noción del deber colectivo, o tributo, del ayllu. *Mita* es un concepto importante que después reaparecerá entre los Incas claramente articulado. Está en el corazón de la andina "reciprocidad" ideal.

La reciprocidad involucra una visión de la "justicia" en el intercambio de bienes, sentimientos, personas, e incluso valores religiosos o de la simple información. La reciprocidad es la garantía del correcto nivel de intercambio entre los seres humanos y la naturaleza, el hombre y Dios, la vida y la muerte. La reciprocidad afecta al hombre y su ambiente. El hombre depende de su ambiente y tiene el poder de modificarlo de manera más productiva. El terraplenado sostiene un crecimiento que el ambiente natural no podría producir. A su vez esta modificación del ambiente permite un crecimiento de la población con pleno respeto del ambiente. Los seres humanos también dependen uno de otro ofreciéndose ayuda mutua, dentro del ayllu o entre ayllus. Todos los individuos ofrecen ayuda a aquéllos que la necesiten a través del ayllu, e igualmente pueden esperar se les ofrezca ayuda en caso de necesidad.

A otro nivel, los dioses dependen del hombre y vice-versa. Los seres humanos tienen un papel co-creador activo en el mundo. Finalmente, el vivo depende del muerto. Todo vivo está activamente conectado al linaje de sus antepasados a quienes honran y sirven. De los antepasados el vivo ha recibido el conocimiento que les permite cosechar los frutos de la tierra. Incluso en el presente, el muerto juega un rol activo en la sociedad de los vivos.

La reciprocidad es el nexo central de toda la ética andina, y el apoyo de su vida económica. Es un principio de justicia cósmica. Esta visión del mundo va más allá del individuo y la generación presente. Las catástrofes naturales se considera son el resultado de la falta de reciprocidad. Lo mismo es verdad para las calamidades artificiales o que no tienen un origen natural. Las Comunidades pueden tener que echarse sobre las espaldas la culpa de un individuo, de hecho incluso las generaciones posteriores pueden tener que hacer lo mismo. Dios inflige un castigo para permitir la corrección del desequilibrio cósmico. No es visto como un castigo gratuito. Gran parte de la reciprocidad regula la relación de la humanidad (la comunidad) y lo divino. En este caso la reciprocidad se cumple a través de la ofrenda simbólica. La humanidad andina llega a lo divino no como un suplicante sino con algo qué ofrecer (el alma y la ofrenda física). Sin la reciprocidad la propia tierra no sería fértil.

Los multifacéticos cambios que surgen en los Andes y Sudamérica a través del hecho de Tunupa se suma a la formación de una nueva conciencia histórica. No puede haber sido tan claramente articulado como lo fue entre los Mayas. Sin embargo, hubo mucho más de lo que la historia normalmente cree. Por lo menos un aspecto que ya ha surgido en parte es la cosmológica revolución del Sol introducida por el iniciado andino.

El "Camino de Viracocha"

La transición del PIT puede definirse como un cambio de referencia cosmológica de la Cruz Andina / la Cruz del Sur / la Chakana, a la nueva orientación del Sol. Esto no significa que la Cruz del Sur fuera abandonada; más bien, se subordinó a la nueva cosmología del Sol que el iniciado inauguró.

María Scholten d'Ebneth confirma en Nazca lo que Milla Villena había encontrado a través de su estudio de la Cruz del Sur en la cosmología andina; a saber, que la civilización andina continuó usando el cuadrado y su diagonal como base para su geometría y por consiguiente la relación 1 a $\sqrt{2}$. [50]

152

CUARTA ERA: EL TIEMPO DE TUNUPA

Scholten de d'Ebneth confirma todas las siguientes dimensiones básicas que María Reiche — la investigadora pionera de Nazca — encontró una y otra vez en la pampa de Nazca en metros, sus múltiplos decimales o fracciones: 6.64 y 3.32 que corresponden a 2 y 1 Unidad Andina (UA); 4.7 = $\sqrt{2}$ UA, 13.36 = 4 UA, y 26 = 8 UA. Se han construido todas las figuras de la pampa en UA a través de modelos de agrandamiento basados en la progresión 1 a $\sqrt{2}$.

M. Scholten de d'Ebneth señala que los geoglifos de la pampa están contenidos dentro de un rectángulo orientado en las direcciones cardinales. Es más, la medida de las "cajas" que contienen las figuras se expresan en las relaciones de UA y sus patrones de 1 a $\sqrt{2}$ o relación 7 a 8. Por ejemplo "la caja" del pájaro grande mide 28 UA por 32 UA (relación 7 a 8).

En la civilización andina, todo, desde los modelos de los textiles al posicionamiento de ciudades en el paisaje, se sujetó a los principios de la clasificación de número y proporción. Como ya se mencionó, una manera equivalente de extender la relación 1 a $\sqrt{2}$ fue a través del uso de la proporción 7 a 8. Scholten d'Ebneth ha encontrado estar omnipresente en los textiles, las esculturas, y en la superficie horizontal de templos y edificios. [51]

Todo lo anterior no es nuevo para la cultura andina. Más bien, es la continuación de la cosmología de la Cruz Andina basada en la Cruz del Sur. Sin embargo, es nuevo el énfasis en el Sol como punto de referencia cósmico. Podemos suponer que su preparación había quedado en espera por algún tiempo — al menos por la aislada evidencia del observatorio astronómico del Sol de Chankillo en el siglo cuarto A.C.

De las tradiciones de los veinte siglos anteriores, no sorprende que Tunupa el iniciado del Sol unificara completamente en él la noción de medida del espacio y el tiempo. Él es el iniciado que mide el tiempo y el espacio, que da un colorido particular a los Misterios andinos.

Uno de los otros nombres para Tunupa, según Scholten de d'Ebneth, es Tarapaca. Tara es un árbol del que fueron cortadas las varas mágicas; paca es una cosa oculta, secreta. Así Tarapaca podría querer decir "básculo oculto, secreto." [52] El básculo es el atributo del dios creador, de sus sirvientes y sus descendientes. Con el básculo el iniciado midió el mundo. Una vez más, medida y conocimiento se hacen sinónimos. Este es el porqué Tunupa, el iniciado por excelencia, es representado con los dos bastones de medición, como ocurre en la Puerta del Sol de Tiwanaku. Después, con el hundimiento del básculo más de un milenio antes, Manco Capac fundó el Cuzco de los Incas.

El importante acto de medir y la verdad misma se hacen sinónimos. Verdad en Quechua se dice *chekka*. *Chekkaluwa* es la diagonal que se dirige a las esquinas opuestas de una figura o campo. Así la diagonal era para el Quechua la "línea de la verdad." Esta noción se lleva al extremo en el mito del Amanecer en lo que se ha llamado la "Ruta de Viracocha."

En la narrativa de Cristóbal de Molina, Viracocha envía a su hijo a Pukara para que pueda "poner en el lugar" o "reordenar" los solsticios. Un emisario fue al oeste y el otro al norte, considerando que Viracocha fue a Cuzco, siguiendo la exacta dirección suroeste noreste de Tiwanaku o la Isla del Sol (figura 5.6). Más allá en el camino, Viracocha envía a su hijo más viejo a Pachacamac y continúa su progresión hacia Cajamarca. Este eje de Tiwanaku-Cajamarca es la Ruta de Viracocha, la gran diagonal que cruza el continente entero.

Tiwanaku y Cuzco están conectados a través de una línea que forma un ángulo de 45° con el eje este-oriental. Pukara se sitúa precisamente a mitad del camino. [53] La misma línea continúa hacia Cajamarca y la costa de Ecuador. Los otros sitios mencionados en la leyenda — Pachacamac y Puerto Viejo — están colocados en un ángulo de 28° 57' en ambos lados del eje. En Cajamarca, Viracocha toma la ruta hacia el norte — no recto sobre la misma línea sino hacia Puerto Viejo. Ésta es la dirección que coincide con la elongación del sol del solsticio invernal.

Figura 5.6: El Camino de Viracocha

EL SER DE TUNUPA: CONSIDERACIONES ESOTÉRICAS

El iniciado del Sol confirma el contenido central del mito de la Cuarta Era, el Amanecer. No es coincidencia que el nuevo Sol emerja del Titicaca, que el linaje emerja de sus pacarinas y que una revolución cultural sigua a la creación del nuevo ayllu con su intrincada estructura matri-patrilineal. No es coincidencia que, alrededor del cambio de nuestra era, la orientación cósmica gire alrededor de dos elementos centrales: la Cruz Andina y el Sol. Sin embargo, se acaba el predominio de la Cruz del Sur o la cosmología de la Cruz Andina. Los patios hundidos necesitaron ser excavados cada vez más profundamente o se discontinuaron debido a la dificultad de mantener esta exacta referencia cósmica en las cambiantes condiciones de los tiempos. El último uso continuado de los patios hundidos son aquéllos de Moche en el siglo quinto; muy aislados ejemplos sobrevivían después de la cultura Wari y Chimú. Considerablemente, todas éstas fueron las sociedades más decadentes. No es de sorprender que una cultura como la Moche que conservara una cosmología más temprana lo hiciera con el igualmente regresivo ritualismo del sacrificio humano. Lo mismo es verdad, aunque en menor escala, para las culturas Wari y Chimú.

La revolución del Sol representa el cambio hacia una nueva conciencia, de las deidades de la noche, la Cruz del Sur y la Luna, a la nueva conciencia del día del Amanecer y el Sol. Esto no significa que se acaba toda la cosmología anterior. El patrón de la Cruz Andina continúa teniendo una parte importante en toda la sagrada geometría. Hemos dado ejemplos sobre cómo ocurrió eso. Sin embargo, la Cruz Andina se subordina claramente a la nueva orientación Cristo-Sol.

Tiwanaku y Nazca — más claramente entre las civilizaciones del PIT — despliegan una clara orientación del Sol de su centro ceremonial. La intuición del uso de un calendario solar, surgiendo de varias fuentes independientes, es otro paso en la confirmación de la revolución inaugurada por el iniciado del Sol. No sorprende demasiado que algunos autores sudamericanos hayan apodado Tunupa al Cristo sudamericano y otros, lo llamaran Santo Tomás, San Bartolomé o San Diego. Detrás de estas llamaradas de intuición está una verdad más profunda de la historia oculta a la que sólo Steiner se ha referido alguna vez, de la que después veremos más.

Los mitos de los Andes hablan del mismo héroe del Sol que en el Popol Vuh se llaman "Gemelos". Él es quien borra el miedo al fin de los tiempos y a la mortalidad del alma, el que trae a América el conocimiento que la tierra ha sido revivificada por el hecho del Dios Solar. Sin duda los amautas andinos podían percibir la renovada aura de la Tierra en el momento del hecho del Gólgota, así como había sido percibida por los iniciados de Hibernia, la Irlanda prístina. De los Misterios de Hibernia y sus retoños, la investigación de Steiner sugiere que mientras ocurría el Misterio del Gólgota en la tierra, en la isla de Hibernia los eventos eran experimentados en imaginaciones en el mismo momento en que ocurrieron.

La confrontación espiritual que tuvo lugar en el punto de inflexión del tiempo ha sido puesta en el contexto de los Misterios de Izapa en mi libro *Puntos de Inflexión Espiritual de la Historia Norteamericana*. Este evento se refleja en todas las mitologías pertinentes del continente. La mayoría de culturas de las Américas hablan de un héroe civilizador que alteró el destino de las sociedades de Norte y Sudamérica. En el Popol Vuh este ser se llama "los Gemelos" y entre los 'Pueblo' del suroeste de los Estados Unidos, entre los Caribe, o entre las varias tribus de la Amazonía como los Amwesha; Manabhozo o Glooskap en la Costa Oriental de los Estados Unidos; Paruxti entre el Pawnees; Waicomah por los Dakota; Tacoma por el Yakima, etc. [54] A menudo, como es el caso en el Popol Vuh, los Gemelos sufren una apoteosis al transformarse en Sol y Luna. El subyacente elemento unificador de estas leyendas es un solo evento que afectó las Américas desde el lejano norte hasta el lejano sur. Ningún registro histórico puede indicar la naturaleza de este evento, ni hay cualquier otro registro esotérico moderno sobre esta materia que el de Rudolf Steiner. Sus resultados forman un completo paralelo con el lenguaje del Popol Vuh en el capítulo acerca del descenso de los Gemelos al Inframundo. [55]

Todas las poblaciones de las Américas veneran a un ser a quien podemos llamar el *Gran Espíritu* o *Tao*. Ésta es la encarnación del espíritu creativo conocido en la Biblia como Elohim o en la tradición esotérica Occidental como Exusiai. El Atlante se traslada al Nuevo Mundo conservando la memoria del trabajo del ser íntegro del Elohim en América incluso en tiempos post-Atlantes, en efecto conservando la memoria de su esencia en el concepto del Gran Espíritu. En el Oeste,

157

según la investigación espiritual de Steiner, surge quien fuera un antagonista del Gran Espíritu — Tao — pero no obstante relacionado a él. Su nombre sonaba como Taotl. Dadas las fuertes fuerzas geomagnéticas prevalecientes en América, la influencia Ahrimánica de este Taotl era más fuerte de lo que alguna vez fueron en Europa o el Medio Este en el tiempo de Cristo. El Popol Vuh llama a este ser bajo el nombre colectivo de '1 Camé' y '7 Camé', manifestando de ese modo su vínculo con el Gran Espíritu que se llama '1 Apu' y '7 Apu'. Steiner también se refiere a otro espíritu regresivo conocido bajo el nombre de Quetzalcoatl: "Su símbolo era similar al báculo de Mercurio encontrado en el Hemisferio Oriental, el espíritu que podía diseminar malignas enfermedades a través de ciertas fuerzas de magia. Él podía infligirlas en aquéllos que él deseaba dañar para separarlos del relativamente buen dios, Tezcatlipoca," [56] descrito esencialmente como un ser Mefistofélico, es decir, Ahrimánico. El culto esotérico de Quetzalcoatl contribuyó al adelanto de los impulsos Ahrimánicos en América. El Popol Vuh confirma la presencia de este ser con la representación de los Señores de Xibalba, cada uno de ellos descrito según las enfermedades que puede infligir en la humanidad. [57] Los Misterios de Taotl y de Quetzalcoatl tenían su contrapeso en el culto de Tezcatlipoca, un ser de una mucho más baja jerarquía que Taotl, en parte conectado al Dios Yahvé, uno de los Elohim. El culto era una clase de paralelo a la religión que se estaba desarrollando entonces en Palestina. Sin embargo, pronto perdió su fuerza y se volvió puramente exotérica.

Esencial para los decadentes Misterios Mexicanos fue la realización del sacrificio humano a través de la escisión del estómago de un individuo vivo. El alma de la víctima abandonaba el deseo de encarnar y portar un ego humano, y, en el momento de morir, arrastraba al iniciado consigo mismo al reino que sería fundado más allá de la tierra. El alto sacerdote de los Misterios Mexicanos adquiría dominio sobre las fuerzas de la muerte, usándolas sobre todo lo vivo en la tierra. Steiner concluye: "La tierra habría quedado gradualmente desolada, teniendo en ella sólo la fuerza de la muerte, considerando que cualquier alma viviente habría partido para fundar otro planeta bajo la dirección de Lucifer y Ahriman." [58]

El conocimiento de los Misterios decadentes no ha sobrevivido en las leyendas de Sudamérica de la misma manera como han sido conservadas en la narrativa del Popol Vuh. No obstante, los cronistas hablan de los primeros tiempos del PIT (segundo y primero siglo A.C.) como el tiempo de los demonios y también se refieren a los magos negros. Es más, curiosamente, la evidencia del sacrificio humano con la remoción de órganos es conservada en el registro artístico de Sechin del que hablamos en el capítulo 3, mientras sin lugar a dudas ningún registro ha sido recuperado en Mesoamérica.

En contraste con los Misterios decadentes trabajó el iniciado a quien Steiner llama Vitzliputzli, quien nació por el año 1 DC. Steiner confirma la tradición del nacimiento de la virgen de Vitzliputzli. Es un "ser emplumado," una entidad etérica que ha embarazado a la madre; en el caso del Popol Vuh se trata de la virgen Ixquic, la hija de uno de los Señores del Inframundo, y madre de los Gemelos. Steiner caracteriza a Vitzliputzli como un iniciado y como un "ser suprasensible en una forma humana." [59] Vitzliputzli vivió en América entre los años 1 y 33 DC., en el mismo tiempo en que vivió Jesucristo en Palestina. En el año 30 el iniciado sufrió una confrontación de tres años con el alto sacerdote de los Misterios Mexicanos decadentes. Al final de los tres años el mago fue crucificado. La crucifixión fue promulgada para que con su muerte se pudiera borrar el conocimiento que poseía. A través de este acto, el mal liberado por el súper-mago ya no reinaría libremente. Recuperó su justo lugar en la evolución del mundo.

En sus dos conferencias de 1916 Steiner describió los misterios decadentes mucho más que los Misterios Mexicanos progresistas de Vitzliputzli. Sin embargo, esto es lo que dice de ellos en un ciclo de conferencias sobre *Relaciones Kármicas*: "Éstos Misterios [mexicanos] fueron una vez un factor de gran importancia en América pero habían caído en decadencia, con el resultado que la concepción de los ritos, y su promulgación ritual, se habían hecho completamente infantiles comparados con la grandeza de anteriores tiempos [al cambio de nuestra era]." [(60)]

Hay un confuso paralelo entre Mesoamérica y los Andes. Izapa y la Isla del Sol son cada una contraparte de la otra en el hemisferio norte y sur donde tienen un rol central respecto al evento del Amanecer. Izapa está situada en la latitud 14° norte, la Isla del Sol en la latitud 15° sur, dentro de un grado uno de otro en hemisferios opuestos. Izapa es ese lugar situado en una relación particular con los océanos americanos. La región que empieza en el istmo de Tehuantepec es un lugar en las Américas en que el terreno se alinea en forma diferente al resto del continente respecto a sus océanos. Por cuanto estos corren de norte a sur en todas partes de América, aquí y en partes de Centroamérica corren de este a oeste. Agregado a esto, la región circundante de Soconusco es una región muy particular por su clima excepcional y la presencia de volcanes. La Isla del Sol presenta una imagen diametralmente opuesta. Está situada en el corazón del altiplano y por consiguiente rodeada de altas montañas, en una configuración única para todo Sudamérica. Está localizada en el único gran lago del continente y a una muy alta elevación en un clima excepcional que permite la existencia de asentamientos humanos. Según Marko Pogacnik que ha hecho un extenso trabajo geomántico alrededor del globo, una de los más importantes canales de energía cruza los Andes, desde el Océano Pacífico a través del Lago Titicaca hacia la cuenca amazónica. [(61)] Esto no es demasiado sorprendente a la luz de la configuración única del altiplano. Al norte inmediato está el Nudo de Vilcanota donde convergen tres cordilleras. Al sur del altiplano, los Andes están formados por una sola cordillera.

Los siguientes capítulos explorarán el alternante y empobrecido drama cósmico en las Américas. Después de vencer los Misterios de Taotl, Steiner nos dice: "Nada sobrevivió de estas regiones de lo que podría haber vivido si de los misterios de Taotl hubieran dado frutos. Las fuerzas que sobraron de los impulsos que vivieron en estos Misterios

160

sobrevivieron sólo en el mundo etérico. Ellas todavía existen subsensiblemente, perteneciendo a lo que se vería si, en la esfera del espíritu, uno pudiera encender un papel encima de una solfatara." [62]

Después, en el mismo ciclo de conferencias, el pensamiento se completa así: "No obstante, quedó tanta fuerza que un ataque más pudo hacerse en la quinta época, teniendo como objetivo mecanizar la tierra de manera que la cultura resultante no sólo habría culminado en una masa de invenciones completamente mecánicas sino que habría engendrado seres humanos en tan puro homúnculo que sus egos habrían partido." [63]

A la historia exterior le es conocido que el calendario Maya se inventó muy cerca del tiempo de los eventos del ministerio de Cristo en Palestina. Fue el primer calendario solar que ya no fue cíclico, diferente al anterior Calendario Circular de cincuenta y dos años. Hemos visto que los Andes ofrecen fuertes indicaciones de una revolución solar, primero en Chankillo y después en Tiwanaku y Nazca. La confirmación de la revolución del Sol llegará después a través de los Incas, cuya civilización puede caracterizarse como una restauración de los valores del Amanecer, de ese punto central en el tiempo. Entre la primera vez del Profeta en los primeros siglos que siguieron a su hecho y la renovación de su mensaje por los Incas, siguió una "Era de la Oscuridad" que Guamán Poma ha llamado *el tiempo del Auka Runa*, "pueblos de los tiempos de guerra". Como en Mesoamérica, alternaron entre sí la Era de la luz y la de la oscuridad. La cultura andina pasó por un período de tumulto en el que la nueva cosmología orientada al Sol alternó con tiempos de declive cultural. En el próximo capítulo señalaremos algunas de estas tendencias.

PARTE II

DECLIVE CULTURAL Y REVOLUCIÓN ESPIRITUAL INCA

CAPÍTULO 1

LA ERA DE LOS GUERREROS
Y EL
DECLIVE CULTURAL

El cronista nativo Guaman Poma llama a la Cuarta Era la Era del Auka Runa — el "pueblo de los tiempos de guerra." Por todas partes aparecen ciudades fortificadas, curiosamente llamadas pukaras, un término que nos recuerda al pueblo que era el antagonista espiritual de Tiwanaku. Los agricultores abandonaron las tierras bajas para tomar refugio en las alturas. Aunque llamada Cuarta Era, en realidad es una fase de decadencia de la Tercera Era.

La Tercera Era de Guamán Poma — Cuarta Era en este libro — fue un tiempo de gran desarrollo cultural y expansión demográfica. Fue un tiempo de prolongada paz, por lo menos en la mayoría de lugares. Sin esa paz habría sido imposible para las comunidades construir los imponentes centros ceremoniales, los trabajos de irrigación, y aprovechar las colonias agrícolas o enclaves que a menudo estaban situados a grandes distancias de los centros principales.

Para cubrir totalmente la segunda parte de la Cuarta Era o "Era de los Guerreros," consideraremos a lo sumo las culturas más importantes que cubrieron el espacio entre la parte más tardía del Período Intermedio Temprano y la expansión del Imperio Inca. En términos arqueológicos este espacio de tiempo está subdividido en un corto Horizonte Medio (Intermedio), que va del año 600 al 1000 DC., y el Horizonte Tardío (Intermedio) que llega a un final simbólico con la ocupación de Ica en 1476 por parte de los Incas. A la luz de un fechado que mantiene en mente el punto de inflexión espiritual, 1438 — fecha estimada del acceso de Pachacuti al poder — parece una estimación mejor para el fin del período y un importante nuevo comienzo.

El PIT dio lugar a importantes cambios a lo largo de los Andes. El Horizonte Intermedio Medio fue provocado por una catástrofe natural, la prolongada sequía fue del año 562 al 594 DC. La civilización más prominente de esta época era el Imperio Wari. El Horizonte Intermedio Tardío empezó alrededor del año 1000 DC., después de la caída de Wari. Nosotros consideraremos estas épocas en algún detalle, desde que ellas pusieron el escenario para la situación en el punto de inflexión del tiempo de la quinta época post-Atlante, coincidiendo estrechamente con el advenimiento del Imperio Inca. Para pintar un cuadro completo primero consideraremos la cultura Moche, que más claramente restableció la práctica del sacrificio humano.

Nuestra exploración nos hará retroceder y avanzar entre la costa norte y el área de Ayacucho en la sierra central. Fue en la costa norte que el sacrificio humano y su asociada ideología volvieron antes y con más fuerza en lo que conocemos como la civilización Moche. En un momento que corresponde a su declive, pero independientemente de él, el régimen Wari, extendido desde Ayacucho en la sierra central, alcanzó la más alta expansión e influencia por todos los Andes peruanos. Después de un tiempo tuvo lugar otro gran imperio: Chimú o Chimor. Finalmente volveremos a la región de Ayacucho en que, después del colapso Wari, tuvo lugar la alianza Chanca que amenazó a la emergente nación Inca.

Entre todas estas culturas consagraremos una atención particular a la Moche, en razón del hecho de que ella tiene un registro arqueológico más extenso y es la más estudiada y entendida.

CULTURA MOCHE

La Moche fue contemporánea de la cultura *Gallinazo* que hemos mencionado antes como los que formaron la transición a los tiempos del Amanecer, a la que siguió la cultura *Salinar*. Ya hemos descrito cómo Gallinazo trajo un tiempo de paz y expansión después de la disputa que acompañó a la cultura Salinar. Para considerar las interacciones entre las culturas Moche y Gallinazo debemos establecer primero una cronología; esto puede hacerse más fácilmente en base a la cultura Moche.

Moche es el nombre generalmente aceptado de la civilización; Mochica es como los españoles llamaron al idioma de los Chimú, sus sucesores culturales. Por consiguiente, la mayoría de estudiosos se refiere a Moche más que a Mochica. La civilización cubre el espacio que va entre el año 200–300 a 700 DC. El súper Niño que los afectó poco antes el año 600 DC., le dió un golpe fatal. Sin embargo, la civilización sobrevivió en una forma modificada durante uno o dos siglos.

La evolución de las Culturas Moche y Gallinazo

La metodología que nos permite reconstruir el secuencial desarrollo cronológico de la civilización Moche está basada en la tipología cerámica. Fue desarrollada principalmente por Rafael Larco Hoyle en base a la evolución de la iconografía pintada en los jarrones. [1] La línea gruesa con que dibuja motivos simples en las llamadas Moche fase I y II abrió el camino a la línea delgada, a un dibujo más descriptivo de escenas narrativas durante Moche III y IV. Esta evolucionó más en la siempre más compleja y ocupada imaginería en la fase V. La sucesión de Larco Hoyle ha sido más elaborada por Christopher Connan que subdividió la fase III de Larco en las sub-fases A, B, y C. No hay una exacta correlación de tiempo para cada fase debido a la evolución independiente de los estilos en los diversos valles de la costa norte, excepto posiblemente para Moche V, inaugurada alrededor del año 600 DC., y ya correspondiente al Horizonte Medio. La secuencia artística Moche está exclusivamente basada en los bienes recuperados de las tumbas y por consiguiente en el arte casi exclusivamente religioso. La secuencia da énfasis a abruptos cambios en vez de a una posible continuidad. En base a la iconografía, podemos subdividir la cultura Moche en los siguientes períodos más amplios:

167

PUNTOS DE INFLEXION ESPIRITUAL

- Período Temprano: Moche y II
- Período Medio: Moche III y IV
- Período Tardío: Moche V

El Moche habitó los valles de Moche, Chicama, Jequetepeque, Lambayeque, y Piura, y al sur Virú, Santa, y Nepeña, y quizá Casma (vea mapa 1, página 16). Ellos cohabitaron con Gallinazo en la mayoría si no en todas estas áreas. Es sólo en los Valles de Moche y Chicama que hay una transición visible del fin de la influencia Gallinazo al principio de la cultura Moche. [2] Moche y Gallinazo enterraron a sus representantes dentro de sus montículos de plataforma.

Los últimos estudiosos no ven claras líneas divisorias entre Gallinazo y Moche; de hecho no se ha descubierto ninguna diferencia racial. Lo que mayormente los distingue es su ideología, particularmente en su expresión artística. La iconografía Moche es más rica, sobre todo la relacionada con los vasos de alfarería, los textiles, y los metales asociados con el entierro de personajes de la élite — en síntesis, todo el simbolismo asociado con el poder.

Aparte del centro de Moche, la cultura Gallinazo sobrevivió junto a la Moche al norte y al sur. En el Valle de Virú, Gallinazo persistió hasta cerca del año 350 DC. Continuó tranquila aún más tiempo en el área norte.

El Surgimiento de la Cultura Moche

El centro principal de la temprana civilización Moche está en los Valles Moche y Chicama. Sólo un sitio cerca de Cerro Blanco (Valle de Moche) puede atribuirse a Moche I, considerando que la ocupación de Gallinazo está más extendida. Lo mismo ocurre en el vecino Valle de Virú. Sólo fue en la Fase III que Moche se difundió, se hizo más extensa. [3] Se cree que en Moche III, alrededor del año 350–400 DC., se invadió el Valle de Virú y sus alrededores.

LA ERA DE LOS GUERREROS

Aunque algunos otros autores ven la poca importancia cultural de la primera fase de Moche, G. Bawden subraya que el arte ceremonial encontrado en los entierros ya marcó la emergencia de una nueva ideología. [4] Estos rastros al principio eran bastante sutiles; apenas indicaban que continuaba la práctica del sacrificio humano.

La cultura Moche fluyó en la continuidad de los monumentales complejos ceremoniales anteriores. Las técnicas de construcción continuaron inalteradas. Gallinazo había desarrollado imponentes centros ceremoniales. Las plataformas y pirámides dominaron un modelo de asentamientos dispersos. La concentración en centros más urbanizados siguió en el período Moche, sobre todo en la Fase V. En cuanto a la arquitectura, los mayores sistemas de irrigación usados por Moche eran en su mayor parte herencia de la cultura Gallinazo. Igualmente, la alfarería usada para cocinar, almacenar, o servir continuó la tradición Gallinazo. Incluso los vasos ceremoniales evolucionaron de los precedentes de Gallinazo, en la forma y a menudo en el uso de motivos artísticos.

En conclusión, Moche no era, en conjunto, una invasión cultural extraña sino una nueva ideología desarrollada por pueblos del mismo trasfondo étnico que el de Gallinazo. Algunas provocaciones externas, como las catástrofes naturales, pueden haber creado el material que sirvió de base para su creciente fortaleza. Tal parece haber sido el caso en la región de Piura donde la ideología Moche siguió a un diluvio mayor que había destruido partes del complejo Gallinazo de Cerro Ñañañique. Moche surgió en varios lugares en momentos diferentes y se expresó variablemente según la cultura local. Es bastante probable que Gallinazo persistiera, sobre todo en los valles al norte del Valle Chicama, a lo largo del PIT. Sólo durante el Horizonte Medio — Fase V de Moche — fue que predominó la local cultura Gallinazo. Los valles del sur se resistieron al cambio forzado en ellos durante Moche III y IV y fueron conquistados. Es de algún interés considerar las diferencias entre el territorio norte y sur de Moche, desde que esta diferencia forma un modelo que subsistió después durante siglos.

PUNTOS DE INFLEXION ESPIRITUAL

Moche en el Área Norte

Generalmente, los asentamientos en Gallinazo se localizaron en los valles más bajos y por el mar; Moche ocupó el interior, y la relación entre los dos era pacífica incluso en parte del período Horizonte Medio.

En algunos lugares se encuentran ofrendas de Moche y Gallinazo incluso en los mismos entierros, como es el caso de Pacatnamú en el Valle de Jequetepeque. En medio el valle La Leche, Gallinazo y Moche ocuparon el mismo centro ceremonial y un centro para la producción de cerámica, un hecho que implica el nivel más alto de convivencia pacífica visto hasta aquí. Hay también poca evidencia de la Fase IV de Moche en la sucesión estilística, tanto en el Alto Piura como en el Valle de Jequetepeque. Sin embargo, esto no significa que la ideología de Moche no estuviera tan plenamente desarrollada. En San José (Valle de Jequetepeque) se encontraron algunos de los más ricos entierros de la costa norte de Moche; aquí se enterraron mujeres que oficiaron de sacerdotisas en el sacrificio ritual, aunque en la Fase IV no se ha encontrado evidencia Moche. Este cuadro no apoya la idea de un extenso y unificado Imperio Moche sino de varias unidades territoriales centralizadas.

La presencia ideológica de Moche en el Valle de Lambayeque es aun más impresionante que en el centro de Moche. El despliegue de riqueza en las tumbas de Sipán incluso supera lo que es visible en la capital de Moche. Claramente éste no fue un centro subordinado. Sin embargo, en esta región coexistieron Gallinazo y Moche. Los arqueólogos sospechan que la coexistencia de las dos culturas en el territorio norte puede haberse debido al hecho que había una gran capacidad agrícola capaz de apoyar a todas las sociedades presentes, sin competencia por los limitados recursos.

En el Alto Piura se presenta un cuadro más complejo. Durante el PIT, la evidencia muestra que algunas comunidades adoptaron la visión del mundo Moche mientras otras retuvieron su anterior orientación

Gallinazo. De hecho en la región de Piura-Tumbes, poca evidencia de la ideología Moche está presente durante la totalidad del PIT. Con el tiempo, Moche empezó a prevalecer y trabajar entre las varias comunidades como una cultura unificadora. La cultura Moche se expresó en el sofisticado trabajo metalúrgico en el Alto Piura más que en los *huacos* (vasijas con diversas formas artísticas). Esto una vez más sugiere la independiente adopción del simbolismo Moche por las comunidades locales, en lugar de un modelo impuesto desde el exterior.

Representaciones del ritual de sacrificio, particularmente de individuos de alta jerarquía retratados sosteniendo una cabeza trofeo en una mano y un cuchillo sacrificatorio en la otra — el llamado motivo decapitador — aparece particularmente en Sipán y San José durante el Moche Medio y Tardío.

Moche en los Valles del Sur

Las cosas son diferentes en el Valle de Virú y más al sur, donde la influencia cultural Gallinazo fue de repente interrumpida y reemplazada por los patrones de la cultura Moche. La invasión y la subyugación es la hipótesis generalmente aceptada. Los centros ceremoniales de Gallinazo fueron abandonados y reemplazados por nuevos. Hubo un movimiento de la extendida actividad agrícola desde el lado norte — el único cultivado por Gallinazo — al lado sur del Valle de Virú.

En el sitio de Huancaco, la presencia de murallas defensivas indica que la presencia Moche no era pacífica. [5] La conquista del Valle de Virú involucró algún desplazamiento de población indígena junto con la entrada de personas desde Moche y el valle de Chicama. Finalmente esto implicó la edificación de plataformas Moche. En el valle de Santa (más cerca de Virú), hay evidencia de una masiva intervención Moche acompañada del desplazamiento de la población anterior hacia la parte más baja del valle con un resultado de 500 por ciento de aumento de población. [6] Este valle era un importante proveedor de alimentos y

171

ofrece la confirmación de que la razón Moche para la expansión estaba en los limitados recursos de su centro.

Al extremo sur la cultura Moche tiene un punto de contacto con la cultura Recuay de la región montañosa. La relación entre Recuay y Gallinazo había sido principalmente pacífica. Esto cambió con el advenimiento de la especial forma de gobierno Moche, se volvió a desconfiar y a menudo la enemistad se hizo abierta y produjo un modelo de ocupación de Recuay de los valles altos, y los Moche se aferraron a los valles medios y al litoral. Las fortalezas estaban presentes en la línea de demarcación.

La Sociedad e Ideología Moche

La organización social Moche era estrictamente vertical. Había una clara división entre la nobleza y la masa de población. A la clase gobernante a menudo se le retrata con una actitud orgullosa, mirada perdida, y gestos tiránicos. Sus miembros llevaban muy grandes y dorados tapones para el oído y también anillos en la nariz. En sus tumbas los cuerpos de dignatarios tenían pedazos de metal cubriendo sus ojos, nariz, y barbilla.

El Moche vivió en continuo estado de guerra, incluso entre grupos del mismo valle. Los historiadores sospechan que mucho de la lucha se hizo de manera ritual. De hecho el arte Moche describe muy a menudo batallas rituales, procesiones de cautivos, y el sacrificio humano ritual. No hay sugerencias de ejércitos permanentes en pie de guerra. La ausencia de ejércitos y de claro modelo para el control político se tradujo en una precaria ocupación de Moche.

La centralización del poder se manifestó entre otras cosas con la formación de una clase artesana que se especializó en la producción de símbolos de poder, objetos que se destinaron solamente a la élite. Los "huacos" son la más clara ilustración de esta proposición y una de las más admiradas expresiones artísticas del Perú. Casi todos los *huacos* se han encontrado en el valle central. En ellos los individuos son

LA ERA DE LOS GUERREROS

reconocibles a través de sus artículos de vestir y sobre todo por sus tocados. Estos artículos eran claramente reservados para el uso de individuos con posiciones específicas de poder en el ritual del sacrificio.

El Moche alcanzó altos logros en su arquitectura. Los más famosos especímenes son las llamadas Huaca de la Luna y Huaca del Sol. ¡Sol y Luna son posteriores adjetivos, probablemente sobrepuestos por los Incas y que no llevan ninguna conocida relación con el hecho! La Huaca del Sol puede haber sido más administrativa en su función, la Huaca de la Luna más ceremonial. La Huaca del Sol medía unos 130' y tenía una base de 160 x 345 m. Fue la más grande de las Américas, pero ha sido parcialmente destruida por las aguas. Hubieron ocho fases de construcción, la mayoría de ellas fueron concluidas allá por el año 450 DC.

La Huaca de la Luna mide 290 x 210 m en la base y se eleva a 32 m. Cuenta con seis fases en un período de más de seiscientos años. Se localiza frente a la Huaca del Sol al pie de Cerro Blanco. Aquí se encuentra murales policromos en relieve que tienen alto valor simbólico. Ellos son parte de la última expresión del arte Moche, algunos han sido introducidos a través de la influencia posterior, o adopción, de ideas del imperio Wari.

A través del arte de los *huacos*, y sobre todo lo que está presente en los centros ceremoniales principales, podemos darnos una justa idea de la religión Moche y de su deidad principal, Ai-apaec[*]. Las primeras

---

[*] N. del T.: AI APAEC, el decapitador, Ai Apaec o Aia Paec fue el terrible dios de los mochicas (200-800 e.c.) que sediento de sangre exigía sacrificios humanos. Los Cie-quich y los Alaec le ofrendaban jóvenes guerreros en hermosos templos como Huaca de la Luna, Huaca el Brujo, Huaca Pañanmarca y Huaca Rajada. Su imagen más famosa fue descubierta en 1990 por el arqueólogo peruano Daniel Morales, en la Huaca de la Luna (Trujillo). Tiene el rostro antropomorfo, la boca felínica y olas marinas que rodean su cabeza. En otras representaciones aparece con un bastón de mando o empuñando un filudo tumi, siempre con el rostro fiero, aterrador. Se le adoraba como el dios creador y protector del mundo Moche. Era el proveedor del agua, de los alimentos y de los triunfos guerreros.

173

representaciones Moche de Ai-apaec, el Dios del Agua, lo muestran como un felino coronado con un emblema de filas de crestas onduladas. Después, Ai-apaec es representado por un cuerpo humano y cabeza predominantemente humana con boca felina y una cresta y a veces alas que son características de los pájaros. En otros momentos sólo se muestra la cabeza (figura 1.1). La deidad se alimenta de cabezas decapitadas para asegurar el papel fertilizador del agua.

Figura 1.1: Ai-apaec

Alrededor de la cintura Ai-Apaec viste un cinturón de serpiente. Él siempre exhibe un gran arete y en muchos casos sostiene un *tumi* — un cuchillo ceremonial con forma de media luna — frente a una potencial víctima, o está decapitándola. En Sipán el decapitador es representado como una araña antropomórfica con colmillos y doble orejera. Algunas piezas artísticas muestran a las víctimas lanzadas desde la cúspide de una montaña, la morada simbólica de Ai-Apaec.

Otros aspectos importantes nos dan una extensa visión de la vida ritual de Moche. Lo primero es la cerámica que describe diferentes formas de interacción sexual, sobre todo en la alfarería escultural. Estos temas son únicos entre la civilización peruana. A veces representan claramente las relaciones sexuales entre el vivo y el muerto. Se retratan los actos sexuales en las más diversas posiciones y tipos: el autoerotismo, la felación, la homosexualidad, el sexo anal, etc., El autoerotismo y lo heterosexual son muy normalmente retratados. También representados están los "antropófalos" y "antropóvulvas." F.

LA ERA DE LOS GUERREROS

Kauffman Doig cree que la mayoría de escenas sexuales corresponde al contexto ritual respecto a la fertilidad de la tierra.

El Moche también retrató — especialmente en la Fase V — el mito del advenimiento de la noche eterna. La ausencia del sol se acopla al tema de la rebelión de artefactos humanos, un tema que estaba extendido a lo largo de todo Perú y que hace eco del episodio del Popol Vuh al final de la Tercera Era Mesoamericana. El tema aparece en la Huaca de la Luna, en la pintura mural conocida como la Rebelión de los Instrumentos Domésticos que cubren las paredes de lo que parece haber sido un templo. Muestra a individuos que intentan salvarse de los objetos con brazos y piernas — especialmente utensilios de cocina — que los atacan. En el vecino monumento de La Mayanga (o Huaca Facho) del Valle de Lambayeque esta escena mitológica es reconocible a través del motivo de los humanizados y alados garrotes y escudos.

El Sacrificio humano

Todo lo que hemos discutido anteriormente nos ha introducido gradualmente al ritual central de Moche, la Ceremonia del Sacrificio. Éste ya es el tema introducido a través de Ai-Apaec, el Dios Decapitador.

Finas líneas dibujan los vasos que a menudo retratan a guerreros Moche en procesión, probablemente marchando al campo de batalla. El combate probablemente tenía lugar en áreas dejadas de lado, fuera de los campos cultivados y de los asentamientos habitados. Las pinturas muestran lo que parece ser el desierto. No se retrata ninguna tropa regular o unidades del ejército; sólo individuos en combate. Los luchadores eran vencidos asestándoles golpes en la cabeza o en el cuerpo con un garrote. Obviamente, buscaban la captura, no la muerte. El enemigo derrotado perdía su tocado y otras partes de su uniforme — usados como trofeo — y el oponente retiraba su ornamento de la nariz y lo palmoteaba en la cara y/o lo agarraba por el pelo. Después toda la ropa le era retirada y el cautivo era llevado con una soga atada alrededor de su cuello. Los prisioneros eran presentados a una alta autoridad encima de una pirámide. A veces los cautivos eran pintados como ciervos antropomorfizados con sogas alrededor de sus cuellos. El aprehensor podía ser representado como felino antropomorfizado. Los anteriores combates y sacrificios aparecen frecuentemente retratados en las fases Moche III y IV.

Muchos temas que estamos evocando son recordativos de lo que antes hemos encontrado corresponde a Cerro Sechin — antes de nuestra era — aunque en un diferente estilo artístico. El tema de la "señal del halcón" — la línea de mira que cruza los ojos de los guerreros — ha sido llevada más allá por el Moche. Por otra parte, también podemos encontrar un paralelo en las posteriores guerras floridas Aztecas que se llevaron a cabo de una manera similar y con las mismas intenciones.

El sacrificio se llevó a cabo a través del corte de la garganta. El prisionero era desmembrado, manos, pies, y cabeza eran juntados y atados con sogas para crear un trofeo. La sangre del cautivo era tomada para el consumo ritual como se puede ver en muchos vasos efigie la figura del Sacerdote Guerrero tomando una taza de sangre. Las ceremonias del sacrificio se retratan abundantemente en el arte Moche. En el llamado Mural Bonavia se puede reconocer una jerarquía sacerdotal que comprende al Sacerdote Guerrero, al Sacerdote Pájaro, a la Sacerdotisa, y a otro sacerdote auxiliar. En el fondo de estas representaciones a menudo están visibles frutas que tienen la forma de pera encorvada o gota grande. Esto más probablemente es la fruta llamada *ulluchu* que se cree evitaba que la sangre se coagule.

Los específicos participantes en la ceremonia del sacrificio no aparecen en absoluto en las Fases Moche I y II. Sin embargo, el tema del Decapitador ya está presente en el arte Moche temprano, particularmente en el Alto Piura, al norte. En el más viejo de los entierros de Sipán, el alto sacerdote es enterrado con artículos que retratan al Decapitador pero nada que haga reconocible la ceremonia del sacrificio. Todo apunta a la conclusión que la Ceremonia del

176

Sacrificio, específico para la fase III de Moche, había sido preparada en secreto en fases más tempranas. La nueva importancia de la ceremonia se corresponde en el tiempo con la expansión territorial Moche.

En Sipán podemos rastrear el desarrollo de la Ceremonia de Sacrificio de una manera que confirma la hipótesis propuesta. Aquí se han encontrado las probables tumbas de los altos sacerdotes que se sucedieron unos a otros en el tiempo, que nos permiten desandar el desarrollo de la ideología Moche hasta la ideológica culminación de la Ceremonia del Sacrificio.

La tumba 3 es una tumba temprana que guarda los restos del "Viejo Señor de Sipán" muerto al alborear la civilización Moche, unos 200 años más temprano (~0 a 100 DC) que el más famoso pero posterior "Señor de Sipán." [7] Probablemente pertenece a lo que Larco llama Moche I o II. En ella la ideología Moche todavía no está totalmente establecida. La tumba se encontró a 5 m debajo de la superficie de la pirámide, por consiguiente en la última fase más temprana de construcción. Como en las posteriores Tumbas 1 y 2, el individuo fue enterrado con ricas ofrendas. Entre los objetos colocados sobre él se encontró un collar de oro de cuentas redondas que representan el tema de la araña con cuerpo en forma de cabeza humana. Más en el montón había una cabeza felina de cobre dorado con una expresión muy llamativa, expresión de ferocidad y en su frente el tema de una serpiente de doble cabeza. Las piernas y brazos de la figura extendidos en un gesto amenazante, manos y pies con garras. La composición mide 60 cm de alto. Parece que los objetos hubieran sido intencionalmente rotos antes del entierro. En la tumba se encontró un cetro dorado y plateado. El de plata muestra a un guerrero con una percha sobre su cabeza de la que caen dos cabezas. Un cangrejo antropomorfizado en cobre dorado es otra representación del Dios Decapitador. Sobre la pelvis del Viejo Señor hay un conjunto de campanillas y el llamado alerón (que cae desde la cintura), describiendo al Decapitador que sujeta un cuchillo en una mano y una

177

cabeza humana en la otra.

La Tumba 3 preanuncia los elementos que se desarrollan después en la Tumba 1. En los objetos de la Tumba 1 se retratan casi todos los pasos del Sagrado Sacrificio en lo que probablemente es la tumba del Guerrero Sacerdote. Junto con el Guerrero Sacerdote hay otro personaje enterrado con un perro. En el alerón del guerrero está retratado el Dios Decapitador, lo sobrenatural que sostiene una hoja de cuchillo en una mano, y en la otra una cabeza humana tomada del pelo. El Decapitador es una araña antropomorfizada. Las arañas son los acertados símbolos para una ceremonia en que el prisionero es capturado, atado, y luego su extraída sangre.

Parece que en algún lugar o en alguna fase de la ceremonia un rol especial también recayó en la sacerdotisa. Esto es lo que se ha encontrado en San José del Moro en el valle de Jequetepeque, no lejos de Sipán. Aquí el singular ataúd de una sacerdotisa está decorado exteriormente con láminas de metal que reflejan las partes correspondientes de su cuerpo y reproducen al personaje como volando, realzado por las alas sobre su cabeza. En el mismo sitio se encontraron otras dos tumbas. En una está presente un cáliz cerámico decorado con escenas que describen cómo fue usado para el sacrificio humano. Otros especímenes retratan crueles escenas de sacrificio. Todo apunta a la parte importante que la sacerdotisa jugó en los rituales. En el mural de Pañamarca, descrito por Bonavia, también hay una figura femenina que sostiene una taza en su mano en un contexto sacrificatorio.

El simbolismo del sacrificio mantiene su lugar central en el ritualismo Moche. También se desarrolla en los temas del combate ritual y la caza ritual. Escenas que retratan los combates rituales contienen combinaciones de combatientes humanos, seres míticos, pájaros antropomórficos y animales, abarcando así el mundo físico y el sobrenatural. Ya hemos visto las dimensiones del combate humano y lo que nos enseñan del componente histórico en él. El combate sobrenatural precedió en el tiempo al combate humano. En un "tema de confrontación" descrito por Luis Jaime Castillo, un héroe cultural de la élite Moche caracteriza batallas con un animal fantástico. [8] Los dos sostienen en sus manos un tumi y una cabeza cortada. En lo que se asemeja a una narrativa, el héroe aparece en la última pintura sosteniendo la cabeza del monstruo en la llamada postura del Decapitador.

La sagrada caza, como se retrata en la alfarería, la conducía un restringido grupo de la élite y se describe en asociación con el simbolismo religioso. Los cazadores vestían elaborados tocados que indicaban que se trataba de una actividad exclusiva de la élite. El ciervo muerto a veces se retrata en la posición del cautivo sacrificatorio, erguido, con una soga alrededor del cuello y de los miembros. Estas tradiciones persistieron en tiempos posteriores en las regiones montañosas del norte donde eran parte de las ceremonias religiosas y sacrificatorias de las que tenemos un registro histórico. [9]

Horizonte Medio Intermedio y Fin de la Civilización Moche

Por los años 562–594 DC., la sequía estuvo acompañada por lluvias excepcionalmente erosivas — también pudieron ser terremotos — causaron importantes cambios en todo el Perú y particularmente en la costa norte, seguido por un evento del Niño de dieciocho meses o más. De hecho esta fue una de las sequías más largas en la historia. Desde que bajó el nivel del agua, la irrigación fue un recurso escaso y la tierra seca fue más fácilmente erosionada. Los sistemas de abastecimiento de agua y de saneamiento probablemente fueron destruidos. Los fuertes vientos, soplando desde el océano, causaron la formación de dunas de arena con la consecuente pérdida de tierra productiva, y empujaron a la población dedicada al cultivo a las regiones del interior. La capital de Cerro Blanco fue evacuada a finales de la Fase IV. La pesca, sin embargo, no fue igualmente afectada.

Agregado a esto, y sobre todo a lo largo de la frontera sur de Moche, estuvo la presión ejercida por el imperio Wari. Su influencia, sentida en la mayor parte del territorio, es lo más claramente visible en el registro de la alfarería entre los siglos sexto y octavo. Sin embargo, no hay evidencia de la directa ocupación de la costa norte del imperio Wari.

La expresión individual del poder Moche, con sus fuertes desigualdades sociales, era la fuente innata de la tensión social. A esta tensión se agregaron presiones externas, particularmente en el sur que fuera conquistado de antemano. Fue en ese tiempo que el importante centro de Pachacamac (cerca a Lima) adquirió creciente importancia, indicando que recurrir a los oráculos, recordando los tiempos de Chavín, encuentra un resurgimiento en tiempos de crisis.

La llamada Fase V de Moche que marca el principio del Horizonte Medio comienza alrededor del año 600 DC., después de los eventos anteriores. Es reconocible por la erección de pukaras y de asentamientos fortificados. Los valles del sur — desde Huarmey a través de Virú — se separaron del corazón de Moche. Nada es perceptible de los Moche de la fase V. La capital de Cerro Blanco fue abandonada y así lo fue mucha de la tierra cultivada en los valles del centro y el norte.

La capital de Moche se mudó a Cerro Galindo en el lado norte del cuello del valle, en un lugar importante para propósitos estratégicos y defensivos, empezando como una ladera fortificada. La capital tenía pocos edificios monumentales. Curiosamente, sin embargo, tenía un patio hundido rectangular, uno de los últimos que sobrevivían de la tradición.

En el norte, la nueva capital fue Pampa Grande en el Valle de Lambayeque. Aquí sobrevivían las gigantescas pirámides. El norte y el sur continuaron diferenciándose de cierta manera que mantiene el interés de nuestro extenso análisis. Este contraste es muy visible en los aspectos complementarios de Galindo y Pampa Grande, las ciudades más importantes.

LA ERA DE LOS GUERREROS

Galindo

Aunque el sitio de Cerro Blanco fue abandonado, la Huaca de la Luna estuvo en uso continuo y sin descanso hasta el Período Tardío. El nuevo centro del Valle de Moche era Galindo, en la orilla norte del río, a veinte millas del océano en una posición que era más fácilmente defendible. Galindo era esencialmente un pueblo recientemente desarrollado — aunque antes había sido un asentamiento modesto. En Galindo lo que más impacta a la vista son los elementos de segregación funcional geográfica, social, y arquitectónica. Los ocupantes de estatus inferior estaban separados del resto de la población por una pared y también del acceso al agua. Las altas paredes también encerraban los edificios administrativos, y un toda un área construida en las terrazas de un ramal de la Montaña Galindo era usada para el almacenamiento de bienes de subsistencia. El que toda una sección de la ciudad estuviera consagrada a un área de estructuras usadas para el almacenamiento de alimentos básicos, indica el grado de preocupación por la supervivencia. Está claro que los gobernantes temieron un tiempo de escasez, a causa de las muchas catástrofes naturales anteriores, y no confiaban en el apoyo de la población.

En Galindo hubo un cambio notable en las funciones arquitectónicas. Las plataformas retrocedieron en función y tamaño. Más aún, fueron ubicados en la periferia. En el centro la plataforma fue reemplazada por un cerco — una estructura que la encerraba. Hacia el exterior los cercos presentaban altas paredes perimétricas. Adentro estaba dividido en pequeños espacios cerrados, manteniéndolos alejados y ocultos de la vista pública. Esto lleva a los arqueólogos a creer que Galindo abandonó las ceremonias públicas de las plataformas. Éste es un modelo que sobrevivió hasta el tiempo de los Incas a lo largo del Horizontes Medio y Tardío.

Un nuevo complejo parecía que encerraba una plataforma para entierro, rodeada por altas paredes y conectada con el exterior a través de una pequeña entrada. Probablemente la plataforma de entierro sólo fue usada por un gobernante y su familia. Esto también sobrevivió en tiempos posteriores, particularmente en la cultura Chimú.

Pampa Grande

En el norte Izumi Shimada sugiere que los Moche conquistaron la cultura Gallinazo local que hasta entonces habían sobrevivido lado a lado. [10] De hecho, el segmento más grande de población estuvo probablemente formada por la sojuzgada Gallinazo.

En los valles del norte hubo más continuidad que en Moche. Sin embargo, aquí el establecimiento de Pampa Grande también ocurrió durante un tiempo relativamente corto. Como Galindo, Pampa Grande se estableció en el cuello del valle donde había anteriores y pequeños asentamientos. Sin embargo, el pueblo es diferente en algunos aspectos a su contraparte del sur. Como Galindo, el corazón del centro administrativo funcional de la ciudad está también funcional y formalmente subdividido. Agregado a esto estaban muy organizados espacios para destrezas especializadas donde el acceso estaba limitado y controlado. La ciudad es dominada por Huaca Grande, o Huaca Fortaleza, una de las plataformas más grandes del Nuevo Mundo precolombino. Tiene 38 m de alto, y cubre un área de 270 x 180 m. Lo que es único en su construcción es el hecho que no se construyó con adiciones sucesivas, cubriendo las anteriores. Hizo del recurso a la recámara y llenado el método que permitió un rápido ritmo de construcción. Así, como Galindo, Pampa Grande se construyó precipitadamente.

Moche V en general está caracterizado por la lucha por el cambio ideológico. G. Bawden ve que este cambio ocurre con más éxito en el Valle de Jequetepeque con su mejorado enfoque en la Ceremonia de Sacrificio. [11] Fue en Galindo que el cambio de iconográfica muestra lo máximo. Cambios radicales aparecen aquí en las prácticas de los entierros donde los cercos reemplazaron a las plataformas tradicionales. Las plataformas de entierro hacen pensar en la nueva práctica de deificación del gobernante.

LA ERA DE LOS GUERREROS

El Nuevo simbolismo aparecía también en el reino artístico. Poco antes de este tiempo la Huaca de la Luna fue ornamentada con un mural policromo que mostraba un ser antropomórfico de gran tamaño parecido al motivo del Dios del Báculo de la Puerta del Sol en Tiwanaku — el mural de la Figura con Cetros, se encuentre cubierta por pinturas posteriores. Este muestra una figura humana con los brazos extendidos, sosteniendo báculos que tienen la apariencia de una serpiente y termina en cabezas de felino. Por los análisis comparativos hechos se estima que estas cabezas podrían representar el relámpago. ¡La nueva figura muestra analogías con la Puerta del Sol en Tiwanaku y con la figura de la Estela de Raimondi, en Chavín! La nueva deidad probablemente alcanzó a los Moche vía la cultura Wari que lo había importado de fases posteriores de Tiwanaku. Parece que en el tiempo, la cultura Moche se estaba esforzando por darle nueva fuerza a su ideología creando vínculos con el pasado que le ofrecerían nueva legitimidad.

Otro tema cercano al anterior es el del tule-boat, que describe la llegada de recién venidos de remotos orígenes marítimos. El líder está rodeado por un círculo de rayos felinos. El barco lleva cautivos atados. Esto parece un esfuerzo por fusionar dos juegos de símbolos: el primero del Profeta que viene en el tiempo del Amanecer, el segundo del sacerdocio sacrificador. Así, incluso con el nuevo simbolismo, se continúa el viejo mensaje. Éste es el mismo tema de las leyendas de Lambayeque y Taycanamo que se originaron en la costa norte. Sin embargo, no se ha establecido claramente si la leyenda de Naymlap precede o sigue a la Moche.

HORIZONTE MEDIO INTERMEDIO Y EMERGENCIA DE WARI

El principio del Horizonte Medio da lugar a una ruptura de la situación anterior. La causa exterior muy probablemente fue la prolongada sequía del año 562 a 594 DC., como puede verse en las indicaciones logradas al estudiar los núcleos de hielo tomados de los glaciares andinos. [12] En este tiempo en la sierra central, en la región de Ayacucho, creció el poder político de Wari (vea mapa 1, pág., 16), la entidad política más poderosa de la "Era de los Pueblos de Wari."

Dos tipos de organizaciones surgieron durante el Período Medio: intensivas y extensivas. El Moche costero era una solución intensiva, una presencia cultural que asumió funciones administrativas, por lo menos en la parte sur. El enfoque extensivo está en la práctica de establecer colonias o comunidades satélites para integrar la economía en los ambientes diversos. Cuando el estado reforzó su estructura, estas islas se volvieron nodos administrativos y se conectaron con los fortalecidos sistemas de vías de comunicación, lugares de almacenamiento, redes de distribución, etc., En este acercamiento no hubo necesidad de controlar el territorio intermedio. M. Moseley cree que el modelo Wari fue más extensivo que intensivo. [13] Sin embargo, en algunos lugares se encuentra evidencia militar directa de presencia Wari, como en la colonia fortificada de Cerro Baúl, colocada sobre una cúspide muy empinada, cerca del Río Moquequa, en la dirección de Tiwanaku. Lo mismo podría decirse para el área de Nazca.

Antes del tiempo del Horizonte Medio, en el valle de Ayacucho los pueblos coexistían apaciblemente. Así en las tierras más productivas cercanas al río, por ejemplo, había tres pueblos y cinco villas que coexistían dentro de un círculo de 6 km sin evidencia de fortificaciones. [14] El pueblo de Huarpa del área de Ayacucho, que estaba entre los primeros que irrigaron y terraplenaron el territorio montañés, construyó un sistema agrícola muy grande e innovador. Esta infraestructura preexistente le dio a Wari la habilidad de resistir las sequías mejor que sus vecinos. Por eso el modelo concentrado de asentamientos en el valle no podía ser soportado en base a los recursos locales, las colonias alejadas deben haber sufrido la explotación de mutuo acuerdo entre los diferentes grupos, coexistiendo en paz. Esta coexistencia o convivencia pacífica también se refleja en el valle en lo que aparece como un estilo de arte bastante homogéneo.

Un ejemplo de la explotación distante de recursos de Ayacucho al final

LA ERA DE LOS GUERREROS

del PIT aparece en el Valle de Nazca, como puede evidenciarse allí por la presencia de cerámicas de Ayacucho. [15] En el valle hay asentamientos situados en línea recta, paralelo a la costa, sobre los afluentes mayores del sistema de desagüe Nazca. La ubicación estratégica de las colonias ya puede haber marcado un movimiento intencional hacia un control territorial más centralizado. En épocas posteriores, Wari se extendió primero hacia el norte a Cañete y Chincha, y consecutivamente al sur. Esto da una indicación que en algunos lugares los Wari ocuparon directamente el territorio, considerando que en otros lugares se contentaron con mantener formas más indirectas de control.

Hay evidencias que muestran que Wari atacó Tiwanaku pero no se quedaron, probablemente debido a la continua sequía que afligía el altiplano. Sin embargo, los ocupantes tomaron con ellos a los arquitectos de Tiwanaku, constructores, y obreros para construir los monumentos en su nueva capital imperial. Algunos de estos artesanos estuvieron cautivos en los mitimaes urbanos (colonias que ofrecieron su trabajo como tributo). Aparte de Tiwanaku, el pueblo de Wari también llevó a la capital orfebres y artesanos del metal del Callejón de Huaylas y Cajamarca. [16]

Wari se situó en una cuesta empinada entre 2700 m y 3100 m en la cumbre oriental del Valle de Ayacucho. Creció rápidamente durante el Horizonte Medio temprano (600 a 700 DC) y sobrevivió hasta cerca del año 1000 DC. El crecimiento del imperio estuvo acompañado con migraciones de población de la periferia. Las estimaciones de la población de la capital van de un rango conservador de 10,000 a 20,000 a una evaluación probablemente sobrestimada de 50,000 a 100,000. [17] El cambio hacia el surgimiento del imperio ocurrió bastante abruptamente. Se realizó una construcción a gran escala donde los edificios anteriores fueron destruidos. Durante el Horizonte Medio 1 (600–700 DC) hubo una fase de construcción de templos que fueron abandonados en la época del Horizonte Medio 2 (700 a 800 DC) y los templos quedaron sin acabar. En el emergente estado la organización siguió a la construcción de una estructura imperial, y Wari se convirtió en una ciudad de aproximadamente 400 hectareas.

Un elemento que marca la diferencia de la ciudad son sus macizas paredes que corren paralelas o perpendiculares a la línea del contorno; alguna de ellas hasta de 5 m de ancho. Sin embargo, el perímetro de la ciudad no fue fortificado, lo que indica que la protección se dirigió a fuentes interiores en lugar de a amenazas externas.

El imperio extendió su control político al norte hasta Cajamarca, y al sur hasta la costa de Nazca. La presencia Wari es reconocible por el diseño de la arquitectura distintiva de Wari cuidadosamente reproducida a lo largo del territorio. Los centros administrativos Wari se esparcieron por la cordillera desde Pikillaqta en el sur cerca al Cuzco, hasta Cajamarca en el norte. La evidencia de la coexistencia de Wari con otros grupos étnicos independientes es muy obvia en el Valle de Carahuarazo donde en el tiempo se convirtió en un fuerte estado independiente con su capital en Marcahuamachuco, a menos de 3 km del importante complejo Wari de Viracochapampa. [18]

La influencia Wari se extendió hasta la costa norte. Sin embargo, allí estuvo más presente a través de su ideología que a través de su presencia física. Los elementos de la iconografía Wari se difundieron al norte hasta los Moche que adoptaron la versión Wari del Dios del Báculo en la Huaca de la Luna; fueron tan al norte como Batan Grande en el valle La Leche de la cuenca de Lambayeque.

El imperio se extendió bastante rápidamente en un período de ciento cincuenta años y declinó en el período que va del año 800 al 1000 DC. Su colapso fue muy abrupto, como se ilustra por la fase de construcción monumental en la ciudad de Wari que quedaron sin terminar antes del abandono de la ciudad. Después del fin de Wari, surgió un modelo de una multitud de ciudades y pueblos belicosos que se construyeron y fortificaron en la cima de las cadenas de montañas. Una de éstas fue la nación *Chanca* de la que más se dirá abajo

LA ERA DE LOS GUERREROS

La Arquitectura y el Arte Wari

El legado más sintomático de Wari habla a través de la especial forma de su arquitectura, definida por W. Isbell como "estilo celular ortogonal." [19] La principal unidad arquitectónica de la ciudad es lo que podría llamarse un "cerco amurallado." Esta estructura conforma diferentes modelos. Uno de éstos consiste en habitaciones muy anidadas alrededor de un patio redondo o en forma de 'D'. Otro, un modelo probablemente posterior, fue hecho de cercos rectangulares divididos en patios cuadrados o rectangulares, con habitaciones en tres o cuatro de sus lados. Éstas eran unidades residenciales — de hecho vivían familias en unidades similares a un apartamento. W. H. Isbell indica que este modelo, sobre todo en su forma original, repite la distribución de cuartos alrededor de los patios hundidos en Pucará sobre la alta meseta del Titicaca. [20]

Por un tiempo los arqueólogos estuvieron confundidos por el uso de estas formas arquitectónicas. Ahora está claro que estuvieron habitadas, no sólo eran almacenes o guarnición de tropas, como inicialmente se creyó. Algunos de los rasgos más llamativos de la arquitectura Wari incluyen: calles y caminos bordeados por altas y paralelas paredes de piedra; estrechas puertas y salidas de flujo restringido; unidades arquitectónicas de formas normales; casi completa falta de desagüe, suministro de agua, o jardines; uso de paredes para aislar partes enteras de una ciudad; y ocultas cámaras funerarias selladas o depósitos localizadas bajo el suelo, detrás de las paredes, o en edificios independientes. Este último a menudo toma la forma de hoyos bajo el suelo, descuidadamente construidos, donde entre otras cosas se han encontrado estatuillas, huesos humanos, y cráneos humanos.

En general, una atmósfera de confinamiento se cierne directamente sobre la ciudad de Wari. La emergencia de este tipo de arquitectura es un fenómeno muy abrupto. No hay estructura similar anterior en el valle de Ayacucho donde primero se estableció Wari. Sin embargo, hay cierta analogía funcional con la fase tardía de Moche en la ciudad de Galindo, y con la arquitectura Chimú de la que hablaremos después.

No hay más digna comparación y contraste que entre la fase PIT de Tiwanaku y la arquitectura Wari. La temprana arquitectura de Tiwanaku dio énfasis al espacio público y abierto, inmensas vistas sobre el horizonte. La progresión logarítmica de líneas, paredes, y simples motivos dieron un sentimiento armonioso de integración con el ambiente. El bellamente tallado arquitrabe[*] es una expresión sintomática de esta arquitectura, un elemento que está completamente ausente en Wari, y que desaparece en la política del Tiwanaku tardío que se aproximó a los temas ideológicos de Wari.

Sólo al principio Wari construye cámaras megalíticas con propósitos funerarios, parecidos a aquéllos de Tiwanaku. Sin embargo, estaban completamente cerrados, y en esto difieren de su contraparte política e ideológica. Wari remarcó completamente los espacios cerrados y los principios de subdivisión en unidades menores. Los edificios no se adaptaron al ambiente, siguieron las líneas rectas sin tener en cuenta la topografía, como es claramente visible en Pikillacta, cerca de Cuzco. Todo da el sentimiento de encierro y exclusión; ningún espacio fue consagrado a ceremonias públicas. De hecho, el movimiento de un lugar al siguiente debe de haber sido difícil. Se tiene la impresión que estas ciudades fueron planeadas burocráticamente.

Tiwanaku y Wari jugaron dos roles opuestos en la expansión de su influencia. Tiwanaku, antes capital espiritual, fue un centro de peregrinación donde se realizaron ceremonias públicas. Tiwanaku tenía templos regionales dentro de un radio de 60 km. Considerando la arquitectura de Wari se extendió a 1000 km de la capital, ningún templo la acompañó.

El registro arquitectónico nos revela algo más. En la capital, bajo un edificio anterior los arqueólogos han descubierto un espectacular patio

---

[*] **Arquitrabe:** Parte inferior del entablamento sobre el que descansa el friso y que apoya directamente sobre la columna.

hundido rectangular. El fechaje del carbono asociado con él ha dado una fecha de 580 +/- 60 años DC., correspondiendo a la fase temprana de la ciudad. [21] El patio se usó durante un tiempo largo, y así como en las Eras anteriores, los suelos fueron renovados periódicamente. Ésta es una primera indicación de que la ideología de la Cruz del Sur continuó pasado su tiempo.

Podemos todavía completar la imagen de la ideología Wari desde otro ángulo. Al respecto su interacción con Tiwanaku Tardío es muy reveladora. En efecto, en las primeras fases del desarrollo Wari las influencias de Tiwanaku surgieron en la arquitectura como vimos anteriormente. Algunos arqueólogos especulan que hubo peregrinaciones de Wari a Tiwanaku. Otros sugieren que hubo misioneros de la capital del Titicaca que fueron a Ayacucho. [22] El incipiente Wari tomó de Tiwanaku los temas ideológicos en un momento en que la capital del altiplano había avanzado a una nueva fase cultural. Al final de la fase 3 de Tiwanaku o comienzos de la fase 4, apareció el nuevo simbolismo religioso que ha sido calificado como "Tiwanakoide." Sus definidas figuras también aparecen contemporáneamente en Conchopata, a 10 km de Wari. El tema principal es el de una figura frontal con brazos levantados, con un tocado que termina en rayos — como proyecciones — que terminan en cabezas de animal. Hay dos versiones de este ser; una con una túnica larga y cinturón; la otra con el mismo vestido pero sin cinturón. Puede ser que la primera sea una versión masculina, la otra una femenina. El mismo ser puede estar acompañado por un ángel o una o más filas de ángeles a su derecha e izquierda. El personaje principal es llamado la "deidad vista de frente*." Esta se parece mucho al Dios del Báculo de la Puerta del Sol de Tiwanaku. Sin embargo, hay otro elemento

---

* N. del T.: Las Deidades con Báculo se repiten regularmente en Pukara, Tiwanaku y Huari. Éste es uno de los pocos motivos fácilmente reconocibles porque no cambia de forma en los distintos materiales o dentro de las áreas geográficas consideradas. Además, son las únicas figuras vistas de frente, de ubicación central y con báculos, en la imaginería Huari y Tiwanaku. Por otro lado, las Figuras de Perfil con Báculo cuyos rasgos son bastante más variables y cuya clasificación resulta problemática.

constante: la cabeza trofeo eternamente repetida.

Junto con estos temas, En el altiplano del Tiwanaku notamos la presencia de artículos de madera en forma de bandejas poco profundas, encontradas junto con tubos tallados en hueso similares a los usados para inhalar rapé, pero en este caso usados para el ritual en el que se inhalan polvos alucinógenos. En el área de Ayacucho son reemplazados por copas en forma de kero que tienen los mismos diseños Tiwanakoides. Isbell cree que éste puede ser el equivalente funcional para tomar alucinógenos en forma líquida. [23] W. H. Isbell concluye: "puede haber pocas dudas que la iconografía Tiwanakoide pertenezca a una tradición mítica con sus raíces en la cultura Chavín Tardío." La deidad retratada de frente es una versión modificada de la piedra de Raimondi.

Hay un estilo que continúa la tradición Chavín en el tiempo entre las dos culturas — Pucará donde encontramos una pequeña escultura de la deidad retratada de frente con báculos, tocado, y otros atributos iguales a los elementos Tiwanakoides. Las cabezas trofeo también se retratan abundantemente allí. Isbell piensa que la iconografía Tiwanakoide derivó de Pucará y se expandió simultáneamente a Tiwanaku y Wari. [24] Sin embargo, Pucará fue abandonada alrededor del año 200 DC., y el estilo Tiwanakoide reemergió alrededor del año 500 DC. Desde que no se ha establecido continuidad histórica, creemos que esto es más un resurgimiento cultural de un tema que emergió durante el tiempo de la decadencia de Chavín. Así que, sólo podemos hablar de un hilo cultural, no de uno histórico. Note que éste es un modelo repetido que ya hemos encontrado en la continuidad Salinar-Moche que tampoco corresponde a una continuidad histórica.

Finalmente, todavía podemos completar el cuadro desde otro lado. El centro de Pachacamac fue establecido durante el Horizonte Medio. Algunos estudiosos creen que fue un centro independiente de Wari que desarrolló su propio simbolismo, particularmente reconocible en el símbolo del "águila grifo de Pachacamac." Este mismo motivo también se ha encontrado en las excavaciones en el sitio de Wari, junto con otras marcas del simbolismo de Pachacamac. [25] El uso de métodos chamanísticos asociados con alucinógenos, recurso de los oráculos, y la ideología de las cabezas trofeo indican un retorno a los decadentes tiempos de Chavín.

Como muestran los registros, la iconografía Wari compartió poco con Tiwanaku temprano. En cambio volvió a temas que eran comunes ante el PIT que volvió con vigor en la fase tardía de Tiwanaku. Éste es particularmente el caso con la nueva versión Wari del Dios del Báculo. El dios pasó de ser una deidad solar a expresarse como un dios de la fertilidad agraria. Los rayos solares del tocado fueron reemplazados por orejas de maíz. En muchos otros casos el báculo lleva cabezas trofeo en sus extremos. - A. Cocine llama a la deidad de Wari el Sacrificador en lugar del Dios del Báculo debido al motivo que lo distingue de la cabeza trofeo y eje que él sostiene en la mano derecha, y la adicional cabeza trofeo alrededor de los ojos. [26]

La deidad a menudo sostiene una llama atada, un animal que ya sirvió como analogía simbólica para el enemigo subyugado que podía ser sacrificado de una manera similar al ciervo, un tema encontrado en la cultura Moche. El tema del Sacrificador evolucionó en el tiempo hacia versiones más simples, particularmente del cuerpo entero a solo una cabeza, otro tema que hemos visto en la cultura Moche, entre otras.

La Ideología Wari

Podemos intentar bosquejar algunas conclusiones acerca de la ideología Wari, aunque sólo tentativamente, dada la naturaleza fragmentaria de la investigación actual. Wari fue la primera entidad andina en introducir una colección organizada de tributos tomados de un estado centralmente organizado. Este consistió en pagos del tributo con trabajo en lugar de con bienes. Para hacer esto posible el estado tuvo que organizar toda una infraestructura de caminos y sistema de distribución de bienes. El imperio Wari implantó un sistema de centros administrativos esparcidos a lo largo del territorio con redes de caminos y *tambos* — lugares de descanso y/o almacenes para guardar comida y bienes. Siglos después los Incas continuaron esta tradición, incluso reutilizando parte de la sobreviviente infraestructura Wari. Los Incas, sin embargo, lo hicieron bajo una ideología bastante diferente a la de Wari.

Se encuentran centros administrativos en Jincamoco, Viracochapampa, y Pikillacta (cerca al Cuzco), los más estudiados entre varios otros. Éstos contienen evidencia de barracas, como cuartos, cocinas comunitarias y almacenes, y que habrían sido instalaciones residenciales para el líder local y sus sirvientes. Estos tres centros, y otros como ellos, sirvieron para la coordinación del esfuerzo de mano de obra agrícola o producción artesanal. Aquí encontramos grandes cocinas y alfarería usada para servir a una gran cantidad de personas. En este sistema, Pikillakta o Viracochapampa pueden haber servido al uso de capitales de segundo orden en el imperio Wari.

El poder de Wari no podía ser meramente político. Su doctrina espiritual es más difícil de identificar y reconciliar con el hecho que en muchos lugares Wari concedió un alto grado de autonomía local. Algunos descubrimientos arqueológicos pueden servir para derramar alguna luz sobre el tema. El vínculo de Wari con el culto de Pachacamac resaltará un aspecto complementario.

Uno de los descubrimientos más instructivos del culto Wari viene del contenido de dos de los escondrijos bajo tierra del sitio de Pikillacta. En cada escondite se encontraron cuarenta figuras colocadas en un círculo postradas alrededor de una vara central de bronce — o garrote de guerra — en acto de sumisión. Cada una de las figuras, diferentemente vestidas, representaba la totalidad arquetípica del número 40, significando una totalidad de las tribus. Una de ellas ha estado reconocida como representante de Tiwanaku. Lo que más probablemente representaron los escondites fue el resultado de un ritual para someter a todas las otras tribus a través de la magia.

En el Collao (el altiplano) la tradición Wari — o Lari — es el puma, invocado por el mago, de cuyos ojos salen lenguas de fuego. [27] El

192

iniciado de los Andes es a menudo representado, especialmente después por los Incas, como el que ha domesticado al puma; él ha subyugado sus fuerzas para sus propios propósitos. La imagen del puma de fuego acompaña toda la tradición andina, representando las fuerzas indomadas de la deidad nocturna que precedió el Amanecer, fuerzas que se han hecho regresivas y usadas por el Sacrificador.

Otra fuente importante de poder podría ser el vínculo de Wari con la Huaca local y la más importante, como el oráculo de Pachacamac, mencionado anteriormente. Éste es un oráculo que más probablemente se originó de la cultura Moche tardía. Aparte de cumplir un rol importante durante el Imperio Wari, el culto lanzó una gran sombra en fases posteriores del Imperio Inca.

Una posterior particularidad de las Huacas andinas fue la de tener diferentes grados de relaciones entre ellos. Según María Rostworowski esta práctica se originó bajo Wari. [28] La "relación familiar" tenía una eminente función económica, desde que dio a los sacerdotes de la "Huaca madre" acceso a las tierras de las relacionadas Huacas. Esto se tradujo en la demanda de tributo de la periferia hacia el centro. Los bienes de la cosecha y otros tributos fueron acumulados en la ubicación del alto templo de la divinidad. Cada Huaca poseía tierra dedicada al culto, como la tierra necesaria para producir maíz para la fermentación de su chicha de maíz para sus celebraciones. El tamaño de la tierra era proporcional a la importancia de la Huaca. Ésta es una noción que todavía es totalmente visible en la posterior historia Inca, aunque de una manera completamente modificada.

Permítanos ahora considerar a la propia deidad. Pachacamac era el dios de la profundidad de la tierra, el que controlaba las fuerzas de la tierra. Su importancia provino del impacto que los terremotos tenían en todo el territorio. Según el cronista (Francisco de) Avila, así era cómo manifestaba su desaprobación de la conducta humana. Él podía producir temblores de tierra al menos a través de los movimientos de su cabeza. Si se elevara, sucedería un cataclismo. El miedo a los terremotos servía como un incentivo para realizar ofrendas que aplacarían la ira del dios. En tiempos más tempranos, según Pizarro, en Pachacamac los buitres y cóndores del culto recibieron periódicamente anchovetas y sardinas debido a su uso en los sacrificios humanos. [29] En su mito, Pachacamac confió su madre a los pájaros carroñeros la que después de enterrada resucitó.

El templo de Pachacamac estuvo localizado cerca de Lima, en la costa central, en el tiempo de los Incas. Era el sitio de un oráculo y el lugar de peregrinación para las personas de la costa en busca de sus adivinaciones. Según Jorge Zevallos Quiñones, la Gran Huaca del Sol de Moche se llamaba Capujaida. En posteriores tiempos de Wari el nombre original fue sustituido por el de Pachacamac. [30] Durante el tiempo de los Incas se le llamó Huaca del Sol de acuerdo con su cosmología, desde que era la más grande. Sin embargo, el nombre Pachacamac continuó vigente entre la población local, según lo que dijeron los cronistas Cristóbal Castro y Diego de Ortega Morejon, la población local no adoraba al Sol sino a los Huacas y a los oráculos. [31] Santa Cruz Pachacuti indica que cuando el emperador Inca Wayna Capac llegó a Pachacamac, los sacerdotes del santuario pidieron que mudara su Huaca a Chimú.

Con esta última información tenemos un elemento especulativo sobre la naturaleza del poder de Wari. ¿Podría la capital del imperio tener el control central sobre todas las Huacas de su territorio, del mismo modo que la simple Huaca extendía su control a través de sus Huacas relacionadas, y requería tributo de las poblaciones locales? ¿Podría el Sacrificador de Wari haber sido la Huaca central a la que todas las otras Huacas estaban relacionadas? Con lo que tenemos del registro arqueológico, es demasiado pronto para bosquejar una conclusión. Sin anticiparse demasiado, podemos argumentar con certeza que el esfuerzo Inca adoptó algunas formas similares, pero con intenciones sumamente opuestas.

Con los regímenes Moche y Wari, el legado del Profeta y su revelación solar estaba debilitándose en el trasfondo — ninguno de sus elementos constitutivos fueron conservados. Esta tendencia continuó

194

en el Horizonte Tardío. Adquirió formas diferentes en las sociedades Chimú y Chanca. El segundo era el mayor antagonista del Imperio Inca en su fase inicial. Chimú era el antagonista ideológico y militar más vehemente cuando los Incas lograron su máxima expansión.

Horizonte Intermedio Tardío y el Reino Chimú

El Horizonte Intermedio Tardío a veces es llamado "Período Protohistórico." Permítanos considerar los desarrollos que acompañaron este período en las varias regiones del Perú.

En la alta meseta estaban los poderosos reinos Aymara del Lupaqa y la nación Colla, en las fronteras suroeste y noroeste del lago respectivamente. Otros grupos eran los Cana, Umasuyo, Canchi, Charca, Pacaje, etc. Los cuentos Incas relatan que estas naciones constantemente estaban en guerra una contra otra. Estas aserciones son confirmadas por la evidencia de ciudades fortificadas y diferencias de estilos entre los grupos. En la región de Lupaqa, después de la desaparición de Tiwanaku los asentamientos se mudaron de las áreas más bajas cerca del lago a las cumbres sobre los 4000 m. La mayoría, o todos ellos, estaban rodeados por murallas. Desde que los campos de las tierras bajas habían quedado inoperativos, hubo un retorno a un estilo de vida más pastoral. Al mismo tiempo desapareció la arquitectura anterior: no hay presencia de montículos de plataformas, patios hundidos, o entradas como la Puerta del Sol. En contraste se innovó la chullpa (o "Huaca para sepulturas"), se hicieron grandes torres para el entierro de las familias gobernantes. Los plebeyos fueron enterrados en hoyos circulares.

En la sierra sur, los primeros asentamientos de la mayor región de Urubamba se caracterizaban por ubicarse en las cumbres fortificadas. Sin embargo, la región del Cuzco presentó una excepción. El valle tenía una estructura política más fuerte, unificada bajo los primeros Incas o antes de ellos. Cuando los Incas llegaron al poder y comenzaron a expandirse, llevaron las poblaciones hacia las áreas bajas. Esto ocurrió antes en el Valle Sagrado. [32]

En la sierra central estaba el poderoso grupo étnico de los Wankas. Aquí también, los lugares bajos fueron abandonados y la población se mudó a la cumbre para ocupar asentamientos fortificados. En la costa norte la situación desarrollada condujo progresivamente al reino Chimú.

Leyendas e Historia Chimú

Las leyendas dan la genealogía de los gobernantes de Chimú, según Garcilaso de la Vega, recordando a Tacaynamo, el héroe civilizador de la costa norte. R. Ravines ve en él una continuidad cultural con la más temprana leyenda de Naymlap, en Lambayeque. [33] Este último tiene interesantes elementos recordativos de la figura de Tunupa, pero no hay una prueba satisfactoria para determinar su origen en el tiempo. La mayoría de autores modernos cree que la leyenda de Lambayeque se refiere a los eventos que tuvieron lugar después de que Moche abandonara su capital en Pampa Grande, en alguna parte entre el año 700 y 900 DC. Otros señalan sus conexiones con el Período Intermedio Temprano.

Hay una diferencia entre las leyendas de Tacaynamo y de Naymlap. La última se aplica a una confederación política; la de Taycanamo se refiere a un gobierno centralizado. No obstante las diferencias, parece que la Chimú intentó encuadrarse en este precedente ideológico. La cultura Chimú se diferenció en algún momento alrededor del siglo décimo DC. Era uno de las entidades políticas más importantes de los Andes centrales allá por el año 1450 DC. Históricamente parece que Chimú puede haber absorbido algo de los modelos culturales Wari en la región alrededor del año 750–900 DC. Sin embargo, no hay continuidad histórica entre las dos culturas. [34]

Las referencias históricas se contradicen, pero en la actualidad la investigación arqueológica indica que la influencia Chimú se extendió

196

en el área costera hasta la meseta andina en las latitudes que están entre 3°30' a 10°50' al sur. Esto corresponde a una extensión de 1000 km de la costa del Pacífico y dos-tercios de todas las tierras irrigadas a lo largo del desierto. [35]

Importante para la historia Chimú es el evento del Niño del año 1100 DC., que condicionó el expansionismo Chimú. En la Fase 1 (900–1100 DC), el enfoque del estado está en el desarrollo de redes de canales locales. La producción agrícola formó la riqueza primaria del reino. La Fase 2 de Chimú (1100–1400 DC) se inició con el catastrófico episodio del Niño que trajo inundación y causó estragos a parte del sistema de irrigación. Esto fue seguido por el expansionismo del ejército Chimú que conocemos por las crónicas. El estado fijó su atención en la colección de tributos, más que en la extracción de sus propios recursos. Esto se vio en Chan Chan con la construcción de la Ciudadela de Tello y sus anexos y la Ciudadela Laberinto. En la última (que data del año 1150–1200 DC) aparecen por primera vez gran número de almacenes, probablemente usados para guardar la llegada de tributos tomados de los pueblos conquistados. Al mismo tiempo hubo un intento por restaurar el sistema de irrigación dañado construyendo el canal de La Cumbre que, sin embargo, falló. En el Chimú tardío 2 (1400 DC) el sistema de irrigación local era escasamente funcional.

Una segunda campaña de conquista hacia el norte (Lambayeque) empezó entre los años 1300 y 1370 DC. Esto se reflejó en la ciudad de Chan Chan con una nueva expansión de la construcción. Kolata ve en esta fase un posible cambio en la naturaleza de los bienes guardados en Chan Chan. [36] Antes de ese tiempo también hubieron grandes almacenes que se pueden haber usado para guardar productos agrícolas, considerando que los más pequeños probablemente estaban reservados para objetos de valor superior. Después del año 1300–1350 los almacenes eran todos de un tamaño estándar. Kolata ve la confirmación de estos datos en la naturaleza de la expansión Chimú y en la simultánea reducción de la irrigación agrícola.

En resumen, hubo una fase inicial en que el estado contó con producción agrícola, seguida por una economía dual que dependía de la producción local y del tributo reclutado del imperio, y finalmente una completa dependencia del tributo. En tiempos posteriores ningún pescador y granjero vivía en la ciudad que se había convertido completamente en un lugar de gobernación.

Los fenómenos anteriores fueron de la mano con el aumento de la diferenciación social. El rey adquirió cada vez más estatus y autoridad, y la nobleza se extendió creando una estructura crecientemente compleja que se reflejó en la forma evolucionada de las llamadas ciudadelas en la ciudad de Chan Chan.

La Arquitectura Chimú

El registro histórico, así como las leyendas, indican que Chimú conquistó Lambayeque, hacia el norte, sólo muy tarde. Ésta es la fuente de las marcadas diferencias entre el sur y el norte, que continuó haciendo eco de la polaridad que vimos entre Galindo al sur y Pampa Grande al norte en la época Moche. Sin embargo, esta polaridad se insertó dentro de una tendencia más grande y homogénea y la unificación de la cosmología.

Chan Chan, la capital del reino, se achica en comparación con los monumentos del Valle de Lambayeque. Aunque hubo ocupación Chimú, la ausencia de reales centros Chimú indica que la región disfrutó de autonomía política en mayor grado.

Durante el período Chimú, se construyeron pirámides con una terraza y uno o dos recintos. Ellas están orientadas al norte, generalmente truncas, con base rectangular, y una rampa de acceso al frente. Entre éstas, una de las más importantes fue la de Pacatnamú (Valle de Jequetepeque), al norte. Este ha sido considerado un sitio de peregrinación para el culto a la Luna que conocemos de fuentes históricas. Era un lugar que tenía un papel similar al oráculo de Pachacamac. Tales oráculos eran lugares cosmopolitas de culto respetados en el ámbito político.

Sur de Chimú: Chan Chan

El único modelo de Chan Chan (vea mapa 1, pág. 16) nunca fue reproducido en otra parte. En su tiempo era una de las ciudades más grandes del Nuevo Mundo, con estimaciones de población que van entre las diez a cien mil personas. El nombre Chan Chan podría derivar de Sian, o Shian, que significaba Luna, un indicador importante de la naturaleza de sus cultos. [37] La marca característica de la arquitectura de la ciudad son sus recintos individuales, llamados ciudadelas, lugar para ciudadela o fortaleza pequeña. Éstos son inmensos cercos cuyas paredes, a menudo muy altas y gruesas, indican una función defensiva, aunque no de los salteadores externos, ya que no hay paredes exteriores que rodeen la ciudad. En la mayoría si no en todas las ciudadelas, sólo había un punto de acceso desde el norte. En la ciudad no hay una plaza central que indique un estado unificado y/o ritual común, ni una calle principal. De hecho, las partes parecen más importantes que el todo.

Las altas paredes de las ciudadelas indican que había gran miedo de sufrir robos. Por las crónicas conocemos de hecho que a los ladrones se les castigaba severamente. [38] En algunos lugares las paredes alcanzaban más de 9 m de alto y 700 m de longitud. ¡A veces había dos e incluso tres paredes! En conjunto las paredes exceden el ámbito defensivo y de hecho pueden denotar un enfoque adicional en el estatus y en el deseo de impresionar.

Muchas imágenes que se refieren al uso de la arquitectura Chimú han sobrevivido en las cerámicas, particularmente respecto a los montículos del templo. Pero ninguna imagen quedó de la capital Chan Chan y sus propias estructuras. Esto puede indicar que lo que ocurría en las ciudadelas era más privado en su naturaleza.

Las ciudadelas son estructuras trimembradas (Figura 1.2). En el sector central del recinto — separadas de la fachada pública (cámaras para el público) al norte — se llevaban las funciones administrativas. El sector central se volvió cada vez más dominio privado del rey, sus esposas, y quizá unos sirvientes. Adicionado a estas dos partes está la plataforma funeraria, una estructura levantada con orientación norte-sur, con compartimientos interiores diseñados para entierros acompañados con ofrendas. El acceso a las celdas era a través de rampas laterales al norte. Entre las celdas había una más grande en forma de T, a menudo situada al centro de la plataforma.

En la Ciudadela Laberinto, la plataforma tiene una celda central en forma de 'T' con veinticuatro celdas menores alrededor de ella. Las celdas contenían ofrendas de alta calidad: alfarería, finos tejidos, objetos de madera esculpida, trabajo metalúrgico, y conchas de Spondylus — un material distintivo para la realeza — entero o molido. En esta plataforma parece que cada celda tenía veinticuatro cuerpos enterrados. Siempre que el género fuera reconocible, éstas eran féminas adolescentes o jóvenes.

Esta ciudadela con plataforma funeraria cercada no era el temprano patrón arquitectónico de la ciudad; se hizo prominente en las fases más tardías de la civilización Chimú. La hipótesis más probable para las plataformas es que sirvieron como lugares de entierro para individuos importantes. La evidencia muestra que la plataforma fue el último componente construido en la ciudadela. La plataforma fue usada a la muerte del individuo importante, que puede haber sido la ocasión para los rituales que se extendieron con el tiempo. Una parte de estas ceremonias habría sido el sacrificio de las mujeres encontradas en las celdas que lo acompañaban. Nada más explicaría su presencia selectiva. Los entierros específicos para mujeres jóvenes contendrían muchos más cuerpos que plataformas. Además de los entierros principales, en por lo menos cinco casos una nueva estructura menor se agregó contra la plataforma. Dos de ellos tienen una celda adicional en forma de 'T', sugiriendo que allí se enterraron importantes individuos, relacionados con el individuo principal.

De todo lo anterior Moseley concluye que los individuos enterrados eran reyes Chimú. [39] Esto es confirmado por estas tres condiciones acerca de la distribución y manera de construcción de las ciudadelas:

- rareza: hay sólo nueve ciudadelas en Chan Chan. Dos de ellas parecen haber sido arrasadas intencionalmente: Moseley cree que era una manera de volver a escribir la historia eliminando la evidencia existente. A propósito, los nueve reyes de las nueve ciudadelas pueden ser los mismos mencionados en la leyenda de Taycanamu.
- construcción secuencial.
- prestigio de las ofrendas y la forma más alta de tratamiento de cualquier entierro Chimú. Es más, uno puede ver la presencia de Spondylus molidos — privilegio de la realeza. [40]

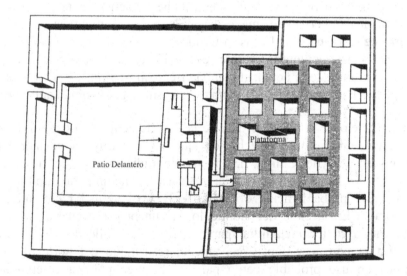

Figura 1.2: Estructura de una Ciudadela

De hecho el paso dado por Chan Chan era poner al rey en la cima de la pirámide — nunca antes vista — y así consagraban su divinidad. Kolata ve que esa majestad divina se cristalizó en el tiempo de la conquista de Lambayeque, cuando el acceso al sector central era muy limitado. [41]

En cierto sentido, las ciudadelas eran palacios póstumos para los reyes. Así el patrón de Chan Chan fue la sucesión rey/palacio/plataforma funeraria. Cada soberano construyó su palacio, culminando en la plataforma funeraria. La nueva institución de divino reinado dio soberana autorización para la nueva conquista. Ésta era la sagrada función del rey.

Permítanos ahora considerar la contraparte norte de Chan Chan.

Chimú Norte: Pacatnamu

La cosmología de Pacatnamu está profundamente arraigada en el precedente artístico del Valle de Moche. Prácticamente todos los montículos tienen la misma orientación hacia la montaña local, el Cerro de Catalina. Las líneas, o Ceques, convergen en un punto focal delante de las montañas. La única excepción es la Huaca 38, cerca del océano al final de la península que da frente al océano. Es posible que fuera una Huaca anterior, siguiendo una cosmología también anterior.

El Complejo de la Huaca 1 data de la fase de ocupación Chimú. Esto es reconocible por el hecho de que se construyó con ladrillos estandarizados de Chimú. La fecha de radiocarbono confirma lo anterior. [42] De modo interesante, la Huaca 1 tiene un patio hundido al este, muy probablemente el último sobreviviente del culto andino temprano. En la cima del montículo hay un pequeño cuarto en 'U', construido en forma familiar para aquéllos del Valle de Moche. La estructura con acceso progresivamente restringido del norte al sur, indica un uso probable como palacio. El área pública ceremonial estaba en el frente; el propio palacio a la espalda del acceso menos directo que conduce a él.

La entrada principal a la Huaca es una vez más al norte, semejante al modelo de Chan Chan. El acceso se alcanza a través de una calzada sobre una trinchera y más a través de una pequeña puerta colocada entre las macizas paredes. En la entrada a la pirámide en un gran patio están dos altares con una cima plana de poca altura, los dos orientados del este al oeste.

Parece que la Huaca 1 fue usada principalmente para propósitos ceremoniales. Parte de las ceremonias probablemente serían vistas por un gran número de personas. Sin embargo, vimos que ese acceso era muy restringido. Una vez dentro, el acceso a los lugares no sólo era restringido, sino a veces también largo y complicado. En muchos casos había dos accesos; tal es el caso de la entrada principal a varias partes del complejo. Cuando hay dos caminos, el que va a la derecha (oeste) es generalmente más grande, más favorablemente decorado, y ejecutado en estructuras macizas. El de la izquierda (este) es a menudo menor, estrecho, irregular, y malamente construido. Los espacios alcanzados por el camino de la derecha indican el acceso a funciones ceremoniales o administrativas. Los espacios alcanzados por el camino de la izquierda están asociados con los residuos e indican funciones domésticas o preparación de comida. Esta dicotomía derecha-izquierda también se ve en el acceso a la cúspide de la Huaca 1 y a otras Huacas.

El cuadrángulo mayor del complejo de la Huaca 1 es un área cercada como la ciudadela de Chan Chan. Huaca y ciudadela están orientadas de norte a sur con una pequeña entrada cerca del centro de la pared norte. En ambos casos encontramos paredes macizas, cercos amurallados divididos en muchos cuartos y patios, corredores largos, y vestíbulos ciegos.

Por cuanto la ciudadela de Chan Chan tiene varios espacios para el público situados en su sección central asociada con los cuartos de almacenamiento, en el complejo de la Huaca 1 sólo hay uno de estos espacios sin lugares para almacenar. Ni en Pacatnamu[*] hay evidencia

---

[*] N. del T.: El sitio de Pacatnamú es uno de los más importantes enclaves arqueológicos de la Costa Norte de Perú por su abundante cultura material que ha brindado. De ella ocupan un lugar destacado los textiles, sin duda una de las más importantes fuentes de información acerca de las gentes que construyeron y habitaron este gran centro

de plataformas de entierro. En cambio, en Chan Chan no se han observado altares como los del complejo de la Huaca 1.

El propósito de la Huaca y paredes transferidos desde Moche son claramente invertidos en Chan Chan. Las paredes son gigantescas; las formas en U están muy limitadas en tamaño y función. Las paredes periféricas sólo tienen aberturas al norte. En resumen, el sagrado templo en forma de 'U' se hizo más secular y la pared se volvió sagrada. Los compuestos de Chan Chan en común con Wari y la posterior arquitectura Moche tienen la idea de excluir y poner obstáculos. De lo anterior podemos concluir que el paso dado por Chan Chan fue poner al rey en la cima de la pirámide y consagrar su divinidad, reflejando en general una tendencia hacia la secularización.

Cosmología Chimú

La cerámica Chimú tiene muy escasas referencias a lo sagrado o a la imaginería mítica. La mayoría tiene representaciones naturalistas de peces, crustáceos, o pájaros. Dice F. Kauffman Doig que el único atributo que tiene una connotación sobrenatural es el tocado del gobernante. [43] No hay presencia visible de una deidad superior como con Ai-Apaec durante el período Moche. Los motivos principales encontrados en la ciudad de Chan Chan son los frisos de adobe con temas y criaturas del océano, motivos que habían surgido en las últimas fases de la cultura Moche.

Según el cronista Antonio de la Calancha, el principal culto de Chimú fue consagrado a la Luna. El planeta fue considerado más poderoso que el Sol, porque era visible de noche y a veces de día. Los eclipses solares fueron considerados victorias de la luna sobre el sol; los eclipses lunares eran ocasiones para el lamento. El culto lunar estaba aparentemente extendido en toda la costa peruana a través de la deidad aérea considerada patrona de los pescadores. Sus atributos eran estilizadas plumas de pájaros marinos y/o nocturnos que representan

---

ceremonial.

204

esta divinidad a todo lo largo de la costa peruana.

El Chimú también rindió culto a *Ni, dios del mar*, a quien ofrecieron harina de maíz y tierra ocre rojo. Además tenían ídolos de piedra, considerado el linaje progenitor; originalmente eran hijos del Sol y fueron convertidos en piedra por matar a su madre. (44) Finalmente, de pasada, Calancha menciona el culto a cuatro estrellas, consideradas progenitoras de las clases sociales. Dos de éstas eran más brillantes (para los jefes y la nobleza) y dos pequeñas para los plebeyos. Ésta es una posible referencia a la Cruz del Sur.

El culto al muerto ocurrió a través de los entierros y bailes fúnebres, pero sobre todo de las ofrendas. La mayor devoción se dio al *munaos*[*] — cabezas de linajes. De especial importancia fue el tratamiento del cadáver. Éste fue ciertamente el caso para los gobernantes difuntos pero posiblemente también para los antepasados familiares. Calancha indica que los muertos eran enterrados el quinto día después de la muerte. Eran envueltos con su ropa, junto con sus objetos más queridos; luego cubiertos con pieles de animal y envueltos con una capa de hojas, césped, o algas marinas; y finalmente encerrados en una tela. En el período Chimú temprano (900–1100 DC) los entierros eran hoyos irregulares en la arena, o en suelos irregulares, o colocados en las plataformas de los montículos construidos en el período Moche. Los entierros del siguiente período (1100–1250 DC) fueron excavaciones en las paredes y plataformas de adobe de las pirámides Moche. Aquí, como en otros casos, vemos un énfasis en la

---

[*] N. del T.: De Arriaga (1910: 14) se encarga de distinguir la sustancia de las huacas, básicamente piedras, de la de los munaos que eran más bien restos humanos:
"Despues de estas Huacas de piedra la mayor veneracion, y adoracion es la de sus Malquis, que en los llanos llaman Munaos, que son los huesos, o cuerpos enteros de sus progenitores gentiles, que ellos dizen que son hijos de las Huacas, los quales tienen en los campos en lugares muy apartados, en los Machays, que son sepulturas antiguas, y algunas vezes los tienen adornados con camisetas muy costosas, o de plumas de diversas colores, o de cumbi. Tienen estos Malquis sus particulares Sacerdotes y ministros, y les ofrecen los mismos sacrificios, y hazen las mismas fiestas que a las Huacas."

continuación de la tradición Moche.

De toda la influencia Moche, la Chimú estuvo más de acuerdo con los principios del período V de Moche y con las influencias que se habían extendido fuera de Galindo. Como la Fase V de Moche, la Chimú restauró el rol de las paredes y la separación que habían sido el sello de Galindo, la capital sur de Moche durante la Fase V. Otros vestigios de esta época fueron principalmente los temas y criaturas del océano usados en los frisos de adobe y la presencia continuada de patios hundidos, incluso en su muy disminuida importancia. Sin embargo, la mayor diferencia es que Ai-Apaec ya no figura en el panteón de los dioses. Por ese tiempo había ganado ascendencia el culto de la Luna, y hablando en términos generales, de las deidades de la noche.

Más evidencia de la continuidad de Moche Chimú-tardío, aparece sobre todo en las fases posteriores de Pacatnamu al norte. En 1994 se encontraron restos de catorce varones jóvenes, enterrados fuera de la entrada a la Huaca 1, el principal complejo ceremonial de la ciudad. Ellos parecen haber sido mutilados ritualmente y sacrificados en tres casos separados antes del entierro. [45] La fecha obtenida mediante el radiocarbono, de los esqueletos (confirmado por el estilo cerámico asociado), apunta al año 1270 DC. +/- 110 años. Parece probable que fueron ejecutados y sacrificados in situ o muy cerca de él. El análisis muestra que los cuerpos van en rango de edad entre quince y treinta y cinco años, con un promedio de veintiuno. Todos ellos muestran muy buena configuración corporal y frecuentemente sanados rastros de lesiones anteriores en sus esqueletos. Esto apunta a personas o profesiones que implicaron riesgos, y probablemente de soldados, por eso la hipótesis de prisioneros de guerra. En el grupo del segundo y tercer entierro hay individuos que muestran evidencias de decapitación, abertura del pecho, y desmembración. En el grupo 2 la pierna izquierda a menudo está perdida; en el grupo 3 las caderas están desarticuladas.

El sacrificio ritual y mutilación demuestra características comunes entre la cultura Chimú y la Moche. Las estatuillas de madera encontradas en Huaca Dragón (también llamada Huaca Arco Iris) en el valle de Moche pueden apuntar a estos sacrificios. Algunas de estas estatuillas tienen sus manos atadas en su espalda, y una de ellas tiene agujeros en el lado izquierdo superior del pecho y otra en la parte inferior de su espalda. Ambos agujeros están pintados con rojo en sus bordes. [46] Hay más conexión ideológica con la tradición de Moche. En los grupos 2 y 3 mencionados antes, se ha encontrado un esqueleto de buitre en asociación con los restos. Éstos son esqueletos de Buitres Negros (el atratus de Coragyps). [47] Uno de los dos buitres muestra evidencia de haber sido muerto intencionalmente antes del entierro, por una penetrante fractura del cráneo en el área del ojo. El buitre, en particular el de estos entierros, es una especie agresiva conocida por atacar presas que todavía están vivas. Estos pájaros se encuentran en bandadas de más de cien ejemplares y no temen a los seres humanos. Cuando atacan primero pican los ojos, luego el ano y tiran de los intestinos. A menudo hacen lo mismo con los órganos genitales y la lengua para crear aberturas en el cuerpo.

Los buitres negros a menudo son representados en el arte Moche en dibujos de finas líneas en los vasos de la Fase V en relación con el sacrificio ritual, siempre en la porción izquierda superior de los dibujos. Los cautivos son atados a una percha y dejados a merced de los buitres. Uno de estos dibujos también sugiere que la práctica del sacrificio del buitre fuera seguida por su entierro.

En el momento en que los Incas conquistaron Chimú, su impulso cultural había virado más y más lejos del legado del PIT, más cerca a la dirección tomada por Moche, quizá incluso volviendo a formas anteriores de sacrificio humano. Por consiguiente, no sorprende que se constituyeran en los más enconados rivales de la expansión Inca. Chimú no sólo era la nación más fuerte y más organizada sino también la ideología más antitética. Los Incas no confrontaron a los Chimú hasta muchas fases después de su expansión. Otro adversario presentó un desafío formidable al hombre que sin ayuda contribuyó a la formación del Imperio Inca, a Pachacuti Inca. Ésos fueron los

PUNTOS DE INFLEXION ESPIRITUAL

Chancas.

LOS CHANCAS

Aunque fueron una de las naciones más importantes entre el año 1100 y 1400 DC., poco se sabe sobre los Chancas. Ellos florecieron en la misma área donde Wari había fundado su capital — el valle de Ayacucho. Aquí establecieron sus ciudades en la cima de las montañas o lugares fáciles de defender. María Rostorowski supone que ellos tomaron parte en la caída del imperio Wari. [48] En contraste, otros ven a los Chancas como lo que quedó del viejo imperio Wari. [49] En cualquier caso, su expansión ocurrió poco después del colapso de Wari en el año 1100 DC., y continuó hasta mediados de los años 1400. Bajo el reinado de Capac Yupanqui Inca, los Chancas formaron una confederación que tenía como meta la expansión en dirección al Cuzco. A la muerte del Inca, ellos se aprovecharon de la confusión para anexar la provincia de Andahuaylas, poblada por Quechuas aliados de los Incas.

Los Chancas tenían la laguna de Choclococha como su paqarina a una altitud de 4900 m, no lejos de Ayacucho, al noroeste. Ellos afirmaban ser descendientes del puma y cuando bailaban usaban su máscara para cubrirse la cabeza. [50] El arte Chanca despliega numerosas representaciones de sacerdotes cubiertos con capotillos decorados con míticos animales grotescos, sosteniendo las separadas cabezas trofeo de sus enemigos. [51]

Nada se encontró en las ruinas de Chanca que denotara el uso de estructuras de un templo, ni artefactos religiosos de uso especializado. Sin embargo, tenían una multitud de Huacas y conmemoraban a sus antepasados Usco Vilca y Anco Vilca (fundadores de Hanan Chanca y Hurin Chanca respectivamente) con Huacas de piedra que cubrian con telas. [52] Sin tener en cuenta la naturaleza de sus vínculos con Wari, parece que llevaron más allá, de manera más primitiva, el hilo

208

espiritual de la Era de los Guerreros.

CONCLUSIONES

El período Medio y Tardío marcó un prolongado retorno a las ideologías en muchos grados similares a aquéllas que precedieron el PIT, sobrepuestas a los nuevos modelos. Esto pasó primero en la cultura Moche, tres a cuatro siglos después del tiempo de Tunupa. Aquí damos testimonio de un retorno al sacrificio humano de cierto modo que es recordativo del precedente de la costa norte de Sechin. El sacrificio humano con el consumo de sangre forma el ritual central de la sociedad Moche. La remoción de órganos de una víctima viva no fue probable, desde que no hay una representación que coincida con aquéllas de Cerro Sechin. Con el tiempo el propio Moche bajó el tono de su ideología o volvió a las versiones más moderadas de la ideología del pre-PIT. El surgimiento de imperios e ideologías que competían con la suya puede haber contribuido a esta situación.

Con Wari, salió al frente una nueva ideología. Hundió sus raíces en forma similar en la ideología de Chavín Tardío. Su contribución a la civilización andina está en la formación de su primera entidad política de gran escala. Wari continuó la cultura de Tiwanaku pero en su versión tardía, modificada, con motivos que apuntan más a la ideología de Pucará que al mensaje original de la capital del altiplano.

Chimú surge al final de Wari e independientemente de él en la costa norte. Adoptó el modelo administrativo de Wari y continuó su trayectoria. En sus fases posteriores volvió, por lo menos en parte, a los precedentes de Moche. Puede decirse que todo el período estuvo predominantemente marcado por una re-adopción de la ideología de Chavín en un momento en que había dejado de servir a los objetivos progresistas de la evolución. El surgimiento de oráculos, como Pachacamac, Lurín, y Andahuaylas marca un claro retorno al sacerdocio de la Tercera Era.

Moche anterior Moche, Wari, y Chimú continuaron las tradiciones de los tiempos que precedieron al Amanecer, de las deidades de la conciencia nocturna que precedió al punto de inflexión del tiempo. La persistencia — aunque marginal — de los patios hundidos en las tres culturas apunta en esta dirección. Más claramente, la completa falta de referencia a una deidad solar es el llamativo hilo que une todas estas culturas, no obstante sus diferencias. El Dios del Báculo de Wari es totalmente una nueva versión de la vieja deidad. Las referencias solares han sido desplazadas a favor de las referencias a las cabezas trofeo y al sacrificio humano. El abandono del mensaje del Profeta es acompañado con una tendencia general hacia la secularización, coexistente con la elevación del monarca al estado de dios. Wari y la arquitectura y el arte Chimú se hacen cada vez más seculares — una nueva característica de esta Era.

Detrás de las externas manifestaciones culturales podemos por lo menos suponer la tendencia a la subordinación de las Huacas regionales a las Huacas de orden superior de la que Pachacamac fue un ejemplo. El retorno a la naturaleza oracular del culto de la Tercera Era marcó una salida del mensaje original de Chavín. Por cuanto la capital espiritual defendió la igualdad de las *Huacas* del Horizontes Medio e Intermedio Tardío, puso las *Huacas* en competencia entre sí. Cuando el imperio desarrolló, como en el caso de Wari, podemos imaginar que la Huaca central del imperio ganó ascendencia sobre todas las otras. Este movimiento es en parte similar al que ocurrió en Mesoamérica con los Toltecas en Tula y Chichen Itza. Es lo que hemos llamado el resurgimiento de los Misterios de Quetzalcoatl, un preludio al resurgimiento del sacrificio humano con la remoción de órganos. Regresaremos a este punto en nuestras últimas consideraciones, poniendo a Sudamérica en contraste con Norteamérica.

Otro desarrollo sintomático es la omnipresente advertencia de una arquitectura de confinamiento y separación que exaltan las marcadas diferencias sociales. El surgimiento de las primeras ciudades sudamericanas acompañó este desarrollo. Coexistente con el surgimiento de las ciudades encontramos desarrollos de dos lados: la extracción de tributos en comida y/o artefactos y el progresivo abandono de tierra irrigada, campos elevados, terraplenado, etc. Para muchos grupos también significó el retorno a un estilo de vida principalmente pastoral y el abandono de los preceptos de reciprocidad entre las diferentes culturas.

El Chanca de la sierra central era una civilización bastante menor que no logró un nivel comparable a los grupos previamente mencionados. Ellos continuaron los temas de la Era de los Guerreros y representaron una amenaza para el nuevo mensaje cultural que surge del Cuzco.

Uno se podría imaginar que allí no había llegado la revolución cultural Inca, que lo que le esperaba a la civilización andina pudiera haber sido sólo una acentuación de la tendencia hacia la plena reintegración del sacrificio humano, con la remoción de órganos como su piedra angular. La incipiente nación Inca encontró un desafío mayor en las cambiantes condiciones del tiempo. ¿Cómo pudo la irreversible tendencia — particularmente la formación de grandes entidades políticas — ser continuada de tal manera como para acompañar y renovar el mensaje de Tunupa? ¿Cómo podría la idea de reciprocidad que los Andes vieron de sus anteriores civilizaciones ser readmitida de nuevas maneras? ¿Cómo podrían las Huacas — representativas del linaje — encontrar coexistencia en igualdad de tal manera que pudieran asegurar la paz? Éstos eran los desafíos enfrentados por el futuro Inca, Pachacuti.

CAPÍTULO 2

MITOS DE LA FUNDACIÓN INCA

Hay por lo menos dieciséis diferentes versiones sobre la fundación del Cuzco por los Incas, que fueron compiladas entre los años 1552 y 1653. Algunos autores, como Garcilaso de la Vega o Bernabé Cobo, reunieron más de una versión. Los mitos reconectan el origen Inca con los mitos de la creación a través de la asociación Inca con el Lago Titicaca o con Tiwanaku. ¿Es para entenderse literalmente o es esta la afirmación de un descenso espiritual?

El Mito

Entre todas las versiones, ofreceremos la que entrega Sarmiento de Gamboa. Aunque corrompida por cierta actitud de escepticismo hacia el indígena, su mérito radica en la plena y extensa narración de los eventos. [1]

I La Fábula del Origen de los Incas del Cuzco

Todos los indios nativos de esta tierra relatan y afirman que el Inca Capac se originó de esta manera. Seis leguas al sur-suroeste de Cuzco por el camino que hicieron los Incas, hay un lugar llamado Paccari-tampu que quiere decir "morada de procreación," [2] en la que hay una colina llamada Tampu-tocco, que significa "ventana principal." Es cierto que en esta colina hay tres ventanas, una llamada Maras-tocco, la otra Sutic-tocco, mientras que la intermedia, entre estas dos, era conocida como Capac-tocco que quiere decir "ventana principal," porque ellos dicen que estaba ornamentada con oro y otros tesoros. De la ventana llamada Maras-tocco salió, sin linaje, una tribu de indios llamada Maras. Hay todavía algunos de ellos en Cuzco. Del Sutic-tocco vinieron los indios llamados Tampus, que se establecieron alrededor de la misma colina y en Cuzco todavía hay hombres de este linaje. De la ventana principal de Capac-tocco, salieron cuatro hombres y cuatro mujeres, llamados hermanos. Éstos no conocieron padre ni madre, más allá de la historia cuentan que fueron creados y salieron de la ventana por orden de Ticci Wiracocha, y declararon que Wiracocha los creó para ser señores. Por esta razón tomaron el nombre de Inca que es lo mismo que "señor." Ellos tomaron Capac como un nombre adicional porque salieron de la ventana Capac-tocco que quiere decir "rico," aunque después usaron este término para denotar al señor principal sobre muchos.

Los nombres de los ocho hermanos eran como sigue: El mayor de los hombres y el único con mayor autoridad fue nombrado Manco Capac, el segundo Ayar Auca, el tercero Ayar Cachi, el cuarto Ayar Uchu. De las mujeres, la mayor se llamó Mamá Occlo, la segunda Mamá Huaco, la tercera Mamá Ipacura, o, como dicen otros, Mamá Cura, la cuarta Mamá Raua.

Los ocho hermanos, llamados Incas, dijeron: "Nacimos fuertes y sabios, y con el pueblo que deseemos nos uniremos, seremos poderosos. Avanzaremos desde este lugar para buscar tierras fecundas y cuando las encontremos subyugaremos a los pueblos y tomaremos las tierras, haciendo la guerra sobre todos aquéllos que no nos reciban como sus señores." Esto, como ellos relataron, lo dijo Mamá Huaco, una de las mujeres que eran feroces y crueles. Manco Capac, su hermano, también era cruel y atroz. Siendo lo convenido entre los ocho, empezaron a mover al pueblo que vivía cerca de la colina, proponiéndoles que su recompensa sería hacerse ricos y recibir las tierras y propiedades de aquéllos que fueran conquistados y subyugados. Para cumplir estos objetivos, movilizaron diez tribus o ayllus que entre estos bárbaros significa "linajes" o "partes"; cuyos nombres son como sigue:

I. CHAUIN CUZCO AYLLU del linaje de AYAR CACHI de que hay todavía algunos en Cuzco, los jefes eran MARTIN CHUCUMBI, y DON DIEGO HUAMAN PAUCAR.

II. ARAYRACA AYLLU CUZCO-CALLAN. Hay en la actualidad de este ayllu JUAN PIZARRO YUPANQUI, DON FRANCISCO QUISPI, ALONSO TARMA YUPANQUI del linaje de AYAR UCHU.

III. TARPUNTAY AYLLU. De este hay algunos ahora en Cuzco.

IV. HUACAYTAQUI AYLLU. Algunos todavía viven en Cuzco.

V. SAÑOC AYLLU. Algunos aún en Cuzco.

Los cinco linajes anteriores son HANAN-CUZCO que quiere decir la parte Superior de Cuzco.

VI. SUTIC-TOCCO AYLLU es el linaje que salió de una de las ventanas llamada SUTIC-TOCCO, como ha sido explicado antes. De éstos hay todavía algunos en Cuzco, los jefes son DON FRANCISCO AVCA el MICHO AVRI SUTIC, y DON ALONSO HUALPA.

VII. MARAS AYLLU. Éstos son de los hombres que salieron de la ventana MARAS-TOCCO. Hay algunos de éstos ahora en Cuzco, los jefes son DON ALONSO LLAMA OCA, y DON GONZALO AMPURA LLAMA OCA.

VIII. CUYC EE.UU. AYLLU. De éstos hay todavía algunos en Cuzco, el principal es CRISTOVAL ACLLARI.

IX. MASCA AYLLU. De este hay en Cuzco JUAN QUISPI.

X. ORO AYLLU. De este linaje es DON PEDRO YUCAY.

Yo digo que todos estos ayllus han conservado sus archivos de tal manera que el recuerdo de ellos no se ha perdido. Hay más de los que se mencionan arriba, yo sólo inserto a los principales que son los

215

protectores y cabezas de los linajes bajo cuya orientación se han preservado. Cada jefe tiene el deber y obligación de proteger al resto, y de conocer la historia de sus antepasados. Aunque digo que éstos viven en Cuzco, la verdad es que están en un suburbio de la ciudad que los indios llaman Cayocache y que conocemos como Belem, nombre que viene de la iglesia de esa parroquia que es la de Nuestra Señora de Belem.

Volviendo a nuestro asunto, todos los seguidores antes mencionados marcharon con Manco Capac y el otro hermano en busca de tierra (y para someter a aquéllos a quienes no les hicieron daño, ni les dieron cualquier excusa para la guerra, y sin derecho o título más allá de lo que se ha establecido). Para estar preparados para la guerra escogieron por líderes a Manco Capac y Mamá Huaco, y con este acuerdo se pusieron en camino las compañías de la colina de Tampu-tocco, para poner en ejecución su plan.

II. El Camino que tomaron estas Compañías de los Incas al Valle del Cuzco, y de las Fábulas que se mezclan con su historia

Los Incas y el resto de las compañías o ayllus partieron de sus hogares en Tampu-tocco, tomando con ellos su propiedad y armas, en número suficiente para formar un buen escuadrón, teniendo por jefes a los mencionados Manco Capac y a Mamá Huaco. Manco Capac tomó con su tótem, un pájaro como halcón llamado *Indi*, al que todos ellos le rindieron culto y temían como sagrado, o, como algunos dicen, como a una cosa encantada, porque pensaron que este pájaro hizo de Manco Capac su señor y obligó al pueblo a seguirlo. Fue así que Manco Capac les dio a entender, y fue llevado manteniéndolo siempre en una petaca, una como caja, con mucho cuidado. Se lo dejó como herencia de familia a su hijo, y el Inca lo tuvo hasta el tiempo de Tupac Inca Yupanqui. En su mano llevaba con él un báculo de oro, para probar la tierra a la que llegaban.

Marchando juntos llegaron a un lugar llamado Huanacancha, a cuatro leguas del valle de Cuzco donde permanecieron durante algún tiempo, sembrando y buscando tierra fecunda. Aquí Manco Capac tuvo relación con su hermana Mama Occlo, y fue por él embarazada. Cuando este lugar no parecía capaz de sostenerlos, siendo yermo, se encaminaron a otro lugar llamado Tampuquiro donde Mamá Occlo engendró un hijo llamado Sinchi Rocca. Habiendo celebrado las fiestas natales del infante, partieron en busca de tierra fecunda, y llegaron a otro lugar llamado Pallata que es casi inmediato a Tampuquiro y allí permanecieron durante algunos años.

No satisfechos con esa tierra, llegaron a otra llamada Haysquisro, un cuarto de milla más allá. Aquí decidieron lo que debía hacerse respecto a su viaje, y sobre la mejor manera de librarse de Ayar Cachi, uno de los cuatro hermanos. Ayar Cachi era feroz y fuerte, y muy diestro con la honda; cometió grandes crueldades y era opresivo entre los nativos de los lugares por los que pasaban, y entre su propio pueblo. Los otros hermanos temían que la conducta de Ayar Cachi causara que su compañía se desbandara y desertara, y que los dejara solos. Como Manco Capac era prudente, concordó con la opinión de los otros que debían conseguir su objetivo mediante el engaño. ¡Llamaron a Ayar Cachi y le dijeron, "Hermano! Sepa que en Capactocco nos hemos olvidado los jarrones dorados llamados tupaccusi y ciertas semillas, y la napa, que es nuestra principal insignia de soberanía." La napa es el cuero de una oveja del país, color blanco, con una tela de color rojo que cubre el cuerpo, en la cabeza aretes de oro, y en el pecho un plato con insignias rojas como las que vestía el rico Inca cuando salía al exterior; llevaba al frente un cetro con una cruz de penacho de plumas que era llamado suntur paucar (cetro de mando). Ellos dijeron que sería por el bien de todos, si regresara y los alcanzara.

Cuándo Ayar Cachi se negó a volver, su hermana Mama Huaco, levantando su pie, lo reprendió con furiosas palabras, diciendo; "¿Cómo podría haber tal cobardía en un joven tan fuerte como usted? Prepárese para la jornada, y vaya a Tamputocco, y haga lo que le piden." Ayar Cachi se avergonzó por estas palabras, obedeció y empezó a llevar a cabo sus órdenes. Ellos le dieron como compañero a uno de aquéllos que los habían acompañado, llamado Tampuchacay, a quien le dieron órdenes secretas para matar a Ayar Cachi en Tamputocco, y no volver con él. Con estas órdenes llegaron los dos a Tamputocco. Apenas llegaron Ayar Cachi entró a través de la ventana Capactocco para conseguir las cosas por las que le habían enviado. Tan pronto estuvo dentro, Tampuchacay, con gran celeridad, puso una piedra contra la apertura de la ventana y se sentó en ella, de manera que Ayar Cachi permaneciera dentro y muriera allí. Cuando Ayar Cachi regresó a la entrada y la encontró cerrada, entendió la traición de la que Tampuchacay era el culpable, y determinó salir si fuera posible, y tomar venganza. Para forzar una salida, usó la fuerza y gritó tan ruidosamente que hizo temblar la montaña. ¡Con fuerte voz le dirigió estas palabras a Tampuchacay; "Usted traidor! usted que me ha hecho tanto daño, ¿piensa llevar la noticia de mi encarcelamiento mortal? Eso nunca pasará. Por su traición usted permanecerá afuera, convertido en piedra." Así se hizo, y hasta el momento ellos muestran la piedra de una parte de la ventana Capactocco. Regresemos ahora a los siete hermanos que habían permanecido en Henoquisro. Conocida la muerte de Ayar Cachi, la sintieron mucho porque ellos lo habían hecho, porque, como fue un valiente, sintieron mucho estar sin él cuando llegara el tiempo de hacer la guerra. Así que lamentaron su ausencia. Este Ayar Cachi era tan diestro con la honda y tan fuerte que con cada tiro echaba abajo una montaña y llenaba un barranco. Ellos dicen que los barrancos que nosotros vemos ahora en su línea de marcha, fueron hechos por Ayar Cachi lanzando piedras.

Los siete Incas y sus compañeros dejaron este lugar y llegaron a otro llamado Quirirmanta al pie de la colina Huanacauri. Allí acordaron cómo debían dividirse las tareas de la empresa, de manera que hubiera distinciones entre ellos. Estando de acuerdo en que, como Manco Capac había tenido un niño de su hermana, ellos debían casarse y tener niños para continuar el linaje, y que él debía ser el líder. Ayar Uchu permanecería como Huaca por el bien de la religión. Ayar Auca, desde la posición que debían seleccionar, tomaría posesión de la tierra separada por él para el pueblo.

Dejando este lugar llegaron a una colina a una distancia de dos leguas de Cuzco, poco más o menos. Ascendiendo la colina vieron un arco iris que los nativos llaman huanacauri. Alegrándose por ser un signo de buena fortuna, Manco Capac dijo: "Tómenlo como una señal de que el mundo no será destruido por el agua. Llegaremos y seleccionaremos el lugar donde fundaremos nuestra ciudad." Entonces, primero seleccionaron parcelas, vieron que los signos eran buenos para hacerlo, y para explorar la tierra desde ese punto y convertirse en señores de ellas. Antes de que consiguieran la altura donde se encontraba el arco iris, vieron una Huaca que era un lugar de culto en forma humana, cerca del arco iris. Entre ellos determinaron cogerla y quitarla de allí. Ayar Uchu se ofreció ir hacia ella, porque dijeron que él era parecido a ella. Cuando Ayar Uchu llegó a la estatua o Huaca, con gran valor se sentó en ella, preguntándole qué hacía allí. Ante estas palabras la Huaca volteó su cabeza para ver quién hablaba, pero, debido al peso sobre ella, no pudo. En ese momento, cuando Ayar Uchu quiso bajar de ella no pudo, porque encontró que las plantas de sus pies estaban atadas a los hombros de la Huaca. Los seis hermanos, ya que él estaba prisionero, vinieron en su auxilio. Pero Ayar Uchu, encontrándose así transformado y que sus hermanos no podían soltarlo, les dijo: "Oh hermanos, un mal trabajo han hecho por mí. Era por su bien que vine donde debo permanecer para siempre, pata apartarme de su compañía. ¡Vaya! ¡vaya! hermanos felices, les anuncio a ustedes que serán grandes señores. Por consiguiente, oro para que en reconocimiento del deseo que siempre he tenido que complacerle, me honrarán y venerarán en todas sus fiestas y ceremonias, y yo seré el primero a quien ustedes hagan ofrendas. Porque permanezco aquí por su bien. Cuando ustedes celebren el huarachico (que es el armando de los hijos como caballeros) me adorarán como su padre, porque permaneceré aquí para siempre."

Manco Capac contestó que así lo haría, porque era su voluntad y que debía ser así ordenado. Ayar Uchu prometió a los jóvenes que les otorgaría los dones del valor, la nobleza, y la caballerosidad, y con estas últimas palabras quedó convertido en piedra. Ellos le construyeron la Huaca del Inca, dándole el nombre del Ayar Uchu Huanacauri. Y así fue siempre, hasta la llegada de los españoles, la mayoría veneró la Huaca, y fue una de las que recibió más ofrendas que cualquier otra en el reino. Hasta aquí llegó el Inca para armar a los jóvenes caballeros hasta hace aproximadamente veinte años atrás, cuando los cristianos abolieron esta ceremonia. Fue hecho religiosamente, porque había muchos abusos y prácticas idólatras, ofensivas y contrarias a las ordenanzas de Dios nuestro Señor.

III. Entrada del Inca al Valle del Cuzco, y las Fábulas que ellos Relataron sobre el tema.

Los seis hermanos estaban tristes por la pérdida de Ayar Uchu y de Ayar Cachi; y, debido a la muerte de Ayar Cachi, aquéllos del linaje del Inca, de ese tiempo hasta el momento, siempre temen ir a Tamputocco, menos el tener que permanecer allí como Ayar Cachi.

Bajaron al pie de la colina, desde donde empezaron su entrada en el valle del Cuzco, llegando a un lugar llamado Matahua donde se detuvieron y construyeron chozas, pensando permanecer algún tiempo allí. Aquí armaron como caballero al hijo de Manco Capac y de Mamá Occlo, llamado Sinchi Roca, y perforaron sus orejas, una ceremonia que es llamada huarachico, siendo la insignia de su caballería y nobleza, como la costumbre conocida entre nosotros. En esta ocasión se permitieron gran regocijo, bebiendo durante muchos días, y a intervalos lamentaban la pérdida de su hermano Ayar Uchu. Fue aquí que inventaron el sonido del luto para el muerto, como el arrullo de una paloma. Luego realizaron el baile llamado Capac Raymi, una ceremonia de los señores de la realeza o grandes señores. Se baila, en largas túnicas púrpura, en las ceremonias que ellos llaman quicochico que es cuando las muchachas llegan a la madurez, y el huarachico, cuando perforan las orejas del Inca, y el rutuchico, cuando el pelo del Inca es cortado por primera vez, y el ayuscay cuando nace un niño, y beben continuamente durante cuatro o cinco días.

Después de esto fueron a Matahua durante dos años, esperando pasar al valle superior en busca de tierra buena y fecunda. Mama Huaco que era muy fuerte y diestro tomó dos varas de oro y las lanzó hacia el norte. Una cayó a dos tiros de un arcabuz, en un campo arado llamado Colcapampa y no bien llevado, la tierra se aflojó y no se terraplenó. Así supieron que la tierra no era fecunda. El otro fue más allá, cerca del Cuzco, y se acomodó bien en el territorio llamado Huanaypata donde supieron que la tierra era fecunda. Otros dicen que esta prueba fue hecha por Manco Capac con el báculo de oro que llevaba, y que así conocieron la fertilidad de la tierra, cuando el báculo penetró la tierra llamada Huanaypata, a dos tiros de un arcabuz desde el Cuzco. Supieron que la corteza de la tierra era rica y compacta, de manera que sólo la romperían usando mucha fuerza.

Aceptado de una manera u otra, porque todos acordado ir probando la tierra con un palo o báculo hasta que llegaron a este Huanaypata, cuando quedaron complacidos. Estaban seguros de su fertilidad, porque después sembraron perpetuamente, siempre rindió abundantemente, dando más de lo que más se sembró. Ellos determinaron usurpar esa tierra por la fuerza, a pesar de los dueños naturales, y hacer con ella lo que decidieran. Así que volvieron a Matahua.

Desde ese lugar Manco Capac vio un montón de piedras cerca del lugar que ocupa el actual monasterio de Santo Domingo en el Cuzco. ¡Señalando a su hermano Ayar Auca, dijo, "Hermano! Usted recuerda cómo convinimos, que usted debe ir a tomar posesión de la tierra donde nos hemos de establecer. ¡Bien! Mire esa piedra." Señalando la piedra continuó, "Vaya allá volando," porque dicen ellos que Ayar Auca había desarrollado algunas alas, "y siéntese allí, tome posesión de la tierra vista desde ese montón de piedras. Nosotros enseguida llegaremos, nos estableceremos y residiremos en el lugar."

Cuando Ayar Auca oyó las palabras de su hermano, abrió sus alas y voló al lugar que Manco Capac había señalado. Sentándose allí, inmediatamente se convirtió en piedra, y fue hecha la piedra de posesión. En el antiguo idioma de este valle, el montón fue llamado cosco, de donde ese sitio ha tomado el nombre de Cuzco. De esta circunstancia el Inca tenía un proverbio que decía, "Ayar Auca cuzco huanca," o, "Ayar Auca montones de mármol." Otros dicen que Manco Capac dio el nombre de Cuzco porque lloró en el lugar donde enterró a su hermano Ayar Cachi. Debido a su dolor y a la fertilidad, él le dio ese nombre que en el idioma antiguo de ese tiempo significaba "triste" así como "fecundo." La primera versión debe ser la correcta porque Ayar Cachi no fue enterrado en Cuzco, habiendo muerto en Capac-tocco como se ha narrado antes. Y esto es generalmente afirmado por Incas y nativos.

Mitos y Origen Inca

La gran mayoría de mitos están de acuerdo en que el Titicaca es el punto de partida de la odisea Inca y Cuzco el lugar de llegada. Todas las versiones también identifican a Pacaritanpu como una fase intermedia de la jornada. El significado de Pacaritanpu es "Posada del Amanecer." Nos enfrentamos por consiguiente con la clara contradicción de que Titicaca y Pacaritanpu, ambos, son lugares del Amanecer para el Inca. Molina y Cobo (en dos versiones) describen una jornada subterránea desde Titicaca a Pacaritanpu, el lugar de emergencia Inca. Esta manera de caracterizar la emergencia de los Incas se encuadra con los mitos de la Segunda Creación estudiados previamente en que Viracocha envía a sus discípulos a que despierten cada tribu en su paqarina. Este doble origen también puede ser la manera de los mitos de exigir un origen particular y un vínculo y continuidad espiritual. En este caso, el lugar físico de origen es diferente del lugar espiritual de origen, el Lago Titicaca. Es el ser de Tunupa quien une ambos orígenes.

Las crónicas pueden ser divididas en tres tipos principales, la simple y más prosaica de ellas describe a sólo un héroe: Manco Capac. Otras, por ejemplo la de Garcilaso de la Vega, asocian al héroe con su hermana/esposa Mama Occlo. Ellos son la divina pareja enviada por el Dios Sol. En ocho versiones, como la primera dada completa antes, hay cuatro hermanos y cuatro hermanas.

Permítanos volver a algunas consideraciones históricas que son resultado de la reciente investigación, antes de que de nuevo volvamos nuestra atención al contenido mítico. El significado de Pacaritanpu, la Posada (el Templo) del Amanecer, también es el "templo donde uno nació," que podríamos clarificar más como "el templo de donde uno surgió." [3] Tanpu es de hecho el lugar de descanso o lugar para guardar comida y bienes. Ambos tienen un significado general dado a todos los lugares de descanso y un significado específico que lo hace equivalente a Pacaritanpu. Las crónicas mencionan otra situación dentro de Pacaritampu, el lugar llamado Tanputoco, literalmente "el lugar de la ventana," qué también es cómo Sarmiento de Gamboa lo traduce en su crónica.

Que cerca de la Posada del Amanecer exista un lugar de la ventana, es una reciente revelación de la espiritualidad Inca. Está situada en Ollantaytanpu, la ciudad del Valle Sagrado. Su rica tradición esotérica ha sido explorada por Edgardo y Fernando E. Elorrieta Salazar. [4] Sin embargo, nos enfrentamos a una clara contradicción. Mientras, por un lado Pacaritampu se refiere al lugar famoso en el Valle Sagrado, por otro lado la mayoría de crónicas sitúan Pacaritampu a la misma distancia del Cuzco pero en dirección opuesta al Valle Sagrado, al sur. Permítanos repasar unas pocas consideraciones sobre este enigma antes de estudiar todas las evidencias.

La investigación hecha por Edgardo y Fernando E. Elorrieta Salazar es increíble y demuestra que el Inca y sus descendientes lograron esconder el conocimiento y conservar la existencia de sus más sagrados monumentos. No es de sorprender que en las crónicas sobre las gigantescas empresas llevadas a cabo en el Valle Sagrado aparezca escasa evidencia. No obstante aparecen algunas, y volveremos a ellas. Sin embargo, a otro nivel está claro que la cosmología Inca cubre diferentes niveles de complejidad; como veremos más adelante, la existencia de los dos Pacaritampu puede corresponder a diferentes niveles del mito.

En el Valle Sagrado del Inca del río Vilcanota (o Urubamba) puede

223

descubrirse una gigantesca pirámide, disimulada para el turista confiado. Aquí está uno de los descubrimientos más increíbles de la espiritualidad Inca: una pirámide de tres lados que ha quedado sin ser detectada durante siglos, aunque cubre 150 hectáreas y tiene 34 m de alto, y su base mide 498 x 261 m (figura 2.1). La ignorancia de su situación fue posible porque es de hecho una pirámide asimétrica sólo visible desde ciertos ángulos del paisaje. La cima plana se llama Rimac Pampa, "lugar dónde se habla." Un sistema de irrigación se origina en esta cima sesgada que descansa contra el lado de la montaña. Su agua es distribuida a un sistema de nueve terrazas donde se cultivan maíz y quinua.

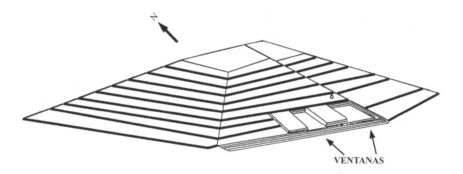

Figura 2.1: Sagrada pirámide de Ollantaytanpu

La pirámide del lugar llamada Ollantaytanpu supera en su contenido a todas las otras pirámides conocidas. Fue monumento iniciático indetectable para al novicio. El secreto Inca sobre estas materias puede explicar el porqué, aunque Bernabe Cobo sitúa Pacaritampu en el Valle Sagrado, todos los otros cronistas indican la distancia correcta del Cuzco pero dan la dirección opuesta. [5] ¿Puede el conocimiento del lugar de origen haber sido cuidadosamente disimulado, así como lo fue la pirámide, a pesar de su enorme tamaño?

¿A qué propósito sirvió la pirámide? La respuesta a esta pregunta está en la propia pirámide y en la cantidad de monumentos que se conservan en el paisaje del Valle Sagrado. En el capítulo 9 regresaremos a los aspectos más lejanos de la cosmología del Valle Sagrado. Por ahora, nos abocaremos a los muchos propósitos ocultos en la pirámide.

A mitad de uno de los lados la pirámide tiene la estilizada forma de una mano. En la base de ese lado hay dos depresiones rectangulares, orilladas por tres cercanas terrazas consecutivas. Estas depresiones están allí retratando las ventanas mencionadas en los mitos Incas de los orígenes. No invalida el mito el que estén reportadas sólo dos de las tres ventanas descritas en algunas versiones del mito. La tercera ventana, Maras-tocco, aparece cuando la pirámide es considerada desde una perspectiva mayor. Podemos ver en la base de la pirámide de Pacaritanpu las dos ventanas Sutic-tocco y Capac-tocco. La tercera ventana Maras-tocco, o "Ventana del Gran Árbol" aparecerá una vez agrandemos la perspectiva de la sagrada geografía de Ollantaytambo y lleguemos a comprender que la propia pirámide es parte de una unidad geomántica mayor (figura 2.1). Un valioso hecho observable en la actualidad es que el 21–22 de junio, la fecha de la importante fiesta del Sol, el Inti-Raymi, la salida del sol, envía un rayo de luz para iluminar la ventana identificada como Capac-tocco antes de iluminar el resto de la pirámide, reforzando el significado especial dado a ella como el lugar de emergencia en el momento del Amanecer. [6]

Permítanos mirar la tercera ventana, el llamado Maras-toco, en su relación al Sagrado Árbol. [7] Esta última característica no es inmediatamente reconocible por su forma. La corona del árbol se traslapa con la pirámide. El tronco está formado por terrazas paralelas a uno u otro lado del río Patacancha, afluente del Río Sagrado. La tercera ventana (Maras-tocco) está presente no lejos de las otras dos en un lugar que tiene una especial connotación respecto a la vieja ciudad Inca de Ollantaytanpu. La zona llamada Kanaquelca representa las raíces del sagrado árbol y tiene una Huaca donde se celebró un específico culto a la raíz. En las terrazas sólo se cultivaron quinua y maíz. El propio dosel fue elaborado por los efectos de la luz en la tarde de los solsticios. [8]

225

PUNTOS DE INFLEXION ESPIRITUAL

Toda la característica geomántica adquiere su significado más pleno cuando apreciamos lo que representa el árbol. La palabra *coca* se refiere en general a todos los árboles. La palabra *mallqui coca* se refiere a todos los tipos de árboles cultivados. Mallqui también se refiere a las momias de la clase gobernante. A través de los árboles se simbolizaron las raíces en el pasado (los antepasados) y el ayllu. Los antepasados eran los mediadores entre los vivos y los dioses o las fuerzas de la tierra.

Permítanos ahora volver a otra escultura del paisaje que está estrechamente asociada al tema del Amanecer y puesta justo sobre el árbol en la colina Pinkuylluna. Por parte de esta colina llamada Viracocchan Orcco (enviado de Wiracocha) es visible la figura de un gigantesco rostro. Lo que es muy notable es la tupida barba y las grandes orejas. En lo que correspondería a la región de los hombros, la individualidad lleva una carga. Es donde todavía encontramos restos de viejos almacenes (collcas) para guardar semillas y comida. Sobre la cabeza hay un observatorio en forma de sombrero de cuatro puntas o esquinas, recordativo del chuku, sombrero llevado por el sacerdote/astrónomo. La luz del sol ilumina este observatorio en el Solsticio de Verano (22 de diciembre) a la salida del sol, en la fecha del Capac Raymi — Fiesta del Rey — una fecha importante del calendario Inca. De esta manera el iluminado iniciado muestra su parentesco con los reyes que lo siguen, un tema que es paralelo al parentesco del iniciado Ixbalamqué con los reyes Mayas que son considerados sus hermanos. Además, todos los días la luz del sol ilumina el ojo entre las 2:30 y 3:30 postmeridiano. Desde un observatorio astronómico cercano, el sol también brilla sobre la fachada este, la cima, y la fachada oeste de la montaña en las fechas del solsticio de junio, durante el mes de agosto, y en el solsticio de diciembre, respectivamente. [9]

Sobre el lado de la montaña, esta gigantesca escultura reúne todos los rasgos que hemos visto asociados con Tunupa — ésta es también la conclusión de Edgardo y Fernando E. Elorrieta Salazar. En esta representación, Tunupa aparece como sacerdote-astrónomo y como el peregrino barbado que lleva sobre sus hombros los dones de la civilización que él da libremente a su pueblo. Él es de hecho recordativo de la joroba de las estatuillas de Tunupa-Ekeko estudiadas por C. Ponce Sangines. Es muy significante que sea el iniciado quien pasa por alto todo el sagrado árbol y la pirámide con las ventanas de emergencia. Ésta es una razón más para creer que el lugar de origen de los Incas probablemente se encontrará en el Valle Sagrado al sur del Cuzco.

Que Ollantaytanpu probablemente sea el real Pacaritanpu de los afamados orígenes, también es confirmado de otra manera por las crónicas. Garcilaso de la Vega indica que el Inca de esta sección central del Valle Sagrado jugó un rol especial. El Inca de Urcos (Calca), Yucay, y Tanpu podía abrir sus orejas más ampliamente — para la inserción de aretes — que todos los otros Incas, y sólo menos que el emperador. A este grupo particular de Inkas de Tanpu, Bernabe Cobo también le atribuyó la tradición del uso de un idioma especial de su propiedad. El agrandamiento de las orejas que atribuyeron a los Incas el epíteto de Orejones (orejas grandes) era una práctica que denotaba la iniciación antes de los tiempos de Tiwanaku y otras civilizaciones andinas, presumiblemente incluso Chavín.

¿Por qué los Incas reunirían en un lugar tan importante como el Valle Sagrado un monumento de su lugar de emergencia y un recordatorio del iniciado de las Américas? Éste debe de haber sido uno de sus secretos más resguardados, aunque, una vez descubierto, habla inequívocamente de la continuidad que los Incas deseaban establecer entre su emergente imperio, el Amanecer en el Lago Titicaca y el iniciado de los Andes.

Los Cuatro Hermanos

Parece que los mitos Incas condensan en la idea de los cuatro hermanos y las cuatro hermanas una mayor diferenciación ocurrida durante siglos. Los hermanos pueden entenderse como diferentes pueblos que se originaron en diferentes épocas de la humanidad sudamericana — y como grupos de personas de diferentes horizontes que estaban presentes en Cuzco en el momento en que llegó el Inca. De hecho puede ser una mezcla de los dos, representando ambos los niveles de conciencia y las Eras míticas.

Garcilaso de la Vega nos ofrece una clave señalando que cada uno de los hermanos tiene un significado particular. Cachi quiere decir "sal" y también significaría "vida natural," y se piensa como masculino. Uchu es ají, la pimienta caliente, y se da como femenino. Sauca (o Auca) significa "regocijo," "satisfacción," "deleite," y "placer sexual." En Capac Raymi, cuando específicamente conmemoraron la saga de sus orígenes, el Inca se abstuvo de ingerir sal, pimienta caliente, y del goce sexual, recapitulando así elementos de su mito-historia. Los tres hermanos constituyen las tres Huacas principales de los Incas. Una confirmación histórica de lo anterior viene de los estudios de María Rostworowski y Burr Cartwright Brundage. Según fuentes indias en el tiempo de la Conquista, el primero en llegar a Cuzco fue el Sauasiray*, descendientes de Ayar Cachi, luego aquéllos de Ayar Auca de quien derivó el ayllu del Antasaya y finalmente el Alcabizas, descendientes de Ayar Uchu. [10] Los últimos en llegar fueron los descendientes de Manco Capac. Se notará que el segundo y tercer hermano son a menudo confundidos en las crónicas.

Las Huacas de los tres hermanos forman una progresión desde el Valle Sagrado al Cuzco. Los hermanos Ayar se convirtieron en piedra en Pacaritanpu (a 21 millas del Cuzco), en Huanacauri (a 9 millas del Cuzco) y en el centro del Cuzco. La Huaca de Ayar Auca, una piedra

---

* N. del T.: **Sauasiray**: Grupo étnico que habitaba en el valle del Cuzco antes del advenimiento de los Incas. El cronista Pedro Sarmiento de Gamboa los menciona en sus escritos como uno de los grupos más antiguos en la región. Su origen era Sutijtoco en el área Masca/Paruro. Su *pacarina* o lugar mítico de origen estaba en Pacarictambo. Cuando llegaron a Cuzco encontraron ya establecidos a los Guallas quienes, al parecer, no les impidieron asentarse también en la comarca. Se ubicaron en el lugar donde después se construiría el Coricancha. Fueron dominados por los Incas en el s. XIII d.C.

mármol apartada, se llamó Cuzco Huanca, y se ubicó cerca de Tanpu Kancha, el palacio de Manco Capac. Los descendientes de los tres Ayar forman el llamado ayllu original. El primero de los ayllus originales se llama Chahuan, que significa "medio crudo, medio cocido." Corresponde al linaje más primitivo de los hermanos, Ayar Cachi.

El Sauasiray (Ayar Cachi) cueva de origen fue más probablemente el Sutic-tocco. Una montaña de Paruro, cerca del sur de Pacaritanpu, lleva ese nombre. Los Sauasiray también estaban conectados a esa parte de Cuzco llamada Cuntisuyu, correspondiendo a la dirección del sur. Aquí una vez más vemos cómo los dos Pacaritanpu pueden reconciliarse: uno al sur como primordial lugar de origen del primer hermano; uno al norte como el real lugar de origen del Inca. Este tipo de rompecabezas es nada raro en la visión Inca del mundo.

El origen de los Antasaya (descendientes de Ayar Auca) es probablemente la cuenca de Anta, al noroeste de Cuzco. Ambos Sauasiray (Ayar Cachi) y Antasaya (Ayar Auca) fueron llamados Cuzcos en contraste con los descendientes de Manco Capac que se llamaron Tanpus. A los Incas, descendientes de Apu-Tanpu y Manco Capac, naturalmente se les atribuyó el Capac-tocco. El Alcavizas (Ayar Uchu) formó ayllu Ayar Ucho y fue el último en ser incorporado. Ellos ofrecieron larga resistencia a los Incas, tanto que el emperador Pachacuti los desterró del Cuzco. Ellos no fueron enviados específicamente a una ventana en el sagrado paisaje de Ollantaytanpu.

Los tres primeros hermanos repiten las Eras que preceden la Inca. La primera de "vida natural" precedió a la Segunda Era y al matriarcado de la Tercera Era. Luego siguió la Cuarta Era, identificada como el tiempo de igualdad entre los sexos. La Cuarta Era es la de Manco Capac, el discípulo de Tunupa a quien el Inca escuchó, por lo menos en el mito. Para resumir, Manco Capac y los otros hermanos representan linajes y modelo de la humanidad andina, después de haber logrado diferentes grados de evolución. Ayar Cachi es el hombre de la Primera Era, o Primer Hombre; Ayar Uchu, el Segundo Hombre;

Ayar Auca, el Tercer Hombre. Manco Capac es el Hombre de la Cuarta Era, como se hace claro por su relación con Tunupa.

Ayar Cachi tiene algunos de los rasgos de Zipacna, el representante del Primer Hombre en el Popol Vuh. Él puede derrumbar montañas, también es vencido de la misma manera como lo fue Zipacna en el Popol Vuh, derrumbando una montaña sobre él. Una confirmación del mito de la transformación de Ayar Cachi en una Huaca se encuentra en el Valle Sagrado en el monumento 'Huaca del Cóndor', una montaña escogida por su parecido a un cóndor. Bajo la cabeza y el pico se encuentra un altar. El 21 de diciembre, fecha del solsticio, la sombra del pico cae en el punto medio del altar donde se encuentra un gnomon que permite determinar la fecha con precisión. [11] La Huaca del Cóndor también se localiza cerca de la Sagrada Pirámide y Árbol.

El segundo y tercer hermano se transforman en piedra convirtiéndose al tipo malo de culto. Ellos están atados a una Huaca — hechos cautivos por ella. Santa Cruz Pachacuti agrega una importante información sobre la muerte del segundo hermano a quien llama "el más joven." Que sea él el segundo hermano podemos inferirlo por el hecho que este episodio ocurre después de la aparición del arco iris, como en el mito de Gamboa dado anteriormente. La visión de Santa Cruz Pachacuti es muy valiosa porque es el que se ha distanciado más de los eventos y tiene el más alto interés en el contenido esotérico del material que comparte. Desgraciadamente, su relato no es muy completo. En cualquier caso, él se refiere al evento de la llamada Huaca de Sañuc. [12] Aquí, además de los otros cronistas, nos dice que el hermano más joven y una de sus hermanas permanecían cautivos de la Huaca. Agrega que los dos hermanos habían pecado. Curiosamente, Santa Cruz Pahacuti llama al evento pitusuray/sauasuray, que significa "persona atada encima de otra." El tercer hermano se ha convertido en piedra de posesión — piedra de fundación o taypicala* — reiterando el concepto que le fuera familiar a Tiwanaku en el tiempo de la Cuarta

---

* N. del T.: Tiwanaku: Antiguamente llamado Taypikala que en lengua aymara significa Piedra del Centro o Capital de un grupo de Pueblos.

Era. Manco Capac podría vencer el poder opositor de la Huaca a través del regalo de la vara dorada — el tupa-yauri[†].

Finalmente, permítanos volver al último y más importante hermano, el fundador mítico del estado Inca. Los tres primeros hermanos realizan actos valerosos y usan los poderes de la magia; pueden destruir montañas, abrir la tierra, volar, o volverse ídolos. En comparación Manco Capac es absolutamente más humano. Permítanos acercarnos a su identidad a través de lo que podemos recopilar de las crónicas. Montesinos informa, "Pero la verdad, la verdad final es que Pirhua Manco fue el primero en gobernar en Cuzco. Pirhua Manco y [su hijo] Manco Capac. . . son hijos del Sol y por consiguiente tienen la felicidad colmada, y he visto a este primer señor midiendo por sus pasos la tierra entera, y por consiguiente sus descendientes serán favorecidos por la feliz fortuna" (traducción del autor). [13] Montesinos agrega que el Cuarto Sol se completó cuarenta y tres años después del nacimiento de Cristo en Belén, y esto correspondió al segundo año del reino de Manco Capac, el tercer rey peruano en llevar ese nombre. El mismo Pirhua Manco también es llamado Apotanpu. Y Santa Cruz Pachacuti nos dice que Apotanpu recibió del gran Tunupa una parte de su báculo (el báculo también se compara a un rayo de sol), porque fue el único que escuchó sus enseñanzas con amor. [14] Garcilaso indica que Tunupa le dio a Apotampu un báculo de media longitud y dos dedos de espesor. [15] En este caso el dador es considerado como la unidad, el receptor como la mitad de él. Al nacimiento de Manco Capac, el báculo se transforma milagrosamente en oro. Las leyendas nos devuelven una vez más al tiempo del Amanecer. En ellas se afirma que Manco Capac es el iniciado del Sol y coloca a la civilización Inca en la herencia cultural de Tunupa. ¿Es ésta una vana afirmación o es confirmada por la historia Inca?

[†] TUPAYAURI (Topayauri): Cetro de oro que era usado por los Incas como insignia de mando y de autoridad real. La tradición dice que fue usado desde tiempos de Manco Cápac.

Los Incas y la Memoria de Tunupa

Una vez más Santa Cruz Pachacuti nos ofrece la visión más entusiasta de la naturaleza de los cambios introducidos por el Inca. De muchas maneras los mitos de la fundación Inca legitiman una continuidad con el legado de Tunupa. Que éste sea ciertamente el caso es el objeto del resto de nuestras exploraciones en los próximos capítulos. El Inca de hecho llevó este proceso un paso más allá en los nuevos tiempos.

Santa Cruz Pachacuti muestra el hilo conductor de Tunupa a Manco Capac. El tupac-yauri es el báculo que Manco Capac heredó de su padre Apotanpu. Este último había recibido un báculo de Tunupa. Fue sólo a su muerte que el báculo pasó a manos de Manco Capac, que se convirtió en un báculo dorado. Está claro en este lenguaje imaginativo que Manco Capac es el que abraza el mensaje del profeta. Santa Cruz Pachacuti también especifica que Manco Capac fue el que luchó contra la idolatría de las Huacas.

Aquí es fácil confundirse por los términos que usa Santa Cruz Pachacuti. Hasta ese punto ha mencionado las Huacas como intermediarias entre la humanidad y los dioses. Ellas son de hecho el vínculo directo en el tiempo de Tunupa y el mensaje universal que renovó la civilización andina. Lo que Santa Cruz Pachacuti considera idolatría es la creencia en un poder autónomo que poseen las Huacas y su uso como oráculos independientes. Este punto se ha hecho claro respecto a Wayna Capac, el soberano Inca a quien Santa Cruz Pachacuti reprocha haber recurrido al oráculo de Pachacamac. A esto se refiere cuando describe los demonios que trabajan a través de las Huacas. Acompañando el uso de los oráculos estaba, por lo menos en algunos casos, la práctica del sacrificio humano. Así, hablando de posteriores soberanos Incas, el cronista nativo se refiere a Capac Yupanqui en su lucha contra la llamada práctica del sacrificio humano de Capaucha-Cocuy, que implicaba el entierro de muchachos vírgenes vivos con plata y oro.

Uno no debe olvidarse que las Huacas, por lo menos en el caso de las momias, eran lugares para la preservación de las fuerzas de vida que conectaban el pasado, por lo menos en muchos casos, al pasado del iniciado Tunupa. Fueron verdaderos objetos sagrados que podían ponerse a disposición de seres espirituales progresistas o regresivos. Cuando se sacaban las momias en ocasión de celebraciones festivas, los sacerdotes u otros oficiales podían narrar la historia del difunto emperador volviendo a vivir los eventos que la presencia de la Huaca hizo espiritualmente visible o entendible. El antepasado que ha sido transformado en piedra es la Huaca que todavía acompaña la vida de su pueblo. En el próximo capítulo veremos esta ilustración de la espiritualidad Inca en la Leyenda de los Chancas.

La idea anterior — concerniente a la confrontación de Tunupa con las fuerzas opositoras — es reiterada en el arte Inca que conmemora los hechos del iniciado en el tiempo de Cristo. Primero veremos el monumento de la Huaca de Ticci Wiracocha encontrado en Urcos. En este lugar se encuentran ruinas megalíticas de origen Inca. [16]

El santuario comprende:

- la escultura del puma de 9.4 x 3m.
- un grupo de edificios en cualquier lado de él
- un sistema de terrazas y cauces de irrigación
- una torre construida de piedra y mortero

Entre muchos otros restos arqueológicos interesantes están:

- vestigios de un estanque artificial o depósito, usado para baños o para criar peces
- un trono del Inca cortado en un bloque megalítico de dimensiones notables. Mira al norte, en dirección del acueducto.

Permítanos considerar el lenguaje del monumento, en primer lugar al puma. Su muy realista cabeza está orientada al este y tiene 3 m de amplitud. Los ojos son redondos y superados por la frente, el hocico

233

angular, las orejas pequeñas y redondas. Alrededor del cuello hay rastros de un collar. La espina dorsal del animal es arqueada como si fuera a saltar sobre su presa. Detrás de la cabeza hay una excavación redonda que fue usada para verter sacrificios líquidos. De la cavidad detrás de la cabeza, la sangre de las ofrendas, mezclada con agua que viene de la laguna Kan Kan, fluía en forma de cola zigzagueante que acaba en la cabeza de una serpiente. El animal está encerrado en un corral donde hay tres lados, el que falta es el del lado oriental, y sin techo. La cabeza del puma sobrepasa la pared. Todo da la impresión de un animal encarcelado, reforzado por la presencia del collar.

Della Santa reporta las tradiciones locales de la leyenda del Inca Urco Huaranqa que promete su hija al que construya un canal que traiga agua al Tanpu de Urcos. [17] Tiempo atrás, vivió en esa comunidad un hombre que tenía por nombre Inka Urco Huaranqa que tenía una hija muy bonita llamada Paucarilla. La princesa era objeto de disputa de muchos jefes locales. Debido a la escasez de agua, el Inca ofreció la mano de su hija al primero que canalizara el agua hasta el pueblo. El ganador, Rumi Maqui (en quechua significa 'mano de piedra'), no era amado por la joven princesa quien recurrió a los dioses y huyó con su amado cacique, Uska Paucar ('floreado'). Juntos corrieron a la cima de la montaña donde se transformaron en piedra. El agua bajó por un acueducto desde la laguna Kan Kan de la montaña. En la actualidad, en Urcos hay dos cauces; uno de ellos viene de la laguna Kan Kan de la montaña, alimentada por el glaciar Pitusiray.

En la crónica de Santa Cruz Pachacuti, un episodio que se refiere a un lugar llamado Sauasiray/Pitusiray tiene lugar dentro del mito de emergencia de los Incas. Retrata la lucha contra la Huaca de Sañuc. Dos de los hermanos de Manco Capac (uno de ellos después es llamado "hermana") es derrotado y transformado en piedra por la Huaca. Manco confronta la Huaca y la derrota con su tupa-yauri, el báculo dorado. Pachacuti menciona que los hermanos habían pecado. Este tema refleja la idea que el primer y segundo hermano de Manco Capac fueron convertidos en piedra por volverse un tipo malo de culto al que ya nos hemos referido antes. Ellos están atados a un Huaca — hechos cautivos de ella. La leyenda de Urcos puede indicar que la hija cometió una transgresión por recurrir a un hombre que usó las fuerzas del pasado en lugar de abrazar el mensaje del iniciado. Poma de Ayala, describiendo el culto a la montaña Pitusiray, informa la creencia de que un Inca se había transformado en puma. [18]

Según Sarmiento de Gamboa, el edificio de Urcos fue erigido para conmemorar el paso de Tunupa a través de Urcos. [19] Wiracocha Inca tenía otro templo construido en Cacha en el que había una estatua a Ticci-Wiracocha. Note que éste fue el lugar en que Tunupa dominó al mago de fuego. Podemos ver una similitud y un tema recurrente entre el simbolismo de Urcos y el de Cacha.

La persistente tradición del Puma de Fuego echará luz sobre los extensos significados de la leyenda. Entre los indios de Guaro (indios de San Martin de Guarocondor, cerca del Cuzco), el mago (llamado Yacarca) poseía el don de la ubicuidad y podía asumir diferentes formas, al hacerlo, según el Arzobispo Villagómez, el mago tenía que beber sangre humana. [20] El puma descrito en la escultura podría ser el puma de fuego domado por Tunupa, el "mago blanco de fuego". El simbolismo del templo indica que un mago/iniciado ha dominado al puma de fuego y al mago de fuego que trabajó con él. El propio Tunupa era otra clase de mago, uno que no obtuvo su fuerza del Puma de Fuego y del sacrificio humano.

La Historia Inca Temprana

Muy poco es conocido de los orígenes de los Incas y de sus vínculos con el tiempo del Período Intermedio Temprano. Es difícil plantear evidencia histórica de su conexión con la cultura que se estableció alrededor del Lago Titicaca y la individualidad del iniciado andino. Sin embargo, existe un vínculo de continuidad cultural y espiritual entre la civilización de Tiwanaku y la formación del Imperio Inca, que es el objeto entero de la segunda parte de este trabajo. También puede existir un vínculo histórico. Lo que sigue no es la prueba de ello, más bien una suposición.

Cada vez más la evidencia indica que el Valle Sagrado puede haber sido de hecho la ruta a través de la que el Inca llegó a Cuzco. Basándose en los mitos de los orígenes Colla*, dados por Garcilaso de la Vega, los hermanos Elorrieta Salazar suponen que parte de los Collas, la población Aymara desciende de la cuenca del Titicaca, emigraron hacia la cabecera del Vilcanota (Urubamba). Lo que sigue es el resultado de su investigación. [21] Los Collas se encontraron con la resistencia de los Canchis, y de sus enemigos espirituales, los Canas del área alrededor de Pucará, y fueron obligados a tomar la ruta de las montañas, refugiándose en áreas similares a las punas originales de la alta meseta. Después de un tiempo de guerra contra las tribus vecinas, finalmente pudieron ocupar los territorios en el origen del río Vilcanota y el área de Paucartanpu, al este de éste río. Los rastros que pueden haber dejado son visibles en las ruinas de Ninamarca, Tocra (Paucartanpu), Ancashmarca, Aukani, y Choquechancha (Calca). Finalmente, Ollantaytanpu se volvió su residencia principal. La comunidad de Q'ero (distrito de Paucartanpu, al este de Ollantaytanpu en la montaña) conserva los mitos que indican los sucesivos esfuerzos del Colla por penetrar el valle. De particular interés es la parte de la leyenda que se refiere a la creación de Inkari y Qollari, hombre sabio y mujer sabia. Es obvia la referencia a Inka y Colla. A Inkari le fue dado el báculo de oro y a Colla la rueca de un tejedor. Como en el mucho más conocido mito Inca del origen, a Inkari se le había confiado la tarea de encontrar tierra fecunda que habría reconocido al hundir el báculo. Q'ero fue un primer paso por el camino de las peregrinaciones de Inkari: aquí, el báculo cayó oblicuamente. Ollantaytanpu fue el

---

* N. del T.: El **Reino Colla** fue uno de los reinos aymaras que ocupó el territorio del desaparecido el Imperio Tiwanaku-Wari en la meseta del Titicaca. A mediados del siglo XV conservaba un extenso territorio, con su capital Hatun-Colla, cuando el noveno Inca (Pachacútec) los conquistó. En el imperio inca se le llamó Collasuyo a una aún más extensa región, pues los reinos aymaras, con fuertes lazos culturales entre ellos, eran conocidos por el nombre genérico de *collas*. Esto se debió a que el *Reino Colla*, en torno a la orilla norte del Titicaca, era para los incas el más significativo de estos reinos, en la época del inicio de la gran expansión territorial del imperio.

siguiente y definitivo. Habiendo logrado su tarea, Inkari volvió al Titicaca.

Ollantaytanpu reunía todas las condiciones ideales y una geografía espiritual recordativa de Copacabana (a orillas del Lago Titicaca) y Tiwanaku. Ollantaytanpu también reúne las condiciones ideales para el crecimiento del maíz (como todavía se hace en las terrazas de la sagrada pirámide) y la proximidad de las punas para las manadas de llamas. Cerca de Ollantaytanpu se encuentran los muy antiguos lugares de Qorywayrachina y Llukumarca. ¡En las montañas alrededor de Ollantaytanpu surge un pico llamado Huanacauri, que lleva el mismo nombre de la montaña cerca al Cuzco que es la primera Huaca de la ciudad! En su cúspide están las ruinas de un viejo templo con una base trapezoidal. En las cuestas de la montaña llamadas Tamboqhasa — contra las que se apoya la pirámide de Ollantatytambo — se encontró el templo de Pumaorco cuya construcción denota la tecnología arquitectónica de Tiwanaku. [22]

Permítanos finalmente volver a la única crónica que explora los orígenes más lejanos de los Incas, la muy debatida versión de Montesinos que lista a los reyes de las muchas dinastías que precedieron la Inca. Lo que ha hecho polémica la versión de Montesinos son sus teorías fantásticas que asocian los eventos de su crónica con los eventos míticos tomado de la Biblia. Un ejemplo de esto se encuentra en la primera página de la crónica donde se hace mención de Ophir que se asentó en América después del Diluvio. Ophir era el descendiente de Noé que, según el cronista, pobló Perú con los armenios.

Hay similitudes entre las narraciones de Montesinos y aquéllas de Blas de Valera. Los dos eran jesuitas. Parece que cuando Montesinos estuvo en La Paz tomó el conocimiento de las genealogías de Blas de Valera sin reconocerlo. Blas de Valera, el ahora presumido "Jesuita anónimo," escribió un trabajo titulado *De los Indios del Perú sus costumbres y pacificación.* [23] Más sobre Blas de Valera se discutirá en el capítulo 9, en "El Volver a Escribir la Historia por los españoles."

Cuando volvemos al llamado Inca histórico, los hechos no se establecen con gran claridad. Los primeros siete Incas del Cuzco revolotean en un lugar entre la leyenda y la historia. Poco se conoce sobre sus vidas, aunque la sucesión de sus nombres es consistente en la mayoría de las crónicas. Los primeros cinco gobernantes pertenecieron a Hurin Cuzco.

Bajo Manco Capac, la primera de las dinastías Inca, el Inca capturó al jefe Sauasiray (Ayar Cachi) y tomó posesión de la tierra de Alcabizas (Ayar Uchu). Según todos los cronistas Manco Capac y sus descendientes ocuparon el Templo del Sol. El primer gobernante fundó la parte superior del Cuzco, la llamada Hanan Cuzco, Mamá Occlo la parte más baja, Hurin Cuzco.

El hijo de Manco, Sinchi Roca nació en Ollantaytanpu. Él es el primer soberano verdaderamente histórico. El nombre Sinchi indica que era un jefe guerrero. Se casó con Mama Coca, y decidió formar una confederación de tribus basada en el principio de ayuda mutua.

Bajo el reino del siguiente soberano, Lloque Yupanqui, los Ayarmacas fueron derrotados. A su sucesor, Mayta Capac, se le recuerda como un prodigio por su precocidad. Bajo su reino se rebelaron los Alcabizas pero fueron nuevamente sometidos. Mayta Capac también decidió defender su reino contra el Condesuyus. Bajo el reino de Capac Yupanqui, los Chancas del valle de Ayacucho formaron una confederación. Los Quechuas de Andahuaylas, sintiéndose amenazados, buscaron una alianza con el Inca. Esto no detuvo a los Chancas de anexarlos a la muerte del Inca.

El sexto emperador, Inca Roca, llegó al poder a través de un golpe de estado. Fue el primer gobernante perteneciente a Hanan Cuzco. Tuvo que enfrentar la revuelta de Hurin Cuzco y los ayllus que se habían aliado con ellos. También fue el primer Inca en enfrentar la amenaza de los Chanca por invadir su territorio e infligirles una derrota. Sin

238

embargo, a ella no le siguió una ocupación territorial. Él expandió el territorio de una manera modesta hacia el este, y se sabe que gastó tiempo y energía para mejorar la ciudad de Cuzco.

El último gobernante del período pre-imperio fue Tupac Inca Yupanqui. Su gobierno forma un episodio muy desconcertante en la historia Inca. El Condesuyus organizó una rebelión después de una traición en la que el Inca fue muerto, y los Chancas aprovecharon la ocasión para expandirse territorialmente.

Los anteriores cortos episodios de la vida de los primeros siete Incas muestran algunos de los modelos a los que Guamán Poma calificó como Cuarta Era, un tiempo de guerra continua entre jefes locales cuyo poder se extiende por encima de un territorio — al menos después del tiempo de Wari. Fue un tiempo de inciertas alianzas y federaciones. Sin embargo, la región de Cuzco representó una excepción parcial. Esto indica que el valle tenía una más fuerte estructura políticamente unificada incluso bajo los primeros emperadores.

¿Qué fue lo que permitió el salto entre la dimensión de una más grande y principal oposición local para el imperio que surge dentro de un siglo, abarcando un territorio que se extiende desde Ecuador hasta el norte de Chile? La transformación del gobierno Inca es el reconocido trabajo del noveno Inca, Pachacutic. Sin embargo, desde una perspectiva espiritual, el escenario fue preparado en dos fases consecutivas, primero por el Inca Wiracocha, luego por Pachacuti.

CAPÍTULO 3

IMPERIO INCA
Y LA QUINTA ERA

La mayoría de historiadores atribuye a las reformas del noveno emperador Pachacuti los cambios cualitativos que se introdujeron en la súbita expansión del Imperio Inca. La transición del Inca Viracocha a Pachacuti, su hijo, forma una confusa imagen en las crónicas. Los eventos se traslapan entre un soberano y otro. Hazañas atribuidas a un Inca en una crónica, en una segunda crónica se dicen ser hechos del otro soberano. Parte de estas diferencias está en las fuentes autónomas de poder formadas por el panaqas, el ayllu real que celebró la memoria de su respectivo fundador soberano. Según las simpatías del cronista o las fuentes que consultó, un Inca brilla a expensas del otro. Entre los dos soberanos puede haber existido un corto reinado de *Urcos*, otro de los hijos del Inca Viracocha.

Según la mayoría de las crónicas, es Pachacuti el que fuera el mayor protagonista en el meteórico surgimiento del imperio Inca. No es esta visión la que se cuestiona. Sin embargo, el presente trabajo quiere ofrecer un acercamiento complementario al punto de vista completamente histórico-científico. Nuestro enfoque se concentrará en tres aspectos del punto de inflexión espiritual que dio lugar al imperio Inca: las experiencias espirituales experimentadas respectivamente por el Inca Viracocha y por Pachacuti, y la amenaza planteada por el ataque de los rivales de los Incas, los Chancas. Cada una de estas figuras se apoya en la otra y forma un cuadro coherente que apoya la importancia del cambio histórico.

Los Chancas plantearon una amenaza espiritual para los Incas debido a sus contrastantes visiones espirituales. Contra esta amenaza apareció una respuesta espiritual formulada por los dos soberanos. Para entender la naturaleza de esta respuesta, necesitamos volver a sus biografías y a las experiencias espirituales que formaron los puntos centrales de sus vidas. Seguiremos el horario histórico que lleva del Inca Viracocha a la invasión Chanca y finalmente a la respuesta ofrecida por Pachacuti. Se tiene el sentimiento que la amenaza Chanca fue la prueba definitiva de la que salió el Imperio Inca. A la amenaza de la continuación de la decadente Era de los Guerreros, el Inca trajo la respuesta espiritual que inauguró un nuevo impulso civilizador, una verdadera Quinta Era sudamericana.

El Inka Virakocha y la Vision en Urcos

Bernabe Cobo indica que la conducta salvaje y orgullosa del joven príncipe motivó que su padre Yahuar Huacac lo enviara a Chita (no lejos de Urcos en el Valle Sagrado) para refrenar su espíritu confiándole la tarea de cuidar las llamas del Sol. Garcilaso de la Vega va un paso más allá describiendo la conducta del príncipe. Él describe una vena de "malicia negra y falta de humanidad" en su conducta, menciona que le gustaba pegar a sus camaradas. Su padre lo relegó a Chita durante tres años cuando el joven hombre había alcanzado la edad de diecinueve años. Polo de Ondegardo también confirma el destierro del joven heredero. [1]

La juventud del Inca Viracocha no fue causa de un prometedor debut. Es su famosa visión la que trajo a la existencia una conversión espiritual y por consiguiente también un cambio en el tenor cualitativo de su vida. Esta visión ocurrió en el Valle Sagrado, en Urcos, lugar que ya se ha mencionado anteriormente en relación a sus ruinas y a las leyendas que sobreviven. Cobo indica que el joven príncipe vio a un hombre viejo y barbado, representando al ser nombrado Viracocha-Yachachic. Él pidió al joven inaugurar un culto para su ser y le autorizó que llevara su nombre. Cobo es uno de los pocos cronistas que vincula este punto de inflexión con la batalla decisiva y derrota de los Chancas. Garcilaso de la Vega confirma la visión y agrega que la figura sostenía un animal con una correa. Él y Cobo llaman a la figura un "fantasma." Garcilaso especifica que la figura se nombró a sí

242

misma "hijo del Sol" y "hermano de Manco Capac." [2] Agrega que fue enviada por el Sol. Sarmiento de Gamboa y Santa Cruz Pachacuti también creen en la realidad de la visión. Pero para Polo de Ondegardo y Acosta fue un sueño. Según los historiadores es más probablemente que en respuesta a la visión el Inca Viracocha construyera el Quisarcancha.

Todos los elementos anteriores tienen un específico marco de referencia en el contexto de Urcos. Si nos referimos a ese contexto para lo que conocemos de Urcos por nuestras exploraciones anteriores, surgirá un cuadro más claro. Urcos, como Cacha en el altiplano de Titicaca, fue un importante lugar de culto Inca. Conmemoró lugares donde Viracocha/Tunupa se detuvo en sus peregrinaciones a lo largo de los Andes. Se conmemoran ambos lugares por las luchas de Tunupa contra las decadentes prácticas de magia. Finalmente, dos de ellos tenían templos que mostraban el hecho del iniciado en la domesticación del Puma de Fuego, el vehículo de inspiración de la deidad que dirigió la civilización sudamericana en los tiempos que preceden el Amanecer — después se hacen decadentes. Todos estos elementos nos llevan muy claramente al ser que el Inca Viracocha vio en su visión.

No ha de sorprender entonces que al Inca Viracocha le creciera una barba, algo que no era común entre los Incas. Según Garcilaso también le gustaba personificar la aparición del "fantasma." [3] El mismo autor indica que el Inca Viracocha inicialmente hizo una distinción entre el ser del que había dado testimonio y él. Después cedió ante la tentación de ponerse en la misma condición. Estos hechos pueden ser una fuente de confusión entre el mítico Viracocha/Tunupa y el Inca Viracocha histórico en las crónicas de Molina y Murua. [4] De todo lo anterior podemos decir que el Inca Viracocha formó una importante transición espiritual en la recuperación del conocimiento del rol de Tunupa que se había perdido en el tiempo de la decadencia de la Era de los Guerreros. Sin embargo, también trajo un elemento de confusión entre Viracocha — el Gran Espíritu y Dios Creador — y Tunupa, el iniciado que Pachacuti llamaría después con el nombre de Illapa. Una clara comprensión sólo podría restaurarse respecto a una tercera deidad, el Dios Sol, Inti. Fue Pachacuti quien trajo una respuesta a la candente pregunta de Inti y su relación con Viracocha y al iniciado Illapa/Tunupa. La visión posterior de Pachacuti estaba íntimamente entrelazada con el destino de los Incas y con la inminente invasión de los Chancas. Por eso volveremos a la leyenda de los Chancas antes de observar específicamente la vida y experiencias espirituales de Pachacuti.

Pachacuti y la Leyenda de los Chancas

Hemos visto cómo la cultura Chanca se insertó dentro del hilo de la cultura Wari, aunque como cultura de menor importancia respecto a la primera. La muy superior fuerza de los Chancas ahora amenazaba el despliegue de un nuevo impulso espiritual que quería entrar en la nación Inca a través de la persona de Pachacuti. La siguiente narrativa acerca del emperador — originalmente llamado Cusi Yupanqui o Tupac Inca Yupanqui, antes de su experiencia espiritual — es tomada de la crónica de Juan Betanzos. [5]

Acerca del carácter y virtudes de Tupac Inca Yupanqui y cómo se aisló de sus compañeros, entró en oración y, según lo que los autores dicen, tuvo una revelación del cielo; cómo fue ayudado, entró en batalla con Uscovilca, lo capturó y mató, junto con otros eventos que tuvieron lugar.

Como hombre joven, Tupac Inca Yupanqui era virtuoso y afable en su conversación. Hablaba poco y no se reía de manera exagerada sino, más bien, con discreción. Era aficionado a ayudar al débil. Era joven y casto que nunca se escuchó que había estado con una mujer ni aquéllos de su tiempo lo encontraron mintiendo o no manteniendo su palabra. Tenía las cualidades de un poderoso y valiente señor, aunque todavía era joven, y muy valeroso. Cuando su padre pensaba en el carácter de su hijo Tupac Inca Yupanqui, se llenaba de envidia y lo detestaba. Su padre deseaba que su hijo mayor, llamado Inca Urco, tuviera el carácter de Tupac Inca Yupanqui. Desde que su padre vio la fuerza de

244

carácter de Tupac Inca Yupanqui, no le permitió llegar ante él ni le dio muestras de amarlo. Desde que su padre notó que Tupac Inca Yupanqui tenía tantas buenas cualidades, temió que después de sus días los señores de Cuzco y el resto de la comunidad lo tomaran por su señor aun cuando le dejara el título de señor a Inca Urco, estos señores lo retirarían ya que Inca Urco era más bien ingenuo y le faltaba la capacidad y carácter de Tupac Inca Yupanqui a quien todos amaban mucho, como ustedes han oído. Después de sus días, su padre quiso dejar su título a Inca Urco. Por tanto, el Inca Viracocha hizo que los señores de Cuzco y al resto del pueblo tratara a Inca Urco con la misma deferencia y respeto otorgado a él. Así el Inca Wiracocha tenía al señor de Cuzco sirviendo a Inca Urco con las insignias reales usadas personalmente por él. A nadie le fue permitido aparecer ante él con los zapatos puestos, no importa cuán importante pudiera ser el señor, incluso ni sus hermanos; más bien, llegaban descalzos y permanecían con sus cabezas inclinadas ante él durante todo el tiempo que le hablaban o le traían un mensaje. Siempre comía solo, sin que nadie se atreviera a tocar su comida. Los señores lo llevaban en una litera sobre sus hombros. Si salía a la plaza, se sentaba en un banco dorado bajo una sombrilla hecha de plumas de avestruz teñidas de rojo. Bebía en vasos de oro, y todos los otros platos del servicio de su casa eran de oro. Tenía muchas mujeres. Tupac Inca Yupanqui no tomaba parte de esto porque, como usted ha oído, era detestado por su padre que amaba a Inca Urco. Cuando el Inca Viracocha vio que Tupac Inca Yupanqui había permanecido en la ciudad de Cuzco, le agradó. Pensó que Tupac Inca Yupanqui acabarían sus días allí. Cuando Tupac Inca Yupanqui envió por ayuda de lo que usted ya ha oído hablar, el Inca Viracocha se la negó.

Tupac Inca Yupanqui dejó a sus compañeros la noche ya mencionada a ustedes [la noche que precede el ataque de los Chancas]; en esa narración cuentan que fue a un lugar donde ninguno de sus seguidores podía verlo, a una distancia de la ciudad del Cuzco de aproximadamente dos tiros con una honda. Allí empezó a orar al creador de todas las cosas a quienes llaman Viracocha

Pachayachachic. Tupac Inca Yupanqui estaba diciendo una oración en las siguientes palabras: "Señor Dios que me creó y me dio la forma de hombre, venga en mi ayuda en esta dificultad en la que me encuentro. Usted es mi padre que me creó y me dio forma de hombre. No me permita ser muerto por mis enemigos. Deme ayuda contra ellos. No les permita hacerme su súbdito. Usted me hizo libre y sólo súbdito suyo. No permita que me convierta en súbdito de ese pueblo que quieren dominarme de esta manera y hacerme esclavo. Señor, deme la fuerza para resistirlos. Haga de mí cualquier cosa que usted quiera, porque yo soy suyo." Cuando Tupac Inca Yupanqui estaba diciendo esta oración, lloraba con todo su corazón. Y todavía orando, se durmió, superado por la fatiga. Como estaba durmiendo, Viracocha entró en él en forma de hombre y le habló: "Mi hijo, no se apene. El día que usted entre en batalla con sus enemigos, yo le enviaré soldados con quienes usted los derrotará y disfrutará de la victoria."

Cuando Tupac Inca Yupanqui recordó este feliz sueño, se entusiasmó, volvió a sus seguidores y les dijo que estuvieran contentos, como él lo estaba. No debían temer porque no serían derrotados por sus enemigos. Él tendría soldados en tiempo de necesidad, pero se negó a decir más, cómo, o dónde, aunque le preguntaron. Desde aquel momento, cada noche Tupac Inca Yupanqui se alejaría de sus compañeros al lugar donde había dicho su oración, donde siempre la repitió exactamente como la primera vez, pero no tendría el mismo sueño de la primera noche.

Sin embargo, la última noche mientras oraba, Viracocha entró en él en forma de hombre, y mientras estaba despierto, le dijo: "Mi hijo, mañana sus enemigos vendrán a batallar. Yo vendré en su ayuda con soldados para que usted derrote a sus enemigos y disfrute de la victoria." Y ellos cuentan que a la mañana siguiente Uscovilca llegó con sus soldados a través de Carmenga que es una colina al lado del pueblo hacia la ciudad de Los Reyes. Cuando Uscovilca bajó con todas sus fuerzas y soldados, aparecieron veinte escuadrones de soldados nunca vistos o conocidos por Tupac Inca Yupanqui o sus seguidores.

Estos soldados aparecieron en el Collasuyo, camino a Accha, y camino a Condesuyo. Conforme estos soldados se acercaban a él, Tupac Inca Yupanqui y sus compañeros veían acercarse a sus enemigos. Cuando se acercaron, aquéllos que venían en ayuda de Tupac Inca Yupanqui lo rodearon diciendo: "Permítanos ir, nuestro único rey, y derrotaremos a sus enemigos a quienes usted tomará prisioneros hoy." Y así se acercaron a los soldados de Uscovilca que, llenos de furia, bajaban por la colina. Cuando se encontraron, libraron su batalla, luchando desde la mañana que fue cuando empezaron, hasta el mediodía. La batalla resultó de tal manera que murieron gran número de soldados de Uscovilca y ninguno entró en combate sin morir. En esa batalla Uscovilca fue tomado prisionero y muerto. Cuando sus seguidores lo vieron muerto y vieron la gran matanza que se estaba haciendo de ellos, acordaron no esperar más. Volviendo por el camino por el que habían venido, huyeron hasta que alcanzaron el pueblo de Jaquijahuana donde se detuvieron a descansar y recuperarse.

Habiendo escapado de esta derrota, algunos de los capitanes de Uscovilca enviaron noticias a su tierra pidiendo ayuda. También enviaron noticias a los capitanes Malma y Rapa que venían de una campaña de conquista por la provincia de Condesuyo hasta la provincia del Chichas, como ya se le ha descrito en esta narración. Estos capitanes volvían ya vencedores, triunfantes sobre las provincias conquistadas. Llegaron con grandes riquezas, trayendo consigo el botín. En ese momento, los capitanes derrotados que estaban conferenciando en Jaquijahuana enviaron sus mensajeros a los otros dos capitanes a quienes Uscovilca también habían enviado desde el pueblo de Paucaray a descubrir y conquistar provincias y pueblos que pudieran encontrar. Estos capitanes habían atravesado la provincia de los Andes y conquistado hasta la tierra del Chiriguana que está a más de doscientas leguas de Paucaray. Como los capitanes Yanavilca y Tecllovilca regresaban vencedores con un gran botín, los mensajeros los encontraron. Cuando averiguaron sobre la muerte de Uscovilca, cómo había sido derrotado y la manera en que fue hecho, todos ellos se abrieron camino tan rápido como pudieron reunir a los capitanes que habían escapado a la derrota de Uscovilca para conferenciar en Jaquijahuana, como ya ha oído usted. Ahora lo dejaremos todo y hablaremos de nuevo de Tupac Inca Yupanqui que fue el que alcanzó la victoria.

*   *   *

En las crónicas hay un consistente modelo. Esos cronistas que consagran gran parte de su atención al Inca Viracocha también le atribuyen la resistencia ofrecida contra los Chancas: Bernabe Cobo y Garcilaso de la Vega. Cobo explica que la invasión ocurrió poco después de la visión del Inca Viracocha. Sin embargo, María Rowstorowski afirma que doce cronistas le atribuyen a Pachacuti la derrota de los Chancas. [6] Entre ellos están nombres que frecuentemente hemos oído: Polo de Ondegardo, Sarmiento de Gamboa, Cieza de León, Acosta, Santa Cruz Pachacuti, y Juan Betanzos. Ésta es por consiguiente la versión de los hechos más a menudo reconocida por los historiadores. Gamboa y Betanzos indican que el joven príncipe había alcanzado entre veinte y veintitrés años de edad cuando los Chancas invadieron Cuzco. De hecho, éste puede haber sido uno de muchos ataques.

La leyenda de los Chancas está íntimamente entrelazada con la experiencia de Pachacuti en Susurpuquio (cerca de Cuzco). Así permítanos volver a la individualidad del joven Cusi Yupanqui hasta el punto en que asumiría el importante nombre de Pachacuti, que quiere decir "cambio del mundo," o "el inaugurador de una nueva Era." El joven Cusi Yupanqui era el tercero o cuarto hijo del Inca Viracocha y su primera esposa Mama Runta. Vimos que Betanzos le atribuye muchas virtudes al joven Inca. Era afable, casto, aficionado a ayudar al débil, sincero, y valeroso. Santa Cruz Pachacuti confirma que tenía predilección especial hacia los enanos y jorobados y que les ofreció una casa y cuidado especial una vez fuera soberano. En todas las apariciones tenemos que ver con una individualidad especial antes de su conversión espiritual. Algunas de sus características son recordativas de la tradición asociada a Tunupa.

248

La visión de Susurpuquio tenía un trasfondo particular que la distinguía de la visión del Inca Viracocha en Urcos. Era ciertamente la visión del joven Cusi Yupanqui; sin embargo, en más de una manera también fue un mensaje a la joven nación Inca. Cusi Yupanqui había hecho una desesperada resistencia cuando pocos, incluyéndose él mismo, tenían alguna esperanza que el Inca pudiera resistir la amenaza de los Chancas. Aunque había pedido ayuda a la nación Inca y a otras, poco le había sido ofrecido. Betanzos explica que Cusi Yupanqui fue a orar en un estado similar a la desesperación. "Estaba llorando con todo sentimiento" y se durmió superado por la fatiga. Permítanos citar algunos de los cronistas para aproximarnos a la naturaleza de la visión y del ser que se acercó a Cusi Yupanqui. Recogiendo el contenido de diferentes crónicas, nos cuentan de una figura antropomórfica con atributos impresionantes: cabeza de puma proyectada desde su torso, serpientes envueltas en sus brazos, rayos dorados sobre su cara. (Polo de Ondegardo, Cobo, Molina, Betanzos) En la versión de Betanzos — aunque después de los hechos y más en el texto — se nos dice lo siguiente: "Él tuvo en cuenta que al que había visto allí, a quien él llamó Viracocha, lo vio con gran brillo, como cuentan ellos. Y tanto que le pareció que el día estaba ante él, y su luz, que vio ante él, cuentan ellos que le dio un gran miedo. Y nunca le dijo quién era. Como había planeando construir esta casa [el Templo del Sol], juzgó por el brillo que vio que debe haber sido el Sol, y al llegar la primera palabra que pronunció, 'Niño, no tema'; así su pueblo lo llamó 'niño del Sol.' Tomando en cuenta lo que usted ha oído, decidió hacer la casa del Sol." Gamboa confirma tres veces el calificativo "niño del Sol". Ni es la versión de Betanzos la única que describe las características de este ser de la misma manera. Sarmiento de Gamboa indica que era un "personaje como el Sol." Cristóbal de Molina atribuyó esta frase al ser que se le aparece a Pachacuti: "Venga mi niño, no tema. Yo soy el Sol, su Padre, y sepa que usted someterá a muchas naciones." [7] Fue por esta experiencia que Pachacuti procedió a darle al Sol el culto central del imperio. Aunque en la versión de Betanzos Pachacuti describe al ser primero como Viracocha, un poco como lo había hecho el Inca Viracocha, cuando la descripción es dada en detalle (después en el capítulo) y comparada con lo que dicen otros cronistas, parece como que es un ser solar. Esto después lo confirma abundantemente la historia y también la importancia central dada al culto del Sol en el imperio fundado por Pachacuti.

¿Quiénes son entonces los auxiliadores que el ser del Sol envía a Cusi Yupanqui? Gamboa dice que los Chancas vieron una multitud de hombres que habían sido enviados por Viracocha que de repente bajaban de la colina. Estos soldados milagrosos se llaman pururaucas. La palabra tiene el significado de "bandolero oculto" o "arquero oculto." La tradición persistió en el tiempo de la Conquista que los pururaucas eran piedras encontradas alrededor de Cuzco. Así se encontraron siete en el lado norte (Chinchasuyu), cuatro en el lado sur (Collasuyu), y quince al oeste (Cuntisuyu).

Podemos ahora intentar alcanzar el profundo significado de la leyenda de los Chancas. Una batalla espiritual se llevaba a cabo entre los herederos de la decadente Cuarta Era y el nuevo impulso espiritual reinaugurado por el Inca Viracocha. El viejo emperador había restablecido la conexión del Imperio Inca con el hecho de Viracocha/Tunupa. Esto se hace claro por muchos pequeños indicios. Él es el ser que aparece barbado, acompañado por un animal sujeto por una correa. La imaginería y la ubicación geográfica de Urcos ata la aparición al ser que supuestamente había guiado al Inca desde la región del Titicaca al Valle Sagrado y después al Cuzco. Éste es por consiguiente el ser de Tunupa. Éste es sólo el primer paso de la restauración y nueva evolución de la herencia andina que se había perdido en la Era de los Guerreros. Después de todo, todavía era conocida la deidad del báculo, aunque de una manera distorsionada incluso entre el Wari. Puede haber sido el tiempo de decadencia el que trajo a la existencia la confusión entre el ser supremo, Viracocha, y su mensajero Tunupa. De hecho mucho indica que el Inca Viracocha en parte sucumbió a la tentación de identificarse con el ser supremo Viracocha.

Inca Yupanqui realmente inauguró una nueva Era, como indica el

250

significado de su adoptado nombre — Pachacuti. Después de él los Incas se llamaron a sí mismos hombres de la Quinta Era. Martin de Murua se refiere al Quinto Sol, indicando que éste era el Sol cuyo símbolo estuvo en el Koricancha — la Casa del Sol. [8]

El ser que Pachacuti experimenta es la mismísima inspiración que brilla detrás de Viracocha/Tunupa. Es el ser solar "en forma de hombre," el Cristo mismo. Es esta importante distinción que le impidió a Pachacuti confundir su papel personal con el papel de la deidad suprema. Como iniciado el emperador era hermano de Tunupa, a quien él llamó Illapa. Él fue de verdad "hijo del Sol," como iniciado en tiempo de Cristo. Haciéndolo así restableció el vínculo entre Tunupa y Viracocha (el Gran Espíritu) y el ser Inti, el Dios Sol o Cristo. Esto le impidió identificarse con el Sol o Ser Supremo. Las estatuas de los emperadores que puso en el Inti-Cancha evitaban mirar al Sol por lo menos hasta el tiempo de Wayna Capac. El propio Pachacuti llevó en batalla la efigie de Illapa, su huaoqui, o hermano.

Los pururaucas son un símbolo muy conocido para los pueblos de la Tercera Era que para ellos representan el alma inmortal del muerto. Esto también era conocido a través de las momias, o del linaje Huaca en forma de piedras. Pachacuti en su desánimo había quedado sin esperanzas contra la invasión de los Chancas. El ser solar le había mostrado que luchando en su nombre estaba poniendo de manifiesto la herencia y la ayuda del linaje Huaca, de todos los linajes establecidos por Tunupa en el tiempo de Cristo. Los Pururaucas, una vez cumplida su función, se convirtirton en piedra. Ésta es la misma idea expresada en la leyenda de los cuatro hermanos que fundan Cuzco. Aunque en un momento dado su misión acaba y ellos son transformados en piedra, no dejando de estar presentes en espíritu.

Fue la espiritual convicción del apoyo de todos los muertos y del linaje Huaca que le dio a Pachacuti el valor necesario para defenderse de la invasión Chanca. Fue un último reconocimiento de este hecho el que su padre, el Inca Viracocha, reputadamente le diera el nombre Pachacuti después de inclinarse ante él como si fuera un vasallo en reconocimiento de su anterior falta de apreciación.

El Inca Viracocha había necesitado dominar una naturaleza rebelde. Esto había sido posible en el encuentro con el Guardián Inferior en Urcos — un encuentro en el que claramente vio todos sus fracasos. El Inca Pachacuti tenía una naturaleza más exaltada que la de su padre. Aparece a través de las crónicas por muchos síntomas de la narración. Aunque consciente de la decepción de su padre y del intento de desposeerlo de la autoridad a favor de su otro hijo Urcos, Pachacuti le ofreció su victoria contra los Chancas, desde que en el tiempo de los eventos todavía era el gobernante legal, a pesar de que el Inca Viracocha huyó de la invasión Chanca. El regreso de Pachacuti al mundo espiritual también es el gesto humilde del que ha perdido la esperanza, cualquiera de los apoyos ofrecidos por el ego inferior. Él tuvo que poner toda la confianza en su ego superior y encontrarlo en la figura del Cristo que lo apoya y sostiene. La conversión de Pachacuti es una iniciación en y a través del Cristo.

Pachacuti absolvió un rol en todo igual al de Manco Capac y Tunupa. La difusión del culto del Sol y la ascensión meteórica resultante del imperio Inca fijaron la base de una revolución cultural/espiritual de una naturaleza sin precedentes, una verdadera Quinta Era, como ahora veremos.

El Nacimiento del Imperio

La política expansionista de Pachacuti fue resultado directo de una revolución espiritual. Por consiguiente, dirigiremos nuestra atención en primer lugar a algunos aspectos que alcanzan al culto y espiritualidad antes de que volvamos a una breve revisión de las reformas religiosas, políticas, y económicas. Las reformas políticas y sociales, nuevas prácticas religiosas, innovaciones arquitectónicas y artísticas, y prácticamente todos los cambios que se introdujeron en el tiempo del imperio Inca señalaron a la individualidad de Pachacuti. Esto es verdaderamente sorprendente y una confirmación del conocimiento iniciático del noveno emperador. En él se encuentra el vínculo con el legado de Tunupa, la resurrección de las tradiciones que probablemente estuvieron enterradas por siglos y su adaptación a las condiciones cambiantes de los tiempos.

Primero, permítanos ver cómo el emperador entendió su persona respecto a los dioses, en particular la tríada del Dios Creador, Viracocha; el Dios Sol; y Tunupa/Illapa. Después de la victoria contra los Chancas, Pachacuti estableció la anterioridad del Dios Creador sobre el Sol e Illapa. La gran mayoría de cronistas, excepto Garcilaso, están de acuerdo que el Dios Creador, el Dios Sol, e Illapa compartieron el altar principal en el Koricancha. [9]

Hemos visto que el Emperador fue llamado "Niño del Sol." No sorprende entonces que en el Templo del Sol, todas las estatuas de los anteriores emperadores al estilo de Pachacuti fueran ordenadas alrededor del Sol, pero evitando mirarlo. Según Sarmiento de Gamboa, al lado del Sol también estaba presente la estatua del ídolo que representa el trueno y el relámpago, uno llamado Illapa, y a veces también Inti-Illapa. Illapa tenía un templo construido por Pachacuti, y situado en el lado opuesto a su palacio, al otro lado del río Sapi. Aquí se conservaba la imagen de su doble en oro sólido, a quien él llamó Inti-Illapa. Otra pista importante ofrecida por Molina es el hecho que tal figura llevara orejeras, una señal que durante milenios en los Andes distinguía al sacerdote iniciado.

El Dios Creador, Viracocha — el Gran Espíritu — estuvo representado en el Koricancha y en su propio templo del Quisar-cancha. Molina describe la estatua como la figura dorada de un hombre del tamaño de un muchacho de diez años de edad con el brazo derecho levantado en gesto de dominio. Cobo lo confirma.

Pachacuti podría dirigirse a Tunupa/Illapa como a su igual, al Sol como Su hijo, y con la reverencia más profunda a Viracocha. Importante entre todos los templos que reflejaron la experiencia espiritual de Pachacuti en Susurpuquio era el Koricancha. Pachacuti había agrandado el jardín donde aparecían animales y plantas hechas o cubiertas con oro. El Sol estaba representado en dos aspectos: como Señor-Sol estaba representado por una figura masculina dorada; como Hijo-Sol (Punchao, el día) su efigie era una cara dorada rodeada por rayos. Incluso había tres soles, como veremos después en más detalle.

Molina ofrece una imagen del icono dorado del Sol en el Koricancha en una descripción que encaja en todo con la descripción de la visión de Pachacuti en Susurpuquio. En su cabeza llevaba un *llauto* — la cinta para la cabeza del Rey Inca — y había perforado las orejas con orejeras. La cabeza emergía de un león colocado entre las piernas y en sus hombros tenía otro león. Una serpiente rodeaba sus hombros y espalda. Antonio de Vega describió la representación de la deidad, probablemente anotada de segunda mano en 1590. Él también enfatiza que era la imagen del rey Inca. Agrega que desde los hombros y hacia arriba de la espalda salían masivos rayos dorados. A los lados el ídolo tenía dos serpientes doradas y dos leones dorados. Un tercer informe, el del Virrey Toledo en 1572, confirma algunos de los detalles anteriores. [10]

De los fragmentos de estas exploraciones, pueden surgir más claramente algunos elementos. El Inca Viracocha probablemente reconoció a Tunupa en su visión pero puede haberlo confundido con el Creador. Esto puede explicar por qué estuvo tentado a identificarse con él y determinar la autoridad del Inca como la autoridad de un dios. Al hacerlo recayó en la grandiosa tentación de su juventud. El Inca Pachacuti restauró el legado de Tunupa más plenamente. Esto sólo puede hacerse separando la Primera Creación de Viracocha de la parte que le cupo a Tunupa en el Amanecer o Segunda Creación. Tunupa es identificado con el Dios del Báculo, con el ser del guardián que controla al trueno y al relámpago. Él es llamado Illapa o Inti-Illapa para recordarnos su naturaleza humano/divina a través de la que se expresa el ser del Sol. En efecto, el emperador había sido iniciado a través de la visión y la prueba de fuego que fue la invasión Chanca. Como Tunupa él había venido a inaugurar una nueva Era. También era Niño del Sol, un iniciado de Cristo. Sin embargo, sólo podía dirigirse al Inti o al Creador Viracocha con la más alta reverencia.

Entender la importación de las reformas de Pachacuti es como desmontar y volver a montar un complejo enigma. Su legado está compuesto de tantas partes, todas intricadamente entretejidas, que volver a montar todo el enigma después de separarlo es un desafío mayor. Intentaremos considerar la interconexión de las partes y su coherente subordinación al todo de modo que mantenga y resalte la intención del constructor.

Reforma del Calendario, la Religión, y el Poder Político

Pachacuti es más acertadamente recordado por las reformas en el campo cultural y político que permitieron la expansión de un inmenso imperio, de la noche a la mañana. La mayoría de cronistas está de acuerdo que él instituyó las reformas más importantes en el ritual y el calendario. Probablemente hizo que el calendario empezara en el Solsticio de diciembre — un retorno a la cosmología de Tiwanaku. Alrededor de este tiempo ocurrió la ceremonia del Capac Raymi en la que los jóvenes Incas eran iniciados en sus rituales de caballeros. Esto les confería el título de Inca.

En el tiempo opuesto del año estaba la importante fiesta del Inti Raymi, la fiesta del Sol, famosa en el Solsticio de junio. Sólo los Incas y las Vírgenes del Sol podían compartir la ceremonia. Esta incluía la ceremonia en el Koricancha y los sacrificios ofrecidos en la alta montaña hacia la salida del sol. Después de otras ceremonias que lo sacaban de la capital, el Inca regresaba para celebrar en Cuzco, en Aucaypata, la plaza principal.

La polaridad de Inti Raymi y Capac Raymi subraya una vez más los principios que han surgido de la espiritualidad que Pachacuti restauró y renovó. A una parte del año, la estación lluviosa, correspondió el tiempo de iniciación. Esto es lo que confirió al Inca la autoridad espiritual y moral que le permitió gobernar. Pachacuti restauró el principio de iniciación como la fuente de autoridad del emperador y de todas las otras figuras políticas. Sin embargo, la deidad del Sol tenía su propio culto en el momento opuesto del año, en el Solsticio de junio. El Inca podía entonces inclinarse ante la misma fuente de la iniciación que le confirió el poder. Betanzos y Cieza de León indican que fue Pachacuti quien presidió la formación de las órdenes de las "orejas grandes" o caballeros, así como la hermandad de Huaccha Ccuyac de los "Amigos del Pobre." El primero fue instalado en memoria de la victoria sobre los Chancas. [11]

Una interesante adición sobre la naturaleza de la polaridad entre Capac e Inti Raymi viene del comentario e ilustraciones de Guamán Poma acerca de las dos fiestas. En el solsticio de diciembre (Capac Raymi) el sol está en fuerte, brilla desde el norte y está cerca del cenit. Guamán Poma lo representa como grande y con barba. En comparación, el Sol en el solsticio de junio es menor y sin algún atributo particular. Esto refleja el hecho que en ese momento del año el sol está más distante. El sol de diciembre de la estación lluviosa es el que crece más por beber del Sagrado río de Vilcamayu. Durante la estación seca el sol se encoge debido a la poca agua presente en el Vilcamayu. Éste es un simbolismo que mete sus raíces en el simbolismo de Tiwanaku del tiempo de Tunupa. En el capítulo 5 hablaremos sobre la Puerta del Sol. La mitad superior representa la estación lluviosa y la llamada Gran Imagen ha sido reconocida como el Sol del solsticio de diciembre de la estación lluviosa. Simplemente debajo de él, mucho más pequeña, está la cara central del solsticio de junio, el sol de la estación seca.

El Capac Raymi le recordó al Inca su propia historia, su llegada a Cuzco, el tiempo de iniciación y el tiempo que escucharon al iniciado (barbado), por eso el sol barbado. El Inti Raymi fue la celebración de una historia más grande, la de la deidad del Sol, Inti. Este es el porqué durante el solsticio de junio había una peregrinación al Lago Titicaca, al célebre lugar de origen y tiempo del Amanecer. Las dos veces del año forman la significante y omnipresente división entre lo político y lo espiritual.

El Inti Raymi comprendía varias ceremonias de acción de gracias para las cosechas y una peregrinación hacia el sureste al origen espiritual del Sol. La ceremonia de acción de gracias, llamada Yahuarincha Aymoray, era famosa en Rimac Pampa (Limac Pampa moderno). Las festividades duraban diez días y empezaban con la primera salida del sol. Después de un largo período de silencio y expectativa, el emperador era el primero en dirigirse al Sol cantando. Se daban ofrendas a Inti y el curaca del imperio traía su tributo al Inca y daba cuenta de la situación de su administración. Las quejas podían llegar al oído de la autoridad suprema. Las ñustas, hijas de sangre Inca, se daban en matrimonio a los jóvenes caballeros. Las Huacas eran sacadas del Koricancha y congregadas en Rimac Pampa donde cada uno de sus sacerdotes profetizaría para el año por venir. Las profecías del año anterior se evaluaban y las Huacas eran puestas a prueba por su veracidad.

Sin embargo, la parte más significante de la fiesta fue la peregrinación a la fuente del Sagrado río (Vilcamayu / Urubamba). Ésta es la ruta que, según los mitos Incas, habían seguido los antepasados desde el Lago Titicaca. Los sacerdotes se dirigieron de Cuzco a La Raya, el paso de la montaña. [12] Volvieron de La Raya siguiendo el Río Sagrado. Siguiendo la ruta del sureste al noroeste, repetían el camino mítico de Tunupa/Viracocha. También es el camino que el sol sigue del este al oeste y del sur (más débil) al norte (más fuerte). De manera que esta peregrinación recapituló la mitología Inca y la presunta historia, la sagrada jornada del iniciado de los Andes, y el camino del sol. Mientras los sacerdotes desanduvieran la ruta del sol y del iniciado y regresaban a través del Valle Sagrado, el emperador consagraba el vínculo que unía cada parte del imperio y sus Huacas con Cuzco y su origen común en el tiempo del Amanecer.

Una revisión de las fiestas Inca no estaría completa sin el vínculo de las dos fiestas anteriores con la suprema deidad Viracocha en la fiesta de Citua. Esto ocurrió durante el mes de Qoya Raimy (la Fiesta de la Reina, que también significa Diosa de la Luna) en agosto o septiembre, según el año. Éste todavía era el tiempo de la estación seca, pero poco después se sembraban las nuevas semillas. Era el tiempo de espera de lluvias y del nuevo año agrícola. En preparación, Cuzco celebraba la fiesta del Gran Espíritu Viracocha y le ofrecía en ritual una limpieza de purificación. Antes de las celebraciones, todas las Huacas extranjeras y ajenas eran retiradas de Cuzco y colocadas más allá de unas seis millas del límite. El primer día de celebración empezaba en el centro espiritual de Cuzco, el Koricancha. Todas las deidades eran allí congregadas; aquéllas que residían en otra parte eran tomadas de sus urnas. A la reunión también asistía todo el linaje Huaca de los emperadores anteriores, sus momias, y el ayllu llevaba las Huacas del linaje de sus antepasados. Todos ellos divididos en sus respectivas mitades superior (Hanan) e inferior (Hurin).

La fiesta empezaba con el ritual de "limpieza" de todos los males cometidos por los miembros del ayllu y panaqas en materia civil, criminal, o asuntos ceremoniales. Después de escucharlos, el huchacamayoc, o juez superior, dictaminaba las multas o penalidades que fueran apropiadas. Ésta era una primera fase de la limpieza. Después de las primeras celebraciones, un ejército de cuatrocientos Incas escogidos irrumpía en una lucha simulada con los males y demonios, sacándolos de la ciudad en las cuatro direcciones de sus cuadrantes, o suyus. A su aproximación todos los otros ciudadanos Incas y sus servidores empezaban un ceremonial desplazamiento de sus espíritus malos con la ceremonial fumigación, usando antorchas de césped de ichu, que terminaba en la limpieza de los individuos, Huacas, y objetos en las aguas de las fuentes, o los tanques puestos en las ceques de cada correspondiente ayllu y panaqa.

En el tercer día toda la población compartía una comida de pan de sagrada harina de maíz — el yahuar sanco — humedecido con sangre de las llamas sacrificadas. Esto se veía como una fase más de purificación del alma. La misma comunión era repetida con las Huacas, momias, y deidades, y continuaba al día siguiente con celebraciones ofrecidas al Sol, bailes sagrados, y oraciones. Finalmente, durante el último día todas las Huacas del imperio volvían a la ciudad. Había sacrificio de llamas y una vez más se ofrecía el sagrado pan yahuar sanco, pero esta vez más específicamente a las Huacas extranjeras. La celebración terminaba con bailes y festejos entre Incas y otros residentes de Cuzco.

El Inti Raymi y el Capac Raymi reflejan la división del año del Maya. Naturalmente esto ocurre en momentos opuestos del año. El Maya volvía al Gran Espíritu/Apu durante el tiempo de la estación lluviosa. Era el tiempo de los trabajos agrícolas y de todo lo que se dirigía a la tierra vía el conocimiento de las estrellas. Es el iniciado Ixbalamqué el que marca este tiempo del año. La transición de la estación seca ocurrida en Yaxkin, la conmemoración del Amanecer. Después del 1 de noviembre, el calendario entraba en el año solar, el tiempo de Hunahpu/ Dios Solar, culminando en el solsticio de diciembre. También es el tiempo consagrado a la autoridad política, a las conmemoraciones históricas, y así sucesivamente.

En los Andes los términos se invierten. La estación lluviosa precede e incluye el tiempo del Capac Raymi. La iniciación ocurre en este período del año. Curiosamente, el sol del correspondiente tiempo del año (Capac Raymi) es representado como barbado. El Inti Raymi ocurre durante el tiempo de la estación seca, que en la latitud de Cuzco se extiende de abril a octubre.

Las dos fiestas más la festividad de Citua — la fiesta de Viracocha, el Gran Espíritu — jugaron un papel central en la visión del mundo Inca. Ellos definieron más los muchos aspectos de su deidad del Sol a lo largo del año. Esto ya lo hemos visto expresado en la manera en que Guamán Poma describió un gran sol con barba cuando el sol brilla más cerca al cenit durante la estación lluviosa (Capac Raymi: el solsticio de diciembre y la estación lluviosa) y un sol pequeño en el momento opuesto del año (Inti Raymi: el Solsticio de junio y la estación seca). Hubieron tres imágenes del Sol, estaban en orden de importancia: Wayna Punchao, Sol juvenil; Punchao Sol Inca, joven; Apu Inti (o Apin Punchao), Sol adulto. [13] Durante Capac Raymi (Noviembre/Diciembre) Wuayna Punchao (Sol juvenil) presidió la iniciación del joven Inca y el tiempo de crecimiento del maíz y las patatas.

El Inti Raymi (Mayo/Junio) se celebró en honor de Punchao Inca ("Sol diario" y Sol joven). Éste era el ritual que celebraba el retorno del sol en los cielos después de la estación lluviosa. Durante Citua (agosto-setiembre) Apin Punchao (Sol maduro) presidía el fin de un ciclo y el principio de otro nuevo.

En resumen el año estaba dividido en los siguientes intervalos:

> Citua a Capac Raymi: cuatro meses al principio del año agrícola,
> el tiempo del Sol juvenil
> Capac Raymi a Inti Raymi: seis meses, el tiempo del Sol joven,
> Inti Raymi a Citua: dos meses, el tiempo del Sol adulto,

Es valioso revisar estas fiestas con algunos detalle agregados. El último día de Capac Raymi (el día del solsticio de diciembre) la estatua de Wayna Punchao (Sol juvenil) era cambiada en la dirección opuesta al templo de la Colina Puquin. Antes fueron sólo un par de estatuas de llamas de metal.

Simplemente antes del solsticio de junio del Inti Raymi, la estatua de Inca Punchao (Sol joven), las dos estatuas de las mujeres Palpasillo e Incasillo, y las figuras de dos pares de llamas (dos de oro y dos de plata) eran transportadas a la colina llamada Mantocal.

Citua celebró el principio del año agrícola. Durante esta fiesta el Inca, la reina, y los sacerdotes acompañaban la imagen de Apu Punchao (Sol maduro) y las dos imágenes doradas de las mujeres Inca Occlo y Palpa Occlo. No hay ninguna mención de las llamas. Las estatuas se transportaron del Koricancha a la cercana plaza de Aucaypata. En esta fiesta también participaban los sacerdotes de Illapa y de la sagrada colina Huanacauri — la primera Huaca Inca — y todos los panaqas con los antepasados de ambos sexos.

De lo anterior vemos que en cada fiesta la deidad del Sol tenía un nombre diferente y las celebraciones involucraban diferentes objetos sagrados. Esto se resume en el cuadro 1.

Más puede aprenderse sobre la manera específica en que el poder político se vinculó a la iniciación en la visión de Pachacuti, como vemos en las ceremonias celebradas en la Piedra Sagrada, símbolo del Amanecer por excelencia. Éstas son muy indicativas de las relaciones entre las autoridades políticas y las espirituales.

La Isla del Sol tenía un carácter muy sagrado. De hecho, incluso el istmo de Copacabana que lleva a él era objeto de prácticas especiales en los templos por los peregrinos que llegaban a rendir culto a la Piedra sagrada. Parte del istmo estaba separado por una pared que le confería su sagrado carácter. De Copacabana los peregrinos llegaban por etapas desde el sur al extremo norte de la isla donde se localizaban la piedra y las más sagradas urnas. Gavilán indica que los peregrinos tenían que atravesar tres entradas, delineando tres espacios. [15] En cada una de ellas había un público con un sacerdote. La primera verja se llamaba Pumapuncu, la verja del puma. Se decía que un león de piedra cuidaba la entrada. Los peregrinos, antes de entrar, tenían que ofrecer confesión de sus pecados. La población general muy probablemente se detuvo en esta fase y rindió culto a la Piedra Sagrada desde una plataforma desde donde era visible. La segunda entrada se llamaba Kentipuncu, o Verja del Colibrí, también se llamaba Intipuncu — Puerta del Sol. Tres pasos de piedra indicaban la situación de la verja. Aquí de nuevo el peregrino (probablemente curacas y dignatarios) tenía que pasar por el ritual de confesión. La último entrada se llamaba Pillcopuncu. El pillco es un pájaro con brillantes plumas verdes. Figurativamente, el nombre significaba "Puerta de la Esperanza." Sólo la nobleza Inca más alta y el sacerdocio podían aproximarse a la piedra. Los otros tenían que dejar sus ofrendas delante de la tercera verja y los sacerdotes las recogían.

PUNTOS DE INFLEXION ESPIRITUAL

FIESTA	NOMBRE del ídolo	LUGAR	DIRECCIÓN del movimiento	FIGURA femenina	LLAMAS (número)
Capac Raymi	Wayna Punchao (Sol juvenil)	Hurin Cuzco SW	Del oeste al centro	Ninguna	2 pares
Inti Raymi	Punchao Inca (Sol joven)	Hanan Cuzco NE	Del centro al este	Palpasillo Incasillo	1 par
Citua	Apu Punchao (Sol maduro)	Hurin Cuzco Centro	Centro/ Hurin	Inca Occlo, Palpa Occlo	Ninguna

Cuadro 1: divinidades y objetos en las 3 mayores fiestas religiosas
(de Krzysztof Makowski, ligeramente modificado): [14]

El proceso que se hizo físicamente más visible en la Isla del Sol también se repetía en los rituales del Koricancha en Cuzco. El proceso de iniciación del Inca se hace gráficamente visible por tener que pasar primero el Portal de la Luna, la entrada al mundo del alma; luego el Portal del Sol, la entrada al mundo espiritual; y finalmente, por así decirlo, la entrada al mundo espiritual superior ofrecida sólo a la más alta nobleza educada a través de un proceso de iniciación. Estas sucesivas fases están en intima progresión entre Capac Raymi, Inti Raymi, y Citua o entre las deidades equivalentes: Illapa, Inti, y Viracocha.

El lector puede haber notado similitudes entre la sagrada arquitectura de Tiwanaku y la Piedra Sagrada Inca, particularmente en la sucesión de espacios rituales uno de los cuales, en ambos casos, es llamado específicamente Puma Punku o Puerta de la Luna. Tiwanaku también alberga una Puerta del Sol que fue posteriormente movida de su ubicación original. Vimos que el centro ceremonial de Tiwanaku estaba rodeado por un foso artificial y había dos fosos adicionales al este. Ir del este hacia el centro marcó los progresivos umbrales espirituales, similares a aquéllos encontrados en la Isla del Sol.

Pachacuti visitó Tiwanaku ante su hijo Topa Inca. Según Cobo quedó tan impresionado por la arquitectura de Puma Punku que buscó emularla en Cuzco y en el resto del imperio. [16] A través de la arquitectura Pachacuti marcó un retorno al pasado que sólo podía integrarse a través de los frutos de la iniciación. La arquitectura Inca volvió su mirada a la arquitectura megalítica del tiempo de Tiwanaku. Era un nuevo refinamiento de un viejo arte que se había perdido. Cobo y Betanzos lo confirman refiriéndose a leyendas que atribuyen al emperador el establecimiento de cánones de estilo arquitectónico Inca. [17] Cieza de León continúa diciéndonos que el monarca dibujó personalmente los planos para la construcción de las ciudades y el emplazamiento de importantes templos y edificios. [18]

La arquitectura de Cuzco y otros lugares que sorprendió a los españoles y a todos los siguientes turistas — en particular la manera de cortar las complicadas y poligonales piedras y ensamblarlas sin que quede espacio entre ellas — sigue siendo un misterio para el hombre moderno. Sin embargo, la propia técnica es superada por la cosmología incluida en la arquitectura Inca. Esta faceta de la civilización andina forma un fascinante y complejo tópico que se ilustrará en el próximo capítulo.

El Inca resucitó el uso monumental del paisaje visto en los geoglifos de Nazca, aunque tuvo que hacerse de manera diferente en la región montañosa de la sierra de lo que podía hacerse en el suelo del desierto. Un testimonio elocuente de cómo el Inca se consideró heredero de Tunupa es la gigantesca cara barbada encontrada en el Sagrado Valle del Urubamba, cerca de Ollantaytanpu, en la montaña Pinkuylluna que ya hemos mencionado en el capítulo 7.

Hemos completando el círculo desde Pachacuti al legado del iniciado de las Américas. Sin embargo, mucho más se conserva en las reformas de Pachacuti que en una simple restauración del pasado.

Cuzco y la Periferia

Otro único rasgo de las reformas de Pachacuti fue el particular rol que tuvo Cuzco. ¡Los plebeyos no vivieron dentro de ésta ciudad! Estrictas leyes gobernaban el acceso a ella y la conducta que debía observarse en su interior. No era una ciudad en el sentido que le damos al nombre. Realmente representaba el centro del cosmos Inca. En el Aucaypata (plaza central) estaba el Capa Usno — trono y pirámide simbólica — al que solo el Inca podía ascender. Era el centro de ese mundo, junto con el Koricancha, su contraparte espiritual.

Cuzco era una ciudad sagrada. La ciudad estaba dividida, como en otra parte en los Andes, en una ciudad superior, Hanan, y una ciudad inferior, Hurin. Hanan Cuzco estaba orientada al norte, Hurin Cuzco al sur. Según los mitos, Manco Capac dio origen a Hanan Cuzco, Mamá Occlo a Hurin Cuzco.

Todas las naciones conquistadas por el imperio trajeron a Cuzco sus Huacas. Uno o más sacerdotes de la nación llegaban a Cuzco para ofrecer la misma adoración a la Huaca que la que habría recibido en su lugar de origen. Ellas de hecho fueron colocadas entre las Huacas Incas. Una vez más el principio del origen común de las Huacas brilla a través de la idea de su convivencia en Cuzco. Adicionalmente, esto sirvió para un innegable propósito político. En caso de rebelión de la provincia, la Huaca era públicamente expuesta y ritualmente azotada.

Los jefes locales, los curacas, tenían que residir parte del año en Cuzco. Aquí les era dado una esposa Inca de la nobleza. Los pueblos conquistados conservaban sus propios cultos y rituales. El culto al Sol se sobrepuso a todos los otros. Sin embargo, se excluyeron las prácticas de sacrificios humanos. A esto puede objetarse que el Inca todavía practicaba algunos sacrificios residuales, particularmente de jóvenes. Estos muy limitados sacrificios ocurrieron en momentos muy particulares y excepcionales, como en los ritos de sucesión del Capachucha. [19] En ese momento todas las naciones del imperio, incluido la Inca, sacrificaron un pequeño número de jóvenes. Aparte de su rareza, este tipo de sacrificio humano no recurrió a los rituales de batallas, extracción de órganos, o captura de enemigos.

Podríamos preguntarnos: ¿Cómo pudo llevarse a cabo eficazmente esta abarcante transformación política? Pachacuti amplificó el proceso de adiestramiento para los jóvenes, a los jóvenes Incas y a los hijos de los curacas en el llamado Yacha-Huasi. La instrucción empezaba a la edad de quince años y algunos creen duraba cuatro años. La primera fase era la enseñanza del Runa Simi o idioma Quechua. En el segundo año se enseñaba la doctrina, la religión, y el culto. Al tercer año se enseñaba el uso de los quipus en los que se guardaba toda la información contable y, al menos según algunas crónicas y una sección creciente de la investigación moderna, también se escribía. Finalmente, en el cuarto año a la juventud se le contaba la historia, los hechos de guerra, el uso de la oratoria, etc., La iniciación de Capac Raymi fue entonces la culminación de un largo proceso; que no sólo involucraba a la población Inca sino también a los sometidos por el imperio.

Para fortalecer lo que se ha conocido como "administración de la generosidad," Pachacuti ordenó la construcción de acclahuasi[*] con el propósito de organizar y educar a las mujeres escogidas que se ofrecerían a los curacas locales. Había muchos tipos de acclas. Los acclas del guayrur sirvieron al Sol y a la Luna. Los acclas de Uayror sirvieron a las Huacas más importantes. Otras se especializaron en textilería o en el trabajo en los campos. Esencialmente las acclas sirvieron por lo menos a tres importantes propósitos: al culto, siendo educadas para volverse esposas de los curacas y guerreros, y producir textiles y otros productos. Los textiles eran muy deseados, y el matrimonio de los curacas con las mujeres Incas era más que un simple "intercambio de favores," testificando el hecho que las acclas

---

[*] N. del T.: Casa de las Vírgenes del Sol.

eran mujeres Incas muy cultas. Ellas fueron el primer eslabón para la exportación de la cultura Inca. El segundo eslabón fueron sus hijos que ya podían reclamar más sangre Inca.

El Inca quiso extender su espiritualidad a lo largo de todo su imperio. El hijo mejor preparado de un importante curaca era enviado a Cuzco para ser educado en las prácticas de la administración Inca, y realmente recibir la iniciación Inca. Accedía al poder probablemente para difundir los valores Incas. El Inca pedía más de lo mismo de otros parientes del curaca. Los curacas tenían que residir en Cuzco durante parte del año y participar en las expediciones del ejército. La educación de los señores jugó un papel central en la política— comprensiblemente, ya que que el heredero que fuera a suceder al curaca local revelaría al Inca maneras que reforzarían los vínculos de Cuzco con las provincias. Los residentes de Cuzco también serían usados como rehenes si así se necesitara.

En la tierra conquistada el Inca introducía una reforma en la división de la tierra y en la ofrenda de tributos. Las tierras eran divididas en tierras del Sol, tierras del Inca, y tierras de los runas (la gente vulgar). El producto de las tierras del Sol iba al sacerdocio, e hizo posible la vida de los santuarios y los numerosos sacrificios de animales. Los templos del Sol crecieron al lado del culto de las Huacas que la población local mantuvo. La tierra del Inca sirvió al cuerpo administrativo del imperio y al aprovisionamiento del ejército. Ellos también sostenían las necesidades del pueblo durante las obras públicas o para proporcionar ayuda en caso de calamidades. Los almacenes en esta tierra guardaban grandes cantidades de sogas, armas, y bienes en su mayor parte para el ejército, evitando así la necesidad de saquear en tiempos de guerra, por lo menos en teoría. Parte de la riqueza generada de esta tierra apoyaba la administración de Cuzco. El tributo se ofrecía en trabajo o, cuando eso no era posible, del resultado del trabajo de uno (por ejemplo, de los pescadores y artesanos). Parte de lo que hizo posible lo anterior fue el hecho que el Inca inauguró un nuevo tiempo de colaboración pacífica entre las naciones. La tierra adicional puesta bajo cultivo a través de terraplenes e irrigación tomó en cuenta la tierra del Inca y del Sol sin privar a la población local de su propia tierra. Se sabe que el Inca colonizó territorio marginal que no había sido explotado anteriormente debido a que no era defendible.

Reforma del Ayllu y Creación de las Panaqas

Hemos visto qué parte jugaban los ayllus en el tiempo de Cristo, si no antes. La nueva forma social mixta era llamada ayllu y todavía es llamada así. Esta estructura es un sistema de doble descendencia, tanto de la madre como del padre. Ha sido descrito como una "imprecisa y extensa familia por acuerdo común." El matrimonio generalmente es exógamo, ocurriendo fuera del ayllu. El ayllu opera como un sistema de ayuda mutua en el trabajo agrícola, la construcción de casas, toda clase de trabajo público, cuidado de los huérfanos y viudas, etc., Esta forma social se extiende en la actualidad desde el norte de Perú al sur de Argentina.

La manera en que es formulado el ayllu se refleja en la importancia de los compartidos roles del hombre y la mujer en la sociedad andina. Los hombres y mujeres trabajan lado a lado en los campos. El hombre prepara el surco con el arado de pie y la mujer planta la semilla. La integración de hombre y mujer también refleja la integración del pastoreo femenino de las Eras precedentes con el conocimiento de la cultura agrícola/masculino. Fue la coexistencia pacífica de sociedades de pastores nómadas y granjeros sedentarios, podemos recordar, lo que permitió la integración vertical del archipiélago.

De los diferentes modos explicados arriba las connotaciones arquetípicas masculino/femenina son visibles en el linaje Huaca. La descendencia masculina está asociada con el poder generador masculino del relámpago. Se encuentra en la piedra del relámpago, en la idea del antepasado convertido en piedra. La descendencia femenina, como la reafirmada por Santa Cruz Pachacuti, viene del árbol del origen — el Árbol de la Madre Tierra y de la momia. Es interesante notar que mallqui en Quechua significa tanto momia como antepasado momificado.

Los ayllus son un reflejo de los cielos en la tierra. Individualmente son como una simple estrella o constelación, viviendo en la tierra, una constelación que encontró su lugar en la tierra en el tiempo del Amanecer. Como todas las constelaciones forman la unidad de los cielos, así los ayllus forman una unidad en la tierra, todos ellos vinculados al tiempo del Amanecer y a las enseñanzas del iniciado de los Andes. Unidad y diversidad se consagra en el concepto del ayllu. La Huaca del ayllu por consiguiente adquiere su santidad no de un inherente poder mágico, sino respecto a todas las otras Huacas y a su origen común.

La refundación del sistema de ayllus de Cuzco fue uno de los hechos atribuidos al Inca Pachacuti. Según Sarmiento de Gamboa había diez ayllus originales, cinco Hanan y cinco Hurin. Los ayllus originales eran esos descendientes de los viejos compañeros de Manco Capac, los hermanos Ayar, como ya hemos visto anteriormente. Cada uno de ellos estaba asociado con un Ayllu Real, o panaqa.

La panaqa es una forma especial de ayllu, es también una creación de Pachacuti. Cuando los españoles llegaron había once panaqas: cinco pertenecían a Hurin y seis a Hanan. Pana es la manera en que un hombre llama a su hermana. Tradicionalmente el fundador de la panaqa era el segundo hijo del emperador viviente, o el descendiente del segundo hijo de un emperador difunto. Las panaqa empezaban a operar a la muerte del emperador. La idea de la panaqa consagró la continuación de la influencia del emperador muerto a través de la intermediación de su momia o su huaoqui (literalmente "hermano"), una piedra, u otro objeto que servía para reemplazar la momia. Los miembros de estas corporaciones tenían responsabilidades en el aparato estatal, en el sacerdocio, y en el ejército. Las mujeres tuvieron una importante reinado como sacerdotisas de la Luna, como esposas y madres de potenciales herederos.

Ningún emperador heredaba la propiedad de su precursor. La propiedad pasaba a los descendientes que formaban la panaqa. Al ascender al trono, el gobernante tenía que encontrar maneras de asegurar la propiedad y bienes para sus parientes. La primera manera de hacerlo era incorporar las nuevas tierras al reino o poner nuevas tierras bajo explotación. Otro era asumir el cuidado de un Huaca.

Polaridad Entre los Poderes Político y Religioso

Hay poco conocimiento del sistema político Incaico asequible desde las crónicas. Parece que los cronistas tuvieron más interés en la religión Incaica, quizás porque a menudo eran hombres del clero. Además, muchas asunciones se introdujeron en las crónicas desde que la mayoría de individuos no pudieron concebir un sistema de sucesión de otra manera que el común en Europa, la sucesión a través del mayor heredero.

Para entender el sistema político y su relación con el sistema religioso debemos considerar la cuatripartición y la tripartición andina respectivamente. El imperio se llamó Tawantiunsuyu, "la Tierra de los Cuatro Cuartos." El imperio estaba dividido en cuatro cuartos o suyus. Si esto correspondía a una cuatripartición funcional o simbólica es una cuestión que queda abierta al debate, porque todavía no hay ninguna clara evidencia de que estos cuatro cuartos correspondieran claramente a individualizadas entidades políticas o que existía un gobernador que manejaba el poder sobre cada suyu por separado. Sin embargo, hay otra manera de mirar la cuatripartición desde la perspectiva de Cuzco (Vea figura 3.1).

Cada mitad — Hanan y Hurin — estaba subdividida en dos. Al norte (Hanan) está el *Chinchaysuyu* y el *Antisuyu* al noreste, al Sur (Hurin) el *Collasuyu* (oeste, noroeste) y el *Cuntisuyu* (sur). Los cuatro caminos que separan los suyus estaban orientados aproximadamente hacia la cruz intersolsticial. Un asunto a considerar es la relativa importancia territorial y poblacional de los suyus. El suyu más poblado era el Chinchaysuyu, extendiéndose todo el camino a Ecuador. El más grande era el Collasuyu que va hacia Chile y Argentina, seguido por el Chinchaysuyu.

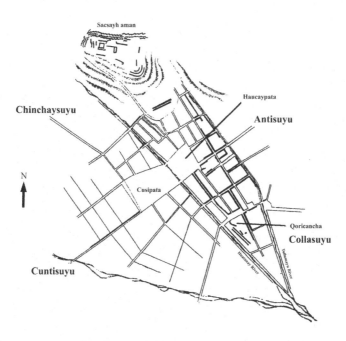

Figura 3.1: Cuatripartición de Cuzco

Aparte de la fundamental dualidad de Hanan y Hurin, Marti Pärssinen y otros creen que puede haber habido más subdivisiones Hanan y Hurin. Pärssinen se apoya en la tesis de un documento del juicio de Francisco Toledo contra algún Inca de Cuzco y Vilcabamba. [20] Según este documento Hanan Cuzco estaba dividida en un sector Hurin y un sector Hanan. El autor conjetura que el Collasuyu puede haber sido el sector Hanan de Hurin Cuzco, desde que era políticamente mucho más importante que el Cuntisuyu. La división de los sectores fue de acuerdo al siguiente orden de importancia:

270

Hanan Cuzco Chinchaysuyu (Suyu 1) Antisuyu (Suyu 2) Ha/Ha (1) Hu/Ha (2)

Hurin Cuzco Collasuyu (Suyu 3) Cuntisuyu (Suyu 4) Hu/Hu (3) Ha/Hu (4)

Esta sucesión presenta tres modelos de oposición:

oposición Hanan (sobre: 1 y 2) y Hurin (debajo de: 3 y 4)
oposición entre dos sectores interiores Hurin (2 y 3)
oposición entre dos sectores interiores Hanan (2 y 4)

Los cuatro suyus además se subdividieron en *ceques*. El significado más cercado de Ceque es "línea." Hemos visto en los ejemplos citados en el capítulo sobre Nazca que un ceque fue trazado como una línea recta, y tenía una función religioso/calendárica. Más sobre esto se dirá en el próximo capítulo. El ceque fue y se trazó como una línea recta sin tener en cuenta la topografía. El sistema ceque fue otra de las reformas introducidas — o mejor dicho reintroducidas y elaboradas — por Pachacuti.

Había 328 Huacas a lo largo de los ceques de Cuzco, como Polo de Ondegardo nos lo transmitió. Ellas se grabaron en un quipu, un juego de cordones anudados que llevan información codificada. El cronista registra que Cuzco estaba dividido en doce partes y que el rey había dado a cada una de ellas el nombre de un mes. Cobo enumera los nombres de los doce grupos, agregando que cada uno de ellos estaba asociado con un grupo de tres ceques. Tres ceques formaron el mes, nueve de ellos una estación. Sin embargo, el número total de ceques fue de 41 o 42 y no de 36 como se esperaba, debido al hecho que, en lugar de 9, había 14 o 15 ceques en el Cuntisuyu. Ésta es la primera indicación que aunque el Cuntisuyu era el último de los suyos como importancia política, no obstante jugó un papel significante para propósitos distintos a los políticos.

Cada grupo de tres ceques estaba ordenado según un criterio de importancia y subordinación:

primero: qollana, excelente,
medio o segundo: payan, cercana relación,
último: kayaw, del origen,

Esta división trimembrada se encuentra en muchos lugares y de muchas maneras en el pensamiento Incaico, y con frecuencia está estrechamente asociada con la cuatripartición. La versión de Sarmiento del mito del origen habla de tres partes entre el indígena y tres partes entre los recién venidos de Cuzco. El muy conocido mito del origen se refiere a tres ventanas. Al Hombre de la Primera Época se le llama *qollana*; en *payan* está colocado el Segundo Hombre y en *kayaw* el Tercer Hombre. Cada época es dividida en tres clases. Así en la tercera época, las tres ventanas y el pueblo que emerge de ellas están ordenados de la siguiente manera: qollana: Maras-toco (Maras); payan: Sutic-toco (Tambos); kayaw: Capac-toco (Incas). Note que según esta clasificación, los Incas serían los últimos en el orden de jerarquía.

Lo anterior es confirmado en la jerarquía de las generaciones donde las del padre y el niño se llamaron kayaw; los abuelos y sus descendientes eran payan; los bisabuelos y sus descendientes, qollana. Sin embargo, desde el punto de vista del prestigio — por eso político — lo correcto fue lo inverso. Según el orden de prestigio los Incas fueron del grupo qollana.

Las tríadas lineales, expresadas en el orden del tiempo, no es la única manera de expresar la tripartición. Hay también tríadas concéntricas, como las que ya han aparecido en el ejemplo de las ventanas. Estas tres corresponden a qollana (el centro), payan (el lado derecho), y kayaw (el lado izquierdo). En el mito del origen, de la izquierda (Maras-toco) emerge el Maras; de la derecha (Sutic-toco) emerge el Tambo; del centro (Capac-toco) emergen los cuatro hermanos y hermanas. En este caso la ventana más importante es Capac-toco, la única situada en el medio.

IMPERIO INCA Y LA QUINTA ERA

En la 'Nueva Coronica' de Guamán Poma, la estructura triple aparece de manera que describe al Inca difunto (qollana), la reina (payan), y su descendiente (kayaw). A éstos también corresponden Sol, Luna, y Venus y sus metales: oro, plata, cobre. En una manera paralela de expresar la trimembración, Santa Cruz Pachacuti muestra los ídolos del Koricancha:

SOL/WIRACKOCHA (Creador) LUNA

Guamán Poma hace algo similar poniendo al cristiano Dios Padre en el centro entre el hombre y la mujer.

HOMBRE/DIOS PADRE/MUJER

Es interesante ver el contraste entre la dualidad y la trimembración y cómo se expresa. Cuando solo el Inca y *qoya* están presentes, el Inca está a la derecha (en el ejemplo: Topa Inca) y *qoya* a la izquierda. Sin embargo, cuando aparece el Inca muerto entonces cambia la relación espacial. El Inca muerto está al centro (es el más importante desde una perspectiva espiritual); su reina (qoya) a la izquierda; el Inca sucesor (*auqui*) a la derecha y mucho más pequeño que el difunto. El Inca muerto tenía gran importancia en el pensamiento religioso. Concluyendo podemos decir que la tríada lineal correspondió más al pensamiento político; la tríada concéntrica más al pensamiento religioso.

Esta aserción se refleja en la manera en que el Inca vio la sucesión de los gobernantes. El centro del sistema (ego) era el Inca vivo. Este Inca era el último en el orden cronológico, espiritual. Sin embargo, él y su padre fueron los primeros en orden de prestigio. Éste fue un sistema dinámico.

En lo que se refiere a la historia, el orden en el tiempo de Pachacuti fue:

El flujo del Tiempo: 1 2 3 P 1 2 3 P = Pachacuti

PUNTOS DE INFLEXION ESPIRITUAL

A la muerte del Inca, todo el sistema se reclasificó así:

El flujo del Tiempo: 1 2 3 P 1 2 3 P = Pachacuti (IX emperador)
1 2 3 T 1 2 3 T = Topa Inca (X)
1 2 3 H 1 2 3 H = Wayna Capac (XI)

¡Esto concuerda con el orden de importancia cronológico/mitológico: los antepasados más lejanos son los qollana! Sin embargo, en términos políticos (prestigio) lo inverso es lo cierto:

El flujo del Tiempo: 3 2 1 P 1 2 3 P = Pachacuti (IX emperador)

3 2 1 T 1 2 3 T = Topa Inca (X)
3 2 1 H 1 2 3 H = Wayna Capac (XI)

La clasificación política incluía cuatro generaciones. Las primeras dos (padre e hijos) fueron qollana. La tercera fue la de los auquis. Después de la cuarta generación, los descendientes pertenecieron a una categoría menor llamada yngas o caballeros yngas.

Para volver a la clasificación de los suyus, encontramos que la tripartición se sobrepone a la cuatripartición. A pesar de haber cuatro suyus, el poder político es compartido entre los primeros tres. El Cuntisuyu (suyu 4) tiene poca importancia política.

El Chinchaysuyu (Ha/Ha) comprendió los panaqas siguientes: Inca Roca (Sexto Inca) — Pachacuti (Noveno Inca) — Topa Inca (Décimo Inca)

El Antisuyu (Hu/Ha) comprendió los panaqas siguientes: Viracocha (Octavo Inca) — Yahuar Huacac (Séptimo Inca)—

En el Collasuyu (Ha/Hu) fueron puestos los panaqas de los siguientes gobernantes: Lloque Yupanqui (Tercer Inca) — Capac Yupanqui (Quinto Inca) — Mayta Capac (Cuarto Inca)

En el Cuntisuyu (Hu/Hu) solo se menciona un panaqa: Manco

IMPERIO INCA Y LA QUINTA ERA

Capac (Primer Inca)

Sinchi Roca (Segundo Inca) puede haber pertenecido al Collasuyu, según algunos autores, al Cuntisuyu según otros.

Considerando que Pachacuti y sus descendientes fueron los Incas más importantes y que los anteriores lo fueron menos, vemos reflejado en la clasificación de los panaqas la importancia política de los cuatro suyus de la manera que ya hemos mostrado:

Cinchaysuyu 1 — Antisuyu 2 — Collasuyu 3 — Cuntisuyu 4

Los primeros tres suyus estaban organizados de forma similar y eran muy prominentes en materia política. El Cuntisuyu era el sector de Hurin/Hurin, y ésa es una manera de separarlo de los otros tres, todos tienen por lo menos un componente Hanan. Éste es un ejemplo de cómo la tripartición fue incluida en la cuatripartición. Sin embargo, el último suyu tenía más ceques, indicando un papel más importante en materia religiosa, en cierto modo es congruente con su naturaleza Hurin. Se refleja la importancia del año solar de la manera en que los ceques fueron ordenados en el Cuntisuyu, como aparecerá en el próximo capítulo. Incluso antes de seguir más allá podemos señalar otra manera en que se hace manifiesta la importancia religiosa del último suyu.

El Cuntisuyu puede ser el último suyu, pero es donde el ceque Anahuarque comprendía quince Huacas, más Huacas que en cualquier otro ceque. Este suyu también comprende la Montaña Huanacauri que conmemoró la muerte y transformación de Ayar Uchu el progenitor de la Segunda Era. Era la Huaca más vieja en Cuzco, y tenía una muy fuerte relación con el Sol y Viracocha. Sirvió como intermediaria entre los fundadores de la dinastía Inca (Manco Capac) y las tres deidades principales. [21] Huanacauri tenía su propio sacerdocio que tuvo una importante participación durante Citua y durante los ritos de iniciación del Capac Raymi. También jugó cierto papel de manera adicional. Hemos visto antes que Tiwanaku y Cuzco se conectan a través de una

275

línea que forma un ángulo de 45° con el eje este-oriental. Estas direcciones (noreste a suroeste) encuentran respectivamente las ruinas de Tiwanaku y la colina de Huanacauri que son sagradas para los Incas. Este es el porqué en realidad Cuzco fue fundada en Huanacauri. [22]

Si lo anterior no fuera suficiente para resaltar la importancia religiosa del Cuntisuyu, permítanos anunciar que en el Cuntisuyu está la panaqa de Manco Capac que fue el sacerdote/iniciado que inauguró la civilización Incaica, por lo menos desde una perspectiva mítica. Desde esa perspectiva él fue el primero, así como Pachacuti y los posteriores Incas fueron los primeros en orden de importancia política. Es más, Manco Capac fue el que heredó su misión directamente de Tunupa. También es interesante notar que muchas de las reconocidas Huacas de Viracocha, Inti, e Illapa están en el Cuntisuyu y que casi todas ellas están situadas en Antisuyu y Cuntisuyu, las subdivisiones Hurin de Hanan y Hurin Cuzco. [23]

Las conclusiones así alcanzadas explican totalmente los aspectos complementarios de Hanan y Hurin Cuzco. Lo que es verdad desde la perspectiva de Hanan se invierte desde la perspectiva de Hurin. Desde la perspectiva política de Hanan, Chinchaysuyu (suyu 1) es el más reciente y el políticamente más importante; bajo la perspectiva religiosa Cuntisuyu (suyu 4) es el más antiguo y más importante. Finalmente, bajo esta perspectiva el dilema de los dos lugares de origen podría también encontrar una resolución. Ollantaytanpu, el lugar de la pirámide y el lugar querido de Pachacuti, está situado al norte en el Chinchaysuyu, el suyu de más alta importancia política. El otro misterioso lugar, al suroeste — Paqaritanpu — es entonces el lugar de origen de los primeros antepasados, el Primer Hombre; está en el Cuntisuyu que también tiene la montaña Huanacauri, conmemorando la muerte del antepasado de la Segunda Era.

Finalmente, permítanos anunciar que los suyus reflejan la doble clasificación que hemos visto en la sucesión de los emperadores y en la sucesión de las Eras. Desde una perspectiva política la última — por eso la Inca — es la más importante, y eso se refleja en la clasificación de los suyus donde el Chinchaysuyu (Suyu 1) es el más importante. Desde la perspectiva religiosa, las Eras y antepasados más antiguos son los más importantes, y eso se refleja en la importancia religiosa del Cuntisuyu, el suyu del progenitor mítico Manco Capac. La teocracia corresponde a Eras anteriores. Está presente en el tiempo Inca con la importancia dada a la iniciación en materia política a lo largo del territorio. Los Incas conservaron la importancia de la iniciación a través de la instalación de un revolucionario sistema político. Ellos fueron los últimos en la clasificación de la teocracia, los primeros en términos políticos. La idea de las teocracias anteriores fue conservada y contribuyó más gracias al sistema político inventado por el iniciado Pachacuti. Así es cómo lo espiritual y lo político estaban estrechamente entrelazados. Las clases Hanan estaban asociadas con el imperio y la guerra; Hurin con la religión. Durante el Capac Raymi, el Inca recibía la instrucción del sacerdocio para sus rituales de iniciación. Esta división constante entre lo político y lo religioso estaba presente en la ocupación de nuevos territorios conquistados por el Inca; algunas tierras eran consagradas al Inca y otras al sacerdocio del Sol.

Si lo anterior no fuera suficiente, también sabemos que el sumo sacerdote del Sol jugó un papel muy importante en el imperio y en la denominación del futuro Inca. El sumo sacerdote del Sol probablemente era la segunda persona más importante del imperio, y su oficio comenzó durante el reino de Pachacuti. [24] El cargo de sumo sacerdote fue ocupado por un pariente real, un pariente colateral del emperador que pertenecía a una panaqa diferente. Parte de su importancia estaba en su rol de confirmante de la selección del nuevo emperador. Considere en esta relación el problema encontrado por Wayna Capac que fue desairado repetidamente por el sumo sacerdote antes de ganar acceso al trono. ¡Esto explica por qué quiso él asumir ambos papeles para asegurar su propia sucesión! Él indicó este cambio poniendo su efigie en el Coricancha de tal manera que enfrentó al Sol directamente, al contrario de cualquiera de los gobernantes anteriores.

PUNTOS DE INFLEXION ESPIRITUAL

Organización Política

Está claro que el Inca reunió en sus manos considerables poderes. No aparece claramente en las crónicas cómo fue escogido y cómo compartió sus poderes con la panaqa o con los poderes religiosos. Ésta es una cuestión que surgirá más claramente al final de nuestras exploraciones, sobre todo después de resaltar la importancia de la autoridad espiritual. Consideraremos en la actualidad cómo era escogido el Inca y cómo la jerarquía de poder se movió y operó bajo él.

María Rostworowski ha estudiado detenidamente todas las fuentes coloniales sobre el tema de cómo eran escogidos los Incas u otras autoridades locales. [25] Lo que emerge de las fuentes es este aspecto bastante homogéneo. El criterio panorámico de la selección era una mezcla de herencia y habilidad. Como regla general en la tradición andina, el poder era de cualquiera de los siguientes: los hermanos del difunto, uno de los hijos, o un hijo de la hermana.

Garcilaso de la Vega indica que era "el hijo más deseado por los súbditos." Esto puede apuntar a un ideal, pero sabemos que éste no fue siempre el caso. Las Casas sugiere que la sucesión era confiada a la persona más capaz, y que a los hijos se les daba la primera opción. También indica que el sucesor tenía que dar prueba de habilidad durante la vida del gobernante anterior, un hecho confirmado en muchos casos en la historia Incaica. Se sabe bien que Pachacuti pensó dejar el poder a Topa Amaru, pero después optó por Topa Inca porque el anterior tenía más inclinación para el oficio sacerdotal. Betanzos indica que el hijo de la qoya (la reina) era el escogido, pero en su ausencia eran escogidos los hijos de los consortes reales. Él también enfatiza las habilidades personales como un factor decisivo.

Guamán Poma relata que fue el hijo de la qoya y que tenía que ser "escogido por el Sol." Esto señala una vez más la importancia del proceso de iniciación y el papel del sumo sacerdote del Sol. Morua y Cobo dicen mucho de lo mismo y agregan que si tal príncipe no

278

estuviera preparado para la tarea, otro era escogido entre los hijos de otros consortes del rey.

Sarmiento de Gamboa indica que los que tenían derecho para proceder a elegir al rey eran los miembros de los "ayllus custodios" (no reales, ayllu original) y miembros de las panaqas. Él dice que los ayllus custodios tuvieron una parte en la denominación de los emperadores Inca Roca y Yahuar Huacac. Cieza de León también indica que el Inca Viracocha accedió al poder a través de una elección.

Otros participantes importantes tomaron parte en la elección del rey o en la dirección en que el proceso pudo haberse movido. Uno de éstos eran los panaqas. Rowe supone que del Cuzco Superior uno de los grupos de parientes reales puede haberse cambiado al Cuzco Bajo cada dos generaciones para conservar el equilibrio entre las mitades. Terence N. D'Altroy secunda la idea. [26]

La reina tenía un poder importante. Una madre qoya al parecer podría vetar al rey el matrimonio de su hija. ¡Igualmente el probable qoya podía negarse! Esto pasó a Washkar y Wayna Capac, por lo menos temporalmente. Las mujeres cumplían el papel de promover a un hijo como sucesor real. El linaje de la madre de los candidatos jugaba un papel importante desde que los gobernantes de turno no pertenecían al grupo de parientes de su padre. Ellos fundaron su propio panaqa y se identificaron estrechamente con el linaje de su madre.

Los tiempos de sucesión y matrimonio eran tiempos fundamentales para la intriga política. Otra razón fue la tradición andina que favoreció el liderazgo vigoroso. En realidad, no había heredero justo y legal; esa es más una noción Occidental superpuesta en la ideología Inca.

Dos cambios llegaron después a tiempo en el matrimonio y las prácticas de sucesión. El primero fue escoger una esposa principal de cuya descendencia se seleccionaría al futuro rey. El segundo fue el matrimonio con la hermana. Topa Inca puede haber sido el primero en hacerlo para ejercer un control más íntimo sobre la sucesión y también para limitar la influencia de las panaqas que competían. Esto se mantuvo siguiendo otras medidas que tomó, particularmente concediéndole poder a las Huacas regionales en independencia del culto del Sol.

Es para recordar que ningún emperador heredó la propiedad de su precursor. Éste fue otro modo de asegurar la colaboración entre las panaqas y prevenir la acumulación excesiva de poder a través de la riqueza en manos del Inca gobernante. Otro equilibrio de poder fue ejercido en la relación entre las autoridades políticas y espirituales como ya se ha señalado antes. El poder espiritual será considerado en el siguiente capítulo. Sin ir más allá, mencionaremos que el culto del Sol ocupó un papel administrativo muy extendido e importante. Adicionalmente, puede haber habido un concilio de los cuatro suyus. Finalmente, es muy probablemente que el Inca equilibrara su poder con otros dos corregentes de menor importancia, en el esquema del llamado triunvirato. Permítanos considerar ambos elementos de la cuatripartición y la tripartición, y después una idea que los reconciliará.

Los cronistas no ofrecen mucha información sobre la división del imperio en sus cuatro suyus. Muchos estudiosos creen que el rey gobernó con los cuatro capac apus de los suyus y que juntos formaron el Consejo Supremo del Tawantinsuyu. Las fuentes que menciona este concilio son los quipucamayocs, aquéllos a quienes se les encomendaron las cuentas y archivos. Las Casas, Cieza, Betanzos, y Sarmiento concuerdan pero no le dan al concejo un estatus permanente o especial. Los que se refieren a un concejo de tres capac apus son Halcón, Murua, Garcilaso, y Cobo. [27] Algunos autores hablan de un concejo más grande que incluía a tres gobernadores para el Chinchaysuyu (el suyu más grande), dos para el Cuntisuyu (muy pequeño), y uno para el Antisuyu (pequeño y escasamente poblado). Guamán Poma habla de un concejo de dieciséis: dos para Hanan Cuzco, dos para Hurin Cuzco, cuatro para Chinchaysuyu (la provincia más grande), dos para Antisuyu (la pequeña), cuatro para Collasuyu (la grande), y dos para Cuntisuyu (la pequeña). La representación anterior refleja parcialmente el orden de prestigio de los suyus pero más el orden de importancia (territorio y población).

¿Diarquía o Triarquía?

Por algún tiempo ha habido una teoría calurosamente debatida de un gobierno de dos Incas; últimamente, incluso se ha ventilado la idea de un gobierno de tres Incas. Pärssinen ha encontrado que cuando los quipucamayoc Cieza y Garcilaso hablan sobre las conquistas de Capac Yupanqui, éstos describen cómo las mismas conquistas son atribuidas a Pachacuti. Lo mismo ocurre cuando Garcilaso, Guamán Poma, y Oliva hablan de las conquistas de Sinchi Roca. Ellos posiblemente se refieran al medio hermano de Wayna Capac que gobernó Cuzco cuando Wayna Capac estuvo en Chachapoyas. Cieza de León publica (tentativamente) que oyó que había dos gobernantes: uno para cada lado de Cuzco. Este es el porqué Duviols y Zuidema supusieron un gobierno de dos. [28] Según Zuidema, cada Inca de Hurin y Hanan Cuzco es representante simbólico del antepasado de diferentes clases sociales. Sin embargo, esta teoría tiene poca evidencia que la apoye.

Extrañamente, un gobierno de tres parece más probable que el gobierno de dos. Ésta es la conclusión alcanzada por Pärssinen en base a los resultados de la investigación genealógica y los informes de las crónicas, sobre todo respecto a la iconografía. Esto no significaba tres personas con igual poder; sino dos gobernantes adjuntos con específico y limitado poder, principalmente en la administración de Cuzco y en los temas del ejército. El gobierno de tres es un esquema que también se encuentra en la administración de las provincias, muchas de las cuales se subdividieron en tres.

La primera confirmación de la probabilidad de esta hipótesis viene de la iconografía, particularmente de la manera en que se representaron al rey y a la supuesta segunda y tercera persona. Habitualmente, el emperador llevaba una vincha para la cabeza hecha de tela trenzada llamada llauto, a veces con plumas. De esta vincha, una borla espesa, un machapaycha cubría su frente. También llevaba un carrete muy grande en la oreja, símbolo de la iniciación. El Inca en la descripción de Herrera publicada en 1615, tenía tres tipos de machaypachas. [29] En el primer grupo están Huáscar, Wayna Capac, Topa Inca, Pachacuti Inca, y Urco Inca; en el segundo grupo están Viracocha Inca, Yahuar Huacac, y Capac Yupanqui; en el tercer grupo Mayta Capac, Lloque Yupanqui, y Sinchi Roca. Las Casas confirma que el Inca tenía "tres diferencias de cabezas" que distinguía a uno de otro. Pärssinen termina diciendo que Cuzco fue gobernado por el primer suyu. Las Casas propone algunas cuestiones enigmáticas con respecto a la genealogía y la sucesión de los emperadores Incas. La siguiente es la evidencia respecto a dos gobernantes sucesivos.

Época de Pachacuti

Según el quipucamayoc, Viracocha Inca tenía tres hijos: el mayor era Yupanqui Inca (Pachacuti); los más jóvenes Urco Inca y Mayta Inca (probablemente el mismo Mayta Capac). Urco Inca era el hermano más viejo de Pachacuti. En el sistema de ceques Mayta Capac se pone en posición del kayaw (Collasuyu) y Pachacuti Inca en el Chinchaysuyu (qollana). Urco Inca podría ser Chinchaysuyu (qollana) o Antisuyu (payan). La confirmación la ofrece el hecho que Urco Inca es mostrado llevando un machapaycha, como Pachacuti y Topa Inca en los retratos de los Incas publicado por Herrera. La posición real de Urco Inca es confirmada por Cieza de León; él después fue eliminado del registro del quipu y de las baladas Incas.

La época de Topa Inca

El acceso al trono de Topa Inca puede definirse en dos fases: la primera en la que durante su vida compartió el trono con su padre, y una segunda después de la muerte de Pachacuti. Cuando el cronista Santa Cruz Pachacuti habla de la primera parte de su reinado, describe que Pachatuci Inca, Topa Inca, y Amaro Topa se sentaron en tres tronos dorados iguales y los tres llevaban el machapaicha real. Sin embargo, expresa la diferencia de importancia entre los tres en sus cetros. [30]

Al referirse a posteriores tiempos, el documento llamado 'Probanza de los Incas nietos de los Conquistadores' muestra que los descendientes de Topa Inca, Amaro Topa, y Topa Yupanqui pertenecieron al mismo panaqa real, dividido en tres. Indica que a la muerte de Pachacuti, el orden cambió y Topa Yupanqui fue agregado al gobierno de tres. [31] Topa Inca perteneció al ayllu del qollana; Amaro Topa al payan, y Topa Yupanqui al ayllu del kayaw. Otras fuentes que confirman las sucesiones de los reyes son los quipucamayos. Según ellos Pachacuti tenía tres "hijos": Topa Yupanqui Inca, el mayor; Topa Yupanqui, el más joven; y Topa Inca.

Si el primer escenario es verdadero, entonces Topa Inca fue la "segunda persona" de Pachacuti Inca y Amaro Topa la tercera. Los cronistas también indican que antes de que la opción cayera en Topa Inca, Amaro Topa fue el primer candidato a la sucesión de Pachacuti. Esto significa que probablemente el estado de los dos fue invertido. Para agregar peso a esto está la mención registrada por algún cronista que en ausencia de Topa Inca fue Amaro Topa quien gobernó Cuzco. En apoyo al segundo escenario, hay una mención registrada por Don Martin (hijo de Topa Yupanqui) declarando que Topa Yupanqui gobernó el imperio (no sólo Cuzco). La anterior línea de razonamiento conserva su validez en el registro del gobernante que lo sucede, Wayna Capac. [32]

Resumiendo, el gobierno de tres probablemente era una disposición simbólica en reconocimiento al poder de los tres suyus (suyus 1 a 3). Se limitó a la administración de Cuzco y a los asuntos del ejército en ausencia del emperador. Sabemos que los principios de jerarquía, dualidad, tripartición, y cuatripartición permitieron la organización sociopolítica andina. Lo que está menos claro es cómo éstos trabajaron juntos e interactuaron. Considerando cómo se llevó el trabajo político incluso después del tiempo de los Incas en la costa norte de Perú, Michael Moseley y Alana Cordy-Collins aclararon un principio importante de cooperación entre las mitades y sub-mitades, en los más bajos niveles de la administración de poder.

"Conciliación Política" [33]

La idea de "Conciliación Política" está lejos de la forma de poder concebido en el mundo Occidental y puede verter mucha luz sobre lo que todavía no entendemos del sistema político andino.

Según el esquema había varios niveles de autoridad; nosotros los llamaremos nivel 1, nivel 2, nivel 3, etc., Al nivel 1, un único señor ostentaba la autoridad. Sin embargo, al segundo nivel él compartía el poder con un segundo jefe, teniendo sólo 50 por ciento de control directo. Al tercer nivel tenía sólo 25 por ciento de control directo; al cuarto sólo 12.5 por ciento, y así sucesivamente. El principal 'B' (del segundo nivel) tenía 50 por ciento al segundo nivel; 25 por ciento al tercer nivel; 12.5 por ciento al cuarto, etc. (cuadro 2).

Permítanos ver cómo lo anterior podría haber trabajado a nivel del imperio. En el ejemplo anterior, el Señor 'A' sería el emperador o rey. Al nivel militar, solo él tenía poder. Al nivel 2 el emperador lideraba la clasificación jerárquica de la mitad más alta; el Señor 'B' lideraba la segunda mitad. Al nivel 3 las mitades estaban cada vez más subdivididas en un total de cuatro. El Señor 'A' — el emperador — lideraba la jerarquía superior, la sub-mitad Hanan. El Señor 'B' es el gobernante de la subdivisión jerarquica superior de su mitad Hurin. Al nivel 4 hay ocho subdivisiones y ocho señores. El Señor 'A' y 'B' sólo encabezaban uno de éstos. Al nivel 5 hay dieciséis señores. El Señor 'A' y 'B' ceden un poder muy bajo marginal (dos de dieciséis).

Ahora podemos ver cómo se aplicó a la costa norte. La mitad de la clasificación superior jerárquica estuvo en la orilla norte del río. La segunda, la mitad inferior estaba en la ribera sur. Luego cada mitad fue subdividida en dos, cuatro, ocho, etc., Pueden haber existido en total seis niveles orgánicos. Reflejando la disposición anterior, el sistema de irrigación se subdividió en cuatro secciones principales y unidades de nivel inferior.

Los autores del estudio concluyen: "La mayoría de las actividades

284

económicas requerían la participación ritual de los señores o no se realizarían. Además, reforzaron mucho su poder la posición de los señores como antepasados vivientes, como vínculo entre el vivo y el muerto, el presente y el no-presente.

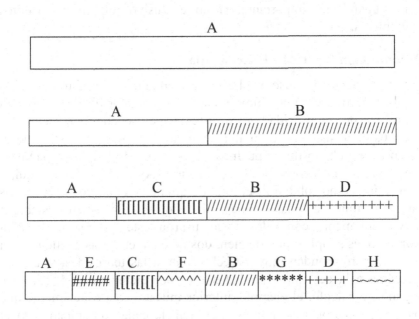

Cuadro 2: la organización política "conciliar"

Permítanos regresar con esta perspectiva al ejemplo del imperio y los suyus. Está claro que el Inca estaba solo en el primer nivel. Él, el gobernante, representando el suyu 1, tenía 100 por ciento del poder al Nivel 1. Al nivel 2 compartía este poder con el Señor 2 del Antisuyu (suyu 2: Hu/Ha), cada uno se repartía el 50 por ciento. Al nivel 3 había cuatro señores, cada uno con 25 por ciento de control. Desde esta perspectiva la prominencia de Hanan sobre el poder de Hurin disminuía exactamente como se ha dicho, del suyu 1 al suyu 2 al suyu 3 y al suyu 4 que es exactamente cómo estaban las cosas desde la perspectiva política. Se inventaron otros niveles de autoridad a nivel provincial, pero los archivos históricos no son claros en este aspecto.[34]

Además de las divisiones ternarias o cuaternarias, la organización decimal a menudo se sobrepuso a las anteriores que, ahora se hace más claro, jugaron un importante, si no exclusivo rol, en los asuntos económicos.

Organización Decimal y la Economía

El sistema decimal se usó en el ejército y en la mita — tributo ofrecido en labor. También era una importante herramienta de determinación en la política de reciprocidad. Este sistema incluso continuó en ciertas áreas bajo el sistema colonial (por ejemplo, Lupaca). Catherine J. Julien ha estudiado un quipu Inca (después usado por los españoles) que ofrecía un censo de la población Aymara. [35] Los quipu establecían cómo subdividir el total de quinientos mineros necesitados para la mita en las minas de Potosi. Pärssinen establece convincentemente cómo los Incas usaron este sistema en base a proporciones simples: uno de cien, dos de cien, etc., Las cantidades en el quipu corresponden muy estrechamente a las teorizadas, si uno se aproxima a la centésima unidad sobre (por ejemplo, 1234 = 1300). Según este cálculo, el ejemplo anterior muestra casi exactamente que los Incas tomaron tres mitayos* de cien de cada comunidad para el trabajo en el área de Potosi.

De lo anterior podemos concluir que se inventaron divisiones administrativas según el sistema decimal para dividir el peso del tributo justamente entre los diversos grupos étnicos o regionales. Este sistema decimal permitió la creación de una fácil determinación sin tener que cambiar la administración local. En otras palabras, la organización decimal se superpuso a la administración existente. En algunos casos las dos coincidieron en algún nivel.

---

* N. del T.: Mitayos: indígenas enganchados en la "mita", del quechua *mitayoc*.

La terminología del sistema decimal era la siguiente:

Hunu: 10,000; Pisca Guaranga: 5,000; Guaranga: 1,000;
Pisca Pachaca: 500; Pachaca: 100; Pisca Chunga: 50; Chunga:10

La unidad de referencia es la unidad doméstica. Los jefes de cada nivel fueron llamados huno curaca; pisca guaranga curaca, guaranga curaca, etc.

Todas las anteriores no eran tantas unidades políticas como unidades de cálculo para determinar la dimensión de una provincia, la importancia de su gobernante y la contribución para la mita. En realidad la idea de la cantidad de unidades familiares en cada unidad decimal era aproximada. Así, el nivel hunu fue de alrededor de 6,000 en algunos lugares a 12,000 en otros. En Cuntisuyu, por ejemplo, las guarangas fueron bastantes (150 a 280 unidades) que reflejaron la tradición del grupo local de tres. Esto también reflejó la realidad, es decir que aquí los pueblos eran mucho más grandes que en la mayoría de las otras áreas.

El tributo de la mita involucró un específico número de días de labor en el ejército, proyectos de obras públicas, en servicio al emperador o funcionarios del estado, o trabajo agrícola en los campos de corporaciones reales o campos del Sol. Esto se hizo reagrupando la población en enclaves ecológicos. Sin embargo, la población reagrupada retuvo los lazos con sus comunidades originales; no respondían a los curacas locales. Cuando los recién venidos se integraban a la administración local, formaban parte de la mitad superior. Podían establecerse aliados en las áreas de la frontera para promover la obediencia al emperador. O, vice-versa, podían dispersar a los grupos hostiles fuera de sus áreas originales.

Las mitas reasumieron la idea del archipiélago vertical, o autosuficiente, como de islas de comunidades especializadas cuya economía estaba integrada a la economía más grande a través de mecanismos de reciprocidad y redistribución. Los Incas intentaron restaurar el uso de la tierra interrumpido por las guerras de la Cuarta Era, lo que significó una re-colonización de los valles — anteriormente juzgados inseguros desde una perspectiva estratégica — o la construcción de terrazas en tierras marginales de la montaña. Esto se hizo despoblando cierta tierra y luego enviando colonias de mitimaes de origen étnico mixto. Fue también un medio para difundir el uso del idioma Quechua. En todo fue un retorno — de un nuevo modo — a la práctica del archipiélago vertical que existió en el período Arcaico de la Segunda Era. Esta nueva economía empezó en la época de Pachacuti. Desde que esta práctica ya había sido una práctica del pasado, los Incas la desarrollaron considerablemente en áreas donde la tradición ya había existido. En la práctica, curiosamente, esto significa que la presencia Inca más pesada recaía sobre las áreas más pobres, en lugar de caer en las más ricas. [36] Muchos viejos y fortificados asentamientos se transfirieron a las áreas más bajas y fecundas.

El trabajo en los mitimaes fue una manera de forjar la nueva identidad, soltar los lazos étnicos, ahondar la penetración del idioma Quechua, explotar nuevos ecosistemas, extender el alcance e integrar la economía local, beneficiar a las poblaciones locales, y acumular excedentes para tiempos de escasez. Fue el medio para permitir el acceso de los señores locales a enclaves que de otra manera no podrían alcanzar, y así a los bienes que ellos no producían.

Había muchos tipos de mitimaes: económico, sociopolítico, militar, y artesanal. Alguno de los mitimaes, sobre todo en las fortalezas de las áreas fronterizas, eran para el ejército. Algunos se especializaron en la producción agrícola. Así, bajo el reino de Wayna Capac, los mitimaes en el Valle de Cochabamba, Bolivia, estaban consagrados en gran escala a la producción del maíz usado para propósitos del estado. En un momento dado el Inca empezó a establecer colonias de artesanos para producir las cosas que se necesitaban para la propia mita, para las festividades, para el curaca, o para el ejército. Algunos mitimaes tenían una función sociopolítica. En algunos casos los nobles Incas formaron parte de colonias lejanas, quizás integradas a otras poblaciones. Curiosamente, en estas situaciones los dos grupos respondían a la administración Inca (para los nobles) o a la autoridad local (para los grupos locales).

La administración del Sistema de Reciprocidad

El intercambio de mujeres y regalos era determinado como una función de la importancia del jefe, y su importancia dependía de la cantidad de personas sobre las que gobernaba. Un ejemplo: un curaca del hunu (10,000 unidades familiares) podía ofrecer al Inca una hija en matrimonio y en cambio recibía del Cuzco una mujer noble y concubinas.

La rápida expansión Inca se logró gracias a los vínculos creados entre el curaca local y el Inca. Sin embargo, estas relaciones tuvieron que ser renovadas a la muerte de cada emperador. Los vínculos tuvieron que ser reconfirmados periódicamente a través de regalos recíprocos a los jefes étnicos. Las transiciones eran tiempos delicados en que el centro temía las tendencias unificadoras o integracionistas que venían de la periferia.

Entre los más prestigioso regalos que los curacas podían recibir estaban los textiles y el trabajo metalúrgico. Éstos eran, después de todo, la prueba de la renovación cultural que fue de la mano con el núcleo de la espiritualidad Inca. Otros regalos apreciados eran las especialidades regionales. Así, las llamas y las alpacas eran numerosas en el Collasuyu del sur y apreciadas en el Chinchaysuyu norteño. Las conchas de spondylus (el mullu*) que se encuentran en la costa de Ecuador eran sumamente apreciadas en el Collasuyu. y coleccionada por el mitayoc. De allí se enviaba a Cuzco donde era usada para

---

* N. del T.: Mullu: es el nombre con el que los habitantes del Perú antiguo conocían los productos de una concha que viven en los mares cálidos del norte. La recolecta del Mullu (Spondylus princeps) la hacían los pescadores, quienes sabían que había que bucear a varios metros de profundidad para encontrarlo; sólo excepcionalmente se encontraba cerca de la superficie.

decorar el uncus (las túnicas), y éstas se redistribuían a varias partes del imperio, sobre todo al Collasuyu. En este sistema de redistribución, los regalos siempre venían de los señores de Cuzco. El Inca convirtió la capital económica en regalos de alto valor simbólico. Era una manera de crear interdependencia y gratitud. Esto ha sido apodado "administración de la generosidad."

El regalo más apreciado que los curacas pudieran recibir de Cuzco eran las mujeres. El curaca más importante, más mujeres recibía en el intercambio recíproco con el Inca. Las mujeres jugaban un papel decisivo forjando vínculos de parentesco entre el Inca y la periferia. Mientras más importante el señor local, más cerca estaba la mujer de la nobleza Inca y del soberano. Esta política también era un medio de fortalecer la sangre Inca entre las naciones sometidas. El movimiento inverso también sucedió: los Incas tomarían como esposas secundarias a las hermanas o hijas del curaca local.

Que el Inca consagrara mucho cuidado a la preparación de la mujer indicaba que ésta también era una manera de exportar la cultura Inca a la periferia. Para fortalecer la administración de la generosidad, Pachacuti había ordenado la edificación del acclahuasi[*] con el propósito de organizar y educar a las mujeres escogidas — acclas — que se ofrecerían a los curacas locales. Ellas eran embajadoras de la cultura Incaica en la periferia.

La mita es parte de una idea mucho más grande, idea a la que en los Andes se le da el nombre de reciprocidad. La ética andina ordena que el individuo/grupo trabaje en el mantenimiento y edificación de las relaciones cósmicas, evitando así causar una perturbación en el orden del cosmos. El hombre es un co-redentor del cosmos, y el ritual es la necesidad ética de la vida andina que acompaña la tarea de redención.

---

[*] N. del T.: El **acclahuasi** era el centro de formación femenina. El acclahuasi significa casa de las escogidas. Las Acllas fueron las mujeres de mayor preparación cultural en el imperio. Eran mujeres verdaderamente escogidas, procedían del tributo de su pueblo y vivían enclaustradas en el Acllahuasi o Casa de las Acllas.

La ética andina pone un límite entre lo que se aplica al ayllu, al Quechua, y al mundo. La obligación ética disminuye a lo largo de ese eje.

La reciprocidad involucra una visión de la justicia del intercambio de bienes, personas, valores religiosos, sentimientos, etc. La reciprocidad tiene un gran lugar no sólo en el reino del trabajo y la economía. Es la garantía del correcto nivel de intercambio entre los seres humanos, seres humanos y naturaleza, hombre y Dios, vivo y muerto.

La reciprocidad también es un principio de justicia cósmica. Va más allá del individuo y de la presente generación. Las Comunidades pueden tener que echarse sobre las espaldas la culpa de un individuo, de hecho incluso la posteridad puede tener que hacer lo mismo. Dios impone un castigo para permitir la corrección del desequilibrio cósmico. No se ve como un castigo gratuito, sino como una oportunidad para la compensación.

Una gran parte de la reciprocidad regula la relación del hombre (la comunidad) y la naturaleza. Sin reciprocidad la tierra no sería fecunda. Esto se logrado por el hombre volviendo a lo divino, como participante. Prácticamente, reciprocidad significa dar ofrenda: ir a lo divino no como un suplicante sino con algo para ofrecer (una alma que ofrece). Por consiguiente, las catástrofes naturales eran consideradas el resultado de la falta de reciprocidad. Esto explica la primordial importancia del ritual para el logro de metas concretas.

CAPÍTULO 4

EL CONOCIMIENTO
ESOTÉRICO INCA

En los dos capítulos anteriores hemos analizado la naturaleza de la revolución espiritual sufrida por la civilización andina a manos de Viracocha Inca y en gran medida Pachacuti, el noveno emperador. Los resultados de tal revolución se sintieron con los tremendos cambios políticos, sociales, y espirituales que siguieron a la expansión del imperio Inca. Ahora la experiencia espiritual de Pachacuti ha sido objeto de algunas hipótesis creíbles acerca de su naturaleza, se hace evidente que entre la visión de Pachacuti — el motor de los cambios sociales — y el logro del imperio Inca, está una nueva concepción del mundo, un cuerpo muy rico de conocimiento que hizo posible el logro del sueño de Pachacuti. En otros términos, Pachacuti no solo recibió una visión que le dio la fuerza para rechazar la invasión de los Chancas, junto con ella Pachacuti abrió su ojo interior al conocimiento iniciático. A través de este conocimiento el Inca restableció un vínculo consciente con el tiempo del Amanecer — y por lo tanto con el ser de Tunupa y con la inspiración del Cristo — y esperó los impulsos de la incipiente Quinta Era. Los elementos de este conocimiento se encontrarán en lo que ya hemos visto: las fiestas centrales de Capac Raymi e Inti Raymi, los rituales de iniciación de la nobleza Inca, el sistema de ceques de Cuzco y en otros lugares, y la reintroducción de la arquitectura titánica (por ejemplo, Sacsayhuaman, Cuzco). Además de éstos encontraremos también un preciso conocimiento del calendario solar, el geomántico sagrado paisaje, y el uso del quipu como un sistema de almacenamiento de información y para escribir. Estos elementos adicionales han salido a la luz desde los años noventa en que se hicieron públicas dichas revelaciones.

¿Cómo podría esta evidencia haber estado enterrada durante siglos y finalmente salir a la superficie en la actualidad? Para la historia, la ocupación española de Perú y los países andinos representan un notorio tiempo de brutal represión social, genocidio, y un esfuerzo para el desarraigo completo de la religión, los trajes, y la identidad. No obstante, los españoles nunca tuvieron un éxito completo en sus esfuerzos, en parte porque muchas de las mismas personas que se suponía lo llevarían a cabo no pudieron ayudar sin obnubilarse por la profundidad, belleza, y poder de la civilización Inca.

REESCRITURA DE LA HISTORIA POR LOS ESPAÑOLES

Recientemente el mundo académico de historiadores Incas, arqueólogos, y otros especialistas han sido mecidos por las revelaciones de los manuscritos de Miccinelli. Los documentos afirman que los españoles envenenaron a los generales de Atahualpa y borraron, o intentaron borrar, toda evidencia de escritura Inca.

Los manuscritos deben su nombre a la persona que los encontró y los expuso al público en 1984, Clara Miccinelli. Después de descifrarlos, junto con el periodista Carlo Animato quien en 1989 publicó un libro titulado *Quipu, I nodi parlanti dei misteriosi Inca* (Quipu, Los Nudos Habladores del Misterioso Inca). El libro fue dirigido al público general de modo que ciertamente pudiera abrirle los ojos al mundo académico, particularmente por su manera de yuxtaponer temas que no se conectan inmediatamente uno con otro. El libro no tuvo el impacto esperado y habría dejado al mundo científico sin reacción, si no hubiera sido por el subsecuente redescubrimiento del libro de Miccinelli por Laura Laurencich Minelli, profesora de civilizaciones indígenas de las Américas en la Universidad de Bolonia. La profesora se dio cuenta del valor de estos descubrimientos y quiso verificar la autenticidad de los documentos. Llegó a la conclusión que eran auténticos y publicaron *Il linguaggio dei numeri e dei fili nel mondo degli Inca*. [1]

El asombroso origen de los documentos y de las no menos asombrosas revelaciones sobre la civilización Inca puso en duda muchas cosas que ya tantos científicos habían pensado definitivamente respondidas. El hecho de que estas revelaciones encuentren su origen fuera del mundo académico, para algunos puede ser no menos inquietante. Los documentos han sido calificados como falsificaciones modernas. Ellos probablemente sean una mezcla de verdad y falsificación. Sin darse cuenta revelan cuánto estaba en juego para las jerarquías de la iglesia y el estado en la percepción pública de la civilización andina. En este sentido sirven para el propósito de nuestro estudio, una vez podamos separar la verdad de la ficción y extraer o separar las contribuciones importantes de las falsas demandas.

Valoración de los Documentos de Miccinelli

R. T. Zuidema, Juan Ossio, y el Padre Borja de Medina (un Jesuita) declaran que los documentos de Nápoles son falsificaciones que datan de los siglos decimoséptimo o decimoctavo. Juan Carlos Estenssoro y otros han declarado que los documentos son una falsificación moderna. Este cargo ha sido fácilmente refutado. Las pruebas han salido a favor de su autenticidad a través de la evidencia de los materiales usados y por la evidencie de los archivos que apuntan a los documentos citados en los documentos de Miccinelli. Central en estos documentos es la figura de Blas Valera, un "Jesuita indigenista" y defensor ardiente de la cultura Inca, y dos documentos que llevan su firma: Exsul Immeritus (Destierro Desmerecedor) e Historia et Rudimenta (Historia y Rudimentos).

El papel, tinta, y otros materiales usados en el manuscrito pertenecen al siglo decimoséptimo. Lo confirman el fechado mediante Radiocarbono, el análisis espectroscópico de los colores y tintas, y los microanálisis del contenido de metal; se ha probado la autenticidad de la letra de algunos de los autores, y los manuscritos revelan los hechos históricos sobre la vida de Blas de Valera que sólo fueran liberados tiempo después. La importante excepción es de la letra de Blas de Valera que no corresponde a otros ejemplos de su mano.

Aunque esto predispone a la idea que las cartas son falsificaciones modernas, no significa que lo que el documento de Nápoles declara sea completamente correcto. La hipótesis con más peso es la siguiente. Algún Jesuita por rencor puede haber tenido razones para vindicar la muerte de Valera debido a su simpatía con sus visiones. Uno de éstos habría sido en particular Juan Anello Oliva, cuyo trabajo fue duramente censurado por los Jesuitas. Oliva tenía un carácter inestable y dejó un cuestionable record en el cargo de la Universidad Jesuita del Callao (cerca de Lima). Una señal contundente es el hecho que el cronista estaba bien versado en la literatura apocalíptica y que esta emerge en el presunto *Exsul Immeritus* de Valera, mientras ésta no parece haber sido parte del pensamiento de Valera. Anello Oliva había pasado veintitrés años preparando sus escritos, pero fue prohibida la publicación de su trabajo. Éste puede haber sido el motivo que lo empujó a identificarse con el destino de Valera. La firma de Blas de Valera (sólo la firma) en *Historia et Rudimenta*, y la letra y firma en el *Exsul Immeritus* no coinciden con otras muestras de su letra. Sabine Hyland concluye que la firma y letra de Valera en los dos documentos atribuidos a él eran falsificadas y cree ella que ha descubierto por quien. Es probable que Juan Anello Oliva escribiera *Exsul Immeritus* e *Historia et Rudimenta*. [2]

Permítanos primero considerar al autor central y a otras figuras que tomaron parte en la escritura de los manuscritos de Miccinelli. Éste es un paréntesis que sentimos necesario para dar crédito a documentos que están en el centro de apasionados debates y sometidos repetidamente a virulento prejuicio. Después volveremos a la naturaleza de las revelaciones pretendidas por los autores y finalmente a la evidencia que presta apoyo a los manuscritos de Miccinelli, o a varias partes de ellos. Gastaremos algún tiempo relacionando la biografía de Blas de Valera que algunos han comparado con Bartolomé de las Casas, el individuo que logró más en la defensa de las poblaciones nativas de Mesoamérica. Nos referiremos al trabajo de Sabine Hyland que ha investigado la vida de Valera sin usar los documentos de Miccinelli. La importancia del cronista está en el hecho de que era un importante representante de todo un movimiento.

EL CONOCIMINTO ESOTERICO INCA

Blas de Valera, ¿el Jesuita Anónimo? [3]

Los estudiosos han especulado que la madre de Valera — Francisca Pérez [su nombre cristiano] — tenía el linaje Inca. Hay algunos indicios que de hecho apuntan a su pertenencia a la corte del último emperador, Atahualpa. Ella probablemente le enseñó Quechua a Blas cuya fluencia era bien conocida. Esto también puede explicar el porqué Valera estaba fuertemente a favor de Atahualpa y contra Huáscar — el último rival al trono antes de la llegada de los españoles.

Valera entró en el noviciado en 1568 a la edad de veinticuatro años, acabó sus estudios en 1570, y probablemente se ordenó en 1573. En 1570 le enviaron primero a la misión de Huarochiri. Por ese año el Jesuita local accedió a la celebración de un Corpus Christi que incorporó bailes, poesía, y trajes indígenas. El informe del Jesuita dice, entre otras cosas: "Y preguntando de dónde tomaron [los versos], ellos declararon que lo mismo [el poema] que el anciano dio al Sol y a su rey se convirtió en alabanza de Jesucristo [por] tomando el material de lo que ellos habían oído predicar [a los misioneros]." La misión, sin embargo, fue abandonada en 1572, en parte porque el Jesuita desconfió del sincretismo religioso, mientras Valera estaba muy a favor de él.

Probablemente en 1572, un año antes de ser ordenado, Valera fue enviado a la misión de Santiago del Cercado, cerca de Lima. Santiago fue un lugar al que a todos los nativos de las aldeas en el área se les habían obligado a trasladarse. Esto se hizo con el intento de control e instrucción en las formas cristianas. Como resultado de esta política, Valera dio testimonio de que muchos nativos morían a causa de enfermedades.

En 1576 Valera fue de nuevo transferido, esta vez a Cuzco cuya casa Jesuita había sido fundada en 1571. Aquí se encontró con Gonzalo Ruiz, uno de los fundadores de la casa, y un anterior amigo del pueblo hogar de Blas. El Jesuita se había instalado en el anterior Amaru Cancha donde habían puesto el tabernáculo en el altar sobre el que una vez estuvo el ídolo de la serpiente. Aquí Valera se hizo consejero espiritual de la cofradía del "Nombre de Jesús," entre los que estaban muchos importantes nobles Incas. Y aquí empezó a formular sus visiones religiosas radicales sobre la concordancia espiritual de la Cristiandad y la espiritualidad Inca. Los nativos — especialmente los miembros del Nombre de Jesús — protestaron cuando a Valera se le transfirió. Como resultado su traslado tardó un tiempo a causa de estas apelaciones.

Allá por 1577 Valera estaba en Juli por el Lago Titicaca. En este sitio hubo una misión dominicana donde los frailes cometieron muchos abusos; por consiguiente, era fuerte la hostilidad contra la Cristiandad. Ésta debe haber sido una experiencia muy áspera para Valera, especialmente al dar testimonio del clima de desilusión, resentimiento, y radicalización entre los dos lados. Dos años más tarde fue transferido a Potosí, entonces una de las ciudades más grandes en el mundo.

En 1582 Valera fue regresado a Lima para trabajar en la traducción al quechua del catecismo católico. Aquí entró en cercano contacto con José Acosta, el provinciano Jesuita. En este tiempo los pensamientos de Valera estaban sometidos a estrecha y firme vigilancia hereje, sobre todo en un contexto de creciente radicalización y desconfianza en la habilidad de los nativos de llegar a la Cristiandad. Públicamente se le acusó de haber sido incriminado por la Inquisición por crímenes sexuales. Sin embargo, los documentos en los archivos de la Inquisición demuestran que él no estaba en problema con la Inquisición sino más con los mismos Jesuitas — y no debido a una mala conducta moral, sino por herejía. Cartas de ese tiempo indican que los Jesuitas se negaron a indicar por escrito la naturaleza del "crimen".

Los castigos dados a otros Jesuitas incluso reincidentes en materia de inconducta sexual fueron de hecho bastante menores. [4] El castigo impuesto a Valera es bastante diferente a los suyos. Por cuanto los casos anteriores se mencionan repetidamente en los documentos de la Inquisición, Valera nunca es mencionado como sospechoso.

Valera fue específicamente excluido de la enseñanza de gramática (y eso incluyó su enseñanza de Quechua) y le fue dada la opción de dejar a los Jesuitas por otra orden. Valera había usado la gramática para indicar específicamente las similitudes entre la religión Cristiana y la Inca. En 1583 fue confinado a una celda de prisión, obligado al ayuno y a la oración, y azotado semanalmente. Se dijo que él había agregado otras mortificaciones a las que le impusieron y que después de cumplida la sanción continuó practicando los ayunos semanales y recitando los siete salmos penitenciales. Su salud padeció desde los años en prisión hasta 1587, fecha en la que fue puesto bajo arresto domiciliario durante seis años.

Sobre el crimen de Valera, el Jesuita general Aquaviva declara en una carta, "Si se juzga apropiado despedir al Padre Blas Valera, tome como razón lo que él hizo con la mujer y destitúyanlo; y si no, manténganlo [en la prisión]." Anello Oliva y Joan Antonio Cumis en los documentos de Nápoles afirman que Valera había sido guardado en prisión debido a lo que aparecía en sus escritos. Esto también es lo que ha surgido de los documentos de la Inquisición española guardados en Madrid. [5]

En 1594 a Valera de le permitió viajar a España, pero los serios problemas de salud lo detuvieron en Quito y luego en Cartagena durante casi dos años. En Quito Valera escribió *Relación de las costumbres antiguas de los naturales del Pirú*. Por 1596 estaba en Cádiz, España, donde los provincianos andaluces le permitieron enseñar humanidades, pero una vez más, por órdenes del General Aquaviva, fue excluido de la enseñanza de gramática. A fines de 1596 el pirata inglés Robert Devereux saqueó la ciudad de Cádiz. Sus hombres provocaron un alboroto en la población, y Valera fue una de sus víctimas. Herido, murió en abril del siguiente año, y es listado entre los difuntos en la Universidad de Málaga.

En dos de los documentos de Nápoles se afirma que la muerte de Valera fue falsificada por los Jesuitas. Después de 1597 él habría vuelto a Perú donde escribiría *La Nueva Coronica*, actualmente atribuida a Guamán Poma. En junio de 1958 habría dejado España para ir a Perú, llegando primero a Cartagena y viajando por tierra a Quito y luego a Cuzco. En Cuzco su compañero mestizo Gonzalo Ruiz lo escondió según se alega entre los nativos de la ciudad. Y allí habría escrito *La Nueva Coronica*, escogiendo a Guamán Poma como un conducto para su trabajo, ya que él mismo no podía presentarlo abiertamente.

Lo anterior probablemente sea falso. Sabine Hyland ha dado peso a la hipótesis de que la exaltación de la vida de Blas de Valera fue trabajo de Juan Anello Oliva, cuya vida y propósitos igualaron en algún nivel a los de Valera — sin embargo, no en el significado. La fabricación de los documentos fue una estratagema secreta inventada por Anello Oliva para revaluar y restaurar el peso del conocimiento Inca que los Jesuitas y la iglesia minaron sistemáticamente, con resultados cuyas consecuencias llegan hasta el presente.

Destrucción Hispana de la Historia y Validez de los Documentos

Una polémica discusión sobre los documentos de Miccinelli se centra en el supuesto envenenamiento de los generales de Atahualpa por Pizarro con ayuda de los frailes dominicanos Vicente Valverde, Juan de Yepes, y Reginaldo de Pedraza. El arsénico se habría diluido en tres barriles de vino que se ofrecieron a los generales y a otros líderes del ejército de Atahualpa en Cajamarca, el 16 de noviembre de 1532. La veracidad de este episodio ha sido minada por la investigación de Sabine Hyland que ha determinado que, aunque tales cartas afirman la existencia de los supuestos hechos, hay poca evidencia de que ellos se refieran a eventos reales y mucha sospecha de que fueran alegatos vengativos e infundados. [6]

El episodio anterior ha limitado el interés per se en nuestra investigación. Es otra importante afirmación la que llama nuestra atención. Así como los españoles necesitaron dar la fachada del trabajo desinteresado de evangelización de los nativos, así necesitaron demostrar que el Inca efectivamente necesitaba tal intervención en su vida debido a la evidente falta de rudimentos de civilización. La mentira que los documentos de Miccinelli intentan destapar es la aserción de que el Inca no tenía forma de escritura. Éste es en efecto el contenido central alrededor del que giran los documentos y el mayor debate generado alrededor de ellos. Varios autores traen mucha evidencia a la aserción que los conquistadores españoles destruyeron sistemáticamente todo rastro de cierto tipo de quipu, el literario o "quipu real."

El peso que los autores de Miccinelli agregan a estas aserciones es la ilustración de cómo fueron concebidos y se usaron estos quipus literarios. Si el español necesitara borrar la mayor evidencia del alto grado de civilización Inca, es bastante obvio que pudieran hacerlo ocultando una de las pruebas mayores de sus logros: la escritura.

Entre los Jesuitas indigenistas, Valera — debido a su herencia Inca — alcanzó un entendimiento más profundo de la cultura Inca y gastó su vida intentando sacarla a la luz. Su intento fue más profundo que un asunto de puro reconocimiento. Él también había intuido la convergencia más profunda entre el mensaje cristiano y lo que el Inca mostró en la Quinta Era de la herencia de Tunupa. La intuición de Valera — y la de Santa Cruz Pachacuti son muy similares — no les dieron crédito por su tiempo. Finalmente sólo pueden validarse a través de los resultados de la investigación científica espiritual.

Los documentos de Miccinelli están sufriendo un detallado escrutinio. Según el grafólogo Luigi Altamura, el escrito del llamado JAO corresponde al de Juan Anello Oliva, como los escritos de Blas de Valera en *Exsul Immeritus* corresponden a lo que se encuentra en otros documentos escritos por su mano y se conservan en Lima y en Roma. La escritura de Gonzalo Ruiz corresponde a lo que aparece en mucho de *Nueva Coronica.* [7] La destrucción del quipu real a la que se refieren los documentos Miccinelli es confirmada por cartas desde México y Perú destinadas al Virrey español en Nápoles (1610–1616). [8] Por otro lado se hace cada vez más obvio que el Inca tenía escritura. El conocimiento de la ciencia espiritual de las leyes de la evolución humana lo confirma más.

Conciencia Histórica y Escritura Inca

La teología y cosmología Inca siguen siendo un misterio incluso para aquéllos que las han estudiado más de cerca. Gary Urton, un importante estudioso concluye: "hay algo en su manera de pensar que para nosotros es muy extraño. La mayoría de sus intuiciones naturales no le sirven para examinar bien los lugares Incas. Nos es difícil saber cómo pensaron." [9] No sorprende que el mismo Gary Urton haya estudiado el quipu e intentado encontrar su correlación con el misterio de la escritura.

Si los Incas poseían o no escritura es una cuestión que ha permanecido impenetrable hasta el presente. Los documentos Miccinelli parecen finalmente ofrecer evidencia que debe ayudar a establecer esta materia más allá de la duda. Sin embargo, otros autores muy conocidos han llegado a conclusiones similares a través de la investigación independiente, entre ellos: Gary Urton, Larco Hoyle, y Burns Glynn. Los cronistas dejaron declaraciones contradictorias sobre el quipu como herramienta para la comunicación escrita. ¡No sólo son contradictorias las referencias; a veces, incluso el mismo autor se contradice!

Garcilaso declara: "Los quipucamayoc* fueron asignados por los curacas y nobles de sus respectivas provincias para la conservación de los hechos históricos transmitidos por sus predecesores o de todos los otros eventos dignos de mención que ocurrieran en algún distrito; y el quipucamayoc, haciendo de escritores e historiadores, conservaban los registros que, como hemos dicho, eran los quipus o 'crónicas'" (traducción del autor). [10] Contradiciéndose, en otros lugares Garcilaso afirma que "el nudo indica el número, no la palabra" (Libro 6). Polo de

---

* N. del T.: **Quipucamayoc** es una voz que en Quechua significa "quien hace hablar los quipus", y ese cargo era otorgado por el Inca a personas de la nobleza o bien a personas "honorables". Los Quipucamayoc colaboraban con la administración de los depósitos, la distribución de tierras, el cobro de impuestos, etc.

Ondegardo indica, "En esa ciudad había muchos funcionarios del Inca encargados de la religión y del gobierno, y algo más que yo no creería si no lo hubiera visto, que a través de los cordones y nudos se conservan las leyes y estatutos, y la sucesión de los reyes, e incluso había un poco de claridad sobre los estatutos que habían sido instituidos en el tiempo de cada uno de ellos [de los reyes]" (traducción del autor). Domingo de Santo Tomás (1560) afirma que los indios no usaban la escritura sino "un medio ingenioso." Esta declaración es reforzada por J. de Acosta que afirma que los indios recuperaron su carencia de escritura con las pinturas y los quipus. Cabello de Balboa indica que, al morir, Wayna Capac dibujó líneas de diferentes colores que expresaban sus últimos deseos. Éstos se tradujeron en quipus y más estudiados por el quipucamayoc. El fraile Martin de Murua indica que el quipu era el equivalente a un libro; agrega que el uso del quipu era admirable pero poco claro, y que del quipu se extraía toda clase de información. [11] Otra explícita referencia al quipu como libro está presente en el capítulo trigésimo séptimo de la Tercera Sesión del Consejo Provincial de Lima, celebrado en la catedral de la Ciudad de los Reyes el 23 de septiembre de 1583. El consejo declaró que era necesario destruir estos quipus. [12] Otros cronistas que confirman varios aspectos de estas declaraciones son: Pedro Cieza de León, Cristóbal de Molina, Sarmiento de Gamboa, el Jesuita anónimo, Anello Oliva, y Antonio de Calancha. [13] Finalmente, la amnesia española sobre la escritura Inca parece difícil de justificar a la luz del hecho que incluso los españoles la usaron. Los Mercedarios — una orden misionera — usaban los quipus extensivamente en su esfuerzo por evangelizar al Perú a fines del año 1580. Los misioneros obligaron a los nativos a apuntar las principales oraciones católicas. Los frailes también animaron a los nativos a registrar en el quipu el año cristiano y usarlos para registrar la voluntad del difunto. [14]

Quipu quiere decir "nudo" y contar a través de los nudos. Los quipus consistían en un cordón con una serie de nudos; las muchas cuerdas fueron colocadas alrededor de un cordón principal en una forma secuencial (figura 4.1).

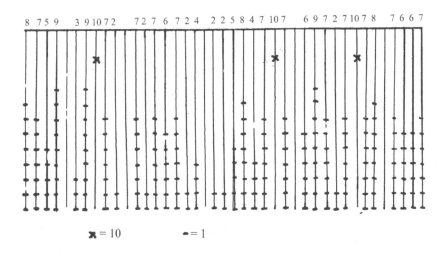

Figura 4.1: Quipu Numérico

El material usado era de cualquier origen animal (llama, alpaca, y vicuña) con sus colores naturales, o de algodón teñido; en algunos casos se usaron incluso pelo humano o hilos de oro y plata. Valera ilustra cómo fueron usados los quipus reales. Llenó cinco páginas de su manuscrito de dibujos de quipus real. Él también menciona un sistema de traducción del quipus real a numérico. Curiosamente, la traducción también se hizo respecto al yupana — el ábaco de los Incas.

Sabine Hyland emite la hipótesis de que los quipus literarios pueden haber sido invención de Blas de Valera, un poco como el silabario Cherokee fue la invención de Sequoyah. Una vez más sus objeciones están basadas en su refutación de posibles concordancias entre el simbolismo Inca y el cristiano. Ella llega a la conclusión que este sistema fue inventado por Valera debido a:

- La cuatripartición Aristotélica de fuego/aire/agua/tierra en relación a la descripción de Pachacamac, la deidad.
- La correspondencia con los conceptos Occidentales de los dioses; la cualidad Crística de Viracocha, descrita como el dios

encarnado.

A esto puede oponerse que en el momento de la Conquista, la concepción Aristotélica de las cosas estaba más viva en los Andes que en Europa, de hecho más natural para el amauta que para el fraile. La convergencia del simbolismo es un fenómeno de facto que sólo puede entenderse desde una perspectiva espiritual. Hyland señala que no se ha encontrado ningún quipu real, pero dos factores podrían contribuir a esta situación: la destrucción sistemática de los quipus y el deseo de los nativos de esconderlos para su preservación. Después de todo, las cosas más grandes han estado ocultas a la vista, y durante siglos.

Juan Anello Oliva (Libro JAO II del documento Miccinelli) revela que el quipu de lana de Acatanga (el lugar localizado debajo de Tiwanaku) — adjunto al manuscrito *Historia et Rudimenta* — es sobre la canción "Sumac ñusta." [15] La canción dice: "Bella princesa, su hermano rompió su copa, Pachacama devuelve su energía en la lluvia." Anello Oliva agrega el dibujo de un quipu real en que una vez más aparece la canción "Sumac ñusta" (figura 4.2).

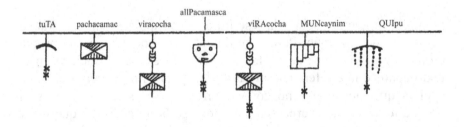

Figura 4.2: el quipu Literario

Valera nos ofrece una valiosa visión sobre el origen del quipu. Según el conocimiento que él recibió, regresarían en el tiempo de Manco Capac. En el quipu Manco Capac inventó una escritura que imitó los rayos del sol, los colores del césped quychu y los contornos de las montañas. Usó lana (de las llamas) y algodón e inventó tres tipos de quipus. Note que las varias fuentes apuntan a dos o tres tipos de quipus. El tercer tipo puede ser el referido por Burns Glynn vía Guamán Poma del que más se dirá brevemente.

De manera que ¿cómo operó el capac quipu — quipu real? A un cordón fueron sujetados algunos símbolos cardinales que corresponden a una palabra Quechua específica. De cada símbolo colgaban uno, dos, o más nudos que indicaban qué sílaba de la palabra sería leída. Un nudo indicaba la primera sílaba, dos la segunda, tres la tercera, etc. La lectura secuencial de las sílabas de los varios hilos que sostenían los símbolos deletreaba el mensaje del quipu real. Se llamaron símbolos cardinales o palabras ticcisimi* (palabra clave). Valera conoció sesenta y cinco símbolos pero se dijo que había un total de doscientos.

Uno de los manuscritos de Miccinelli, *Exsul Immeritus*, se encontró junto con algunos de los símbolos cardinales en metal y en lana y un poco del quipu en oro. De hecho muchos símbolos cardinales también parecen pintados en el manuscrito. Juan Antonio Cumis independientemente confirma la noción del quipu real que él ha recibido, no de Valera, sino del curaca Mayachac Azuay. Él da una lista de cincuenta y seis de tales símbolos cardinales. [16]

Otra confirmación sobre la escritura Inca aparece en La *Nueva Coronica* de Guamán Poma, sutilmente incorporada en la propia crónica, y principalmente en los dibujos. Sin embargo, incluso en el texto aparece una referencia al valor del quipu. En un punto el autor declara que "los indios no conocieron cartas o escritura, este es el porqué todo lo que aparece en este opus se ha tomado del quipu," y después, "Los escritores pusieron todo en el quipu con tal habilidad que el registro hecho con los cordones era equivalente a lo que se escribe en una carta." [17] Una figura de *Nueva Coronica* hace pensar en un paralelismo entre los libros y los quipus; en él es representado

---

* N. del T.: El capacquipu o quipu real, explica Valera, es un tipo de quipu utilizado por los Incas y los amautas para comunicarse con los dioses y guardar los secretos de su gente: su característica es que en cada pendiente lleva insertado un ideograma textil, dicho, palabra clave, o **ticcisimi**.

un funcionario Inca sosteniendo en una mano un quipu y en la otra un libro. En otro un chasqui (mensajero) sostiene en su mano un quipu mientras parece estar corriendo; en la misma mano hay un pequeño signo que dice "carta," como para especificar el propósito del quipu. Valera también da una compleja explicación — no dada en el publicado texto de Miccinelli, y no accesible al autor — de cómo transformar un quipu literario en uno numérico y vice-versa. [18]

William Burns Glynn intuyó que la *Nueva Coronica* oculta más de lo que quiere deliberadamente revelar, antes de la aparición e independientemente de las revelaciones de los documentos Miccinelli. [19] Él ha llegado a esta conclusión examinando los símbolos descritos en el llamado uncus, las túnicas de importantes funcionarios Incas. En el uncus aparecen algunas cintas verticales u horizontales llamadas *tucapo*. Los mismos símbolos del uncus aparecen también en antiguos jarrones y vestidos. Es interesante notar que los tucapos fueron prohibidos por el virrey español Toledo, porque se sabía que en ellos se llevaban mensajes. [20] Burn Glynn encontró que la clave para descifrar los caracteres está en leer los signos que se usan en los tucapos de todos los emperadores Incas. Esto es posible desde que los dibujos están acompañados por nombres que son a menudo muy cortos. Una primera observación confirmará lo correcto de este enfoque. Los mismos caracteres del glifo aparecen como la última sílaba de los nombres Sinchi Roca y Roca Inca en sus respectivos tucapos. Burn Glynn observa que este tipo de escritura se hizo de la derecha a la izquierda y vice-versa, de la cima al fondo y al revés. Una palabra también podía escribirse en zigzag u otras formas interrumpidas. Él encuentra más confirmación de sus resultados en el hecho que en los textiles encontramos símbolos escritos junto con un gráfico (dibujo) confirmación de la frase escrita, por ejemplo, el joven con la cara sonriente, escrito y dibujado.

¿Cómo entonces este segundo tipo de quipu literario difiere del quipu real? Las crónicas nos dicen que los quipus usaron un sistema decimal. Para usar el sistema decimal en la escritura el Inca tenía que usar un sistema de conversión de sonidos en palabras, y obviamente esto es escasamente posible con un sistema decimal. Sin embargo, se hace posible si sólo se usan las consonantes. La ausencia de vocales sería un problema sólo al leer una palabra aislada. En una frase el contexto define la palabra. Agregado a esto estaría el hecho que aquéllos que leían o escribían obviamente necesitaron un largo entrenamiento.

El uso de la escritura consonantal ya ha sido hecha antes por los fenicios con el llamado Ogham Consaine. Otros que usaron sistemas similares (ninguna vocal escrita) fueron los egipcios y hebreos. Ogham Consaine usó un sistema de base 10. Probablemente esta es la extensión del dedo índice y posiblemente derivó de él. En Ogham Consaine es como si el símbolo de la mano (hasta con cinco signos) se usara al lado de una línea — una mano arriba de ella, la otro debajo. Ogham Consaine también era indiferentemente escrito de la derecha o la izquierda, desde la cima o desde el fondo.

Para verificar su hipótesis, Burn Glynn procedió a reducir las dieciséis consonantes Quechuas en sus sonidos. Encuentra que aunque hay dieciséis de ellas, pueden reducirse a diez sonidos sin perder el significado del mensaje. La clave para traducir una letra en un número está en uno de los sonidos predominantes de cada numeral: Juk = 1 ("uno" se dice "Juk" en Quechua) en que la letra J representa 1; iskay = 2 ("dos" se dice "Iskay" en Quechua) en que la semivocal 'ay' está para 2; kimsa = 3 en que 'm' representa 3, etc. El resultado final de la conversión es el siguiente: 1=j; 2=w(y); 3=m; 4=t; 5=r; 6=s; 7=q(k); 8=p; 9=n; 10=ch. [21] El interés de la hipótesis reside en su simplicidad y franqueza. Finalmente está en el hecho que parece trabajar en primer lugar descifrando los nombres de todos los emperadores basado en los símbolos que son visibles en los tucapos de su uncus. Los mensajes más largos también portan significados coherentes.

Burn Glynn va un paso más allá agregando otra hipótesis de cómo el Quechua se usó como una clase de idioma matemático. Él fue movido a explorar en esta dirección por el enigmático dibujo del funcionario contador y tesorero Inca en la *Nueva Coronica*. Allí vemos a un presunto contador que sostiene un quipu entre los brazos extendidos (figura 4.3). Debajo, en la esquina derecha aparece un yupana (yupai significa "contar") — el abacus andino — con una precisa configuración numérica. Joseph de Acosta indica que los indios usaron granos de maíz para hacer complejos cálculos con gran habilidad. El yupana era un sistema de 5 filas y 4 columnas (vea la figura 4.3). La primera columna podría llenarse de 5 granos, la segunda con 3 granos, la tercera con 2 granos, y la última servía como memoria. La fila del fondo indicaba las unidades, la siguiente los múltiplos de 10, la tercera fila los cientos, la cuarta los miles, la última los múltiplos de 10,000. Cuando una fila estaba llena se usaba la memoria al lado de ella. Después podía transferirse como una unidad a la próxima fila. La progresión de números primos 2, 3, y 5 se usó como apoyo.

Mirando el dibujo del yupana de la *Nueva Coronica*, Burn Glynn simplemente aplica la anterior hipótesis de la letra para la conversión en número para el uso del ábaco, desde que también se codifica sobre una base decimal. Convirtiendo los números de cada fila, empezando desde la cima del ábaco, lee RMSMS. Interpolando las vocales se escribe: *rimai simasi* que significa 'lo que ayuda a hablar'. Como si felicitara a aquéllos que descifraran el significado de su libro Guamán Poma acaba su tratado con la figura titulada "el autor pregunta." Es la figura del propio Guamán Poma en que los símbolos deletrean: KRCHTYCHR. Interpolando las vocales, Burn Glynn lee: Qari Chiti Yacharii. Esto significa: "Hombre Diligente, Verifique." Parece que la *Nueva Coronica* era un libro codificado, y que Guamán Poma quiere felicitar a aquéllos que encuentran los significados ocultos en códigos puestos por todas partes en sus páginas.

¿Cuál sería la ventaja de este otro tipo de quipu sobre el quipu real? Una primera respuesta está en la facilidad que proporciona por lo que no se necesitan símbolos, por consiguiente se eliminó todo el trabajo necesario para producirlos, y no había necesidad de llevarlos consigo. El precio a pagar por esta conveniencia es una pérdida de precisión o una requerida habilidad superior, desde que la escritura consonantal es obviamente menos precisa y más sujeta al malentender que la ortografía silábica del quipu real. En esencia este segundo tipo de escritura podría ser una forma anterior de escritura, preservada por su utilidad como una clase de escritura taquigráfica, y para su uso mientras se viaja.

Figura 4.3: Contador que sostiene un quipu (Nueva Coronica)

De agregado interés para nuestro análisis es la hipótesis que los símbolos visibles en el tucapos precedieron a la civilización Inca. Burn Glynn incluso los reconoce en una estela de Pukara en los primeros siglos de nuestra Era: dos caracteres en una estela dicen w-k, palabra que podría referirse fácilmente a Huaca. [22] Él no es el único que lo piensa. Valera conoció de la tradición que el quipu se le atribuyó a Manco Capac.

EL CONOCIMINTO ESOTERICO INCA

Escritura: ¿Innovación o Redescubrimiento?

A la luz de la continuidad entre la tradición Inca y las anteriores, no sorprende encontrar por lo menos alguna evidencia que la escritura también acompañó la revolución del Amanecer. Tal es el caso para el quipu más antiguo encontrado en Caral, en la costa norte de Perú, que data posiblemente de dos milenios antes del cambio de nuestra era.

Una tentativa pero sólida respuesta al enigma de la escritura viene de un muy famoso arqueólogo peruano — Rafael Larco Hoyle — que ya declaró allá por 1944. [23] Larco Hoyle encuentra la evidencia para sus afirmaciones entre Nazca, Paracas, Tiwanaku, y Moche. Todas éstas son civilizaciones que surgieron al cambio de nuestra era.

El arqueólogo encontró jarrones de Nazca adornados con frijoles del tipo del pallar que combinó con otros para formar ideogramas policromos. Los mismos motivos aparecen en los textiles de Nazca y Paracas. En algunos textiles los dioses aparecen con vestiduras decoradas con pallares; en otros los pallares emanan de la boca para gráficamente representar las voces de los seres. El autor encuentra paralelos a estos fenómenos entre los Mayas en la misma época histórica (figura 4.4).

Comparando lo que parece ser escritura Moche con el contenido del Códice Troano mexicano, Larco Hoyle ha encontrado que en ambas culturas, los individuos sostienen símbolos similares (glifos o pallares). En el mismo códice Larco Hoyle ve que los escribas usan las mismas estampas que los escribas de Moche, que sostienen en sus manos un signo en forma de frijol, como de riñón, y en otros casos se muestran en el acto de pintar estos frijoles. Larco Hoyle ha encontrado que el Moche hizo incisiones en sus frijoles, considerando que el pueblo Nazca los pintaba. Finalmente, el arqueólogo compara lo que ve como escritura peruana con su contraparte Maya. El Maya ordenó su escritura con líneas horizontales o verticales; a veces escribían alrededor de las figuras retratadas. Mucho de lo mismo puede decirse de la escritura Nazca y Paracas. El Moche escribía en líneas

311

horizontales o si no al lado de las figuras o deidades.

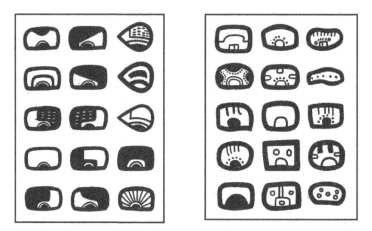

Figura 4.4: Maya (derecha) e ideogramas de Nazca/Paracas

En casi todos los glifos Maya, en el lugar donde saldría el brote del frijol, hay dibujado un círculo, un cuadrado, líneas paralelas, o una línea rectangular ancha. Éstos parecen ser los símbolos para el brote. Los mismos motivos aparecen en la cultura peruana. Similares paralelos son visibles incluso en las formas más estilizadas originarias de ambas culturas. Es más, muchos elementos que constituyen los glifos aparecen en los glifos Maya y peruano, por ejemplo, puntos de diversas dimensiones y número, círculos, líneas rectas simples o paralelas, líneas curvas y líneas curvas paralelas, semicírculos, líneas quebradas, etc. Sin embargo, los signos Mayas son más complicados e indican una mayor evolución de la escritura.

Hay poca duda que el Inca haya logrado la conciencia histórica. Queda por demostrarse que pueden haber vuelto a la superficie después de un largo interludio. El autor cree que ellos habían logrado la restauración de la herencia del tiempo y el legado de Tunupa, que ya incluía la escritura. Muchos de los dones de la iniciación de Pachacuti fueron los redescubrimientos, llevando el legado de Tunupa a un nuevo nivel en las cambiadas condiciones de los tiempos. Por consiguiente, el lector no se sorprenderá que junto con la escritura, el Inca tuviera pleno conocimiento del calendario solar. Estas dos invenciones van a menudo de la mano. También aquí hay indicación del trabajo de Posnanski, Milla Villena, Makowski, Luizaga, y otros, que el calendario solar ya había existido en Tiwanaku en el tiempo de Cristo. De hecho el sacerdocio probablemente ya era consciente del calendario solar en los siglos que llevan a nuestra era, como sabemos ahora en base al sitio de Chankillo que data del siglo cuarto DC.

Todo lo anterior, en Norte y Sudamérica, indica que durante y después de un tiempo del "Crepúsculo de los Dioses," los Misterios perdieron su fuerza. La nueva conciencia en el tiempo de Cristo ya no podía confiar a la memoria el conocimiento de los Misterios. La escritura y el calendario en todo el mundo tienen su origen en esta necesidad cardinal. No sorprende encontrar confirmación en los Andes centrales de Sudamérica de lo que nosotros conocemos de Mesoamérica. El punto de inflexión del tiempo introdujo la nueva posibilidad de lograr la conciencia histórica.

EL ORDEN DE LOS CIELOS Y EL ORDENACIÓN DEL TIEMPO

La cosmología andina se parece en muchos aspectos a lo que conocemos de la visión del mundo Mesoamericano, particularmente en su connotación Atlante. Así, en la visión que ha prevalecido en los Andes, la Tierra puede compararse a una fruta redonda o pelota que nada en un tazón de agua — en efecto, la idea de la isla de la tortuga de América del Norte. Las extensiones del cielo y el océano abarcan el globo completamente.

Lo que une a la Tierra con el cósmico tazón de agua es la Vía Láctea que se ve como una serpiente de dos cabezas que abarca la tierra y conecta las aguas terrestres con las aguas cósmicas. La Vía Láctea, más que la eclíptica, es el eje astronómico central de referencia de la cosmología andina. La Vía Láctea facilita un ciclo cósmico de agua. Su parte sumergida — la no visible en cualquier tiempo dado — actúa en el reciclado del agua entre el cosmos y la Tierra. Las aguas del océano son absorbidas y regresadas a la circulación por la parte oculta de la Vía Láctea. La serpiente de dos cabezas se origina desde el norte (Géminis, la parte más delgada de la Vía Láctea) y sus cabezas se encuentran en el sur cerca a Sagitario, cerca de la Cruz del Sur, en la parte más extendida de la Vía Láctea, el llamado "útero de la creación." Es en la dirección del útero de la creación que, podemos decir, desde la Tierra vemos en el centro de la galaxia.

El eje de la Vía Láctea forma un ángulo de 26–30 grados con el eje de rotación de la Tierra (figura 4.5). Durante la estación seca (abril a septiembre) la Vía Láctea corre por los cielos del noreste al suroeste. ¡Durante la estación lluviosa puede verse en la dirección sureste a noroeste. La última corresponde a la dirección del Sagrado Valle y su sagrado río! Hay una agregada correspondencia entre la posición del ocaso de la Vía Láctea y la posición solsticial de la aurora del sol. Los solsticios son los únicos momentos del año en que el Sol sube al mismo lugar en que la Vía Láctea sube en el ocaso. La Cruz del Calvario — definida como las estrellas del cinturón de Orion más otras estrellas perpendiculares — es el lugar central donde la Vía Láctea está estacionaria (en la intersección con la eclíptica).

Estos conceptos básicos ayudan a formular un concepto único para la cosmología andina. Se expresa en la idea de pacha o espacio/tiempo. Esta noción básica ya nos ha ayudado a que expresemos el concepto de *paqarina*. El *pacarina* caracteriza el vínculo de las tribus con el tiempo y el espacio de origen en el tiempo del Amanecer. *Paqar* significa "nacer" o "amanecer," ambos definen el período de tiempo y la parte de los cielos o de la tierra iluminada por el sol del crepúsculo matutino en el tiempo del Amanecer. El *paqarina* también puede ser la estrella que se eleva en el horizonte. Las tribus esparcidas por las cumbres andinas estaban cada una fijada a un único lugar de los Andes. Tenían una conexión con la tierra y con el tiempo particular del Amanecer. El lomo de los Andes puede compararse de algún modo con un reflejo terrenal de la Vía Láctea; cada tribu según su propia razón forma una estrella o constelación en la tierra, reflejo de otra constelación en los cielos. A su vez el pacarina se conecta al lugar de emergencia del Sol

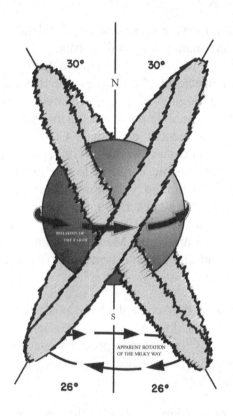

Figura 4.5: La Rotación Anual de la Vía Láctea

— la Isla del Sol — a través de las aguas del inframundo de las que los antepasados del linaje emergieron en el tiempo del Amanecer. No sólo hay allí una conexión con el tiempo, hay una más extensa conexión en el espacio. El pacarina se escucha en un punto anterior en el tiempo y en un lugar en los Andes, una expresión particular de la noción de pacha, el espacio-tiempo. Otro lugar en que fue expresada claramente

315

la noción de espacio/tiempo es en el uso ritual del espacio, mayormente en el uso del ceque, pero también en los numerosos relojes astronómicos dispersos por el territorio Inca.

Reloj Astronómico

La noción de pacha estaba arraigada en el calendario, y esta podría constituir la primera manzana de la discordia, por lo menos para lo que la ciencia académica reconoce de la cultura Inca. Siguiendo nuestros descubrimientos respecto al Maya, no es ninguna coincidencia que la escritura, una cosmología solar, y el calendario, aparecieran en la civilización andina al final de nuestra era. Una vez más, esto confirma los resultados de la ciencia espiritual. Cuando la facultad de la clarividencia se estaba oscureciendo, el conocimiento de la iniciación no podía ser exclusivamente conservado por la memoria. Este es el porqué el registro del tiempo y la transmisión del conocimiento se confiaron al calendario y a la escritura, aunque no al mismo tiempo. A la luz del hecho que la civilización andina tuvo un origen más temprano que su contraparte Mesoamericana, surge la legítima pregunta de si encontraremos una forma andina de calendario paralelo al Olmeca y al Maya.

Guamán Poma y José de Acosta declaran positivamente que había un preciso calendario Inca. José de Acosta se refiere a él con relación al sistema del ceque de Cuzco. A ésta probable aseveración correcta es a la que queremos llegar a partir de la riqueza de las observaciones del "reloj astronómico" Inca.

A través de la observación de las estrellas, parece que el Inca había adquirido una interpretación correcta del calendario solar. Esto es más visible desde Cuzco, Kenko, y Macchu Picchu, pero también en un montón de otros lugares. Permítanos primero considerar una característica astronómica particular que ha sido apodada "los ojos de Viracocha." Este dispositivo puede encontrarse, construirse en forma similar en el observatorio de Kenko y en Macchu Picchu.

316

Kenko es un observatorio tallado en la piedra, situada a corta distancia al noreste de Cuzco. Se llamó la Huaca de Patallaqta y la casa del Inca Pachacuti. [24] La piedra tallada tiene una forma recordativa de una serpiente gigantesca, o más bien del dragón, orientada de norte a sur. Acaba en una cabeza de serpiente con una lengua erecta en forma de monolito. Alrededor de la cabeza está construida una estructura elíptica que tenía una precisa función astrológica. Nosotros volveremos a ella. En lo que corresponde a la espina dorsal del dragón, hay un corte en la piedra deja entrar luz en el instrumento astronómico, básicamente constituido por dos cilindros. Éstos son lo que Sánchez Macedo llama "los ojos de Viracocha." Los cilindros fueron admirablemente construidos. La tangente va de la parte inferior del ojo derecho a la parte superior del ojo izquierdo apuntando al norte magnético.

En el solsticio de junio, los primeros rayos de la mañana iluminan el centro del ojo izquierdo. Después, durante el día, ambos ojos están completamente iluminados y la sombra alrededor de ellos forma lo que parece ser la figura de una cabeza de puma. En los equinoccios sólo un ojo se ilumina totalmente, mientras el otro está completamente oscurecido. Mientras éstos son los efectos más espectaculares, otra serie de propiedades acompaña las observaciones que eran posibles dentro del período de tiempo que va del 21 de marzo al 21 de septiembre, correspondiendo aproximadamente a la estación seca. Ésta es una progresión geométrica astronómica que puede ser definida por las líneas de luz formadas de mes a mes, así expresado por Sánchez Macedo:

- del 21 de mayo al 21 de junio y del 21 de junio al 21 de julio, la distancia marcada por la progresión del rayo de luz sirve como la línea base: X
- del 21 de abril al 21 de mayo y del 21 de julio al 21 de agosto, la distancia es el doble de la línea base: 2X
- del 21 de marzo al 21 de abril y del 21 de agosto al 23 de septiembre, la distancia es el cuádruple de la línea base: 4X.

PUNTOS DE INFLEXION ESPIRITUAL

(figura 4.6)

Lo anterior confirma un preciso calendario solar para el año.

Un observatorio similar al de Kenko estaba presente en Macchu Picchu. Este se sitúa en el llamado *Vestíbulo de los Morteros*. Aquí, los dos cilindros tenían una cavidad tallada en la cima que les permitió ser llenados con agua, como "los morteros" de Salinas del Chao que vimos en el capítulo 2. Como en Kenko, una abertura en la piedra sobre ellos deja entrar un rayo de luz en el instrumento astronómico. La misma progresión X-2X-4X está presente en las exactas fechas equivalentes del observatorio de Kenko. [25] Otro observatorio solar en Macchu Picchu permitió la observación del año solar en la estructura conocida como el Templo del Sol. Es una torre de piedra con dos ventanas trapezoidales, una puerta-ventana trapezoidal, y seis nichos. [26] Las dos ventanas trapezoidales permitieron que la luz las atravesara perpendicularmente en las fechas del solsticio de junio, la fecha del Inti Raymi, y en el solsticio de diciembre, la fecha del Capac Raymi. Los seis nichos dispuestos en sucesión 3–2–1 alrededor de las dos ventanas trapezoidales permitieron el registro de los seis meses de una manera y seis meses de otra.

Una estructura que funcionó de una manera similar a la anterior también está presente en el observatorio de Kenko. En el pared baja de forma elíptica dispuesta alrededor de la cabeza de la serpiente, hay dieciocho nichos. Cada uno de ellos representa un intervalo de diez días y tres nichos forman el mes. El total agrega a los 180 días de solsticio a solsticio en una sola dirección, 180 días al otro. Los cinco días restantes están representados por un nicho extra al noreste. Los resultados anteriores confirman lo que conocemos de la crónica de Guamán Poma que describe dos medios años que van de solsticio a solsticio. [27]

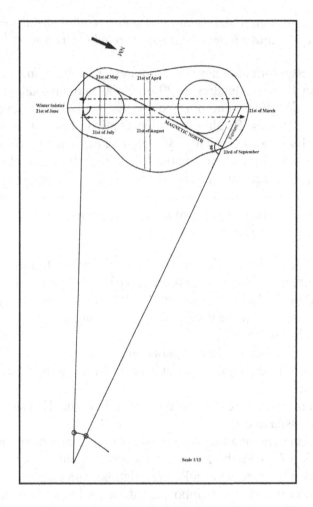

Figura 4.6: el movimiento anual del sol alrededor de "los ojos de Viracocha"

Quipu Calendárico

Una posible confirmación de todo lo anterior también es dada por los manuscritos Miccinelli. En las páginas concluyentes de *Exsul Immeritus* encontramos un dibujo de un quipu real titulado el

319

pachaquipu, o quipu del tiempo. Facilita completas observaciones astronómicas y anotaciones de un solo año del calendario. [28]

El quipu está formado por 13 cordones. Las 12 primeras cuerdas representan 12 meses lunares de 29 o 30 días para un total de 355 días. Cada uno de ellos tiene un mes y un símbolo del evento más importante del mes. El último cordón contiene los restantes 10 días. Cada mes lista lunas crecientes y menguantes, lunas llenas y nuevas, eclipses de sol y luna, equinoccios, solsticios, y el sol en el cenit. Los colores rojo y verde forman grupos de 15 nudos, considerando que el espacio entre nudos divide los cordones en 3 grupos de 10 nudos. Lo que sigue es el orden de los cordones con algunas de las observaciones astronómicas que los acompañan:

- Cordón 1: junio, tiempo de la fiesta del sol, Inti raymi. Es también el tiempo de la primera visibilidad de las Pléyades.
- Cordón 2: julio, tiempo del centenar de llamas rojas. Eran sacrificadas en demanda de tiempo bueno para las nuevas cosechas sembradas.
- Cordón 3: agosto, tiempo para arar.
- Cordón 4: septiembre, tiempo de la fiesta de la reina, el Qoya Raymi.
- Cordón 5: octubre, tiempo para pedir la lluvia. En este período el sol transita al cenit.
- Cordón 6: noviembre, tiempo para llevar al muerto en procesión.
- Cordón 7: diciembre, solsticio y Capac Raymi.
- Cordón 8: enero, Huaca Pacha o tiempo para honrar las Huacas.
- Cordón 9: febrero, tiempo para darles a los varones la primera tela del trasero. El sol pasa a través del cenit.
- Cordón 10: marzo, tiempo para la lluvia.
- Cordón 11: abril, tiempo para tener las orejas agujereadas. El fin del tiempo de visibilidad de las Pléyades.
- Cordón 12: mayo, tiempo de la cosecha del maíz.
- Cordón 13: tiempo de lo que se necesita añadir para completar el año solar. El símbolo amarillo añadido al cordón obviamente

representa al sol, tanto más cuando el cordón tiene diez nudos que completan el año solar.

Este pachaquipu indica muy precisos eventos durante un año dado. Comparando los datos registrados, aparece que éste era el año entre 1532 y 1533. Todos los eventos durante el año coinciden. Una pelota negra (el infortunio) aparece durante el día 16 de noviembre, fecha de la batalla de Cajamarca.

Para entender totalmente el calendario Inca, necesitamos integrar el componente astronómico con su contraparte terrenal. Todo lo que las estrellas describieron en los cielos tenía una contraparte en la tierra. Se vivió e integró a través de la vida ritual y ceremonial del Inca y sus asuntos. Estaba más incorporada en la dimensión de la vida diaria, en la manera en que las ciudades fueron construidas. Una exploración de esta sagrada geografía o de lo que algunos autores han llamado "campos de poder" nos permitirá completar la comprensión del calendario solar Inca intentando así ir más lejos.

EL ORDEN DE LA TIERRA Y LA ORDENACIÓN DEL ESPACIO

El Inca no sólo tenía una notable comprensión del curso del tiempo; ellos ordenaron todo lo referente al espacio según esta comprensión. Esto no era nuevo en y por sí mismo, correspondió a una tradición que posiblemente se retrotrae al tiempo de Chavín, esta tradición recibió un nuevo impulso durante el Período Intermedio Temprano, a través de los hechos y enseñanzas de Tunupa.

El Campo de Poder de Ollantaytanpu

Extensa evidencia del conocimiento astronómico Inca ha sido descubierta en el Valle Sagrado. Nosotros ya hemos visto que su sección central — en Ollantaytanpu — contiene algunos de los más importantes y sagrados paisajes de toda la civilización Inca. Allí, no lejos una de otra, hemos visto ya la sagrada y monumental pirámide y la colosal escultura de Tunupa. Como los hermanos Elorrieta Salazar han encontrado, la representación del Sagrado Árbol encierra la pirámide en su dosel y limita la imagen tallada de Tunupa y la Huaca del Cóndor que conmemora al primer hermano, Ayar Cachi. Para construir estas formas, como muchas otras que están sobre una topografía irregular, era necesario tener observatorios en las colinas cercanas para dibujar las líneas de construcción. En muchos casos todavía existen rastros de estos observatorios, como es el caso de la gran pirámide de Ollantaytanpu.

La sagrada pirámide de Ollantaytanpu es un detallado reloj que mide el tiempo. Nosotros ya hemos mencionado el ligero efecto sobre la fecha del solsticio de junio, cuando los primeros rayos del sol iluminan la ventana intermedia, la que corresponde al Capac-toco. Éste es sólo el primero de otros fenómenos verdaderamente notables. Después, durante el día, la luz primero ilumina el borde entre dos lados de la pirámide y los últimos rayos terminan en la cima de la pirámide trunca. Durante el solsticio de diciembre, a la salida del sol, los rayos iluminan el medio de la fachada occidental de la pirámide. En el equinoccio de septiembre un especial efecto lumínico permite la iluminación de la fachada sur mientras la occidental permanece en la sombra. Estos efectos de luz y sombra son demasiado numerosos para ser mencionados en esta breve apreciación global. Otros similares son abundantemente referidos en el trabajo de Sánchez Macedo, Elorrieta Salazar, y Merejildo Chaski citados en la bibliografía.

La pirámide y su asociado paisaje sagrado ofrecen una primera indicación del mensaje que el sacerdocio Inca grabó por el Valle Sagrado. Otras grandes impresiones están presentes en el Valle Sagrado, por todo el camino desde Pisaq por el sur hasta Macchu Picchu por el norte.

Constelaciones de las Nubes Oscuras y Cruces

Antes de volver a los extensos aspectos de la sagrada geografía del Valle Sagrado, necesitamos agregar otro importante aspecto de la astronomía andina — el conocimiento de las llamadas "constelaciones de las nubes oscuras" de la Vía Láctea.

El pueblo Inca, como los actuales pueblos indígenas, se orientaban principalmente a través de la Vía Láctea, en lugar de la eclíptica. Aquí es donde se encuentran las constelaciones de las nubes oscuras, definidas por las formas adoptadas a su alrededor por los racimos de estrellas dentro de la Vía Láctea. El Inca y el indígena en la actualidad consideran terrenal las constelaciones de las nubes oscuras, y la llaman pachatierra o pachatira (combinando la palabra 'pacha' del Quechua y la palabra española 'tierra'). El contraste entre el tipo regular de constelaciones y las constelaciones de las nubes oscuras se refuerza en los nombres dados a ellas. Estrella para constelaciones de estrellas — excepto para el puma celestial — tienen los nombres de figuras geométricas u objetos inanimados. La mayoría de las frecuentemente observadas y mencionadas están a lo largo del camino de la Vía Láctea y son especialmente numerosas en el área de Tauro y Orión. A todas estas constelaciones se les dan nombres de animales.

Basado en el conocimiento actualmente conservado en los Andes, Gary Urton reconoce cuatro cruces importantes entre constelaciones estrella contra estrella. [29] Aunque en el lenguaje popular se llaman "cruces", más tienen forma de 'T' o 'Y'. Éstas son las siguientes: *Hatun Cruz* (Cruz del Norte, aproximadamente localizada en Géminis); *Huchuy Cruz* (Cruz del Sur): Alfa y Epsilon Centauri y Rho y Sigma Lupi; *Cruz Calvario*, (Cruz del Oeste, componiendo el cinturón de Orión); y *Linun Cruz* (Cruz del Este, formada por la cabeza de Escorpión). Las cuatro cruces están estrechamente asociadas con la Vía Láctea y dos de ellas (Hatun Cruz y Cruz Calvario) con la eclíptica. Estas cuatro cruces están en los cielos en situación opuesta dos a dos y asociadas en tiempo y espacio con los solsticios.

La Cruz del Sur alcanza su declinatoria más alta el 2 de mayo. Éste es el tiempo del cenit del sol, celebrado como la fiesta cristiana de la Santa Cruz. Otro racimo de estrellas que juega un papel importante en la astrología andina son las Pléyades, llamada Collca — cuyo significado también representa almacén, el lugar para el almacenamiento. Cobo las llamó las estrellas más importantes de los Incas. Las Pléyades anuncian el principio del ciclo agrícola. Ellas se elevan heliacamente en junio y se usan para determinar cuándo debe empezar la siembra. Otro grupo de estrellas, también conocida como Collca, forma parte de las cinco estrellas de la cola de Escorpión. Ellas son bien conocidas como Choquechinchay, Puma Celestial. La observación de un Collca está cercanamente vinculada al otro Collca.

Según Garcilaso, el Inca creía que para cada animal en la tierra había una constelación en los cielos que actuaba como su "alma grupo". Todas las constelaciones de las nubes oscuras aparecen en la porción sur de la Vía Láctea. Se elevan en los cielos durante la estación lluviosa. La acentuación de las nubes oscuras ocurre en la época de ausencia de lluvias. Cuando se oscurecen significa que la lluvia se acerca. Permítanos ahora considerar la secuencia de nubes oscuras. Se siguen unas a otras en el siguiente orden: Yutu (la perdiz del tinamou), A'toq (el zorro), Catachillay (la llama) y Uñallamacha (la llama bebé), un segundos Yutu (la perdiz del tinamou), Hanp'atu, (el sapo), y Mach'acuay, (la serpiente). Cada constelación de nubes oscuras está asociada con su contraparte animal de manera que se relaciona con su conducta. Así, el sapo celestial sube en el cielo al principiar la mañana sólo después de que los sapos han salido de hibernación. La serpiente celestial aparece al principio de la estación lluviosa, en el momento en que las serpientes salen de la hibernación. En la culminación superior e inferior de la Llama Celestial, el Inca ofrecía sacrificios de llamas.

Los Campos de Poder del Valle Sagrado

Permítanos retornar ahora al Valle Sagrado con el conocimiento recogido alrededor de las importantes estrellas andinas y las constelaciones de las nubes oscuras. Probablemente lo más viejo de las sagrados formas animales encontradas en el valle es, según Elorrieta Salazar, el Templo de Urcuchillay, en Pallata, cerca de la colina Huanacauri, tres millas al noreste de Ollantaytanpu. [30] Urcuchillay probablemente es una sola estrella localizada cerca de la Sagrada

Llama, Catachillay, una constelación de las nubes oscuras. La forma exterior de la llama de Pallata aparece de la misma manera que lo hace en las *illas* — estilizadas figuras de alpacas esculpidas en piedras duras de grano fino. A la espalda del illa al tallado animal se le agregó un agujero llamado *cocha* (mar), donde se colocó la grasa del animal. El illa representa el alma grupo de las alpacas. Si los animales son dados a la humanidad por los dioses, entonces era deber del Inca darles acceso a las fuerzas que vienen del universo que los sostiene.

La sagrada forma de la conformación animal encontrada en Pallata está dividida en un sector Hanan, que comprende la frente y la cabeza, y un sector Hurin con los órganos interiores. El sector Hanan incluía un corral ceremonial llamado Aricancha que servía para la selección y reproducción de las manadas. En el sector Hanan el lugar que corresponde al agujero en la espalda, se encuentra el *cocha*. Tiene una enorme piedra con un altar tallado, un elemento conocido actualmente con el nombre de Khuya Rumi. Éste era el lugar para las ofrendas y sacrificios de la llama. El sector Hurin se consagró principalmente al culto. Al lado de los sagrados recintos del Urcuchillay está el pantano de Napacocha. Napa representa el espíritu de la manada, un sinónimo de illa.

No lejos del Templo de Urcuchillay, al lado de la montaña Tamboqhasa — cerca de Ollantaytanpu y al otro lado del valle desde la imagen tallada de Tunupa — está el "campo de poder" de la Llama Sideral, Catachillay. Todavía son visibles los cuatro observatorios que ayudaron a la construcción de la sagrada llama. Una vez más, en la cabeza y la frente se encuentran los sagrados corrales y el Templo Solar; el ojo puede reconocerse por la forma de un edificio cuadrado. El hocico es donde se encuentra el famoso Templo de los Seis Monolitos. [31] Los órganos genitales sirven para el almacenamiento de comida (collcas): de esta área procede la irrigación de las terrazas que forman el cuerpo del animal. En el lugar del corazón se construyó un observatorio astronómico.

En el día del solsticio de diciembre, un triángulo invertido de luz se posa en el corazón del sagrado animal donde está situado el observatorio astronómico. En el solsticio de junio, primero se iluminan los órganos genitales, luego el ojo. El Catachillay tenía una importancia especial para el Inca. La posición cenital del Catachillay, el 2 de mayo, anuncia el solsticio de junio. De junio en adelante la llama se hunde en el horizonte, hasta el 29 de octubre, Alfa y Beta Centauri (ojos de la llama) desaparecen bajo el horizonte. El mito dice que la llama bebe las aguas del océano. A través de este beber, las aguas del océano alcanzan los cielos y vuelven a la tierra cuando la llama orina.

Adyacente al templo anterior, pero sólo visible desde otro ángulo, está el Templo de Choquechinchay, el puma sideral. [32] El puma, como hemos visto respecto a Cuzco, era el símbolo del poder político. También era la deidad animal asociada con los fenómenos de la lluvia y el granizo. Por consiguiente el puma representa el papel de guardián, y esto se hace gráficamente visible por su posición respeto a la sagrada llama.

Al sur del Valle Sagrado, cerca de Pisaq, se encuentran las formas del Cóndor y la Perdiz. La perdiz, llamada yutu, era otra constelación de las nubes oscuras. Según Avila, el cóndor también puede haber sido otra constelación de la Vía Láctea. [33] Parece haber sobrevivido poco conocimiento de él. El cóndor era el mensajero de los dioses y el que llevaba las almas de los muertos. Ésta probablemente es la razón para su colocación sobre la necrópolis de Tantanamarca, en la proximidad de Pisaq. Es así posible que todas las formas animales de las constelaciones de las nubes oscuras puedan haber estado originalmente presentes en el Valle Sagrado.

Finalmente, permítanos volver al propio Ollantaytampu. La ciudad original se llamó Tanpuquiro que quería decir "palacio en forma de dientes [de maíz]." El pueblo está diseñado en forma de una mazorca de maíz con diez filas paralelas de casas que cruzan toda la mazorca. [34] Una plaza está situada en el medio. La parte de la cima corresponde a Hanan, la parte de Hurin. La ciudad, correspondiendo a la mazorca, yace no lejos bajo la escultura de Tunupa y adyacente al tronco del sagrado árbol. El tallo del sagrado maíz se extiende hasta la cima del dosel del árbol, no lejos de las dos ventanas de la sagrada pirámide. La tercera ventana, Maras-toco, se localiza en la misma base del tallo.

La parte baja y media del Valle Sagrado formó un preludio para la culminación de la sagrada arquitectura alcanzada en Macchu Picchu. Los hermanos Elorrieta Salazar han reconocido en su paisaje el uso de muchas formas animales. Prácticamente todo Macchu Picchu está saturado de sagradas representaciones del paisaje. [35] Nosotros sólo consideraremos la parte principal de la ciudad y la clásica división de las mitades Hurin y Hanan. El espacio Hurin es el espacio del lagarto. El animal está representado de tal manera que encaja en la descripción de Túpac Amaru de algunos mitos (por ejemplo, el mito del nacimiento del hijo de Pachacuti). [36] En la espalda del lagarto se encuentra el Acllahuasi, o Casa de las Mujeres Escogidas. El estómago corresponde a los almacenes y en la cola se encuentra el Templo del Muerto. Al lado del complejo Hurin está la mitad Hanan de la ciudad, configurada como un puma. En la cabeza del puma está colocado un observatorio. En el hombro se puede ver el Templo de las Tres Ventanas, evocando el mito de la emergencia del Inca. En la parte Hanan también está incluido el Koricancha o Templo del Sol.

Lo que hemos llamado "campos de poder" representa el esfuerzo Inca para armonizar y fortalecer las fuerzas del cosmos en las actividades humanas, particularmente pero no sólo en la agricultura y en la crianza de animales. Este principio básico está presente desde la primerísima reforma práctica de Pachacuti. Lo vemos trabajar en el jardín de oro del Koricancha en Cuzco. Éste era en efecto un duplicado del mundo natural. A través de él el fieltro Inca sentía que podía ejercer una influencia en el mundo natural. Bajo esta visión los animales son confiados por el mundo espiritual a los seres humanos que no sólo deben desear su bienestar físico sino también la renovación de las fuerzas espirituales que vienen del cosmos que ayudan a realizar esta misión. Esto también tiene aplicaciones prácticas desde que sin duda tomaron parte en un proceso de selección y mejora de la especie animal y de la planta según procesos que están perdidos para nuestro conocimiento. Éste fue el caso de la sagrada pirámide de Ollantaytanpu. No sólo representaba el sagrado lugar de emergencia, sino que también era un espacio para el cultivo y mejora de la especie del maíz y la quinua. Parte de esto puede entenderse por el hecho que la pirámide se construyó de manera tal que se pudiera hacer uso de los fenómenos especiales que ocurren en los solsticios y equinoccios. Hay otra confirmación de la agronomía cósmica Inca no lejos del Valle Sagrado.

¿Estaciones Agronómicas Incas?

John Earls es uno de los pocos investigadores que han vuelto su atención a la agricultura Inca desde una perspectiva científica. [37] Él atrae nuestra atención a los hechos del Inca así: "En cada fase en la historia andina el tamaño del grano de maíz crece de repente, no gradualmente. Con la hibridación aleatoria crecería más gradualmente." Esta observación parece mostrar que toda una parte del Misterio del conocimiento andino e Inca se consagró a la mejora de la especie animal y de la planta.

El sitio de Moray está situado en la Pampa de Maras, al sur del río Urubamba, a una altitud de 3,500 m, en línea recta no lejos de Ollantaytanpu. El sitio que tenía poca presencia urbana es muy notable por sus cuatro terrazas perfectamente circulares (muyus). La más grande es de 70 m de profundidad y 183 m de ancho y comprende doce terrazas regularmente espaciadas. Las depresiones, conocidas científicamente como dolinas[*], son debidas a un fenómeno natural por el que el suelo alcalino es erosionado desde abajo y el suelo colapsa o se hunde sobre cavernas subterráneas. El agua resurge cerca en lugares donde la sal se acumula naturalmente.

---

[*] N. del T.: Una **dolina** (palabra de origen esloveno que significa *valle* o *depresión*) alude a un tipo especial de depresión geológica característico de los relieves cársticos.

Dos de los muyus quedaron sin terminar, sugiriendo que pueden haber estado en construcción cuando llegaron los españoles. Sin embargo, la mayoría de investigadores y el mismo Earla atribuyen el sitio a la ocupación Inca temprana. El Inca tenía que aplicar mucha mano de obra para mover la tierra y lograr la forma absolutamente circular. En la actualidad hay una caída importante de temperatura desde la cima al fondo de los hoyos. ¡Sin embargo, eso ya no se cumple cuando las terrazas son irrigadas, y la evidencia muestra que los cuatro muyus fueron irrigados, de hecho de una manera muy sofisticada! El agua venía de la fusión del hielo de glaciares cercanos.

Algunas terrazas reciben mucho más luz que otras, y obviamente la posición alrededor del círculo modifica grandemente la exposición solar. Los elementos de variabilidad en que los amautas podrían haber jugado son: terraza superior, intermedia, y baja, y orientación dentro de la misma terraza. El análisis del sitio mostró que la cosecha principal en el tiempo de los Incas era el maíz usado principalmente para hacer la chicha, una bebida fermentada usada para propósitos del ritual.

John Earls, y otros que están de acuerdo con él, creen que Moray cumplía la función de un laboratorio. Muchos también creen que tenía una función ritual; de hecho el ritual está presente por todas partes en la vida Inca, y no es difícil asumir que en Moray también era así. Sin embargo, la noción de un laboratorio trae a la memoria ideas muy modernas de cómo se modifica el maíz, y nuestro análisis anterior parece apuntar a una manera totalmente diferente de mejorar la variedad de plantas y animales, basado en leyes cósmicas que el Inca parece haber conocido y aprovechado con misteriosa habilidad. Note que las depresiones pudieron haber trabajado como una condición polar a la acción de la pirámide de Ollantaytanpu en cuyas terrazas se cultivaron maíz y quinua. Allí, el amauta también podía aprovechar una combinación de influencias cósmicas (a través de las diferentes exposiciones alrededor de la pirámide) junto con los efectos de diferentes altitudes (terraza baja y alta) y tipos de suelo.

PUNTOS DE INFLEXION ESPIRITUAL

Toda la arquitectura de los sagrados paisajes forma un llamativo contraste con la arquitectura ortogonal de Wari de la precedente Época de los Guerreros. Wari se nos presenta con una arquitectura de alienación. Ninguna consideración se le da a las necesidades funcionales de los habitantes, a la estética, a la topografía o al paisaje circundante, mucho menos a los factores cósmicos. A través de este contraste, podemos medir la amplitud de la revolución Inca. Así, a la teoría que los Incas adoptaron la más temprana forma de imperio Wari podemos contraponer que ellos actuaron a partir de una cosmología completamente diferente y nueva.

No es sólo la Vía Láctea la que se refleja en el Valle Sagrado. Está presente la totalidad de la mitología y cosmología Inca. Que los Incas deseaban reconectarse con el tiempo del Amanecer se grafica en el posicionamiento de la escultura de Tunupa cerca de la Sagrada Pirámide, y el Sagrado Árbol del pueblo de Ollantaytanpu. La segunda creación está así cercanamente asociada con la fundación de la genealogía Inca que recuerda a Manco Capac. Esta titánica tarea muestra en qué medida el Inca iría a construir una tierra que sería reflejo del orden de los cielos. Todo lo que se ha expresado en el resultado de este trabajo pone de manifiesto las intenciones de Pachacuti. Sólo el iniciado más alto podría inaugurar tan abarcantes reformas que interconectaron todos los campos del conocimiento con las artes y una nueva manera de mirar el campo político. Quizá ésta es la profundidad del pensamiento del Inca que — como dice Gary Urton — actualmente nos elude.

La impresionante naturaleza de las innovaciones es un testimonio más de la importancia del conocimiento de los sacerdotes Incas. La suya fue una muy comprensiva intervención en todos los procesos de alineación de la realidad terrenal con el ordenamiento del cosmos. Sin esta empresa primordial, la política Inca es escasamente entendible. Que esto tuvo resultados inmediatos también se refleja en los comentarios de John Earls, que los Incas tenía un asombroso conocimiento sobre la selección de las plantas; lo mismo es

330

probablemente verdadero para la cría de animales. Hay un último lugar por visitar en el que se integra todo este conocimiento: los ceques presentes en las ciudades y pueblos andinos, y la mayor parte de todos en la capital imperial, Cuzco.

UNIENDO EL CIELO Y LA TIERRA: LOS CEQUES DE CUZCO

Para mayor entendimiento de lo que algunos autores han llamado el "sagrado paisaje" de las ciudades Incas, permítanos volver a su manifestación más simple, visible en los pueblos. Considere Misminay, justo al sur del Valle Sagrado, un pueblo que ha sido estudiado por Gary Urton. [38]

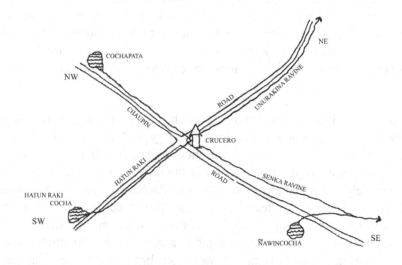

Figura 4.7: Cuatripartición de Misminay

Misminay está situado a una altura de entre 3200 y 3600 m, cerca del Valle Sagrado, al sureste de la actual Urubamba. La bien conocida cruz intersolsticial (elevándose y marcando la posición del sol en los solsticios) es asociada con la correspondiente característica topográfica y con la heliacal elevación o puesta de las estrellas de la Vía Láctea.

De esta manera un tiempo del año es asociado con una característica topográfica y un punto astrológico de referencia. El cielo y la tierra están ligados por el curso del sol.

Las arterias principales de Misminay se planean buscando el eje cosmológico de la Vía Láctea en su posición solsticial. En el centro de Misminay hay una capilla llamada 'Crucero' (que significa cruz y cruce de caminos). Es el punto donde se cortan las dos sendas principales y cauces de irrigación. La calle principal, Calle Chaupin, corta Misminay en dirección sureste a noroeste (paralelo al Río Sagrado), dividiendo al pueblo en mitades, tierra de arriba Hanan, y tierra de abajo Hurin. Otro camino forma una cruz con el primero y se llama Calle Hatun Raki (Calle de Gran División), también atravesando por el Crucero. Así el pueblo es dividido en cuartos a través del eje intersolsticial (figura 4.7 y 4.8). A cada cuarto corresponde una montaña. El principal canal de irrigación replica el esquema de cosas; uno va del noroeste al sureste, el otro del suroeste al noreste. Tres reservorios están situados al suroeste, otro al noroeste, y un tercero al sureste.

La bastante simple organización espacial de Misminay encuentra su plena y más detallada expresión en la capital imperial de Cuzco. Varios niveles de significado simbólico se interpenetran unos a otros. Desde una más amplia perspectiva la ciudad fue diseñada después de la idea del puma. Betanzos indica que Pachacuti nombró al pueblo entero "el cuerpo del león." Esto es confirmado por el contorno general del viejo Cuzco con la cabeza situada en la fortaleza de Sacsayhuaman y la cola en el lugar llamado Puma Chupan (cola del puma), formado por la unión de dos ríos. Entre los dos está la larga arteria llamada Pumaurco (tronco del puma). Este diseño de la ciudad estaba subordinado a una visión más grande de las cosas, particularmente visible en el solsticio invernal, conduce a un fenómeno que Merejildo Chaski llama el "despertar del puma." En el Amanecer del 21 de junio, los rayos de la salida del sol primero alcanzan la cabeza del puma en la fortaleza de Sacsayhuaman. [39] Inmediatamente después, la luz alcanza la cola y después progresa de la cola a la cabeza. Se alinearon varias calles a lo largo de la sección media de la espina dorsal del puma exactamente con la dirección del Sol. Éstos y otros fenómenos dieron al puma un importante simbolismo en la ciudad.

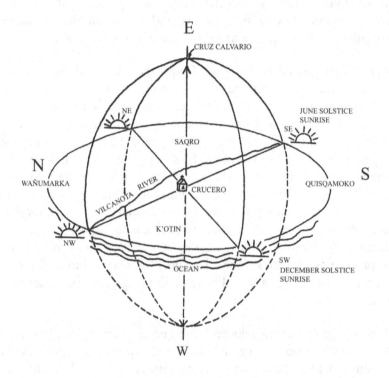

Figura 4.8: Cosmología de Misminay

Como Misminay, Cuzco estaba dividido en un Cuzco de arriba, Hanan Cuzco, esta vez al norte, y un Cuzco de abajo, Hurin Cuzco, al sur. Como Misminay, Cuzco estaba dividido en cuatro cuadrantes. Los cuatro caminos llevaban a las cuatro direcciones del imperio, aquí, de nuevo, orientados más hacia la cruz intersolsticial en vez de a las direcciones cardinales, dividiendo el espacio en cuatro suyus (vea figura 3.1, pág. 261). Al noreste está el Antisuyu, al noroeste el Chinchaysuyu, al suroeste el Cuntisuyu, y al sureste el Collasuyu. Alrededor de Cuzco había cuatro montañas que corresponden a los cuatro suyus y otras dos a lo largo de la línea que divide Hurin de Hanan Cuzco. También en la capital el sistema de agua estaba dividido en dos: Hananchacan y Hurinchacan. Las aguas se dirigían a las fuentes y cubetas de Cuzco, todas las cuales tenía su Huaca puesta en un sistema de ceques que se irradió desde el centro de Cuzco.

El significado más aproximado de Ceque es "línea." Hemos visto que un ceque es trazado como una línea recta en los ejemplos citados en el capítulo sobre Nazca y el PIT. Trazado como una línea recta sin tener en cuenta la topografía. Contrariamente a lo que vimos en Nazca, en Cuzco los ceques no eran líneas completamente rectas; sin embargo, ellas generalmente no se cortaban. El sistema del ceque fue otra de las reformas introducidas — o más bien reintroducidas y más elaboradas — por Pachacuti, junto con las nuevas ceremonias y la reforma del calendario. El sistema sirvió como herramienta para la habilitación del agua usada a través del conocimiento del recurso hídrico, la astrología, y los antepasados que se habían aferrado a la tierra. También sirvió para propósitos sociales, por ejemplo, las clases bajas fueron las primeras en usar el agua. En el sistema del ceque, la visión del mundo Inca alcanzó plena integración.

Molina y Polo de Ondegardo declaran que el sistema del ceque trabajó como un calendario con cada Huaca que representa un día del año. También funcionó como un sistema para el reconocimiento de los eventos astronómicos en el horizonte a través del uso de pilares marcadores llamados suqanqas usados para los solsticios y otras fechas astronómicas importantes.

Allí parece haber una contradicción en el hecho que sólo hubiera 328 Huacas, registradas en un quipu, como Polo de Ondegardo nos lo transmitió. Blas de Valera describe el *ceque* como un quipu más extendido, o como "líneas que ligan las Huacas al corazón del Inca."
[40]

EL CONOCIMINTO ESOTERICO INCA

Las Huacas han sido reconocidas en muchos casos. Según B. Bauer, 29 por ciento de ellas eran manantiales o fuentes de agua, 29 por ciento piedras del lugar (alguna de las cuales se dice que son las famosas pururaucas que permanecen desde la invasión Chanca), 10 por ciento eran colinas y pasos de montaña (algunas veces adquirió el estatus de Huaca el lugar desde donde Cuzco podía ser divisado primero), 9 por ciento eran palacios o templos de la realeza Inca, y 3 por ciento tumbas. Finalmente, otras eran representadas por barrancos, cuevas, canteras, asientos de piedra, marcadores del ocaso, árboles, caminos, etc. [41]

Es interesante referirse a información esparcida que podemos coleccionar de las muchas diferentes crónicas sobre el mes Inca. Betanzos, Ávila, y Guamán Poma nos informan de meses de treinta días, divididos en medio-mes de quince y tres períodos (semanas) de diez días. Blas de Valera registra que Cuzco estaba dividido en doce partes y que el rey había dado a cada una de ellas el nombre de un mes. Cobo enumera los nombres de los doce grupos, agregando que cada uno de ellos estaba asociado con un grupo de tres ceques. Tres ceques formaron un mes, nueve de ellos una estación.

Cuatro cronistas (Polo, Cobo, Betanzos, Sarmiento) mencionan grupos de tres pilares usados para observaciones específicas de la salida del sol y del ocaso. Polo y Acosta indican que el calendario Inca tenía una duración similar al nuestro. La tripartición de los dioses que se había hecho familiar a lo largo de los capítulos anteriores se reafirma todavía de otra manera. Los cuatro meses alrededor de los solsticios se dedicaron al Sol, las fiestas principales son Capac Raymi e Inti Raymi. Los cuatro meses alrededor de los equinoccios se dedicaron al Dios Creador Viracocha, al culto al agua y a la Luna; *Situa*, en el equinoccio de septiembre, era una de ellas. Hay aquí también una inherente lógica, desde que los meses de los equinoccios marcaron el principio y final de la estación seca. Finalmente, los cuatro meses restantes se consagraron a la agricultura, a Illapa y Venus. [42]

Esta división del año se repitió sobre una base más estacional en el hecho que tres sucesivos grupos — en efecto un mes — dentro de un suyu, se dedicaron a las tres deidades principales: Viracocha, el Sol, e Illapa. De las crónicas podemos recoger también la naturaleza de las precisas observaciones solares: el solsticio de junio, observado desde el templo norte de Cuzco; el solsticio de diciembre desde el templo sur de Cuzco; las fechas del 30 de octubre y del 13 de febrero del pasaje del cenit; las fechas seis meses opuestas a las anteriores (25 de abril y 18 de agosto) que R. T. Zuidema llama "anti-cenit." ¡Note de pasada que el 13 de febrero y el 30 de octubre son fechas importantes observadas en el calendario Mesoamericano del Maya!

En su detallado estudio de los pilares de Cuzco (suqanqas), R. T. Zuidema ha llegado a la conclusión, de acuerdo con Blas de Valera, que estas estructuras sirvieron probablemente para indicar el tiempo para las operaciones agrícolas, particularmente la siembra. [43] La confirmación de esta hipótesis viene de las observaciones actuales en el pueblo de Misminay. Allí, la localización del ocaso y salida del sol contra los marcadores topográficos fijos en el horizonte definen un área de lo que se llama "sol para sembrar," indicando cuando es seguro empezar la siembra después del último peligro de escarcha. El sol para sembrar es definido como el sol que sube entre 80° y 105° acimut este. Debajo de 80° el sol es llamado "sol para cosechar." Lo que encuentra una definición en el espacio es conmemorado en el curso del año. Esto es lo que le da un carácter especial a las celebraciones cristianas, de lo contrario sería claramente azar. Los cuatro santos que tienen importancia especial en el pueblo son Santa Ana (26 de julio), Mamacha Asunta (la Asunción el 15 de agosto), Mamacha de las Mercedes (23 de septiembre), y San Francisco (4 de octubre). [44]

La evidencia que apunta a la existencia de las suqanqas viene del sitio de Muyucmarca en Sacsayhuaman. Muyu quiere decir alrededor; marka significa sitio, lugar, posición, señal. La torre de Muyucmarca se localiza en la cúspide de Sacsayhuaman (figura 4.9). Todo indica que era un dispositivo solar calendárico. Las ruinas consisten de tres paredes concéntricas conectadas entre ellas por paredes radiales. Tres canales de agua probablemente llenan un depósito al centro, según información proporcionada por el profesor Erwin Salazar Garcés. [45]

Garcilaso escribió que había tres torres en la cima de las paredes, equidistantes una de otra, formando un triángulo. [46] La torre principal, puesta al centro y formada como un cilindro, se llamó muyuqmarka; las otras dos Paucarmarka y Sallaqmarka, y eran rectangulares en la forma. Es bastante notable que los cronistas no se refieran a este lugar. El sitio fue demolido y enterrado tres o cuatro años después de la llegada de los españoles. Sin embargo hay una referencia en el material de archivo. Esta viene de una disputa legal entre la Orden de los Dominicos y el último quipucamayoc de Qillawata de Cuzco, Juan Iñaca Sawaraura, con respecto al uso del agua subterránea que va de Sacsayhuaman al Koricancha. [47] Aquí se dice que dos veces por año en el tiempo de los solsticios, el Inca, los representantes de los cuatro suyus, y los quipukamayuq de Qillawata de Cuzco se reunían en el lugar. El quipukamayoq era quien diligentemente registraba fechas y eventos.

Estamos acercándonos a identificar la función del sistema del ceque. Puede definirse como el hilo unificador que reunió la visión del mundo Inca sobre astronomía, religión, organización social, y mitología. También sirvió para propósitos muy prácticos en la agricultura. Así, por ejemplo, el orden de los ceques indicaba las reglas para el mantenimiento y reparación de los canales de irrigación, y Cobo menciona cuatro Huacas que jugaron un rol especial respecto al principio y final del uso del sistema de irrigación. [48]

Como se mencionó antes, el sistema del ceque se trasmitió en los hilos mnemónicos de un quipu. Lo que de hecho es interesante es que si uno extiende los cordones de este quipu, puede obtener la misma configuración radial de un sistema de ceques — otro admirable eslabón entre los varios campos del conocimiento Inca y prueba de que nada más que el conocimiento de la iniciación podría ser su fuente. Y hubo todavía otra notable manera en que el sistema del ceque era un recordatorio de toda la cosmología andina. Los ceques unificaron el marco de referencia de las Huacas con el panaqas (ayllu real) y otros ayllus. Permítanos ahora considerar este sistema más en detalle.

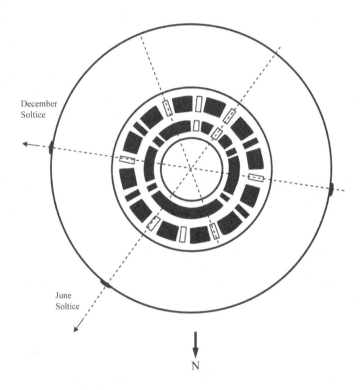

Figura 4.9: Torre de Muyuqmarca

Las Huacas estaban irregularmente distribuidas a lo largo de los ceques que no eran homogéneos por el número de Huacas ni por la longitud. Algunos tenían tan poco como tres Huacas, otros tantas como quince. La primera urna o Huaca del ceque generalmente estaba dentro de Cuzco, y a menudo cerca del Koricancha; las últimas a menudo cerca o sólo más allá de la frontera del Valle de Cuzco.

El Cuntisuyu estaba dividido en dos partes: una con 37 Huacas, la otra con 43. Zuidema supone que a través de la división de este suyu en dos partes se hicieron los cálculos del año solar. Así agregando las 37 Huacas de una mitad del Cuntisuyu al total de 328, obtenemos el año solar de 365. [49] Aunque su hipótesis pudiera ser agradable, todavía no podemos saber con seguridad si ellas correspondieron a la realidad del uso del ceque. Sin embargo, parece ahora más allá de toda duda que el sistema del ceque fue de hecho un calendario solar geográfico registrado que ató el año solar a toda la organización social de Cuzco y el imperio.

Cada suyu geográfico o cuarto tenían un grupo de nueve ceques que resumirían los tres meses (de tres ceques cada uno), o una estación. En la división del mes en tres ceques, encontramos la configuración de la tripartición que hemos discutido en el tema político. El primero de cada tres ceques, el llamado qollana, ("excelente" o "cosa principal") se vinculó a un ayllu de descendencia Inca, más a menudo un ayllu real o panaqa. El segundo, el llamado payan (cercana relación) era la descendencia del Inca, probablemente incluía sangre mixta; el último, el kayaw, fue asignado a grupos no-Incas. Había un total de 41 o 42 ceques, no 36 como se esperaría por lo anterior. La razón para la discrepancia está en la anomalía del Cuntisuyu, el suyu del sur. En esta dirección se encontró la sagrada colina de Huanacauri y las Huacas del Capac Raymi. Aquí estaban 14 o 15 ceques, según las diferentes crónicas. A uno lo llamamos suyu 4, que quiere decir el de menor importancia política, fue el primero desde una perspectiva religioso/astronómica.

UNA APRECIACIÓN DE LAS REFORMAS DE PACHACUTI

Parece ahora que las reformas de Pachacuti hubieran sido más que un mosaico de iniciativas separadas. Más parecían una coordinada y homogénea visión del mundo que sólo podía ser alcanzada por un alto iniciado. Sus reformas apuntaron al pasado, clarificando nociones que habían sido confundidas durante siglos, y al futuro, haciendo posible una nueva integración de los poderes políticos y espirituales. Pachacuti había recordado con claridad los eventos del tiempo del Amanecer, la realidad de las enseñanzas del iniciado Tunupa y del Cristo Sol que inspiraron sus acciones. Como sabemos de manera fragmentaria por Tiwanaku y Nazca, la organización espacio-tiempo de la sociedad con referencia al linaje Huaca también había sido inaugurada en el tiempo del Amanecer o Segunda Creación. Éste no es el único alcance de la visión y mensaje de Pachacuti.

El Inca había inventado una manera de armonizar la participación de las fuerzas centrífugas de las Huacas, el culto local. Su diversidad y el culto consagrado a ellas eran una perpetua fuente de desarmonía, a menos que pudieran ser armonizadas por la fuerza que puede reconciliar diversidad y unidad, el Sol-Cristo. Hemos visto cómo el culto de Pachacamac trabajó en la Era de los Guerreros, instilando miedo a los terremotos y recurriendo al tributo como un forma de aplacamiento. El culto al Sol, en contraste, era un culto muy organizado de una naturaleza completamente diferente, como puede verse principalmente por las aplicaciones esotéricas fuera de los Andes. Era un conocimiento muy organizado que recurría a una supuesta colaboración con la deidad no basada en el miedo sino en actos de co-creación. Éste es el fruto de la transición a la Quinta Era — una restauración de los frutos de la Cuarta Era. El cuerpo más grande de la religión Inca viene del conocimiento iniciático cuidadosamente cultivado dentro de los recintos del sacerdocio del Sol. Los cultos Chamánicos de la Tercera Era jugaron sólo un rol periférico.

El culto del Sol significó traer orden en el culto local. Por cuanto, en la Era de los Guerreros, cada Huaca había estado compitiendo contra sus vecinos por el predominio, Pachacuti estaba reemplazando su culto a través de esa deidad que podía recordar a cada ayllu que su linaje Huaca tenía un mismo origen en el tiempo. Su culto, practicado en separación, es lo que Santa Cruz Pachacuti llamó idolatría; en efecto una invitación a los poderes demoniacos y a la política de incesante guerra.

Fue una gran tarea confiada a la autoridad religiosa central Inca. Generalmente se infravalora cuán importante era su rol. Este rol puede ponerse ahora en perspectiva a través de todo lo que se ha traído a la luz invirtiendo tiempo y recursos para ordenar la tierra como un reflejo de los cielos, el uso de las influencias cósmicas para la selección de plantas y animales, y la construcción de pueblos según sagrados modelos cosmológicos. Sin embargo, no importa cuán crucial fuera el rol del Dios Sol y el legado de Tunupa, ninguna de estas metas podría lograrse en la Era del Quinto Sol sin la ayuda de un nuevo sistema político, y ésa fue la novedad de la Quinta Era Inca. El poder político Inca es lo que hizo posible la renovación del mensaje eclipsado a finales de la Tercera Era y a lo largo de la segunda parte de la Cuarta Era.

Todas las conclusiones anteriores ya estaban contenidas en la visión de Pachacuti y el legado que él instituyó en el campo espiritual. Recuerde que al soberano se le vio como el "hijo del Sol" y "hermano de Illapa-Tunupa." Estas dos condiciones son sinónimas. Como hijo era el iniciado del Sol, como hermano era igual a Tunupa, y se le encomendó el papel de civilizar al héroe. Él era un sirviente en primera instancia, gobernante en segunda. El camino que inventó para gobernar incluía la totalidad de la iniciación que el Inca tenía que sufrir, el largo proceso de adiestramiento que probablemente abarcaba el idioma Quechua y la escritura, la astronomía, el entendimiento de los fenómenos naturales, la espiritualidad del Sol, las artes, las artes marciales, la instrucción política, y más. Esta iniciación es lo que el Inca extendió a todos los hijos de los curacas. A la luz del rol principal de la nueva espiritualidad es entendible por qué Pachacuti elevó al sumo sacerdote del Sol a la segunda posición más alta en el imperio y que lo escogiera de un panaqa diferente al suyo.

El poder político y espiritual formaban una estructura estrechamente entretejida, como hemos visto de la cosmovisión incluida en el paisaje de la capital imperial, particularmente en el diseño del suyu y el ceque. El poder político fue sancionado a través de la autoridad espiritual, es decir, la iniciación. Esto se muestra claramente en la complementariedad entre Capac Raymi e Inti Raymi. En la visión de Pachacuti, el rey se invistió de la autoridad de la iniciación y eso fue ciertamente su propia suerte como primer emperador. Si fue o no mantenido por sus sucesores es una cuestión a la que volveremos. El sacerdocio de la Quinta Era ya no podría sobrevivir en el poder de las ideas que habían sostenido el cambio traído por Tunupa. Su legado no sobreviviría sin un poder político recientemente inventado que le diera su lugar.

El poder político y espiritual/cultural llevaron a buen término el principio central de la espiritualidad andina: la reciprocidad, sobre todo en el campo económico. La economía de la reciprocidad descansó en las premisas de la religión del Sol y de un poder político subordinado a sus metas. La geografía de los Andes es una realidad de precariedad: el escabroso ambiente de las altas montañas, el imprevisible clima de sequías y diluvios, escarchas y terremotos hacen de la integración e interdependencia un imperativo. La tragedia de la Era de los Guerreros fue el hecho que todas las culturas locales simplemente sobrevivían porque ninguna comunidad podía confiar en sus vecinas. La fecunda tierra del valle no podía cultivarse; los pueblos tenían que ser construidos en lugares altos y fortificados; la tierra marginal alrededor de ellos sólo podía consagrarse a las pasturas, escasamente al cultivo intensivo, desde que terraplenes e irrigación no podían mantenerse.

La integración Económica fue así el resultado final de la renovación Inca. Sin embargo, la economía para el Inca era mucho más que la producción de bienes. Nosotros ya hemos visto cómo la sagrada pirámide, el muyus de Moray, o el campo de poder del Valle Sagrado eran mucho más que laboratorios. Lo mismo es válido para toda idea de reciprocidad que está debajo de "la política económica" Inca. Reciprocidad significa vivir en armonía con todas las fuerzas del cosmos: humanas y divinas, el vivo y el difunto, las deidades superiores y locales, el Sol y las Huacas, etc. Esto era la alta y a menudo incierta y distante meta por la que el Inca se esforzaba, por lo menos en el ideal.

Para la mente occidental es sorprendente la cantidad de sacrificios que el Inca consagró al culto, ninguno que le diga algo a los economistas modernos. Y todavía en un sentido superior era muy económico. Aquí más que en cualquier otra parte aparece la verdadera dimensión de la reciprocidad. Las poblaciones de llamas y otros animales domésticos y plantas cultivadas vivieron en equilibrio y armonía con sus almas grupo que irradian desde sus respectivas constelaciones. Los campos de poder, los rituales, y sacrificios sirvieron para consolidar esa relación entre lo terrenal y su contraparte cósmica. Ése era el verdadero fundamento de la economía Inca y andina. Es más, la reciprocidad Inca no sólo se dirigió a la planta y al animal y sus arquetipos celestiales. Fue sumamente práctica en la dimensión de la "política de generosidad." Los mitimaes sirvieron para apoyar el flujo de bienes entre las regiones y daba acceso al curaca local a los ambientes y bienes que no eran localmente accesibles.

En más de una manera la mita puede imaginarse como un ritual de participación, y todo trabajo como un intercambio con los dioses. Esto borra las diferencias entre lo sagrado y lo profano. El ritual es una participación en un acto de co-creación que afecta todo en la vida. No es un momento separado que tiene un propósito práctico. Cuando uno lo ve en el trasfondo de los campos de poder, se hace más claro y verdadero que el ideal final Inca habría sido una sagrada economía.

Los dos aspectos principales de la cosmovisión Inca — su aspecto político y religioso — alimentó la propia economía. El culto del Sol estableció la primera parte de la ecuación: el equilibrio entre la tierra y el cosmos. Su influencia estaba lejos de lo despreciable si nos referimos una vez más a los comentarios de John Earls. La mejora Inca de las especies cultivadas y los animales domésticos rindió resultados verdaderamente notables. Las políticas estatales favorecieron la producción y redistribución de bienes de tal manera que las comunidades locales pudieron tener acceso a los productos más lejanos y más apreciados y los efectos de las catástrofes naturales pudieron mitigarse.

Podríamos decir que el Inca se esforzaba por incluir un lejano ideal de la humanidad, y justificadamente se quedaron cortos en más de una manera. Pero su efímero imperio hizo algo más, puso en su lugar los ideales que podrían construir un puente entre el antiguo y el nuevo Mundo. El Sol del Inca y el Cristo de los españoles son uno y el mismo, como fuera bien intuido por Santa Cruz Pachacuti, Blas de Valera, y otros. Esto es lo que vivió en las leyendas de Santo Tomás, San Bartolomé, o San Diego que supuestamente dirigieron sus ministerios en Sudamérica en el tiempo de Cristo, o poco después. Si los españoles hubieran venido a los Andes antes del advenimiento del Inca Pachacuti, esta posibilidad histórica habría estado ausente o muy limitada. Aun cuando para la historia externa este encuentro hubiera sido un fracaso, mucho siguió en la tendencia oculta de la historia que facilitó una comprensión entre las culturas, y por lo menos hizo posible más. Se sembraron muchas semillas para el futuro de las Américas.

Una Perspectiva de la Espiritualidad de América del Sur

Ahora podemos recoger los resultados de nuestros estudios y caracterizar la identidad y singularidad de los Misterios Sudamericanos. Mientras lo hacemos llevaremos en la mente lo que hemos aprendido del continente Norteño, particularmente de Mesoamérica.

Permítanos empezar caracterizando los orígenes y contrastes entre Norte y Sudamérica. Crucial para el desarrollo de Mesoamérica y de las civilizaciones Sudamericanas fueron los eventos de los Misterios de Atlántida del sur antes y después del punto medio de la era Atlante. Los primeros Misterios eran Misterios de Saturno que saturan todas las Américas. Ellos tuvieron éxito por el establecimiento de los Misterios de Venus y de Mercurio. Este movimiento de afuera hacia adentro de los planetas significó un cambio de la revelación desde arriba para el desarrollo de pensamientos e ideas dentro del alma.

Después del cuarto período de desarrollo Atlante, emigraron hacia América dos grupos estrechamente relacionados. Entre los primeros estuvieron los precursores de los Maya y los Toltecas. Sus leyendas hablan del paraíso original de agua en los términos de Tlalocan o Aztlan. Ésta es la corriente que nos involucró en los estudios norteamericanos. Otra corriente se dirigió hacia Sudamérica. Los Aymara de la alta meseta de Bolivia y Perú probablemente sean descendientes de este primer grupo en Sudamérica. Ellos conservaron una muy compleja diferenciación social y florecieron más alrededor de la cuenca del Lago Titicaca donde desarrolló la famosa civilización Tiwanaku.

Los seres que influyeron en las culturas americanas eran los grandes seres jerárquicos de Venus y Mercurio que se sacrificaron permaneciendo más cerca a la Tierra en lugar de trabajar desde la esfera del Sol. [1] Fueron particularmente los misterios de Venus los que fluyeron en la civilización Tolteca Antigua. Se manifestó más fuertemente en la adopción del calendario de Venus. Para el norte hemos identificado el prevaleciente espíritu de nombre Quetzalcoatl, que el Popol Vuh identifica de como espíritu de Venus, confirmando lo que Steiner trae a la existencia de la directa investigación espiritual. Este espíritu dejó de tener una función evolutiva algún tiempo antes del Misterio del Gólgota. Después del tiempo del Gólgota, los decadentes impulsos de Venus volvieron a aparecer primero en Teotihuacan, y después en Chichen Itza donde fueron reintroducidos los primeros sacrificios humanos en gran escala. Este movimiento fue finalmente amplificado en la civilización Azteca.

La Naturaleza de los Misterios Sudamericanos

De la Segunda a la Cuarta Era

La Segunda Era en los Andes, sobre todo a lo largo de la costa norte, se anticipó y superó a su contraparte Mesoamericana. En esta fase surgió una importante revolución cultural acompañada por la edificación de imponentes centros ceremoniales, y la definición de una cosmovisión centrada alrededor de la Cruz del Sur. Esto se tradujo en el culto de la Cruz Andina, el culto de las montañas y deidades del agua, básicamente todo lo que representaba el culto del Gran Espíritu, el Tao Atlante, y las deidades de la noche.

En ese momento había culturas regionales que actuaban recíprocamente y formaban extensas redes de cooperación en edificación de lo que es conocido como el "archipiélago vertical." El culto de la Cruz Andina introdujo los patios hundidos, en los que no se podía dejar de ver un equivalente a las canchas de juego de pelota de Mesoamérica. Las dos son estructuras bajo la superficie. En ambos continentes ellas forman la tercera escala de la división cosmológica del espacio en el mundo superior (las pirámides), el medio mundo (las plataformas), y el mundo inferior (los patios hundidos y canchas de pelota). Este movimiento de diferenciación en Mesoamérica sólo se alcanzó en la Tercera Era.

El conocimiento del inframundo es la línea divisoria en el tiempo en que las diferentes culturas experimentaban la condición conocida como el "Crepúsculo de los Dioses." Esto está acompañado por el progresivo debilitamiento de la vieja clarividencia natural, marcando así el comienzo de la posibilidad de la libertad humana. Los signos que lo acompañan son caliculados y/o escritos y el calendario, en adición a la introducción del sacrificio humano en el lado negativo de la balanza. La evidencia contada, y posiblemente escrita, ha surgido últimamente en la recuperación del quipu más viejo en Caral. Podemos suponer que probablemente estaba en uso un primer calendario agrícola, aunque ninguna prueba arqueológica ha salido a luz. El sacrificio humano constituye una manera decadente de adquirir conocimiento espiritual, y encontrar su evidencia es otra corroboración del cambio de conciencia introducida en algunas partes de los Andes en el tiempo de la Segunda Era.

La transición a la Tercera Era marcó el nuevo rol del centro de Chavín cosmopolita. Aquí fluyó un impulso de un centro hacia la periferia. El culto de Chavín floreció amplia y extensamente desde su propio centro y fue adoptado por las culturas receptores cada uno en su propio tiempo. Chavín trajo orden en el culto de las *Huacas*; mantuvo su armoniosa colaboración hasta unos siglos antes del cambio de nuestra era. También preparó el mensaje para la nueva deidad de la Cuarta Era, prefigurada en el Dios del Báculo de la Estela Raimondi. Hay amplia evidencia que señala la naturaleza oracular-chamánica del culto de Chavín, siguiendo las características generales de la Tercera Era y del matriarcado que la acompañó.

La Cuarta Era marcó un más definido cambio de cosmología. Aquí se introduce el calendario solar, y con él la conciencia histórica. La

Segunda Creación hace del Sol la Huaca suprema a la que recordarán todos los ayllus, tribus, y naciones. El Amanecer marca su origen común en el tiempo. Es la razón para la unidad en la diversidad, la fundación de la colaboración pacífica, y la base de una economía de reciprocidad. Al mismo tiempo el culto parece ir de la mano con el reordenamiento de la sociedad alrededor de la nueva forma de unidad social matrilineal-patrilineal del *ayllu*. Donde la naturaleza del culto aparece con más claridad en los registros arqueológicos — como en Nazca — el ayllu juega una parte mayor en la sagrada clasificación del tiempo y el espacio. Eso no quiere decir que no hubo sacerdocio, sino muy probablemente un nuevo sacerdocio solar, y disminuyó el papel del chamán. Otra diferencia con la Era anterior es la formación de centros de peregrinación regional, como Tiwanaku y Cahuachi, en lugar de un principal centro de Misterio que irradia sus impulsos a lo largo de la tierra, tal como lo era Chavín en la época anterior.

Pacha: Tiempo-Espacio

Fundamental para los Misterios del Sur es la noción de *pacha*, la dimensión tiempo-espacio que domina todo el uso del sagrado espacio y ceremonialismo, como se hizo más claro en tiempos Incas en el uso de las líneas del *ceque* que contenían en ellas la clasificación del tiempo y el calendario y la clasificación del espacio para las ceremonias y usos prácticos. De hecho, el año y sus fiestas y el uso del espacio estaban íntimamente vinculados a través de los *ceques* como aparece más claramente en Cuzco.

Milla Villena y Scholten d'Ebneth han ilustrado de una manera asombrosa cómo todo el simbolismo religioso, los elementos de diseño, y la organización espacial estaba sujetos al sistema andino de medición operacional. Este es el porqué a Tunupa, el iniciado por excelencia, se le representa con las dos varas de medición. La unidad de medida en el sistema andino es la contraparte funcional de la estela fechada en Sudamérica. Todos los edificios de los templos con sus relaciones y el ordenamiento y ubicación de ciudades en el territorio estuvieron sometidos a este principio de ordenamiento. La organización de las ceques del sur contrastan con la Cuenta Larga de Mesoamérica; el paisaje de los campos de poder al sur con los códices del norte.

Incluso la escritura adquiere cualidades matemáticas como aparece más claramente en la conversión de las letras Incas a números en el uso del quipu. Y del idioma Quechua, Valera afirma que presentó una gran ventaja sobre todas las otras lenguas en la manera en que podría usarse en los asuntos comerciales y espirituales y secular. Era un idioma que servía como vehículo, muy fácil de aprender debido a sus racionales principios gramaticales. Puede considerarse el idioma especial de los Misterios.

Una comparación con los Misterios Mesoamericanos del norte le dan un especial significado al mayor rol jugado en el norte por los Misterios de Venus y en el sur por los Misterios de Mercurio, los Misterios de medida y de número.

La Orientación del Sol del Período Intermedio Temprano y de la Cultura Inca

Los Misterios del sur de los Andes aparecen más claramente revelados en dos tiempos en la historia: durante el Período Intermedio Temprano (PIT) y en la civilización Inca. Permítanos mirar algunas de las características de los cambios introducidos por el PIT. La Cuarta Era es un período de renacimiento cultural enmarcado o que finaliza en un período de conflicto. Lo más impactante es el modelo de asentamientos — desde la aparición de las *pukaras* y la fortificación de los asentamientos en el tiempo que precede inmediatamente la Cuarta Era (siglo 1 DC.) para el retorno de condiciones similares a las de la "Era de los Guerreros." En el entretiempo aparece una nueva arquitectura monumental, establecida en los llanos.

Las civilizaciones en guerra unas con otras acarrearon la necesidad de seguridad en los modelos de asentamientos, por eso el abandono de las tierras cultivables y la localización de ciudades y pueblos en las alturas de las montañas y lugares que proporcionaron más protección. En tiempos de paz la expansión se producía en los valles fértiles y ecosistemas como el altiplano, donde las diferentes etnias y ayllus podían coexistir apaciblemente e introducir la revolución de las innovaciones técnicas y artísticas de gran dimensión que sólo podían llevarse a cabo a través de una mayor coordinación de mano de obra, conocimiento, y recursos. Desde que esto ya fue posible durante la Segunda Era, es necesario explorar las similitudes y las diferencias.

Durante el PIT se restauraron los logros de la precedente Segunda Era. Tal fue la explotación del ambiente a través de lo que se ha llamado el archipiélago vertical, básicamente permitiendo el acceso de los diferentes grupos étnicos a los ecosistemas de otra manera que a los suyos propios, a través de colonias distantes de la madre tierra, y a través de rutas comerciales abiertas para todos. Como resultado de esta atmósfera de coexistencia pacífica eran posibles grandes tareas arquitectónicas como la construcción de imponentes pirámides y la gran canalización del agua atadas a complejos sistemas de irrigación y terraplenado, haciendo posible extender el uso de los recursos a los frágiles o marginales ecosistemas.

Lo que pasó en la costa norte durante la Segunda Era fue traído un paso adelante a través de la cultura *Gallinazo*, después del interludio de *Salinar*. Lo mismo aconteció más notoriamente en *Tiwanaku* y *Nazca*, y todo al final de nuestra era. Lo nuevo que apareció en el PIT fue el marco de referencia solar de los Misterios y su tipo especial de ceremonias. Podemos seguir esto en varios pasos.

La primera revolución cultural introdujo el culto al Gran Espíritu — Viracocha — o culto del Apus, llevado a cabo por toda la Segunda Era, más claramente y antes que en cualquier otra parte a lo largo de la costa norte. Aquí, como pocos autores han demostrado concluyentemente, la resultante cosmología de la Cruz del Sur y la Cruz Andina se desarrolló en gran profundidad. Los dioses adorados eran deidades de la noche. De este tiempo se origina el impulso que lleva a la edificación de pirámides y de patios hundidos. Como Milla

Villena concluyentemente demuestra, el patrón de la unidad andina adquirió creciente importancia y penetró la totalidad de las ceremonias.

Hacia finales de este período apareció el impulso cosmopolita de Chavín — la Tercera Era Andina — continuando las tendencias de la Segunda Era y preparando la tierra para la Cuarta. En una forma similar a la de la civilización Olmeca, Chavín puso la base para la revelación del futuro. En Sudamérica no tenemos ninguna revelación como la del tzolkin Maya o sagrado calendario — al menos ningún registro. Sin embargo, hay dos indicios importantes de lo que se consiguió en el tiempo del PIT; el primer indicio es el anuncio de la nueva deidad solar del Dios del Báculo, más claramente visible en la Estela de Raimondi, y el segundo es el de la nueva orientación solar de las civilizaciones más importantes del PIT. El primer y muy aislado caso es el de *Chankillo*, que aparece lado a lado con los ejemplos más decadentes de la civilización Chavín (por ejemplo, Sechin) donde reapareció el sacrificio humano. La revolución solar aparecía con la inauguración de un calendario solar, indicio que era más claramente visible en la Puerta del Sol de Tiwanaku. El calendario debe de haber estado anteriormente presente en otras formas más simples, y por tanto, más probablemente, escrito.

La referencia al Sol jugó un importante papel en la subordinación de las Huacas. La Segunda Creación, en el punto de inflexión de la Cuarta Era, significó que todas las tribus se unieran en un punto común en el tiempo, en el Amanecer del tiempo de Tunupa, y que, aunque todas ellas tenían su propio *pacarina* y honraban su propia *Huaca*, todas lo hicieron en referencia a una realidad superior de la deidad del Sol y al tiempo del Amanecer del que todas ellas emergieron. Éste es el hilo de todos los mitos acerca de la Segunda Creación. Hasta que este impulso se mantuvo en ascenso, de hecho la igualdad entre las tribus y ayllus era una cuestión establecida. El culto al Sol tenía un efecto igualador en la civilización andina.

La Cuarta Era acabó en lo que se llamó la "Era de los Guerreros" en que una vez más las Huacas fueron diversamente subordinadas a las Huacas regionales, y aquéllas a su vez probablemente subyugadas a una "Huaca del imperio." Wari marcó un retorno a las condiciones prevalecientes al final de la Tercera Era de Chavín, un estado de continua lucha entre las Huacas por el predominio.

Después de la Era de los Guerreros, el Inca restableció la superioridad del armonizador culto al Inti, al Sol. Debido a la conciencia del tiempo este culto ya no podría realizarse como se había hecho en el PIT. El Inca mismo batalló contra sus propias tendencias centrífugas incluidas en el conflicto de intereses de los *panaqas* reales y grupos regionales. El Inca Pachacuti estableció sutiles equilibrios de poder en el campo político y espiritual para traer un impulso civilizador y un ímpetu unificador entre los pueblos del imperio. Esto no puede entenderse desde una perspectiva Eurocéntrica.

Fundamental para las reformas de Pachacuti fue la importancia del nuevo culto del Sol y el establecimiento de su sacerdocio a lo largo del imperio. Los cultos locales sobrevivían en armonía con el impulso del Sol, evitando las tendencias centrífugas que llevan a la continua y sostenida guerra entre las Huacas. La cultura Inca jugó el mismo papel. Apuntó a crear y extender el idioma común de los Misterios del Sol. En la instrucción de la nobleza Inca y de los *curacas* regionales estuvo el esfuerzo para difundir una cultura común, y aflojar los lazos étnicos de varias maneras. La primera fue la propagación de la sangre Inca a través del don de las mujeres Incas a los *curacas* locales, o recíprocamente el matrimonio de los Incas con mujeres nobles extranjeras. A este soltar de lazos étnicos le siguió la adopción del idioma Quechua y la unificación de la cultura derivada de la iniciación común de los nobles, sea Inca o nacido en el extranjero.

Fundamental para la revolución Inca fue el establecimiento de una estructura estatal que pudiera difundir las enseñanzas de la religión del Sol, y aquéllas son considerables. Toda la arquitectura de los campos de poder es el resultado de la preservación del conocimiento de los Misterios dentro de los recintos de los templos del Sol que el Inca introdujo después de cada conquista territorial. Podríamos argüir que lo que sobrevive en la actualidad de la cultura Inca es una pálida versión de lo que existió antes de la Conquista española. Nada del conocimiento más profundo de los Misterios del Sol podría conservarse sin la forma social del imperio que lo sostuvo.

La civilización Inca jugó otro importante papel creando las bases para un posible acercamiento entre la Cristiandad de los españoles y la religión del Sol de los Andes. A través de la memoria de los hechos de Tunupa y sus enseñanzas hizo posible que la religión de los Evangelios se encontrara con las revelaciones Incas del Dios Sol. Esto fue intuido por los jesuitas indigenistas e individuos como Santa Cruz Pachacuti. Lo que fue posible en el Perú y los Andes no había sido ni remotamente imaginable incluso en México dado el completo abismo cultural entre la cultura azteca y la española. Históricamente esta posibilidad quedó principalmente incumplida en los Andes donde la codicia española por el oro jugó un gran papel entorpecedor. Pero quizás incluso el sueño de Pachacuti se había corrompido ya antes de la derrota Incaica. Debemos recordar que una guerra civil estaba en pleno apogeo cuando Pizarro llegó al Tawantinsuyu, y el imperio ya estaba grandemente debilitado.

El Sueño y la Realidad

Podría argüirse que la cosmovisión Inca fue un generoso regalo al mundo que vino demasiado temprano para las capacidades humanas de ese momento. Ya en su sucesión, el ideal que Pachacuti legó fue pronto visitado por las luchas de poder y la lucha política interna que costaron mucho a la credibilidad de la misión Inca. En tiempos de sucesión política, los espíritus de la Era de los Guerreros enfrentan un problema a causa de las intrigas y la conspiración. Después, el camino a la iniciación arrojó su sombra cuando el Inca reivindicó los poderes espirituales que no tuvo, dejando espacio para las manías de grandeza. Permítanos repasar esto en algún detalle.

Topa Inca, sucesor de Pachacuti, olvidó las alianzas con los grupos étnicos locales y sus Huacas. Ésta fue una estrategia para soltar las ataduras con su pariente colateral (otro panaqa) y reducir su dependencia de ellos en tiempos de relaciones difíciles. Al hacerlo, Topa Inca estaba ofreciendo poder y autonomía a los gobernantes locales que no tenían interés en llevar más allá la vieja idea de la reciprocidad o el mensaje de Pachacuti. En particular creó una fuerte alianza con la *Huaca* de Pachacamac. Eso significó dar prominencia a dioses distintos al Sol y debilitar el efecto armonizador y equiparador que el culto tenía entre las Huacas participantes.

La historia de lo que el oráculo exigió de Topa Inca es bastante indicativa. Primero pidió que el templo se agrande y por consiguiente se le dé más importancia. Luego pidió para los "hijos," que significa las ramas de los oráculos. Los dos primeros se construyeron en Mala y Chincha; el tercero en Andahuaylas y Andahuaylillas.[2] Pachacamac tenía otros vástagos: "esposas" en Chincha y Mamaq, más allá "hijos" en Huarochiri, y una casa cerca de Chan Chan, en el corazón de un impaciente y viejo reino Chimú y peligroso y potencial rival. Las investigaciones al sitio de Mamaq muestran ausencia de alfarería Inca e indican qué grado de independencia adquirió Pachacamac del Culto del Sol. Lo mismo acontece en el centro de los templos de Pachacamac, aunque se hayan encontrado artefactos Incas en el ambiente inmediato. [3] El oráculo tenía un inmenso local en la costa norte, y lo visitaban los peregrinos que llegaban desde lugares muy distantes. El surgimiento de Pachacamac sirvió para fomentar la ambición política local y el retorno a la rivalidad de las Huacas. Esto da una idea de la ambición del oráculo y del precio que Topa Inca pagó por conveniencia política.

Wayna Capac nació en Tumibamba, Ecuador, y heredó el título de emperador mientras todavía era un infante. Durante su niñez su trono y su vida habían sido amenazados por conspiraciones. Lo obligaron después a que asumiera el gobierno debido a un tiempo de alto tumulto político interno, y transformó el trono en un lugar remoto de intrigas y lujo. En el norte estableció un segundo centro de gravedad del imperio, construyendo ciudades importantes en Ecuador — Tumibamba, Carangui, Quito — y fue así que estuvo mucho tiempo ausente de Cuzco. Uno de sus primeros movimientos fue degradar el oficio de sumo sacerdote creando sobre él el cargo de Pastor del Sol, cargo que asumió él mismo. Con eso podría reclamar una más íntima proximidad a lo divino que tenían todos los Incas anteriores. El resultado inmediato fue la separación de la relación funcional y equilibrio de poder entre las funciones políticas y espirituales en la cabeza del estado. Santa Cruz Pachacuti también le echó en cara al emperador el haber recurrido al oráculo de Pachacamac.

Wayna Capac creó confusión en su sucesión. Primero nombró a Washkar como su heredero, y luego cambió su decisión a favor de su otro hijo Ninan Cuyochi. Sin embargo, había una cláusula en su testamento que especificaba que Washkar sería investido del cargo más alto si los presagios revelaran que Ninan Cuyochi no estaba favorecido por los dioses. Lo que pasó después fue que el mismo Ninan contrae la plaga. Su hermano, sin saberlo, ya había avanzado para oponerse al heredero legal.

Washkar tenía una personalidad desequilibrada, por lo menos en sus últimos días. Fue despectivo y afín a la debilidad con rasgos sádicos. En su esfuerzo por arrebatar el poder de las *panaqas*, se apartó de Hanan Cuzco e incluso de sus propios parientes, y se reafilió a Hurin Cuzco. Estableció una fortaleza de residencia fuera del centro de Cuzco en Collcampata, al norte, que había sido el lugar sagrado — la primera chacra de Manco Capac (suelo cultivado) — y la opción constituyó una suerte de profanación. El emperador también provocó el matrimonio de su madre con la momia de su padre. Declaró que ése era el deseo de la momia expresado por su médium. Murió prematuramente por efecto de una plaga que asoló Ecuador. En todo lo anterior no se puede dejar de ver el resultado de fallidas iniciaciones.

PUNTOS DE INFLEXION ESPIRITUAL

La Dimensión Apocalíptica de la Espiritualidad Sudamericana

La geografía y el clima de los Andes apuntan a tiempos modernos y futuros. Las excepcionales condiciones geográficas ponen a la humanidad andina a merced de los giros del destino, como sequías, diluvios, o terremotos. La colaboración e integración son sine qua non de supervivencia y expansión cultural. Cuando esa posibilidad fue realizada, las catástrofes naturales pudieron enfrentarse mejor; cuando la civilización cíclicamente hundida en sus profundidades, Se justifica preguntarse si los cambios climáticos siguieron en alguna magnitud la humana falta de armonía, como conserva su validez el principio de la verdadera reciprocidad andina. Todo esto parece apuntar a los desafíos de la actualidad y los prefiguran — un tiempo de agitación ecológica en que la civilización en su conjunto depende de la colaboración planetaria. En cierto sentido la civilización andina conoció antes que el resto de la humanidad lo que experimentamos en la actualidad con el calentamiento global y la crisis ecológica. La geografía y ecología andina son un microcosmos del mundo; basta pensar que el 85% de los ecosistemas del mundo están presentes en los Andes.

En una magnitud superior que en cualquier otra civilización contemporánea, la cultura andina jugó un papel de co-creadora con su ambiente natural. Colaboró con el mundo elemental y las influencias cósmicas para formar su medioambiente de cierta manera que el hombre moderno sólo puede redescubrir si la ciencia se aparta de su exclusivo enfoque sobre la influencia terrenal que nos ofrece tan cuestionables innovaciones como la de la modificación genética de los organismos, a la interacción de los factores terrenales y cósmicos. La interacción entre el mundo humano y el espiritual es el fundamento sobre el que está basada la reciprocidad andina en tiempos de renovación cultural y expansión. Los campos de poder, la sagrada pirámide de Ollantaytanpu, los *muyus*[*] de Moray apuntan a una

---

[*] N. del T.: MARAS-MORAY Salineras de Maras son minas de sal cuya explotación es tan antigua como el Tahuantinsuyo. La vista es espectacular aproximadamente tres mil pozos. Los pobladores muestran a los visitantes sus técnicas ancestrales y permiten que intervengan en la recolección de la sal. Moray, está formado por cuatro galerías

increíble riqueza de conocimiento de la religión del Inti dominando el uso de las influencias cósmicas para ventaja de los seres humanos.

La reciprocidad es el nexo central de toda la ética andina, y el apoyo de su vida económica; es un principio de justicia cósmica. Esta visión del mundo va más allá del individuo y la generación presente. Las catástrofes naturales son consideradas resultado de la falta de reciprocidad; lo mismo es para las calamidades provocadas por los seres humanos. Las Comunidades pueden tener que echarse sobre sus espaldas la culpa de un individuo; de hecho, incluso la posteridad puede tener que hacer lo mismo. Dios inflige un castigo para permitir la corrección del desequilibrio cósmico que no es visto como un castigo gratuito.

La naturaleza apocalíptica de la espiritualidad andina está muy presente en la noción de Pachacuti o cambio de tiempo. Había períodos de tiempo mayores y menores. La manera de definir las Eras menores está más explícitamente establecida en *Memorias Antiguas Historiales y Políticas del Perú* (1882) de Montesinos. El intervalo de mil años se llamó Capac-huata o Intip-huata, "el gran año del Sol." Cada milenio se subdividió en dos períodos de quinientos años conocido como el *pachacuti*. El emperador de ese nombre llegó al poder cerca del año 1500. Sabemos que la división Inca del tiempo corresponde a una realidad esotérica más profunda. Cada mil años, Lucifer y Ahriman pueden unir fuerzas y hacer un ataque particularmente fuerte en la cultura humana. Ésta es la idea de la raíz que se refleja exteriormente en el milenialismo*. [4]

---

ligeramente elípticas, a las que los pobladores denominan "Muyus". Se considera que el lugar fue un importante centro de experimentación agraria durante la época inca. A través de la utilización de andenes concéntricos, y debido a que las temperaturas en cada nivel son distintas unas de otras, habrían reproducido todos los pisos ecológicos que abarcaba el Imperio del Tahuantinsuyo.

* N. del T.: El **milenarismo** o **quiliasmo** es la doctrina según la cual Cristo volverá para reinar sobre la Tierra durante mil años, antes del último combate contra el Mal, la condena del diablo al perder toda su influencia para la eternidad y el Juicio Universal.

El tema apocalíptico también aparece en el contraste entre culturas que lograron una casi completa secularización, como Wari y Chimú, y los impulsos del Inca orientados al futuro. Lo que ocurrió en la Era de los Guerreros prefiguró por muchos siglos el movimiento hacia la secularización que se hizo visible en la sociedad Azteca. Esto refleja el hecho que el Crepúsculo de los Dioses vio su aparición antes en Sudamérica, por lo menos en la costa norte de Perú donde los sacrificios humanos ya se registraron en el tercer milenio antes de nuestra era.

El Inca vivió en un ideal muy alto de colaboración terrenal y cósmica que la humanidad sólo puede empezar a desarrollar en la actualidad. Ese es el impulso global para formar la totalidad de la tierra como un reflejo de los cielos, como mejor se ejemplificó en el Valle Sagrado. No puede entenderse desde una perspectiva que antepone a todo la utilidad hasta qué punto el Inca trató de reformar el paisaje. La enorme tarea de la sagrada pirámide de Ollantaytanpu es un buen ejemplo, y así es con el resto del sagrado paisaje alrededor de la ciudad. A través de esta tarea el Inca podía tener recursos para hacer uso de las fuerzas cósmicas en la selección y mejora de plantas y animales — un ejemplo de lo que la humanidad puede esperar lograr en el futuro lejano.

El Inca incluyó en su planificación del paisaje una integración equilibrada de preocupaciones artísticas, funcionales, y medioambientales. La suya fue una completa reforma del mundo natural, una santificación del medioambiente a través de la integración del asunto terrenal y cósmico. Esta se extendió a la alineación de ciudades y lugares ceremoniales con el ordenamiento de los cielos, e. g., el camino de Viracocha. Wari o Chimú ofrecieron la completa imagen espejo, uno de los más tempranos ejemplos indígenas de una arquitectura vuelta completamente utilitaria, alejada de las influencias cósmicas e incluso de su ambiente.

ESPIRITUALIDAD DE AMERICA DEL NORTE Y DEL SUR

NORTE Y SUDAMÉRICA: PARALELOS Y CONTRASTES

Tres iniciados — y quizás otros — jugaron un papel fundamental inaugurando la quinta época post-Atlante en el Nuevo Mundo, que algunas fuentes al norte y al sur han llamado la Quinta Era. El primero fue el Pacificador, Deganawidah, introduciendo una espiritualidad social moderna en la forma de la Liga Iroquesa de los Estados Unidos nororientales, en alguna parte entre los siglos duodécimo y decimoquinto. El segundo fue el emperador Pachacuti que introduce un sistema sociopolítico que apunta al futuro que combina los principios de iniciación consciente y la reciprocidad terrenal-cósmica, ideas desafiantes que la nación Inca sólo pudo incorporar en sus primeros rudimentos antes de la llegada de los españoles. Contra estas dos tendencias estaba la tendencia centralizadora, negadora de la libertad de los Aztecas e impulsada por el mago negro Tlaclael.

La espiritualidad Azteca tenía un tenor contra evolutivo. A través de la ideología estatal el alma humana fue impedida de percibir la diferencia entre el bien y el mal, y así se alejó de su propio destino cósmico. La tierra se habría convertido en estéril y mecanizada si la espiritualidad Azteca se hubiera extendido a toda la América, y los seres humanos habrían abandonado el deseo de encarnar.

El decadente impulso de los Aztecas en Mesoamérica fue contrarrestado en el norte por los Iroqueses, en el sur por los Incas. El Iroqués habla el idioma moderno de las formas sociales que evolucionarán en el futuro cercano. Fundamental para la revolución cultural Iroquesa fue un sacramentalismo social que convirtió en sagradas todas las dimensiones de las relaciones humanas. El Ritual Iroqués de Condolencia fue la contraparte del sacrificio de extracción del corazón Azteca de una víctima viva. A través del Ritual de Condolencia el Iroqués supo que los destinos individuales y de grupo están íntimamente vinculados. La curación del dolor al nivel individual asegura la preservación y continuación de las saludables relaciones sociales. En términos espirituales modernos, la defensa de un acuerdo social — representando el karma colectivo — está íntimamente

359

vinculada y condicionada por la curación del desequilibrio kármico a cualquier nivel que aparezca.

No sorprende que las ideas Iroquesas formaran una plataforma espiritual para la forma de gobierno de los Estados Unidos. En esencia el Iroqués sembró las primeras semillas para la idea moderna de la separación e interrelación saludable de los reinos espiritual-cultural y político. Este esfuerzo fue continuado en el federalismo americano donde el sector económico planteó y todavía plantea un formidable desafío para su integración con los reinos del gobierno y la cultura. La antítesis a este proceso evolutivo persiste en la forma de gobierno autoritario centralizado, heredero del cianotipo espiritual Azteca.

Los Incas invirtieron la arraigada tendencia hacia la decadencia de la Era de los Guerreros, y todo lo que fuera llevado sin ayuda a través del impulso civilizador del emperador Pachacuti y su revolución Cristo/Solar. La cultura floreció nuevamente donde se había rezagado y se impuso el orden entre las Huacas. Esto sólo podía lograrse a través de una restauración del mensaje de Tunupa dentro de la nueva forma social del imperio. Las reformas de Pachacuti apuntaron a una inmensa integración de las necesidades sociales y cósmicas, todas ellas capturadas en la idea de reciprocidad y subordinación de las Huacas al Cristo Sol. Las metas del emperador apuntan más allá en el futuro que lo que logró Deganawidah, el Pacificador Iroqués. En esencia, la cultura Inca anuncia la futura transformación y santificación de la tierra, la completa integración de las influencias terrenales y cósmicas en una nueva cultura.

Las condiciones prevalecientes antes de la formación del Longhouse y de Tawantinsuyu hablan de una oscura Era de los Guerreros entre los Iroqueses y en el Ande peruano-boliviano. El poder que el Popol Vuh y Steiner reconocieron como Quetzalcoatl estaba erguido al norte y al sur. Nosotros hemos reconocido un espíritu decadente de Venus al norte y su contraparte de Mercurio al sur. Posiblemente, estos dos impulsos habrían conducido el tiempo de la quinta época post-Atlante al retorno de los más decadentes impulsos de Taotl al norte y al sur, y su culminación en sacrificios humanos con remoción de órganos de víctimas vivas. Mientras ése era el caso dentro del estado Azteca, el mismo peligro fue evitado por Deganawidah y Pachacuti, desafiando el efecto global de un nuevo ataque Ahrimánico contra las Américas y el mundo. En el tiempo de la Conquista, los españoles, bastante inconscientemente y por motivaciones no relacionadas, infligieron un golpe mortal al Imperio Azteca, deteniendo el empuje Ahrimánico en las Américas.

En esencia podríamos concluir que el impulso civilizador de Deganawidah y Pachacuti apunta uno a lo inmediato, el otro al futuro distante. Ellos nos ofrecen una imagen a nivel pre-individual de lo que forma el impulso social que se pondrá al frente la próxima época cultural en el servicio del ser Cristo/Solar. Ni el impulso Iroqués ni el Inca pueden continuarse ni resucitarse sin transformación, pero han sembrado la preciosa semilla de lo que puede llegar a ser la nueva conciencia del tiempo.

NOTAS Y BIBLIOGRAFÍA

Notas y Referencias

PARTE I: PREHISTORIA SUDAMERICANA

Capítulo 2: Primera y Segunda Era

1. Alfonso Klauer, El Mundo Pre-Inka: Los Abismos del Cóndor, tomo 1, capítulo "El Territorio Andino," pág. 26, PDF encontrado en www.nuevahistoria.org.

2. Ibid., pág. 44.

3. Ibid., pág. 45.

4. Ibid., pág. 45.

5. Michael E. Moseley, The Incas and Their Ancestors: The Archaeology of Peru (London: Thames and Hudson, 2001), p. 223.

6. El Ruth Shady, "La neolitización en los Andes Centrales y los orígenes del sedentarismo, la domesticación y la distinción social", en Ruth Shady y Carlos Leyva, eds., en Shady, La ciudad sagrada de Caral-Supe: las orígenes de la civilización andina y la formación del Estado prístino en el antiguo Perú, (Lima: Instituto Nacional de Cultura, Proyecto Especial Arqueológico Caral-Supe, 2003), p. 39.

7. Quinn, Registros del Fenómeno El Niño en el Perú, Ifea, pág. 17–18, citado en Klauer, El Mundo Pre-Inka: Los Abismos del Cóndor, tomo 1, p. 38.

8. Ibid., pág. 39.

9. Ibid., pág. 49.

10. Ruth Shady, "Del Arcaico al Formativo en los Andes Centrales", pp. 17–35, y "La neolitización en los Andes Centrales y los orígenes del sedentarismo, la domesticación y la distinción social", pp. 35–49, en Shady, La ciudad sagrada de Caral-Supe.

11. Ibid., pág. 45.

12. Andrew Whalen, "Ancient Ceremonial Plaza Found in Peru," 26 de febrero de 2008, http://www.freerepublic.com/focus/f-news/1976727/posts.

13. James Q. Jacobs, Early Monumental Architecture on the Peruvian Coast: Evidence of Socio-Political Organization and the Variation in Its Interpretation, 20002000,http://www.jqjacobs.net/andes/coast. el html .

14. Carlos Williams León, "Inicios de la tradición arquitectónica andina," en Víctor Rangel Flores, ed., Simposio: Arquitectura y arqueología: pasado y futuro de la construcción en el Perú (Chiclayo, Perú: Universidad de Chiclayo, 1988).

15. En 2007 un templo de 4,000 años de antigüedad fue desenterrado en Ventarrón, Lambayeque, en el desierto de la costa norte de Perú. Los arqueólogos han dicho que el sofisticado diseño y la obra de arte llena de color encontrada allí sugieren que la temprana civilización andina fue más compleja de lo que originalmente se creía. Ventarrón es un lugar que ocupa 7,000 pies cuadrados de área, sólo un poco más grande que una cancha de baloncesto. Los fragmentos de pintura encontrados en las paredes y un mural interno blanco y rojo casi completamente intacto que retrata un ciervo cazado son los primeros de su tipo en ser documentados. El diseño de la estructura es típico de los templos posteriores y demuestra una notable precisión. De hecho, probablemente se pintaron muchos templos de esa época y tenían murales, pero la mayoría no han sido conservados. (Leslie Josephs, http://dsc.discovery.com/news/2007 /11/13/peru-templo-mural.html?dcitc=w19-502-ak-0000).

NOTAS Y REFEREENCIAS

16. Ibid.

17. Jacobs, Early Monumental Architecture on the Peruvian Coast.

18. Ruth Shady y Sonia López, "Ritual de enterramiento de un recinto en el Sector Residencial A en Caral-Supe," en Shady, La ciudad sagrada de Caral-Supe, p. 187.

19. Ruth Shady, "Caral-Supe y la costa norcentral del Perú: la cuna de la civilización y la formación del Estado prístino," en Shady, La ciudad sagrada de Caral-Supe, pp. 139–45.

20. Ruth Shady, "Las Flautas de Caral-Supe: aproximaciones al estudio acústico-arqueológico del conjunto de flautas más antiguo de América", in La ciudad sagrada de Caral-Supe, pp. 293–300.

21. Ruth Shady, Carlos Leyva. Marhta Prado, Carlos Jiménez y Celso Llimpe, "Una tumba circular profanada de la Ciudad Sagrada de Caral-Supe," en Shady, La ciudad sagrada de Caral-Supe, p. 229.

22. Ruth Shady, "Practica mortuoria de la sociedad de Carla-Supe durante el Arcaico Tardío, en Shady, La ciudad sagrada de Caral-Supe, pp. 267–75.

23. Whalen, "Ancient Ceremonial Plaza Found in Peru."

24. http://agutie.homestead.com/files/Quipu_B.htm. También vea http://archaeology.about.com/od/ancientwriting/a/caralquipu.htm y http://terraeantiqvae.blogia.com/2005/071602-peru.descubren-quipu-hacer trampas-mas-de-4500-anos-de-antiguEra-en-caral.php

25. Ruth Shady, "Caral-Supe: la civilización más antigua de América, en Shady, La ciudad sagrada de Caral-Supe, p. 331.

26. Marion Popenoe Hatch, "An Hypothesis on Olmec Astronomy, with Special Reference to the La Venta Site," in Contributions of the University of California Archaeological Research Facility: Papers on Olmec and Maya Archaeology (Berkeley: University of

California Press, June 1971). Popenoe Hatch's ideas are further elaborated en J. M. Jenkins Jenkins, Maya Cosmogenesis 2012: The True Meaning of the Maya Calendar End-Date (Santa Fe, NM: Bear & Co., 1998). Ver más sobre esto en Luigi Morelli, *Puntos de Inflexión Espiritual de la Historia Norteamericana*, capítulo 4.

27. Carlos Milla Villena, Génesis de la Cultura Andina, Colegio de Arquitectos del Perú, (Lima, Perú, Fondo Editorial C.A.P., Colección Bienal, 1983), pp. 60–61.

28. Ibid., pp. 17, 60.

29. Guillermo Illescas Cook, El candelabro de Paracas y la Cruz del Sur, (Lima, Perú, autopublicado, 1981), pág. 49.

30. Éstos eran algunas de las operaciones posibles a través del Sistema de Medida:

- multiplicación por 2, $\sqrt{2}$, $2\sqrt{2}$, 4, etc.
- división por 2, $\sqrt{2}$, $2\sqrt{2}$, 4, etc.
- multiplicación por π, π^2, π^3, π^4, etc.
- división por π, π^2, π^3, π^4, etc.
- multiplicación por 2π, $\sqrt{2\pi}$, $2\sqrt{2\pi}$, etc.
- división por 2π, $\sqrt{2\pi}$, $2\sqrt{2\pi}$, etc.
- multiplica y divide por 3, 3π, etc.
- multiplique por $\sqrt{3}$, $\sqrt{5}$, $\sqrt{6}$, $\sqrt{7}$, etc.
- dividir la circunferencia en 2, 4, 8, 16, 32, 64 partes iguales,
- dividir la circunferencia en 12, 24, 48 partes iguales,
- dividir la circunferencia en 5, 10, 20, 40 partes iguales.

31. María Scholten d'Ebneth, La Ruta de Wirakocha, (conferencia dictada en la ANEA con ocasión del homenaje al Dr. Luis E. Valcárcel al serle concedido el premio de la cultura), (Lima, Perú: Editorial J. Mejía Baca, 1977), p. 16.

32. Génesis del la Cultura Andina, pág. 155.

33. Ruth Shady, Marco Machacuay y Rocío Aramburú, "La Plaza Circular del Templo Mayor de Caral: su presencia en Supe y en el área norcentral del Perú," en Shady, La ciudad sagrada de Caral-Supe: las orígenes de la civilización andina y la formación del Estado prístino en el antiguo Perú, pp. 150–154.

34. Génesis del la Cultura Andina, pág., 155.

35. Vea Steiner, *Mitos y Misterios Egipcios*, conferencias del 10 y 11 de setiembre de 1908; y Steiner, *Wonders of the World, Ordeals of the Soul, Revelations of the Spirit*, conferencias del 25 y 26 de agosto de 1911 (Londres: Rudolf Steiner Press).

36. Steiner, *El Apocalipsis de San Juan*, conferencia del 23 de junio de 1908.

37. Guenther Wachsmuth, *The Evolution of Mankind: Cosmic Evolution, Incarnations on the Earth, The Great Migrations, and Spiritual History* (Dornach, Switzerland: Philosophic-Anthroposophic Press, 1961), 85-90.

38. Steiner, *Wonders of the World, Ordeals of the Soul, Revelations of the Spirit*, conferencia del 26 de agosto de 1911 (Rudolf Steiner Press, Londres, 1911).

39. Steiner, *From the History and Content of the First Class of the Esoteric School, 1904-1914*, conferencia del 6 de enero de 1907 (Nueva York: Anthroposophic Press, 1998).

40. Rafael Girard, *Los Chortis ante el problema Maya*, volumen 3, (México, D., F.: Antigua Librería Robledo, 1949), 865-867.

41. Steiner, *The Mission of Folk Souls in Relation to Teutonic Mythology*, conferencia del 14 de junio de 1910. (Londres: Rudolf Steiner Press, 1970).

42. *The Guardian of the Threshold*, Rudolf Steiner, 1912, en *Four Mystery* Plays (Londres: Rudolf Steiner Press, 1997) Vea Escena Uno, discurso del Gran Maestro Hilary. En la referencia a los Maestros de la Sabiduría.

43. Grace Cooke, *The Illumined Ones* (New Lands, U. K.: The White Eagle Publishing Trust, 1966).

44. Ibid., pp. 51-53.

Capítulo 3: Tercera Era: Chavín

1. Thomas C. Patterson, "Chavín, an Interpretation of Its Spread and Influence," en Elizabeth P. Benson, ed., Dumbarton Oaks Conference on Chavín, October 26–27, (Washington DC: Dumbarton Oaks Research Library and Collection, 1968), p. 29.

2. Richard L. Burger, Chavín and the Origins of Andean Civilization (London: Thames and Hudson, 1992), pp. 204–6.

3. Richard L. Burger, "The Sacred Center of Chavín de Huantar" en Richard Townsend, ed., Ancient Americas: Art from Sacred Landscapes (Munich: Prestel Verlag, 1992), p. 265.

4. Burger, Chavín and the Origins of Andean Civilization, p. 266.

5. Ibid., pp. 195–96.

6. Luis Lumbreras, Chacho González, and Berbard Lietaer, Acerca de la función del sistema hidráulico de Chavín, Publicaciones del Museo Nacional de Antropología y Arqueología, serie investigaciones de campo #2, Junio 1976 (Lima, Perú: Museo Nacional de Antropología y Arqueología, 1976).

7. Federico Kauffman Doig, Historia y Arte del Perú Antiguo, vol. 2 (Lima, Perú: Peisa, 2002), p. 180.

8. Burger, Chavín and the Origins of Andean Civilization, pp. 144–58.

9. Chiaki Kano, The Origins of the Chavín Culture, Studies in Pre-Columbian Art and Archaeology, #22 (Washington DC: Dumbarton Oaks, 1979).

10. Peter G. Roe, A Further Exploration of the Rowe Chavín Seriation and Its Implications for North Central Coast Chronology (Washington DC: Dumbarton Oaks, 1979).

11. Rafael Girard, Historia de las civilizaciones antiguas de América (Madrid: Ediciones Istmo, 1976), p. 1804

12. Jorge Miranda-Luizaga, La Puerta del Sol: Cosmología y Simbolismo Andino (La Paz, Bolivia: Artes Graficas Editorial "Garza Azul," 1991), p. 51.

13. Burger, Chavín, an Interpretation of Its Spread and Influence, p. 44.

14. Lorenzo Samaniego, Mercedes Cárdenas, Henning Bischof, Peter Kaulicke, Erman Guzman, Wilder Leon, Arqueología de Cerro Sechin; Tomo II: escultura (Lima: Pontificia Universidad Católica del Perú, 1995), p. 103.

15. Ibid, pp. 100–101.

16. En Lambayeque (la costa norte) vemos algunos elementos de la Fase EF en un jarrón turquesa, tal como el motivo de un guerrero que lleva una cabeza trofeo que es temáticamente semejante a los monolitos de Cerro Sechin. Tiene una típica configuración de la boca y muchos otros rasgos de EF. Sostiene una cabeza trofeo retratada como un felino que a su vez sostiene una cabeza trofeo humana más pequeña al revés, con su pelo cayendo hacia abajo en

lugar de sangre vertiéndose como en Sechin.

El sitio de Moxeke comparte elementos del fin de la sucesión de Chavín (EF), tal como la pollera plisada. Aquí encontramos otras correspondencias con las figuras de Cerro Sechin, como los ojos en forma de media luna con una venda que desciende del ojo a la mejilla (llamada lagrimón o lágrima grande). La línea del ojo aparece sólo en los guerreros. Parece que esto representa un cuerpo pintando, una costumbre llevada más allá por el Moche después del principio de nuestra era. Ellas han sido llamadas por algunos "marcas del halcón."

Dos piezas de arte del pueblo de Huaylas representan la proximidad estilística con el estilo del arte de Sechin. Sin embargo, las piezas de Huaylas han sido sacadas de contexto. Ellas se parecen al estilo Sechin mucho más que a Chavín. En ellas podemos reconocer la línea festoneada que indica la decapitación. El tratamiento de la oreja y de la boca es muy similar a los motivos de Sechin, y así son los ojos y el pelo rizado.

En el sitio de Punkurí (Valle de Nepeña) hay un bajorrelieve pintado que representa a un felino que en las tradiciones une la brecha que va desde Chavín tardío a Moche. Punkurí presenta una proximidad estilística con Cerro Sechin. Hay similitudes entre el atavío de los guerreros descrito en Sechin (por ejemplo, cintos con extensión de plumas que caen y tréboles). De Roe, A Further Exploration of the Rowe Chavín Seriation, pp. 29–37.

17. Carlos G. Elera, "El complejo cultural Cupisnique: antecedentes y desarrollo de su ideología religiosa," en Luis Millones y Yoshio Onuki, eds., El Mundo Ceremonial Andino (Lima, Perú: Editorial Horizonte, 1994), pp. 225–49.

18. *Historia y Arte del Perú Antiguo*, Vol. 2, Federico Kauffman Doig, 2002, Peisa, Lima, Perú, p. 242.

19. *Paracas, Art and Architecture: Object and context in South Coastal Peru*, editado por Anne Paul, 1991, University of Iowa Press, p. 259.

20. Víctor M. Paredes Ruiz, Sechin, posible centro de conocimientos anatómicos y de disección en el antiguo Perú, (Cuzco, Perú: El Sol, 1975), p. 15.

21. C. C. Mann, "Mystery Towers in Peru are Ancient Solar Calendar," Science 315 (2007): 1206–7, y I. Ghezzi y C. Ruggers, "Chankillo: A 2300 Year-Old Observatory in Coastal Peru," Science 315 (2007): 1239–43.

22. Steiner, *Gospel of Saint John in Relation to the Other Gospels*, conferencia del 2 de julio de 1909 (New York: Anthroposophic Press, 1948).

Capítulo 4: Mitos del Collao: La Segunda Creación

1. Juan de Betanzos, Narrative of the Incas, (1551), traducido y editado por Roland Hamilton y Dana Buchanan (Austin: University of Texas Press, 1996 [1551]).

2. Veronica Salles-Reese, From Viracocha to the Virgin of Copacabana: Representation of the Sacred at Lake Titicaca (Austin: University of Texas Press, 1997).

3. Entre los mitos están los siguientes: Bartolomé de las Casas (1550), Juan de Betanzos (1551), Pedro Cieza de León (1553), las dos versiones de Pedro Sarmiento de Gamboa (1572), Cristóbal de Molina (1575), Pedro Gutiérrez de Santa Clara (fin del siglo decimosexto), las dos versiones de José de Acosta (1590), Juan de Santa Cruz Pachacuti Yamqui (1613), Antonio de la Calancha (1637), y las cinco versiones de Bernabe Cobo (1653).

4. Tales son los mitos de Catiquilla de la región de Hamachuco, cerca del Callejón de Huaylas; el mito de Pariacaca del área entre Jauja y la costa; y el mito de Coniraya que se viene de la gran

cadena de montañas entre Jauja y el lugar de culto de Pachacamac en la costa, en efecto muy cerca del anterior. En Burr Cartwright Brundage, Empire of the Inca (Norman: University of Oklahoma Press, 1963), pp. 63–67, 335.

5. Vea Salles-Reese, De Viracocha a la Virgen de Copacabana, pág. 56.

6. F. E. Elorrieta Salazar y E. Elorrieta Salazar, La gran pirámide de Pacaritanpu: entes y campos de poder en los Andes, (Cusco, Perú: Sociedad Pacaritanpu Hatha, 1992), pág. 106.

7. Don Juan de Santa Cruz Pachacuti-Yamqui Salcamayhua, Narratives of the Rites and Laws of the Incas, traducido por Clemens R. Markham (New York: Burt Franklin Publisher, 1873 [1613]).

8. Carlos Ponce Sangines, Tunupa y Ekako: estudio arqueológico acerca de las efigies precolombinas de dorso adunco, 1969, Academia Nacional de las Ciencias de Bolivia, publicacion N° 19.

9. Santacruz Pachacuti, "An Account of the Fables and Rites of the Incas by Cristobal de Molina," Narratives of the Rites and Laws of the Incas, p. 5.

Capítulo 5: Cuarta Era: Tiempo de Tunupa

1. Edward P. Lanning, Peru Before the Incas (Englewood Cliffs, NJ: Prentice-Hall, 1967), p. 121.

2. Alfonso Klauer, El mundo pre-Inka: los abismos del cóndor, volumen II, 2000, pp. 192–93. www.nuevahistoria.org.

3. William Sullivan, The Secret of the Incas: Myth, Astronomy and the War Against Time (New York: Three Rivers Press, 1996), vea capítulos 2, 6, y 7.

NOTAS Y REFEREENCIAS

4. Gordon R. Willey, An Introduction to American Archaeology, volumen 2: South America (Englewood Cliffs, NJ: Prentice Hall, 1971), p. 156.

5. Quoted in Garth Bawden, The Moche (Cambridge, MA: Blackwell Publishers, 1996), p. 179.

6. Carlos G. Elera, "El complejo cultural Cupisnique: antecedentes y desarrollo de su ideología religiosa," in El Mundo Ceremonial Andino, ed. Luis Millones and Yoshio Onuki (Lima, Perú: Editorial Horizonte, 1994), p. 237.

7. F. Elorrieta Salazar y E. Elorrieta Salazar, La gran pirámide de Pacaritanpu: entes y campos de poder en los Andes, pp. 38–39.

8. Ibid, pp. 37–39.

9. Ibid., p. 44.

10. Michael E. Moseley, The Incas and Their Ancestors: The Archaeology of Peru (London: Thames & Hudson, 2001), p. 229.

11. Alan Kolata, The Tiwanaku: Portrait of an Andean Civilization (Cambridge, MA: Blackwell Publishers, 1993), p. 86.

12. William H. Isbell, "City and State in Middle Horizon Wari," in Peruvian Prehistory: An Overview of Pre-Inca and Inca Society, ed. Richard W. Keatinge (Cambridge: Cambridge University Press, 1988), p. 174.

13. Ibid, pp. 174–75.

14. Alan Kolata and Carlos Ponce Sangines, "Tiwanaku: The City at the Center," en Townsend, ed., Ancient Americas: Art from Sacred Landscapes, p. 329.

15. Jorge Miranda-Luizaga, La Puerta del Sol: Cosmología y Simbolismo Andino (La Paz, Bolivia: Artes Graficas Editorial Garza Azul, 1991), p. 330.

16. Ibid, pp. 156–57.

17. Kolata and Sagines, "Tiwanaku: The City at the Center," p. 327.

18. Krzysztof Makowski Hanula, "El panteón Tiahuanaco y las deidades con báculos," Los dioses del antiguo Perú, volumen 2 (Lima, Perú: Banco de Crédito del Perú, 2002).

19. Ibid, p. 88.

20. Miranda-Luizaga, La Puerta del Sol, capítulo 5: Gateway of the Sun, y capítulo 6: Andean Calendar.

21. Katharina Schreiber and Josué Lancho Rojas, Irrigation and Society in the Peruvian Desert: The Puquios of Nazca (Lanham, MD: Lexington Books, 2003), p. 55.

22. Anthony F. Aveni, Between the Lines: the Mystery of the Giant Ground Drawings of Ancient Nazca, Peru (Austin: University of Texas Press, 2000), p. 50.

23. Krzysztof Makowski, "Los seres sobrenaturales en la iconografía Paracas y Nazca," Los dioses del antiguo Perú, volumen 1 (Lima, Perú: Banco de Crédito del Perú, 2002), p. 278.

24. Helaine Silverman, "Nazca: geografía sagrada, ancestros y agua," Los dioses del antiguo Perú, volumen 1 (Lima, Perú: Banco de Crédito del Perú, 2002), p. 242.

25. Helaine Silverman, "The Identification of Cahuachi as a Ceremonial Center," in Cahuachi in the Ancient Nasca World (Iowa City: University of Iowa Press, 1993), chapter 22.

NOTAS Y REFEREENCIAS

26. Ibid.

27. Makowski, "Los seres sobrenaturales," p. 245.

28. Schreiber y Lancho Rojas, Irrigation and Society in the Peruvian Desert, pp. 155–58.

29. M. Scholten d'Ebneth indica fechas de 100 AC a 100 DC, corresponden a Nazca 3 y 4 de la serie de Nazca de Menzel y Rowe. Nazca, testimonio de una alta cultura: descubrimiento del más grande libro de geometría del mundo (Lima, Perú: Editorial J. Mejía Baca, 1984), p. 7.

30. Aveni, Between the Lines, p. 6.

31. Rafael Girard, Historia de las civilizaciones antiguas de América (Madrid: Ediciones Istmo, 1976), pp. 1898–99.

32. Scholten d'Ebneth, Nazca, testimonio de una alta cultura, p. 62.

33. Ibid., p.6.

34. Girard, Historia, pp. 1903–4.

35. Johan Reinhard, The Nazca Lines: A New Perspective on their Origin and Meaning (Lima, Perú: Editorial Los Pinos, 1988), pp. 25–28.

36. Aveni, Between the Lines, p. 203.

37. Johan Reinhard, "Interpreting the Nazca Lines," en Townsend, ed., Ancient Americas: Art from Sacred Landscapes, p. 292.

38. Helaine Silverman, Cahuachi in the Ancient Nasca World, opus quoted, chapter 22.

39. Silverman, "The Identification of Cahuachi as a Ceremonial Center."

40. Aveni, Between the Lines, p. 170, 173.

41. Citado en Carlos Ponce Sangines, Tunupa y Ekako: estudio arqueológico acerca de las efigies precolombinas de dorso adunco, Publicación N⁰ 19 (La Paz: Academia Nacional de las Ciencias de Bolivia, 1969), p. 181.

42. Relación de Juan de Santa Cruz Pachacuti-Yamqui Salcamayhua: An Account of the Antiquities of Peru, citado en C. Burland, I. Nicholson, H. Osborne, Mythology of the Americas (London: Hamlyn Publishing Group, 1970), p. 338.

43. Vea capítulo 2 de mitos de la creación versión de Betanzos en el capítulo 4 de este libro.

44. Anita G. Cook, Wari y Tiwanaku: entre el estilo y la imagen (Lima: Pontificia Universidad Católica del Perú, Fondo Editorial, 1994).

45. Rudolf Steiner, Supersensible Influences in the History of Mankind, with Special Reference to Cult in Ancient Egypt and in Later Times (London: Rudolf Steiner Publishing Co., 1956), conferencia del 22 se setiembre de 1922.

46. Ibid., conferencia del 24 se setiembre de 1922.

47. Ibid., conferencia del 29 se setiembre de 1922.

48. Cristobal de Molina, Narratives of the Rites and Laws of the Incas, traducción de Clemens R. Markham (New York: Burt Franklin Publisher, 1873 [1575]).

NOTAS Y REFEREENCIAS

49. Pedro Sarmiento Gamboa, History of the Incas, traducción y edición de Clemens Markham (Nendeln, Liechtenstein: Hakluyt Society, Klaus Reprint Limited, 1967 [1752]).

50. Scholten d'Ebneth, Nazca, testimonio de una alta cultura, pp. 14–15.

51. Ibid, p. 14.

52. Maria Scholten d'Ebneth, La Vara Mágica (Lima, Perú: Grafica Morsom, 1985), p. 7.

53. Pukara está precisamente a la mitad del camino entre Tiwanaku y Cuzco, a partir del viejo Pukara, no del nuevo. Lo mismo se cumple para Cuzco. Es la colina de Huanacaure (sagrado para los Incas) que está situada exactamente en la línea, no en la propia ciudad. Este es el porqué Cuzco en realidad fue fundada en Huanacaure. María Scholten d'Ebneth, La Ruta de Viracocha, (conferencia dictada en la ANEA en ocasión del homenaje al Dr. Luis E. Valcarcel al serle concedido el premio de la cultura) (Lima, Perú: J. Editorial Mejía Baca, 1977) pág. 11.

54. Vea Luigi Morelli, Spiritual Turning Points of North American History (Bloomington, IN: Trafford Publishing, 2008), 1: "Prophet Legends Across the Americas."

55. Vea ibid., capítulo 7: "Ixbalamqué, the Initiate of the Americas."

56. Rudolf Steiner, Impulsos Internos de Evolución: los Misterios Mexicanos y los Caballeros Templarios. Vea particularmente la conferencia 3 del 18 de septiembre de 1916

57. Popol Vuh, Parte II, Capítulo 1, versión inglesa de Goetz, Delia y Morley, Sylvanus G., traducción de la versión española de Adrián Recinos (Norman: Norman: University of Oklahoma Press, 1950).

58. Steiner, *Impulsos Internos de la Evolución*, conferencia 5 del 24 de septiembre de 1916.

59. Ibid.

60. Rudolf Steiner, Karmic Relationships, vol. 5 (London: Rudolf Steiner Press, 1977), conferencia 7 del 25 de Mayo de 1924.

61. Marko Pogacnik, Turned Upside Down: A Workbook on Earth Changes and Personal Transformation (Great Barrington, MA: Lindisfarne Books, 2004), p. 207.

62. Steiner, Inner Impulses of Evolution, conferencia 3.

63. Ibid, conferencia 5.

PARTE II: DECLIVE CULTURAL Y REVOLUCIÓN ESPIRITUAL INCA

Capítulo 1: la Era de los Guerreros y Declive Cultural

1. Citado en Garth Bawden, The Moche (Malden, MA: Blackwell Publishers, 1996), pp. 193–94.

2. Ibid., pág. 196.

3. Ibid., pág. 203.

4. Ibid., pág. 207.

5. Ibid., pág. 242.

6. Ibid., pág. 245.

7. Walter Alva y Christopher B. Donnan, Royal Tombs of Sipan (Los Angeles: Fowler Museum of Cultural History, University of California, 1993) p. 298.

8. Citado en *The Moche*, pág., 158.

9. Ibid., pág. 162.

10. Ibid., pág. 285.

11. Ibid., pág. 301.

12. Sullivan, The Secret of the Incas: Myth, Astronomy and the War Against Time, p. 207.

13. Michael E. Moseley, The Incas and Their Ancestors: The Archaeology of Peru (London: Thames and Hudson, 2001), p. 221.

14. Jonathan Haas, Sheila Pozorski, y Thomas Pozorski, el eds., The Origins and Development of the Andean State, capítulo 8: "State Origins in the Ayacucho Valley, Central Highlands of Peru." (Cambridge: Cambridge University Press, 1987), p. 85.

15. Richard W. Keatinge, ed., Peruvian Prehistory, an Overview of Pre-Inca and Inca Society (Cambridge: Cambridge University Press, 1988), pp. 177, 187–88.

16. Klauer, El mundo pre-Inka: los abismos del condor, vol. 2, p. 204.

17. Ibid., pp. 167, 172–73.

18. Moseley, The Incas, pág., 223.

19. William H. Isbell, "Conclusions: Huari Administration and the Orthogonal Cellular Architecture Horizon," in William H. Isbell and Gordon F. Mc Ewan, eds., Huari Administrative Structure: Prehistoric Monumental Architecture and State Government (Washington DC: Dumbarton Oaks Research Library and Collection, 1991).

20. William H. Isbell, "City and State in Middle Horizon Huari," en Keatinge, ed., Peruvian Prehistory, p. 169.

21. Ibid., pág. 182.

22. Moseley, The Incas, pág. 219–20.

23. Katharina J. Schreiber, Wari Imperialism in Middle Horizon Peru, Anthropological Papers Museum of Anthropology, no. 87 (Ann Arbor: University of Michigan, 1992), pp. 78–79.

24. William H. Isbell, "City and State in Middle Horizon Huari," in Keatinge, ed., Peruvian Prehistory, p. 180.

25. Isbell and Mc Ewan, eds., Huari Administrative Structure, p. 88.

26. Cook, Wari y Tiwanaku: entre el estilo y la imagen, pp. 193–97.

27. Sullivan, Sullivan, The Secret of the Incas, pp. 158, 252–53.

28. María Rostworowski, "La Religiosidad Andina," in Los dioses del antiguo Perú, vol. 1 (Lima, Perú: Banco de Crédito del Perú, 2002), p. 199.

29. Ibid., pág. 194.

30. Ibid., pág. 197.

31. Ibid.

32. Moseley, The Incas, pág., 244.

33. Roger Ravines, Chan Chan, Metrópoli Chimú (Lima, Perú: Instituto de Estudios Peruanos, Instituto de Investigación Tecnológica Industrial y de Normas Técnicas, 1980), pp. 65–81.

34. R. M., Czwarno, F., M. Meddens, y A. Morgan han investigado la magnitud de la influencia Wari en la civilización Chimú. (From

NOTAS Y REFEREENCIAS

The Nature of Wari: A Reappraisal of the Middle Horizon Period in Peru (Oxford: B.A.R., 1989). Vea el artículo "Spatial Patterning and the Investigation of Political Control: The Case from the Moche/Chimú area," pp. 115–42).
Éste es un estudio de las relaciones espaciales entre las paredes del cerco y los espacios que ellas encerraban para descubrir si hay una continuidad cultural entre Chimú y Wari, o si Wari adoptó la cultura anterior. Los estudios están basados en las siguientes asunciones:
- El modelo espacial en los lugares de la élite reflejaron la cosmografía de la sociedad
- las variaciones en el modelo espacial todavía son consistentes con un tema cosmográfico global, particular a una sociedad dada,
- el cambio de modelo en los lugares de culto de la élite habría sido gradual, a menos que hubiera habido sumisión a una nueva autoridad externa
- un nuevo modelo puede surgir de sociedades que crean una nueva estructura común

Para abreviar, a través de un análisis de los modelos espaciales en la arquitectura sagrada podemos seguir donde surgen los nuevos desarrollos culturales.
En este estudio los autores consideran la ciudadela de Chan Chan y la comparan con los modelos de Wari en la costa norte durante el Horizonte Medio. Usan como punto de referencia el modelo espacial de Moraduchayoq (en Chimor), que es similar a los modelos que ocurren en lugares de la Cuenca de Ayacucho que mejor representa el modelo espacial Wari.
Los autores concluyen, "Los modelos de Chan Chan, como aquéllos de Cajamarquilla, demuestran una completa ausencia del modelo Wari, y un alto grado de homogeneidad interior." El análisis del modelo espacial muestra homogeneidad interior entre los años 900 y 1470 DC. En cualquier caso el autor descarta cualquier influencia importante de Wari. Esto parece sugerir que el área no fue conquistada por Wari en el Horizonte Medio y que continuó desarrollando sus modelos locales. Esto

383

también se sugiere en la clara secuencia de desarrollo entre Pampa Grande y Chan Chan.

35. Moseley, The Incas, pág., 248.

36. Moseley Michael E. y Cordy-Collins Alana, The Northern Dynasties Kingship and Statecraft in Chimor, a Symposium at Dumbarton Oaks, artículo "The Urban Concept of Chan Chan" Alan Kolata, p. 138 (Dumbarton Oaks Research Library and Collection, Washington D.C., October 12 and 13, 1985).

37. Federico Kauffman Doig, Historia y Arte del Perú Antiguo, vol. 2 (Lima, Perú: Peisa, 2002), p. 432.

38. Ravines, Chan Chan, p. 229.

39. Moseley, The Incas, p. 256.

40. Ibid., p. 226.

41. Alan Kolata, "The Urban Concept of Chan Chan," in Moseley and Cordy-Collins, eds., The Northern Dynasties: Kingship and Statecraft in Chimor, p. 141.

42. Christopher Donnan, "The Huaca 1 Complex," in Donnan and Cock, eds., The Pacatnamu Papers, vol. 1, p. 78.

43. Kauffman Doig, Historia y Arte del Perú Antiguo, p. 434.

44. Ravines, Chan Chan, pp. 77–78.

45. John W. Verano, "A Mass Burial of Mutilated Individuals at Pacatnamu," en Donnan and Cock, eds., The Pacatnamu Papers, p. 117.

46. Ibid., pág. 135.

47. M. Rea, "Black Vultures and Human Victims: Archaeological Evidence from Pacatnamu," en Donnan and Cock, eds., The Pacatnamu Papers, p. 143.

48. Maria Rostworowski, Pachacutec y la leyenda de los Chancas (Lima, Perú: Instituto de Estudios Peruanos Ediciones, 1997), p. 17.

49. Klauer, El mundo pre-Inka, ver capítulo sobre Wari, pp. 189–210.

50. Ibid., p. 39.

51. Ibid., pp. 47, 49.

52. Enrique González Carré, Los Señorios Chancas (Lima, Perú: Universidad Nacional de San Cristóbal de Huamanga, Instituto Andino de Estudios Arqueológicos, 1992), p. 81.

Capítulo 2: Mitos de la Fundación Incas

1. Citado en Bawden, The Moche, pág. 193–94.

2. Ibid., pág. 196.

3. Ibid., pág. 203.

4. Ibid., pág. 207.

5. Ibid., pág. 242.

6. Ibid., pág. 245.

7. Alva y Christopher B.Donnan, Royal Tombs of Sipan, p. 298.

8. Citado en Bawden, The Moche, p. 158.

9. Ibid., p. 162.

10. Ibid., p. 285.

11. Ibid., p. 301.

12. Sullivan, The Secret of the Incas, p. 207.

13. Moseley, The Incas and Their Ancestors, p. 221.

14. Haas, Pozorski and Pozorski, eds., The Origins and Development of the Andean State, chapter 8: "State Origins in the Ayacucho Valley, Central Highlands, Peru," p. 85.

15. Keatinge, ed., Peruvian Prehistory, an Overview of Pre-Inca and Inca Society, pp. 177, 187–88.

16. Klauer, El mundo pre-Inka: los abismos del cóndor, vol. 2, p. 204.

17. Ibid., pp. 167, 172–73.

18. Moseley, The Incas, p. 223.

19. William H. Isbell, "Conclusions: Huari Administration and the Orthogonal Cellular Architecture Horizon," en Isbell and Mc Ewan, eds., Huari Administrative Structure: Prehistoric Monumental Architecture and State Government.

20. William H. Isbell, "City and State in Middle Horizon Huari," in Keatinge, ed., Peruvian Prehistory, p. 169.

21. Ibid., p. 182.

22. Moseley, The Incas, pp. 219–20.

23. Schreiber, Wari Imperialism in Middle Horizon Peru, pp. 78–79.

24. William H. Isbell, "City and State in Middle Horizon Huari," en Keatinge, ed., Peruvian Prehistory, p. 180.

25. Isbell and Mc Ewan, eds., Huari Administrative Structure, p. 88.

26. Anita G. Cook, Wari y Tiwanaku: entre el estilo y la imagen (Lima: Pontificia Universidad Católica del Perú, Fondo Editorial, 1994), pp. 193–97.

27. Sullivan, The Secret of the Incas, pp. 252–53, 158.

28. Maria Rostworowski, "La Religiosidad Andina," in Kauffman Doig, Los dioses del antiguo Perú, vol. 1 (Lima, Perú: Banco de Crédito del Perú, 2002), p. 199.

29. Ibid., p. 194.

30. Ibid., p. 197.

31. Ibid.

32. Moseley, The Incas, p. 244.

33. Ravines, Chan Chan, Metropoli Chimú, pp. 65–81.

34. R. M., Czwarno, F., M. Meddens, y A. Morgan han investigado la magnitud de la influencia Wari en la civilización Chimú. (From The Nature of Wari: A Reappraisal of the Middle Horizon Period in Peru (Oxford: B.A.R., 1989). Vea el artículo "Spatial Patterning and the Investigation of Political Control: The Case from the Moche/Chimú area," pp. 115–42).
Éste es un estudio de las relaciones espaciales entre las paredes del cerco y los espacios que ellas encerraban para descubrir si hay una continuidad cultural entre Chimú y Wari, o si Wari adoptó la cultura anterior. Los estudios están basados en las siguientes asunciones:

   - El modelo espacial en los lugares de la élite reflejaron la cosmografía de la sociedad
   - las variaciones en el modelo espacial todavía son

consistentes con un tema cosmográfico global, particular a una sociedad dada,
- el cambio de modelo en los lugares de culto de la élite habría sido gradual, a menos que hubiera habido sumisión a una nueva autoridad externa
- un nuevo modelo puede surgir de sociedades que crean una nueva estructura común

- Para abreviar, a través de un análisis de los modelos espaciales en la arquitectura sagrada podemos seguir donde surgen los nuevos desarrollos culturales.
- En este estudio los autores consideran la ciudadela de Chan Chan y la comparan con los modelos de Wari en la costa norte durante el Horizonte Medio. Usan como punto de referencia el modelo espacial de Moraduchayoq (en Chimor), que es similar a los modelos que ocurren en lugares de la Cuenca de Ayacucho que mejor representa el modelo espacial Wari.
- Los autores concluyen, "Los modelos de Chan Chan, como aquéllos de Cajamarquilla, demuestran una completa ausencia del modelo Wari, y un alto grado de homogeneidad interior." El análisis del modelo espacial muestra homogeneidad interior entre los años 900 y 1470 DC. En cualquier caso el autor descarta cualquier influencia importante de Wari. Esto parece sugerir que el área no fue conquistada por Wari en el Horizonte Medio y que continuó desarrollando sus modelos locales. Esto también se sugiere en la clara secuencia de desarrollo entre Pampa Grande y Chan Chan.

35.   Moseley, The Incas, pág., 248.

36.   "The Urban Concept of Chan Chan" en Moseley Michael E. and Cordy-Collins Alana, The Northern Dynasties Kingship and Statecraft in Chimor, a Symposium at Dumbarton Oaks, (Dumbarton Oaks Research Library and Collection, Washington D.C., October 12 and 13, 1985) p. 138.

NOTAS Y REFEREENCIAS

37. Kauffman Doig, Historia y Arte del Perú Antiguo, vol. 2, p. 432.

38. Ravines, Chan Chan, p. 229.

39. Moseley, The Incas, p. 256.

40. Ibid., p. 226.

41. Alan Kolata, "The Urban Concept of Chan Chan," en Moseley and Cordy-Collins, eds., The Northern Dynasties: Kingship and Statecraft in Chimor, p. 141.

42. Christopher Donnan, "The Huaca 1 Complex," in Donnan and Cock, eds., The Pacatnamu Papers, vol. 1, p. 78.

43. Kauffman Doig, Historia y Arte del Perú Antiguo, p. 434.

44. Ravines, Chan Chan, pp. 77–78.

45. John W. Verano, "A Mass Burial of Mutilated Individuals at Pacatnamu," en Donnan and Cock, eds., The Pacatnamu Papers, p. 117.

46. Ibid., p. 135.

47. M. Rea, "Black Vultures and Human Victims: Archaeological Evidence from Pacatnamu," en Donnan and Cock, eds., The Pacatnamu Papers, p. 143.

48. Rostworowski, Pachacutec y la leyenda de los Chancas, p. 17.

49. Klauer, El mundo pre-Inka, vea capítulo sobre Wari, pp. 189–210.

50. Ibid., p. 39.

51. Ibid., pp. 47, 49.

52. Enrique González Carré, Los Señorios Chancas (Lima, Perú: Universidad Nacional de San Cristóbal de Huamanga, Instituto Andino de Estudios Arqueológicos, 1992), p. 81.

Capítulo 3: Imperio Inca y la Quinta Era

1. Elizabeth della Santa, *Wiracocha, l' empereur–dieu des Incas, d'apres les principales chroniques du temps* (Brussels: self-published, 1963), p. 161.

2. Alain Gheerbrant, ed., *The Incas: The Royal Commentaries of the Inca,* Garcilaso de la Vega, (1539–1616) (New York: Discus Books, 1961), Book 4, p. 147.

3. Della Santa, Wiracocha, p. 163.

4. Ibid., pp, 68–69 y 81.

5. Betanzos, Narrative of the Incas, chapter 8.

6. Rostworowski, Pachacutec y la leyenda de los chancas, pp. 25–26.

7. De Molina, Narratives of the Rites and Laws of the Incas, trans. and ed. Markham. El texto original dice: "Vení acá hijo, no tengas temor, que yo soy el Sol, vuestro padre, y sé que habéis de someter a muchas naciones."

8. Citado en Sullivan, The Secret of the Incas: Myth, Astronomy and the War Against Time, p. 27, p. 293. Both Martin de Murua y Guaman Poma hablan de las eras de la civilización y se refieren al tiempo de los Incas como el Quinto Sol.

9. Arthur A. Demarest, Wiracocha: The Nature and Antiquity of the Andean High God (Cambridge, MA: Harvard University Press, Peabody Museum Monographs, number 6, 1981) pp. 13–14.

NOTAS Y REFEREENCIAS

10. Krzysztof Makowski Hanula, "El panteón Tiahuanaco y las deidades con báculos," in Kauffman Doig, *Los dioses del antiguo Perú*, volumen 2, pp. 92–93.

11. Betanzos, capítulo 14, citado en Della Santa, Wiracocha, p. 126, p. 172.

12. Cartwright Brundage, Empire of the Inca, p. 131.

13. Makowski Hanula, "El panteón Tiahuanaco..." en Kauffman Doig, Los dioses del antiguo Perú, volumen 2, p. 103.

14. Ibid, p. 100

15. Brian S. Bauer and Charles Standish, Ritual and Pilgrimage in the Ancient Andes: The Islands of the Sun and the Moon (Austin: University of Texas, 2001), pp. 224–30.

16. Susan A. Niles, "Inca Architecture and the Sacred Landscape," in Townsend, ed., Ancient Americas: Art from Sacred Landscapes, p. 352.

17. Ibid., p. 350.

18. Julio Palomino Díaz, Intiwatanas y números: ciencia del pasado Andino (Cuzco: Municipalidad del Qosqo, 1994), p. 41.

19. Una fiesta central que celebra el imperio entero era la Capac Hucha. El ritual, según Cristóbal de Molina, fue inventado por Pachacuti. (Brian S. Bauer, *The Sacred Landscape of the Inca: The Cusco Ceque System* [Austin: The University of Texas Press, 1998], p. 360.) Su más probable origen etimológico es Capac Hucha, que significa "la súplica del Inca" o "la obligación real." Murua revela tal súplica dirigida durante la fiesta: "Puede el Sol seguir siendo un hombre joven y la Luna una doncella joven; puede el mundo no voltearse; permite que haya paz." Esta celebración ocurrió durante el solsticio de verano. En base a su

naturaleza y debido al hecho que éste era el tiempo del Capac Raymi, algunos creen que sólo se llevó a cabo en ocasiones muy especiales, como el ascenso al poder de un nuevo Inca. Era un ritual que comprendía todo el imperio. El Capac Hucha empezaba con caravanas que traían tributo de muchas partes del imperio. En el Aucaypata, la plaza mayor de Cuzco, los sacerdotes, a la muchedumbre congregada, la rodeaban con una enorme cadena de oro apoyada sobre pilares de plata del tamaño de un hombre. La procesión circulaba lentamente alrededor de las estatuas de Viracocha, el Sol, la Luna, e Illapa. Después, los sacerdotes redistribuían el tributo en cuatro porciones para los cuatro suyus del imperio. Algunos niños, que venían de todas partes del imperio, eran sacrificados y sus restos enterrados en la colina de Chuquicancha que se usaba en las observaciones del solsticio solar de diciembre y junio. Más niños eran sacrificados en la colina de Huanacauri, una de las Huacas más importantes de Cuzco. Se enviaban legaciones en todas las direcciones del imperio. Lo hicieron siguiendo un ceque y dando ofrendas a las Huacas colocadas por el camino. Los sacerdotes siguieron el sistema de ceques, líneas que radiaron desde el centro de Cuzco. (Según Molina en Bauer, El Sagrado Paisaje del Inca, pág., 10.) Por el camino el sacerdote entregaría las ofrendas a las Huacas. Una vez más allá de los límites de Cuzco, proseguirían a los límites más lejanos del imperio donde los Incas habían puesto marcadores de límites. Durante esta sagrada y excepcional ceremonia los sacerdotes de las naciones respectivas sacrificarían niños a sus Huacas. Los niños a ser sacrificados tenían que ser de seis a diez años de edad y de belleza pura. El muchacho y la muchacha eran simbólicamente casados antes de ser sacrificados. Los niños eran hijos e hijas de los señores (los caciques). El emperador Inca hizo el papel de casamentero, casando a la hija de un jefe con el hijo del otro. Así fue fortaleciendo el parentesco. Un nombre para el sacrificio era cachaHuacas que significó "mensajero a las Huacas," según Molina.

En el Capac Hucha los niños viajaban a los confines más lejanos del imperio — para allí ser sacrificados — replicando el camino tomado por el emperador en sus viajes y conquistas y santificando su jornada terrenal. Era como si el círculo de la eclíptica que se mantuvo dentro del espacio del Aucaypata en Cuzco — durante la ceremonia inicial — fue para extenderse a los confines del imperio del que Cuzco era el Sol, irradiando a través de las ceques.

En esencia, el Capac Hucha tenía un ritmo de reducción de la periferia del imperio hacia Cuzco y del centro a los límites del imperio. Fundamental para el despliegue de la fiesta fue la organización radial del espacio en el sistema de líneas rectas llamadas ceques. Los Incas fueron principalmente reintroduciendo y elaborando más el sistema cuya evidencia sobrevive en las desérticas pampas alrededor de Nazca.

20. Marti Pärssinen, Tawantinsuyu: el estado inca y su organización política (Helsinki: Finnish Historical Society, 1992), capítulo 5, p. 161.

21. Mariusz S. Ziolokowski, "Los wakakuna de los cuzqueños," in Kauffman Doig, Los dioses del antiguo Perú, volumen 2 (Lima: Banco de Crédito del Perú, 2002), pp. 299–300.

22. Maria Scholten d'Ebneth, La Ruta de Wirakocha, conferencia dictada en la ANEA con ocasión del homenaje al Dr. Luis E. Valcárcel al serle concedido el premio de la cultura (Lima, Perú: Editorial J. Mejía Baca, 1977).

23. Debajo está colocada la más importante Huaca de Cuzco.

Sol
El Sol fue venerado en el Koricancha y en dos templos en el Antisuyu y uno en el Cuntisuyu:
Chuquimarca (An-3: cuarta Huaca) y Chuquicancha (An 6: tercera Huaca)
Puquicancha al pie de la colina Viracchaurco (Cun 10: segunda Huaca). Zuidema cree que aquí se celebraba el día del solsticio en el Inti Raymi.

PUNTOS DE INFLEXION ESPIRITUAL

Viracocha
Un símbolo de lo oval (la misma forma en que supuestamente se presentó en el Koricancha) aparece en el Antisuyu (An 1: segunda Huaca); se llamó Turuca, y era "una piedra casi redonda."

Illapa
El aspecto más importante, Inti-Illapa tenía una Huaca en la segunda ceque del Cuntisuyu.
Una excepción a lo anterior es Chuqui Illa ("huaoqui" que Pachacuti y los posteriores emperadores llevaron con ellos en la batalla) tenía su templo en Pucamarca en Chinchaysuyu (Chin 5, segunda Huaca)

Huanacauri
Huanacauri era una Huaca del Cuntisuyu (Cun 6:7) (De Ziolokowski, "Los Huacakuna").

Adicionalmente al Cuntisuyu está el suyu que tiene el número más grande de pururaucas — la Huaca del linaje de los espíritus que habían ayudado a Pachacuti en su lucha contra los Chancas. Se encontraron siete en la parte norte (Chinchasuyu), cuatro en la parte sur (Collasuyu), y quince al oeste (Cuntisuyu), como se mencionó antes en el capítulo.

24. Terence N. D'Altroy, *The Incas*, 2002, Blackwell Publishers, Oxford: p. 95.

25. Maria Rostworoswski, *Estructuras Andinas del poder: ideología religiosa y política* (Lima, Perú: Instituto de Estudios Peruanos, 1983) pp. 156–59.

26. D'Altroy, The Incas, 100.

27. Pärssinen, Tawantinsuyu, p. 231.

28. Ibid., capítulo 5, heading 4.1, pp. 181–87.

29. Ibid., p. 198.

30. Santa Cruz Pachacuti Yamqui, citado en Pärssinen, Tawantinsuyu, p. 191.

31. Ibid., p. 192.

32. No hay ningún registro quipu que se refiera a la situación política durante los reinos de Wayna Capac. Sin embargo, es posible formarse una idea de quiénes fueron la segunda y tercera persona. Después de la muerte de Wayna Capac, dos candidatos demandaban el trono: Capac Guari y el Tito Cusi Hualpa. Otros dos nombres dados independientemente por Betanzos y Sarmiento son Apo Hilaquita y Auqui Topa Inca. Auqui Topa era hermano de Wayna Capac, considerando que Apo Hilaquita era hijo de Pachacuti, o tío de Huayna Capac. Que Auqui Topa Inca era la "segunda persona" lo confirman los textos de "Señores" y por Santillán. Ellos dicen que los textos importantes tuvieron que ser vistos por el secretario antes de ser llevados para la atención del Inca. Betanzos, Sarmiento, Cobo, y Murua llaman a Auqui Topa Inca 'secretario'. Citado en Pärssinen, Tawantinsuyu, pág., 201.

33. Patricia J. Netherly, "Out of Many, One: The Organization of Rule in the North Coast Politics," en Moseley and Cordy-Collins, eds., The Northern Dynasties Kingship and Statecraft in Chimor, pp. 461–84.

34. En un primer nivel estuvieron los hatun apogazcos. Éstas eran unidades políticas más grandes que las provincias y menores que los suyus. Collao (el altiplano boliviano) parece haber pertenecido a esta categoría de entidad política. Lo mismo parece haber ocurrido con Lupacas, Charcas, o Pacasa en la misma área del altiplano. Guamán Poma llama a estas entidades "muchos Cuzcos" lo que da una idea de su nivel de importancia. Algunos de éstos eran: Quito, Tomebamba, Huánuco, Hatuncolla, y Charcas, como lo confirman otras fuentes.
Inmediatamente bajo aquéllos que podrían llamarse hatun

apogazcos estaban las provincias. En muchos casos, la división política estaba basada en la cuatripartición a través de la que las primeras mitades eran también divididas en mitades. En algunos otros lugares la división siguió otros modelos. La provincia de Cajamarca se subdividió en siete guarangas (unidades de 1000) y las subsecuentes pachacas (unidades de 100). La provincia de Lupaca se subdividió en siete distritos de modo similar a Cajamarca; seis de éstas se subdividieron en dos según las líneas étnicas (Aymaras y Urus). En Huayla se subdividieron cuatro sectores en tres guarangas y éstas en varias pachacas. La comunidad tenía dos jefes supremos: uno en Hanan Huayla, el otro en Hurin Huayla. Ésta era una situación bastante excepcional, desde que los dos señores tenían iguales derechos. Cada jefe tenía una segunda persona que estaba presente en los casos de relaciones políticas entre las mitades.

En algunas comunidades prevaleció el principio ternario: es el principio basado en "la doble oposición." Una mitad de un par se opone a su complemento y los dos juntos se oponen al tercero. La oposición podía organizarse a lo largo de las líneas étnicas; las dos primeras de una etnicidad, la tercera de una segunda etnicidad. Un ejemplo estaba en la provincia de Collagua de donde una mayoría Aymara vivía cerca a la Quechua (tercer grupo). Cada una de las sub-provincias estaba organizado según el principio dual de mitades y éstas se subdividieron en tres (qollana, payan, kayaw).

De hecho, globalmente, la organización interior de la provincia era a menudo ternaria como cuaternaria. Es interesante notar que la mayoría de provincias organizadas a lo largo de los principios ternarios se situaban cerca de Cuzco, y que muchas de éstas fueron conquistadas por Pachacuti y su "hermano" Capac Yupanqui. Así en conclusión la organización de las provincias siguió el precedente histórico anterior en lugar de las opciones políticas Incaicas. El Inca dejó la administración local bastante inalterada.

Resumiendo, el poder político Incaico era mucho más complejo que lo que hasta ahora se suponía y no ha sido todavía completamente elucidado. Que la tripartición y cuatripartición tuvieron que hacer en la administración política se ha hecho más claro por el hecho que en las provincias había diferentes formatos políticos que reflejaron mayormente una u otra forma de división. Además, la política conciliadora puede haber estado basada en un sistema que concede poder al nivel local. La historia confirma que los Incas dejaron intactas las formas administrativas locales. De Pärssinen, Tawantinsuyu, capítulos 7 y 8.

35. Ibid., capítulo 9. 1. "La teoría y sus problemas."

36. Ibid., vea capítulo 7, encabezado 3.1.1.

Capítulo 4: Conocimiento Esotérico Inca

1. Davide Domenici and Viviano Domenici, I nodi segreti degli Inca: gli antichi manoscritti Miccinelli riscrivono la tragica storia della conquista del Perú (Milan: Sperling and Kupfer Editori, 2003).

2. Sabine Hyland, The Jesuit and the Inca: The Extraordinary Life of Padre Blas Valera, S. J. (Ann Arbor: The University of Michigan Press, 2001), p. 225.

3. Ibid.

4. Hyland menciona ejemplos de algunos de los contemporáneos de Valera reprendidos por transgresiones sexuales. El Padre Miguel de Fuentes que había seducido a la mayoría de monjas jóvenes en el convento de La Concepción en Lima, continuó sirviendo como sacerdote pero no podría confesar a mujeres durante diez años. El Padre Luis López que había violado a varias mujeres jóvenes recibió dos años de arresto y fue condenado a nunca dar confesión a mujeres. Los dos siguieron siendo miembros Jesuitas. Hyland, The Jesuit and the Inca, pp. 187–188.

5. Ibid, pág., 186.

6. Vea Domenici y Domenici, I nodi segreti degli Inca, pp. 30–33, and Hyland, The Jesuit and the Inca, chapter 10.

7. Hyland, The Jesuit and the Inca, pp. 145–46.

8. Ibid, pp. 149–50.

9. Roger Atwood, "Mystery Circles of the Andes," in Archaeology (September–October 2007): 55–61.

10. Garcilaso de la Vega, Royal Commentaries of the Inca, Book 9, quoted in Domenici and Domenici, I nodi segreti degli Inca, p. 80.

11. William Burns Glynn, Legado de los Amautas (Lima, Perú: CONCYTEC, 1990), p. 33.

12. Domenici and Domenici, I nodi segreti degli Inca, p. 187.

13. Ibid., pp. 82, 88.

14. Hyland, The Jesuit and the Inca, pp. 137–39.

15. Domenici and Domenici, I nodi segreti degli Inca, p. 98.

16. Ibid., p. 52.

17. Citado en Glynn, Legado de los Amautas, p. 32.

18. Domenici and Domenici, I nodi segreti degli Inca, pp. 90–92.

19. Glynn, Legado de los Amautas.

20. Domenici and Domenici, I nodi segreti degli Inca, note p. 192.

21. Glynn, Legado de los Amautas, p. 42.

22. Ibid., pp. 89–90.

NOTAS Y REFEREENCIAS

23. Rafael Larco Hoyle, "La escritura peruana sobre pallares," (Lima, Perú: De las relaciones de la sociedad argentina de antropología IV, 1944): 57–77.

24. Marino Orlando Sánchez Macedo, Enigmas, misterios y secretos de la sagrada astronomía Inca (Cuzco, Perú: MSM editor, 2000), p. 36.

25. Ibid., capítulo "El observatorio astronómico de los ojos solares del sagrado Kon Titi Wiraqocha," pp. 100–104.

26. Ibid., capítulo "El templo del sol, el culto a los intersolsticios y al choquechinchay," pp. 89–95.

27. R. T. Zuidema, "The Inca Calendar," Anthony F. Aveni, ed., Native American Astronomy (Austin: University of Texas Press, 1975), p. 229. Vea también Elorrieta Salazar y Elorrieta Salazar, La gran pirámide de Pacaritanpu: entes y campos de poder en los Andes, pp. 219 and 223.

28. Domenici and Domenici, I nodi segreti degli Inca, pp. 91, 188–91.

29. Gary Urton, At the Crossroads of the Earth and the Sky, an Andean Cosmology (Austin: University of Texas Press, 1981), pp. 131-145.

30. F. Elorrieta Salazar y E. Elorrieta Salazar, La gran pirámide de Pacaritanpu, pp. 65–75.

31. Ibid., pp. 81–95.

32. Ibid., pp. 96–100.

33. F. E. Elorrieta Salazar y E. Elorrieta Salazar, El Valle Sagrado de los Incas: mitos y símbolos, p. 54.

34. Ibid., pp. 73–77.

35. Ibid., pp. 82–106.

36. Ibid., pp. 96–99.

37. Atwood, "Mystery Circles of the Andes," pp. 55–61, y John Earls, Planificación agrícola andina: bases para un manejo cibernético de sistema de andenes (Lima, Perú: Ediciones COFIDE, 1989).

38. Urton, At the Crossroads.

39. James Arevalo Merejildo Chaski, El Despertar del Puma: camino iniciático (Cuzco, Perú: auto-publicación, 1997), pp. 82–86. Vea también Díaz, Intiwatanas y números: ciencia del pasado Andino.

40. En Exsul Immeritus, Blas de Valera muestra el dibujo de un quipu extendido centrífugamente como un ceque. Él concuerda en la similitud de los dos. "Questi fasci di linee sono come le corde di una cetra che armonizzava quei pagani." (Estas escisiones lineales son como cordones de una lira que armonizan esos paganos) (traducción del autor) (Domenici y Domenici, Domenici y Domenici, I nodi segreti degli Inca, p. 44) a estas palabras le sigue un dibujo del Koricancha representado como un cuadrado amarillo de cuyo centro emanan cordones con nudos, cada extremo con un ojo (representativo de una Huaca). Debajo, a la derecha una yupana, donde la primera fila de muescas se coronada por la letra chin (Chinchasuyu), la segunda por Co (Collasuyu), la tercera por Ant (Antisuyu), la cuarta por Cun (Cuntisuyu), y la última por un ojo. En cada suyu las tres cuerdas de color diferente podrían corresponder a los ayllus llamados kayaw, payan, y qollana (del que hablaremos más abajo), reflejando la trimembrada división social del imperio Inca. El Cuntisuyu muestra un cordón suplementario, parte verde, la parte roja (que parece apuntar a un cuarto grupo mixto) y un cordón extra color verde para un quinto grupo. Sumando los granos en la yupana y los nudos en los cordones obtenemos 328, un número que corresponde al número de Huacas identificadas por Cobo en

NOTAS Y REFEREENCIAS

Historia del Nuevo Mundo. (Domenici y Domenici, I nodi segreti degli Inca, pp. 181–82).

41. Bauer, The Sacred Landscape of the Inca: The Cusco Ceque System, p. 23.

42. Zuidema "The Inca Calendar," p. 236.

43. R. Tom Zuidema, "The Pillars of Cuzco: Which Two Dates of Sunset Did They Define?". Anthony F. Aveni, ed., New Directions in American Archaeoastronomy, Proceedings of 46th International Congress of Americanists, BAR International Series, 454 (Oxford: British Archaeological Reports, 1988), p. 145.

44. Urton, At the Crossroads, p. 29.

45. Este es el porqué el último Qillawata Quipucamayoc of Cuzco, Juan Iñaca Sawaraura, llama al lugar "espejo de agua sagrada, citado en http://qoyllur.blogspot.com/2008/04/muyuqmarka-un-enigma-resuelto.html. See also Alfonso Klauer, "Sacsahuaman: el reloj más costoso del planeta" in Tahuantinsuyo: El cóndor herido de muerte, p. 137, PDF encontrado en http://www.nuevahistoria.org.

46. http://qoyllur.blogspot.com/2008/04/muyuqmarka-un-enigma-resuelto.html.

47. Ibid. Erwin Salazar Graces no tiene acceso al original sino a lo dado por Luis Enrique Tord en su novela *Espejo de constelaciones*.

48. Zuidema, "The Inca Calendar," p. 242.

49. Ibid., p. 244.

Conclusiones

1. *The Influence of Spiritual Beings upon Man*, Steiner, Conferencia del 15 de febrero de 1908, (Spring Valley, NY: Anthroposophic Press)

2. *The Inca Empire: The Formation of a Pre-Capitalist State*, Thomas C. Patterson, (New York: Berg Publishers, 1991), p. 89.

3. Ibid., p. 90.

4. *Das Geheimnis des Todes: Wesen und Bedeutung Mitteleuropas und die Europaischen Volksgeister*, Rudolf Steiner, conferencia del 21 de febrero de 1915, citado en Richard Seddon, Europa, a Spiritual Biography (London: Temple Lodge, 1995), pp. 55–56

BIBLIOGRAFÍA

LIBROS Y PERIÓDICOS

Alva, Walter y Donnan, Christopher B. - Royal Tombs of Sipan (Los Angeles: Fowler Museum of Cultural History, University of California, 1993).

Atwood, Roger - "Mystery Circles of the Andes," in Archaeology (September–October 2007).

Aveni, Anthony F., editor -
New Directions in American Archaeoastronomy, Proceedings of 46th International Congress of Americanists (Oxford: British Archaeological Reports International Series, 454, 1988).

Native American Astronomy (Austin: University of Texas Press, 1975).

Aveni, Anthony F. - Between the Lines: the Mystery of the Giant Ground Drawings of Ancient Nazca, Peru (Austin: University of Texas Press, 2000).

PUNTOS DE INFLEXION ESPIRITUAL

Barham Ode, Walid - El Retorno del Inca: Descubrimiento del origen del mito Unu-Urco (Lima, Perú: Editorial Colmillo Blanco, 1998).

Bauer, Brian S. - *The Sacred Landscape of the Inca: The Cusco Ceque System* (Austin: The University of Texas Press, 1998).

Bauer, Brian S. and Standish, Charles - Ritual and Pilgrimage in the Ancient Andes: The Islands of the Sun and the Moon (Austin: Univeristy of Texas, 2001).

Bawden, Garth - The Moche (Cambridge, MA: Blackwell Publishers, 1996).

Benson, Elizabeth P., editor - Dumbarton Oaks Conference on Chavín, October 26–27, (Washington DC: Dumbarton Oaks Research Library and Collection, 1968).

Betanzos, Juan de - Narrative of the Incas, traducción y edición Roland Hamilton y Dana Buchanan del manuscrito de Palma de Mallorca (Austin: University of Texas Press, 1996 [1576])

Burger, Richard L. - Chavin and the Origins of Andean Civilization (London: Thames and Hudson, 1992).

Burland, Cottie; Nicholson, Irene and Osborne, Harold - Mythology of the Americas (London: Hamlyn Publishing Group, 1970).

Burns Glynn, William - Legado de los Amautas (Lima, Perú: CONCYTEC, 1990), p. 33.

404

BIBLIOGRAFIA

Cartwright Brundage, Burr - Empire of the Inca (Norman: University of Oklahoma Press, 1963).

Cook, Anita G. - Wari y Tiwanaku: entre el estilo y la imagen (Lima: Pontificia Universidad Católica del Perú, Fondo Editorial, 1994).

Cooke, Grace: *The Illumined Ones* (New Lands, U. K.: The White Eagle Publishing Trust, 1966)

Czwarno, R. M.; Meddens F. M. and A. Morgan, editors - The Nature of Wari: A Reappraisal of the Middle Horizon Period in Peru (Oxford: B.A.R., 1989).

Della Santa, Elizabeth - La célebre huaca del Ticci Wiracocha en Urcos (Calca) y su flavo gigante (Arequipa, Perú: auto-publicación, 1963).

Demarest, Arthur A. -Wiracocha: The Nature and Antiquity of the Andean High God (Cambridge, MA: Harvard University Press, Peabody Museum Monographs, number 6, 1981).

Domenici, Davide and Domenici, Viviano - I nodi segreti degli Inca: gli antichi manoscritti Miccinelli riscrivono la tragica storia della conquista del Perú (Milano: Sperling and Kupfer Editori, 2003).

Donnan, Christopher B. y Cock, Guillermo A. editores - The Pacatnamu Papers, vol. 1 (Los Angeles: Museum of Cultural History, University of California, 1986).

405

PUNTOS DE INFLEXION ESPIRITUAL

Earls, John - Planificación agrícola andina: bases para un manejo cibernético de sistema de andenes (Lima, Perú: Ediciones COFIDE, 1989).

Elorrieta Salazar, F. E. y Elorrieta Salazar, E. –
La gran pirámide de Pacaritanpu: entes y   campos de poder en los Andes, (Cusco, Perú: Sociedad Pacaritanpu Hatha, 1992).

El Valle Sagrado de los Incas: mitos y símbolos (Cusco, Perú: Sociedad Pacaritanpu Hatha, 1996).

Gheerbrant, Alain editor - The Incas: The Royal Commentaries of the Inca, Garcilazo de la Vega, (1539–1616) (New York: Discus Books, 1961).

Ghezzi, I. and Ruggers, C. - "Chankillo: A 2300 Year-Old Observatory in Coastal Peru," Science 315 (2007).

Girard, Rafael –
Historia de las civilizaciones antiguas de América (Madrid: Ediciones Istmo, 1976).

Los Chortis ante el problema Maya, volumen 3, (México, D. F.: Antigua Librería Robledo, 1949).

Goetz, Delia and Morley, Sylvanus G. translators - Popol Vuh: The Sacred Book of the Ancient Quiché Maya (Norman OK: University of Oklahoma Press, 1950)

González Carré, Enrique - Los Señoríos Chancas (Lima, Perú: Universidad Nacional de San Cristóbal de Huamanga, Instituto

BIBLIOGRAFIA

Andino de Estudios Arqueológicos, 1992).

Haas, Jonathan; Pozorski, Sheila, and Thomas Pozorski, editores - The Origins and Development of the Andean State (Cambridge: Cambridge University Press, 1987).
Hyland, Sabine - The Jesuit and the Inca: The Extraordinary Life of Padre Blas Valera, S. J. (Ann Arbor: The University of Michigan Press, 2001).

Illescas Cook, Guillermo - El candelabro de Paracas y la Cruz del Sur (Lima, Perú, auto-publicación, 1981).

Isbell, William H. and Mc Ewan, Gordon F. editors - Huari Administrative Structure: Prehistoric Monumental Architecture and State Government (Washington DC: Dumbarton Oaks Research Library and Collection, 1991).

Jenkins, John Major - Maya Cosmogenesis 2012: The True Meaning of the Maya Calendar End-Date (Santa Fe, NM: Bear & Co., 1998).

Kano, Chiaki - The Origins of the Chavín Culture, Studies in Pre-Columbian Art and Archaeology, #22 (Washington DC: Dumbarton Oaks, 1979).

Kauffman Doig, Federico - Historia y Arte del Perú Antiguo (Lima, Perú: Peisa, 2002).

Keatinge, Richard W., editor - Peruvian Prehistory: An Overview of Pre-Inca and Inca Society (Cambridge: Cambridge University Press, 1988).

PUNTOS DE INFLEXION ESPIRITUAL

Klauer, Alfonso –
El Mundo Pre-Inka: Los Abismos del Cóndor, volúmenes 1 and 2, PDF www.nuevahistoria.org.
- Tahuantinsuyo: El cóndor herido de muerte, PDF http://www.nuevahistoria.org.
Kolata, Alan The Tiwanaku: Portrait of an Andean Civilization (Cambridge, MA: Blackwell Publishers, 1993).

Lanning, Edward P. - Peru Before the Incas (Englewood Cliffs, NJ: Prentice-Hall, 1967).

Larco Hoyle, Rafael - "La escritura peruana sobre pallares," De las relaciones de la sociedad argentina de antropología IV, (Buenos Aires, Argentina: Sociedad argentina de antropología, 1944).

Lumbreras, Luis; González, Chacho y Lietaer, Bernard - *Acerca de la función del sistema hidráulico de Chavín*, Publicaciones del Museo Nacional de Antropología y Arqueología, serie investigaciones de campo #2, Junio 1976 (Lima, Perú: Museo Nacional de Antropología y Arqueología, 1976).

Mann, C. C. - "Mystery Towers in Peru are Ancient Solar Calendar," Science 315 (2007): 1206–7,

Merejildo Chaski, James Arévalo - El Despertar del Puma: camino iniciático (Cuzco, Perú: auto-publicación, 1997)

Milla Villena, Carlos - Génesis de la Cultura Andina, 1983, (Lima, Perú: Colegio de Arquitectos del Perú, Fondo Editorial C. A. P. , Colección Bienal).

BIBLIOGRAFIA

Miranda-Luizaga, Jorge - La Puerta del Sol: Cosmología y Simbolismo Andino (La Paz, Bolivia: Artes Graficas Editorial "Garza Azul," 1991), p. 51.

Millones, Luis and Onuki, Yoshio editors - El Mundo Ceremonial Andino (Lima, Perú: Editorial Horizonte, 1994).

Molina, Cristóbal de - Narratives of the Rites and Laws of the Incas, traducción de Clemens R. Markham (New York: Burt Franklin Publisher, 1873 [1575]).

Morelli, Luigi - Spiritual Turning Points of North American History (Puntos de Inflexión Espiritual de la Historia Americana) (Bloomington, IN: Trafford Publishing, 2008).

Moseley Michael E. and Cordy-Collins Alana - The Northern Dynasties Kingship and Statecraft in Chimor, a Symposium at Dumbarton Oaks, October 12 and 13, 1985, (Dumbarton Oaks Research Library and Collection, Washington D.C., 1985)

Moseley, Michael E. - The Incas and Their Ancestors: The Archaeology of Peru (London: Thames and Hudson, 2001).

Palomino Díaz, Julio - Intiwatanas y números: ciencia del pasado Andino (Cuzco: Municipalidad del Qosqo, 1994).

Paredes Ruiz, Víctor M. - Sechín, posible centro de conocimientos anatómicos y de disección en el antiguo Perú, (Cuzco, Perú: El Sol, 1975).

409

PUNTOS DE INFLEXION ESPIRITUAL

Pärssinen, Marti - Tawantinsuyu: el estado inca y su organización política (Helsinki: Finnish Historical Society, 1992).

Patterson, Thomas C. - *The Inca Empire: The Formation of a Pre-Capitalist State* (New York: Berg Publishing, 1991)

Pogacnik, Marko - *Turned Upside Down: A Workbook on Earth Changes and Personal Transformation* (Great Barrington, MA: Lindisfarne Books, 2004).

Ponce Sangines, Carlos - Tunupa y Ekako: estudio arqueológico acerca de las efigies precolombinas de dorso adunco, Publicación N^0 19 (La Paz: Academia Nacional de las Ciencias de Bolivia, 1969).

Popenoe Hatch, Marion - "An Hypothesis on Olmec Astronomy, with Special Reference to the La Venta Site," in *Contributions of the University of California Archaeological Research Facility: Papers on Olmec and Maya Archaeology* (Berkeley: University of California, June 1971).

Rangel Flores, Víctor, editor - Symposium: Arquitectura y arqueología: pasado y futuro de la construcción en el Perú (Chiclayo, Perú: Universidad de Chiclayo, 1988).

Ravines, Roger - Chan Chan, Metrópoli Chimú (Lima: Instituto de Estudios Peruanos, Instituto de Investigación Tecnológica Industrial y de Normas Técnicas, 1980).

BIBLIOGRAFIA

Reinhard, Johan - The Nazca Lines: A New Perspective on their Origin and Meaning (Lima, Peru: Editorial Los Pinos, 1988).

Roe, Peter G. - A Further Exploration of the Rowe Chavín Seriation and Its Implications for North Central Coast Chronology (Washington DC: Dumbarton Oaks, 1979).

Rostworowski, María -
Pachacutec Inca Yupanqui (Lima, Perú: Instituto de Estudios Peruanos, 1953).
Estructuras Andinas del poder: ideología religiosa y política (Lima, Perú: Instituto de Estudios Peruanos, 1983).
Pachacutec y la leyenda de los Chancas (Lima, Perú: Instituto de Estudios Peruanos Ediciones, 1997).

Salles-Reese, Veronica - From Viracocha to the Virgin of Copacabana: Representation of the Sacred at Lake Titicaca (Austin: University of Texas Press, 1997).

Samaniego, Lorenzo; Cárdenas, Mercedes; Bischof, Henning; Kaulicke, Peter; Guzman, Erman and Wilder Leon, Arqueología de Cerro Sechin; Tomo II: escultura (Lima: Pontificia Universidad Católica del Perú, 1995).

Sánchez Macedo, Marino, Orlando - Enigmas, misterios y secretos de la sagrada astronomía Inca (Cuzco, Perú: MSM editor, 2000).

411

PUNTOS DE INFLEXION ESPIRITUAL

Sarmiento Gamboa, Pedro - History of the Incas, trans. and ed. Clemens Markham (Nendeln, Liechtenstein: Hakluyt Society, Klaus Reprint Limited, 1967 [1752]).

Santa Cruz Pachacuti-Yamqui Salcamayhua, Don Juan de - Narratives of the Rites and Laws of the Incas, translated by Clemens R. Markham (New York: Burt Franklin Publisher, 1873 [1613]).

Sarmiento Gamboa, Pedro - History of the Incas, trans. and ed. Clemens Markham (Nendeln, Liechtenstein: Hakluyt Society, Klaus Reprint Limited, 1967).
Scholten d'Ebneth, Maria –
La Ruta de Wirakocha, (conferencia dictada en la ANEA con ocasión del homenaje al Dr. Luis E. Valcárcel al serle concedido el premio de la cultura), (Lima, Perú: Editorial J. Mejia Baca, 1977).

Nazca, testimonio de una alta cultura: descubrimiento del más grande libro de geometría del mundo (Lima, Perú: Editorial J. Mejía Baca, 1984).

La Vara Mágica (Lima, Perú: Grafica Morsom, 1985).

Schreiber, Katharina - Wari Imperialism in Middle Horizon Peru, Anthropological Papers Museum of Anthropology, no. 87 (Ann Arbor: University of Michigan, 1992).

Schreiber Katharina, y Lancho Rojas, Josué - Irrigation and Society in the Peruvian Desert: The Puquios of Nazca (Lanham, MD: Lexington Books, 2003).

BIBLIOGRAFIA

Seddon, Richard - *Europa, a Spiritual Biography* (London: Temple Lodge, 1995).

Shady, Ruth, and Leyva, Carlos editores - La ciudad sagrada de Caral-Supe: los orígenes de la civilización andina y la formación del Estado pristiño en el antiguo Perú (Lima: Instituto Nacional de Cultura, Proyecto Especial Arqueológico Caral-Supe, 2003).

Silverman, Helaine, - Cahuachi in the Ancient Nasca World (Iowa City: University of Iowa Press, 1993).

Steiner, Rudolf –
- Supersensible Influences in the History of Mankind, with Special Reference to Cult in Ancient Egypt and in Later Times (London: Rudolf Steiner Publishing Co., 1956).
- *From the History and Content of the First Class of the Esoteric School, 1904-1914* (New York: Anthroposophic Press, 1998)
- *The Apocalypse of Saint John* (Spring Valley, NY: Anthroposophic Press, 1908).
- *Egyptian Myths and Mysteries* (Spring Valley, NY: Anthroposophic Press, 1908).
- *The Influence of Spiritual Beings upon Man*, (Spring Valley, NY: Anthroposophic Press, 1908)
- *The Mission of Folk Souls in Relation to Teutonic Mythology* (London: Rudolf Steiner Press, 1910).
- *Wonders of the World, Ordeals of the Soul, Revelations of the Spirit* (London: Rudolf Steiner Press, 1911).

413

PUNTOS DE INFLEXION ESPIRITUAL

- Inner Impulses of Evolution: *The Mexican Mysteries and the Knights Templar* (Spring Valley, NY: Anthroposophic Press, 1916).
- Karmic Relationships, vol. 5 (London: Rudolf Steiner Press, 1924).

Sullivan, William - The Secret of the Incas: Myth, Astronomy and the War Against Time (New York: Three Rivers Press, 1996).

Townsend, Richard, editor - Ancient Americas: Art from Sacred Landscapes (Munich: Prestel Verlag, 1992).

Urton, Gary - At the Crossroads of the Earth and the Sky, an Andean Cosmology (Austin: University of Texas Press, 1981).

Wachsmuth, Guenther: *The Evolution of Mankind: Cosmic Evolution, Incarnations on the Earth, The Great Migrations, and Spiritual History* (Dornach, Switzerland: Philosophic-Anthroposophic Press, 1961).

Willey, Gordon R. - An Introduction to American Archaeology, volume 2: South America (Englewood Cliffs, NJ: Prentice Hall, 1971).

BIBLIOGRAFIA

Fuentes Internet

Jacobs, James Q. - Early Monumental Architecture on the Peruvian Coast: Evidence of Socio-Political Organization and the Variation in Its Interpretation, 2000, - http://www.jqjacobs.net/andes/coast.html.

Josephs, Leslie - Ventarron temple on Peru's north coast: http://dsc.discovery.com/news/2007/11/13/peru-temple-mural.html?dcitc=w19-502-ak-0000).

Whalen, Andrew - "Ancient Ceremonial Plaza Found in Peru," February 26, 2008, http://www.freerepublic.com/focus/f-news/1976727/posts .

Sobre los primeros quipus en la Costa Norte del Perú ver: http://agutie.homestead.com/files/Quipu_B.htm. http://archaeology.about.com/od/ancientwriting/a/caralquipu.ht m http://terraeantiqvae.blogia.com/2005/071602-peru.-descubren-quipu-con-mas-de-4500-anos-de-antiguedad-en-caral.php

Sobre las torres Muyuqmarka en Sacsayhuaman - http://qoyllur.blogspot.com/2008/04/muyuqmarka-un-enigma-resuelto.html.

415